企業犯罪と
刑事コンプライアンス

―「企業刑法」構築に向けて―

甲斐克則著

成文堂

Corporate Crimes and Criminal Compliance
: For the Construction of "Corporate Criminal Law"
Katsunori KAI

Seibundo, 2018

はしがき

　早稲田大学のシンボルの１つである大隈重信銅像。法科大学院が創設されたことに伴い，2004 年の 4 月に広島大学から早稲田大学に移籍してきたとき，私は，この銅像を四方から熟視した。その芸術性とシンボル性もさることながら，実は，もう１つの理由があった。実は，この大隈銅像を製作したのは，私の郷里である大分県大野郡（現在は豊後大野市）朝地町出身の彫刻家，朝倉文夫（1883 年―1964 年）だからである。朝倉文夫は，「東洋のロダン」とも称された彫刻家であり，多くの名作を残し，文化勲章を受賞し，文化功労者にも選出されている。私が小学校 1 年生のとき，朝地町立大恩寺小学校で，町を挙げて凱旋のお祝いをしたことを鮮明に覚えている。また，朝地町と台東区は，父が生前に朝地町の助役をしていた際に姉妹関係締結に尽力したのを覚えている。そして，朝地町には，朝倉文夫記念館があり，台東区谷中には朝倉彫塑館があり，それぞれに朝倉文夫の名作が収められている。「郷里の大先輩が制作した大隈重信銅像を見つめつつ，残された人生，『進取の精神』と『学の独立』を理念として掲げる早稲田大学での研究・教育に尽力したいものだ。」

　そのような特異な覚悟で早稲田大学に移籍した折も折，文部科学省の大型研究助成プログラムである「21 世紀 COE（Center of Excellence）プログラム」の一環として早稲田大学が 2003 年度から「企業社会の変容と法システムの創造」を研究課題とする COE 研究拠点に採択されたことにより，「《企業法制と法創造》総合研究所」（所長・上村達男教授）が設立されたことに伴って発足した 8 つの研究部門のうちの１つである「刑事法研究部門」に属する研究グループ「企業と市場に係る刑事法制研究」の活動が田口守一教授と曽根威彦教授を中心に開始されていた。当初は，傍観的立場から参加していたが，2004 年に移籍後すぐに，その渦に巻き込まれていった。いや，むしろ自らその渦の中に飛び込んでいった，と言った方がよいであろう。それまで早稲田大学と縁もゆかりもなかった新参者にも壁を作らない早稲田大学刑事法グ

ii　はしがき

ループの寛大な雰囲気がそうさせたのではないか，と今は思っている。しかも，もともと過失犯の研究をしていたし，学生時代に九州大学法学部の井上祐司先生の刑法ゼミの年間テーマ「過失犯」において板倉宏教授の『企業犯罪の理論と実務』（有斐閣・1975 年）等を取り上げながら，企業犯罪に関心を抱いていたこともあり，また，医事刑法の研究と共通の方法論を発見したこともあって，特にコンプライアンス・プログラムと刑事法の関係に重点を置いたこのプロジェクトにのめり込んだ。しかも，上述の「21 世紀 COE プログラム」が 5 年間の成果が評価され，2008 年から 2012 年までの 5 年間，「21 世紀グローバル COE プログラム」にも早稲田大学が採択され，「成熟市民社会型企業法制の創造——企業，金融・資本市場法制の再構築とアジアの挑戦」というプロジェクト（代表・上村達男教授）の下で共同研究を継続できた。計 10 年間の共同研究は，田口守一教授と共に実質的な企画責任者の立場に置かれたこともあり，私自身の研究の幅を広げてくれた。この点について，「《企業法制と法創造》総合研究所」所長として尽力していただいた上村達男教授，刑事法グループの代表であられた田口守一教授および曽根威彦教授にまずは御礼申し上げたい。

　以上のような背景で 10 年間（成果公表を入れると 15 年間）の共同研究の成果としてまとめたのが，本書『企業犯罪と刑事コンプライアンス——「企業刑法」構築に向けて——』である。タイトルが示すように，本書は，企業犯罪と刑事コンプライアンスの関係の研究に重点があり，副題が示すように，「企業刑法」の構築を目指している。本書は，第 1 部「企業犯罪の理論」，第 2 部「企業のコンプライアンス・プログラムと刑事規制」，および第 3 部「資料」から成る。

　第 1 部「企業犯罪の理論」は，4 章から構成されているが，主として現行刑法解釈論からみた企業犯罪の責任追及を理論的に検討している。
　第 1 章「欠陥製品の製造・販売と刑事過失」は，編者の 1 人として寄稿した斉藤豊治＝日髙義博＝甲斐克則＝大塚裕史編『神山敏雄先生古稀祝賀論文集　第 1 巻　過失犯論・不作為犯論・共犯論』（成文堂・2006 年）に掲載された

論文であり，刑事製造物責任としての過失事犯処理の基礎理論について薬害エイズ事件ミドリ十字ルート等を検討素材にしつつ考察したものである。この論文は，それまでの私の過失犯の研究と早稲田大学での共同研究の成果の一端を組み合わせた論文であり，若いころに創設した「瀬戸内刑事法研究会」でご教示賜った神山敏雄先生の学恩に多少とも報いることができたのではないか，と考えている。**第2章「企業犯罪と公務員の刑事責任──薬害エイズ事件厚生省ルート最高裁決定を契機として──」**は，早稲田法学85巻1号（2009年）に掲載した論文であり，薬害エイズ事件厚生省ルートの最高裁決定を契機に，企業犯罪と公務員の刑事責任について過失不作為犯を中心に理論的に考察を加えたものである。この論文で，管理・監督過失を含む過失不作為犯についての考えをある程度まとめることができたのではないか，と思う。**第3章「欠陥車両の製造と刑事過失──三菱自工トラック・タイヤ脱落事故最高裁決定を契機として──」**は，大学院の先輩である吉村弘教授の退職を記念した北九州大学法政論集40巻4号（2013年）に掲載した論文であり，刑事製造物責任に関する最高裁の重要判例を入念に分析し，かつ本書第2部のコンプライアンス・プログラムと犯罪理論との連結の重要性を説いている。いわば，第1と第2部の橋渡しの章である。**第4章「談合」**は，前述の「21世紀COEプログラム」の成果として出されたCOE叢書第5巻に当たる甲斐克則編『企業活動と刑事規制』（日本評論社・2008年）に掲載した論文である。この論文は，本書の中ではやや異質のように見えるかもしれないが，実は，第2部の企業のコンプライアンス・プログラムの共同研究に際して，公正取引委員会の諏訪園貞明氏らとシンポジウム等を通じて独占禁止法改正について研究した成果であり，判例分析が中心とはいえ，私にとっては，実に貴重なものである。一時期，談合体質は日本企業から姿を消しつつあるかのような印象を持ちつつあったが，最近のリニア開発をめぐる談合事件等を目の前にすると，本質はまだ十分には変わっていないように思える。

　第2部「企業のコンプライアンス・プログラムと刑事規制」は，第5章から第13章までの9章から構成されており，まさに上記の共同研究の成果そのものである。

第5章「企業の社会的責任と新たな（刑事）法システムの構築——アンケート調査・シンポジウム・訪問調査を終えて——」は，田口守一＝甲斐克則＝今井猛嘉＝白石賢編『企業犯罪とコンプライアンス・プログラム』（商事法務・2007年）の冒頭に掲載したものであり，論文というよりも，共同研究の一環としてはじめて試みた2004年の第1次企業アンケート調査に臨んだ基本姿勢なり基本的考えを示したものである。また，**第6章**「コンプライアンス・プログラムと企業の刑事責任」は，同書に掲載した論文であり，2007年段階でのコンプライアンス・プログラムと企業の刑事責任に関する自己の見解を呈示したものである。茅場町にある商事法務に何度も通い，議論を重ねたことが懐かしく思い出される。共同研究のメンバーおよび商事法務の氷室昭彦氏には大変お世話になったし，内閣府経済社会総合研究所の香西泰氏をはじめとする当時の関係者の方々には財政的支援等をいただいたことに対し，改めて謝意を表したい。なお，**第7章**「コーポレート・ガバナンスと刑事規制」は，甲斐編『企業活動と刑事規制』（前出）に寄せた論文であり，内容的に第6章および第7章と重複するところがあるが，COEプログラムの共同研究の締めくくりの内容として位置づけることができる。**第8章**「企業のコンプライアンス・プログラムと刑事制裁」は，田口守一＝松澤伸＝今井猛嘉＝細田孝一＝池辺吉博＝甲斐克則著『刑法は企業活動に介入すべきか』（成文堂・2010年）に掲載した論文であり，早稲田大学で2009年に開催された横川敏雄記念公開講座で講演した内容がベースとなっており，その時点までの研究の総括的性格のものである。第7章と重複するところがあるので，本書に収めるのに躊躇を覚えたが，比較法的観点も加味して自己の見解がうまくまとまっているので，敢えて収めることにした。

　第9章「オーストラリアにおける企業活動の規制システム」は，甲斐克則＝田口守一編『企業活動と刑事規制の国際動向』（信山社・2008年）に掲載した論文である。同書は，2006年度に行われた内閣府経済社会総合研究所と早稲田大学の共同研究「諸外国における硬質な市場経済設計のための法的規制と企業コンプライアンスの状況に関する調査研究」を取りまとめたものであるが，この共同研究の責任者として，参加メンバーの協力を得て，調査対象国を「英国・米国調査グループ」，「ドイツ調査グループ」，「その他の先進諸国

調査グループ」の３グループに分け，これに EU を加え，それぞれにおける企業活動と刑事規制の実態および枠組みを調査できた。私は，オーストラリア担当で，シドニーに調査に出かけ，予想以上の成果を挙げることができた，と実感したことを思い出す。また，この共同研究を通じて，学外の企業犯罪の専門家である今井猛嘉教授（法政大学），川崎友巳教授（同志社大学），樋口亮介教授（東京大学）らと学術交流ができたことは，思考を深める大きな契機となったことを特記しておきたい。**第 10 章「ドイツにおける企業犯罪と刑事コンプライアンス」**は，高橋則夫＝川上拓一＝寺崎嘉博＝甲斐克則＝松原芳博＝小川佳樹編『曽根威彦先生・田口守一先生古稀祝賀論文集［下巻］』（成文堂・2015 年）に掲載した論文であり，まさにドイツにおける企業犯罪と刑事コンプライアンスについて分析・検討を加えたものである。この論文は，ドイツのマックス・プランク外国・国際刑法研究所所長のウルリッヒ・ズィーバー（Ulrich Sieber）教授や同研究所主任研究員のマルク・エンゲルハルト（Marc Engelhart）博士との長年の共同研究の成果とも言える。特にズィーバー教授は，同研究所に行く度に過大な便宜を図っていただき，また，早稲田大学にも何度か来られ，コンプライアンス・プログラムの刑法上の意義について意見交換をした。その積み重ねが本書に結実したとも言える。なお，**第 11 章「樋口亮介著　法人処罰と刑法理論」**は，短文ではあるが，ジュリスト 1379 号（2009 年）に掲載した書評である。賛否はともかく，今後，企業犯罪を研究する者は，大胆にして精緻な樋口説との対決を回避することはできないであろう。本書にこの書評を収めることにより，私自身，さらに研究を深める契機としたい。

　第 12 章「日本におけるコンプライアンスの現状と課題――2010 年アンケート調査分析結果――」は，早稲田大学の季刊・企業と法創造 9 巻 2 号（2013 年）に掲載し，その後，甲斐克則＝田口守一編『刑事コンプライアンスの国際動向』（信山社・2015 年）にも収めた論文である。この論文は，前述の「21 世紀グローバル COE プログラム」による「成熟市民社会型企業法制の創造――企業，金融・資本市場法制の再構築とアジアの挑戦」というプロジェクトの一環として，2010 年に実施した第 2 次企業アンケート調査の分析であり，かつ後述の 7 か国の国際調査報告書と並ぶ日本側報告書の中心部分でもある。

vi　はしがき

2004 年に実施した第 1 次調査時よりも企業コンプライアンスは各企業に浸透していたが，企業犯罪に関する刑事規制の具体的な課題も見えてきたことをデータ分析に基づいて論証できた，と自負している。この調査でも，商事法務の氷室昭彦氏や協力していただいた多くの企業の法務関係の方々に大変お世話になったことを特記して謝意を表したい。また，共に苦労した同僚の田口守一教授と松澤伸教授にも感謝申し上げたい。**第 13 章「刑事コンプライアンスの国際比較と今後の展望」**は，上記『刑事コンプライアンスの国際動向』に収めた海外調査報告書の総括（原題：甲斐克則＝芥川正洋＝福山好典「企業コンプライアンスと刑法をめぐる国際動向の比較分析」）を改題のうえ，一定程度加筆して，いわば本書の締めくくりとする内容にした。本章により，簡潔ながら，ドイツ，イタリア，イギリス，オーストラリア，アメリカ合衆国，中国の各報告書のポイントを抽出でき，不十分ながらも相互比較が多少できたのではないか，と考える。しかし，より本格的に比較分析をしたかったのが本音であり，法科大学院長職にあってその時間的余裕がなかったことが悔やまれる。なお，ここで，このプロジェクトで助手として尽力してくれた福山好典君（現・姫路獨協大学准教授）と芥川正洋君（現・早稲田大学助教）には，このような形で元の論文を本書に収めることを了解していただいたことに謝意を表したい。また，両君のほか，一連の共同研究において尽力してくれた早稲田大学出身の多くの若手研究者諸君にもこの場を借りて謝意を表したい。

　第 3 部「資料」は，4 編の訳稿から成る。いずれも，本書でもっと言及したかった内容のものを選んだ。読者は，これらの資料を併せ読むことにより，企業犯罪と刑事コンプライアンスの国際レベルでの理解を深めていただきたい。

　1 のハロー・オットー「企業における安全確保義務違反の刑事責任」は，私と親交の深いドイツ・バイロイト大学名誉教授のハロー・オットー（*Harro Otto*）博士が，フリードリッヒ−クリスチャン・シュレーダー博士古稀祝賀論文集に寄稿された論文（原題は，*Harro Otto*, Die strafrechtliche Verantwortung für die Verletzung vom Sicherungpflichten in Unternehmen, in Festschrift für Friedlich-Christian Schroeder zum 70. Geburtstag, 2006 C. F. Müller Verlag, SS. 339-356）をオットー博士

の承諾を得て岡部雅人君（現・愛媛大学教授）と新谷一朗君（現・海上保安大学校准教授）と共に翻訳し，早稲田法学 83 巻 1 号（2007 年）に掲載したものである。企業活動に伴う刑事規制の問題は，伝統的に個人責任を基調とするドイツでも日本でも揺れ動いているが，本論文は，安全確保義務との関係で伝統的な刑法理論的観点からメスを入れたオットー博士らしい貴重な論文であり，本書の第 1 部の理解に役立つことから，ここに収めることにした。

　2 のハロー・オットー「企業の取引行為の倫理，法的枠組，および刑事制裁」は，同じくオットー博士が，フォルカー・クライ教授古稀祝賀論文集に寄稿された論文（原題は，*Harro Otto*, Ethik, rechtlicher Rahmen und strafrechtliche Sanktion beim unternehmrischen Handeln, in Festschrift für Volker Krey, Zum 70. Geburtstag, 2010, Verlag W. Kohlhammer, SS. 375-405）を，オットー博士の承諾を得て辻本淳史君（現・富山大学准教授）と共に翻訳し，早稲田法学 87 巻 4 号（2012 年）に掲載したものである。オットー博士は，2009 年 10 月末から 11 月にかけて 2 度目の来日をされたが，それは，早稲田大学グローバル COE《企業法制と法創造》の刑事法グループの招聘によるものであった。2009 年 10 月 31 日に，その研究会で同じ題目で講演をしていただいていた。その後，その講演原稿を加筆したものが上記論文である。第 2 部との関連で，ドイツの企業犯罪の実情の一端を知るうえで，また企業倫理にも配慮している点で，実に示唆深いものがある。

　3 のアッティリオ・ニスコ「イタリア法における法人の責任」は，イタリアのボローニャ（Bologna）大学法学部のアッティリオ・ニスコ（*Attilio Nisco*）教授が，教授就任前にドイツのフライブルクにあるマックス・プランク外国・国際刑法研究所に留学中にドイツの刑法専門誌に掲載したドイツ語の論文（原題は，*Attilio Nisco*, Verantwortlichkeit juristischer Personen im italienischen Recht, Goltdammer's Archiv für Strafrecht 2010, SS. 525-534）を，同氏の許可を得て福山好典君（前出）と共に翻訳し，稲田法学 90 巻 1 号（2014 年）に掲載したものである。ニスコ氏には，私が 2010 年 3 月にマックス・プランク外国・国際刑法研究所を訪問した際に，ズィーバー所長（前出）のご配慮で企業犯罪に関する講演をしたとき初めて会った。しかも，私の講演後に大変に関心を持っていただき，同研究所の学術研究員であるヨハンナ・リンセアーニュ（*Johanna Rin-*

ceanu）女史と共に特別に時間をとって意見交換をした。そして，私がドイツの企業犯罪だけでなく，イタリアの企業刑法に関心をもっていると話したところ，意気投合して，イタリアの企業犯罪に関する 3 点の論文をいただいた。そのうちの 1 つがここに訳出した論文である。世界に類のない独自のイタリア企業刑法の概要が実に的確に示されている。法律名は「企業刑法」であるが，制裁は刑事制裁ではなく行政制裁である。しかし，手続は刑事訴訟法に基づく。著者が本文で述べているように，まさに「法人の責任の制度は，イタリアでは，ほとんど実験的に採用された」ものである。その当否は慎重に検討しなければならないが，イタリアの「企業刑法」は，歴史的に新たな工夫を次々と生み出してきた独自の制度であり，もう少し注目してよいように思われる。

4 のライモ・ラハティ「フィンランドにおける法人の刑事責任の規定について」は，フィンランド・ヘルシンキ大学法学部のライモ・ラハティ（*Raimo Lahti*）教授が 2014 年 4 月 18 日に比較法研究所主催（早稲田大学北欧法制研究会共催）の講演会で行った講演（原題は，*Raimo Lahti*, Über die Regelung der strafrechtlichen Verantwortung juristischer Personen in Finnland）の原稿を同教授の了解を得て福山好典君（前出），天田悠君（現・早稲田大学助教），北尾仁宏君（現・早稲田大学大学院博士課程）と共に翻訳し，比較法学 48 巻 3 号（2015 年）に掲載したものである。ラハティ教授は，フィンランドを代表する刑法学者であり，関西大学の招きで来日されたが，本稿では，フィンランドにおける法人の刑事責任の規定について詳細な分析と紹介がなされており，立法経緯や課題，さらには具体的事件の分析から，多くのものを学ぶことができる。また，ラハティ教授は，企業犯罪のみならず，医事刑法の専門家でもあり，私と意気投合し，2014 年 8 月には，私自身がヘルシンキ大学法学部を訪問する機会も得た。本稿により，北欧の国フィンランドにおける企業犯罪への具体的対応と課題を読み取ることができるであろう。

　以上の内容の本書は，なお不十分なところや重複がある部分もあるが，敢えてここに上梓し，日本における企業犯罪と刑事コンプライアンスに関する今後の研究の一助——願わくは「企業刑法」の構築——とならんこと，そし

て法実務家のみならず企業の法務担当者等の関係者にも広く読んでいただき，企業コンプライアンスの意義が日本においてさらに実質的に定着して安定した企業経営がなされることを祈念したい。そして，次の5人の先生方には格別の感謝を申し上げなければならない。

まず，神山敏雄先生（岡山大学名誉教授）には，若いころに瀬戸内刑事法研究会を発足させたときから長年にわたり真摯に意見をぶつけあって私を成長させていただいた。特に経済刑法に関心を引き付けていただいたことが，本書に繋がっている。また，田口守一先生（早稲田大学名誉教授）には，上述のよう早稲田大学のCOEプログラムおよびグローバルCOEプログラムの刑事法グループの活動をまさに同志として身をもって共に推進していただいたし，曽根威彦先生（早稲田大学名誉教授）には，静かな温かい眼差しで共同研究の推進（特にシンポジウム開催）に貴重なご協力をいただいた。両先生の寛大さがなければ，当時新参者であった私がここまで活動することはできなかったであろう。さらに，ドイツのウルリッヒ・ズィーバー教授（前出）には，上述のように企業の刑事コンプライアンスの理論的・実践的研究を国を超えて共に推進していただき，いつも貴重な示唆を賜った。同じくドイツのハロー・オットー博士（前出）には，第3部所収の資料2点が示すように，折に触れて貴重な知的刺激を与えていただいた。以上の5人の先生方とのコラボレーションがなければ，本書は生まれていない。ここに特記して感謝申し上げ，5人の先生方に本書を謹んで献呈したい。

最後に，本書の刊行に際しては，いつもながら，成文堂の阿部成一社長の力強いご支援と編集部の篠崎雄彦氏の細やかな配慮を賜った。記して謝意を表したい。

2018年1月　　　　　　　　書斎から雪景色を見つつ

甲　斐　克　則

初出一覧

第1部　企業犯罪の理論

第1章「欠陥製品の製造・販売と刑事過失」斉藤豊治＝日髙義博＝甲斐克則＝大塚裕史編『神山敏雄先生古稀祝賀論文集　第1巻　過失犯論・不作為犯論・共犯論』（成文堂・2006年）

第2章「企業犯罪と公務員の刑事責任——薬害エイズ事件厚生省ルート最高裁決定を契機として——」早稲田法学85巻1号（2009年）

第3章「欠陥車両の製造と刑事過失——三菱自工トラック・タイヤ脱落事故最高裁決定を契機として——」北九州大学法政論集40巻4号（2013年）

第4章「談合」甲斐克則編『COE叢書第5巻　企業活動と刑事規制』（日本評論社・2008年）

第2部　企業のコンプライアンス・プログラムと刑事規制

第5章　「企業の社会的責任と新たな（刑事）法システムの構築——アンケート調査・シンポジウム・訪問調査を終えて——」田口守一＝甲斐克則＝今井猛嘉＝白石賢編『企業犯罪とコンプライアンス・プログラム』（商事法務・2007年）

第6章　「コンプライアンス・プログラムと企業の刑事責任」田口守一＝甲斐克則＝今井猛嘉＝白石賢編『企業犯罪とコンプライアンス・プログラム』（商事法務・2007年）

第7章「コーポレート・ガバナンスと刑事規制」甲斐克則編『COE叢書第5巻　企業活動と刑事規制』（日本評論社・2008年）

第8章「企業のコンプライアンス・プログラムと刑事制裁」田口守一＝松澤伸＝今井猛嘉＝細田孝一＝池辺吉博＝甲斐克則著『刑法は企業活動に介入すべきか』（成文堂・2010年）

第9章「オーストラリアにおける企業活動の規制システム」甲斐克則＝田口守一編『企業活動と刑事規制の国際動向』（信山社・2008年）

第10章「ドイツにおける企業犯罪と刑事コンプライアンス」高橋則夫＝川上拓一

＝寺崎嘉博＝甲斐克則＝松原芳博＝小川佳樹編『曽根威彦先生・田口守一先生古稀祝賀論文集［下巻］』（成文堂・2015年）

第11章「樋口亮介著　法人処罰と刑法理論」ジュリスト 1379 号（2009年）

第12章「日本におけるコンプライアンスの現状と課題——2010年アンケート調査分析結果——」季刊・企業と法創造 9 巻 2 号（2013年）〔その後，甲斐克則＝田口守一編『刑事コンプライアンスの国際動向』（信山社・2015年）にも収所〕

第13章「刑事コンプライアンスの国際比較と今後の展望」

　原題：甲斐克則＝芥川正洋＝福山好典「企業コンプライアンスと刑法をめぐる国際動向の比較分析」甲斐克則＝田口守一編『刑事コンプライアンスの国際動向』（信山社・2015年）を改題のうえ，加筆修正

第3部　資　料

1　ハロー・オットー（甲斐克則監訳：岡部雅人＝新谷一朗訳）「企業における安全確保義務違反の刑事責任」　早稲田法学 83 巻 1 号（2007年）

2　ハロー・オットー（甲斐克則＝辻本淳史訳）「企業の取引行為の倫理，法的枠組，および刑事制裁」早稲田法学 87 巻 4 号（2012年）

3　アッティリオ・ニスコ（甲斐克則＝福山好典訳）「イタリア法における法人の責任」　早稲田法学 90 巻 1 号（2014年）

4　ライモ・ラハティ（甲斐克則監訳：福山好典＝天田悠＝北尾仁宏訳）「フィンランドにおける法人の刑事責任の規定について」比較法学 48 巻 3 号（2015年）

目　　次　xiii

目　　次

はしがき

第1部　企業犯罪の理論

第1章　欠陥製品の製造・販売と刑事過失

1　序——問題の所在——……………………………………………… *3*
2　実行行為主体の特定と実行行為性…………………………………… *5*
3　因果関係………………………………………………………………… *12*
4　注意義務内容および予見可能性……………………………………… *15*
5　結　語…………………………………………………………………… *20*

第2章　企業犯罪と公務員の刑事責任
——薬害エイズ事件厚生省ルート最高裁決定を契機として——

1　序………………………………………………………………………… *27*
2　契機としての薬害エイズ事件厚生省ルート最高裁決定の論理……… *28*
3　公務員の作為義務……………………………………………………… *31*
4　企業犯罪と公務員の刑事責任………………………………………… *37*
5　結　語…………………………………………………………………… *40*

第3章　欠陥車両の製造と刑事過失
——三菱自工トラック・タイヤ脱落事故最高裁決定を契機として——

1　序………………………………………………………………………… *45*
2　三菱自工トラック・タイヤ脱落事故の概要…………………………… *46*
3　第1審判決および第2審判決の論理と上告趣意……………………… *50*
4　最高裁決定要旨………………………………………………………… *53*

xiv　目　次

5　最高裁決定の理論的分析·····························59
6　企業のコンプライアンスと欠陥製品の製造防止への法政策········67
7　結　語···72

第4章　談　合

1　はじめに——談合の意義··························75
2　入札談合の実態概観······························77
3　談合罪および入札談合罪に関する判例の動向···········78
4　談合対策の課題································88
5　おわりに······································89

第2部　企業のコンプライアンス・プログラムと刑事規制

第5章　企業の社会的責任と新たな(刑事)法システムの構築
　　　　——アンケート調査・シンポジウム・訪問調査を終えて——

1　はじめに·······································93
2　アンケート調査から浮かび上がる現状の課題, その取組み, そして限界
　　···94
3　新たな法システムおよびコンプライアンス・プログラム構築への道標
　　···95
4　おわりに······································99

第6章　コンプライアンス・プログラムと企業の刑事責任

1　はじめに······································101
2　コンプライアンス・プログラムの刑法的意義··········102
3　コンプライアンス・プログラムと企業の刑事責任·······107
4　おわりに······································112

目　次　xv

第7章　コーポレート・ガバナンスと刑事規制

1　はじめに……………………………………………………………………… *119*
2　諸外国におけるコーポレート・ガバナンスと刑事規制 …………… *120*
3　日本におけるコーポレート・ガバナンスと刑事規制 ……………… *127*
4　コンプライアンス・プログラムと企業の刑事責任 ………………… *135*
5　おわりに……………………………………………………………………… *139*

第8章　企業のコンプライアンス・プログラムと刑事制裁

1　はじめに──これまでの研究経緯………………………………………… *145*
2　欧米におけるコンプライアンス・プログラムと刑事規制 ………… *148*
3　日本におけるコンプライアンス・プログラムと刑事規制 ………… *154*
4　コンプライアンス・プログラムの刑法解釈論上の意義 …………… *162*
5　おわりに──「経済刑法」から「企業刑法」へ……………………… *165*

第9章　オーストラリアにおける企業活動の規制システム

1　序……………………………………………………………………………… *171*
2　オーストラリアのコーポレート・ガバナンス改革の契機 ………… *172*
3　オーストラリアにおける改革内容および改革後の企業活動の規制
　　システム…………………………………………………………………… *175*
4　オーストラリアにおけるコーポレート・ガバナンスと刑事規制 … *180*
5　結語──企業倫理と法……………………………………………………… *183*

第10章　ドイツにおける企業犯罪と刑事コンプライアンス

1　序……………………………………………………………………………… *187*
2　ドイツにおける企業コンプライアンスと刑法をめぐる近時の具体例
　　の動向……………………………………………………………………… *189*
3　ドイツにおける刑事コンプライアンスをめぐる近時の議論状況…… *193*
4　結　語………………………………………………………………………… *206*

xvi　目　次

第11章　樋口亮介著『法人処罰と刑法理論』

1　はじめに……………………………………………………………… 213
2　日本における法人処罰論…………………………………………… 213
3　樋口理論の位置づけ………………………………………………… 215

第12章　日本におけるコンプライアンスの現状と課題
――2010年アンケート調査分析結果

1　はじめに……………………………………………………………… 217
2　2010年アンケート調査概要………………………………………… 218
3　アンケート結果の概要……………………………………………… 219
4　コンプライアンスの課題…………………………………………… 262

第13章　刑事コンプライアンスの国際比較と今後の展望

1　序……………………………………………………………………… 265
2　ドイツ………………………………………………………………… 265
3　イタリア……………………………………………………………… 267
4　イギリス……………………………………………………………… 268
5　オーストラリア……………………………………………………… 270
6　アメリカ合衆国……………………………………………………… 273
7　中　国………………………………………………………………… 275
8　結　語――刑事コンプライアンスの国際比較と今後の展望：
　　企業刑法構築へ向けて…………………………………………… 277

第3部　資　料

1　ハロー・オットー「企業における安全確保義務違反の刑事責任」

Ⅰ　いわゆる事業主責任………………………………………………… 287
Ⅱ　危険源および日常取引上の安全配慮義務の監視に由来する責任…… 288
Ⅲ　安全確保義務の委任による責任の区分および個別化……………… 294

Ⅳ　第三者の製造物の引取りに際しての安全確保義務……………………… *299*

Ⅴ　官庁もしくは国家機関による安全確保の任務の保持……………… *303*

Ⅵ　結　語………………………………………………………………………………… *305*

2　ハロー・オットー「企業の取引行為の倫理, 法的枠組, および刑事制裁」

Ⅰ　企業の取引行為と金融危機……………………………………………………… *311*

Ⅱ　現下の金融危機の原因と展開………………………………………………… *315*

Ⅲ　責任の割当て…………………………………………………………………………… *321*

Ⅳ　結　語………………………………………………………………………………… *340*

3　アッティリオ・ニスコ「イタリア法における法人の責任」

Ⅰ　序………………………………………………………………………………………… *347*

Ⅱ　規定の説明……………………………………………………………………………… *349*

Ⅲ　重　点………………………………………………………………………………… *353*

Ⅳ　私　見………………………………………………………………………………… *356*

Ⅴ　結　語………………………………………………………………………………… *357*

4　ライモ・ラハティ「フィンランドにおける法人の刑事責任の規定について」

1　経済刑法の強化・細分化の１例としての法人の刑事責任の導入 ……*363*

2　フィンランドにおける法人の刑事責任について……………………… *365*

3　企業, 協会およびその他の団体における犯罪行為に対する自然人の　　責任と自然人以外の責任の相互作用について……………………………… *368*

4　法人の刑事責任の帰属構造について……………………………………… *370*

5　機関および代表者の責任に関する規定の特色について…………… *371*

6　機関および代表者の責任に関する規定のより詳しい考察………… *375*

7　判例 OGH 2008：33 および OGH 2009：1 の分析 ………………… *378*

8　若干の結論……………………………………………………………………………… *384*

第 1 部

企業犯罪の理論

第1章
欠陥製品の製造・販売と刑事過失

1　序——問題の所在——

　1　最近，日本でも，企業が欠陥製品を製造し，かつ販売し，消費者がそれを使用して人身事故が発生した場合に，当該企業ないし企業関係者に刑事責任を問うことができるのではないか，という議論が高まりつつある。後述の薬害エイズ事件ミドリ十字ルートの一連の判例は，この問題に関して興味深い論点を提供している。理論的にはこの問題は，主として刑事過失責任における監督過失論と密接な関係があるが，従業員の直近の過失行為が必ずしも介在するとは限らないという意味で，典型的な監督過失論とは区別すべき側面がある。しかし，行為者が典型的な直近過失者と言えない点で，実行行為性および予見可能性の認定において難しい問題を内包する等，監督過失論と共通点がある。

　2　刑事製造物責任の問題は，とりわけドイツにおいて1990年のいわゆる「皮革用スプレー事件」連邦通常裁判所判決（BGH St 37, 106）をめぐって議論され，日本でもその紹介を通じて議論が進んできた[1]。そして，その母国ドイツでは，「欠陥製造物の回収義務の根拠については，……それを肯定し，あるいは否定する理論はおおかた出そろい，また，それぞれの問題点も共有されていると言える状況にあ」り，「シューネマンが，……すでに流通におかれ，かつ，流通におく時点で危険を認識できなかった製品についても，一部回収義務を肯定する方向に説を修正したことから，今日，欠陥製造物の回収義務については，これを当然の前提としつつ，その要件を具体化していく作業に着手する段階に来ている」，と言われており，あるいは「90年代が刑事製造物責任の理論的諸問題を明らかにする時代であったとすれば，2000年代は製造業者には欠陥製造物に関する回収義務があることを前提として，そのための

4　第1部　企業犯罪の理論

諸要件をいかに具体化していくか，換言すれば，事前判断の視点に立った製
造業者・販売業者の義務の特定ないし具体化の時代に入った」，とも言われて
いる[2]。したがって，本章では，ドイツの議論については最小限の言及にとど
め，むしろ日本における議論の分析に重点を置くことにするが，日本でも，
近時，企業犯罪をめぐる議論が深化してきた中で，それぞれの企業で欠陥製
品の製造・販売がどのような意思決定のプロセスを経てなされたか，あるい
は販売後の回収システムがどのようなものか等について，コンプライアン
ス・プログラムとの関係も含めて検討しなければならない[3]。結論的には，コ
ンプライアンス・プログラムの意義を確認しつつ，それと摺り合わせながら
当該事件における因果のプロセスと具体的予見可能性ないし注意義務違反が
認定されることになる，と思われる[4]。コンプライアンス・プログラムが良く
できていても，事故が起きることはありうるので，過失責任の認定において，
必ずしもコンプライアンス・プログラムが決定的役割を果たすわけではない
が，参考にはなりうる。要は，その運用がどのようになされているか，であ
る。その際に，ヒューマン・エラーが組織の在りように起因する点にも留意
する必要がある。この点については，すでに組織の欠陥に起因する医療事故
について考察した際に指摘したように[5]，米国医療の質委員会が根底に据え
た「人は誰でも間違える（To Err is Human）」という発想[6]を考慮する必要があ
るし，また，ヒューマン・エラーを専門とする心理学者のジェームズ・リー
ズンが「組織モデル」を根底に据えて「スイスチーズモデル」を用いながら
組織事故について考察している点[7]にも配慮する必要がある，と思われる。
しかし，いずれにせよ，この問題においても，刑事責任を考えるに際しては，
最終的に責任原理を根底に据えて検討を加える必要がある[8]。

　3　本章では，以上の問題意識から，欠陥製造品の製造・販売と刑事過失
をめぐる問題について，第1に，実行行為主体の特定および実行行為性につ
いて，共犯関係にも言及しつつ論じ，第2に，因果関係について論じ，第3
に，注意義務内容および予見可能性について検討を加え[9]，それとの関係で，
コンプライアンス・プログラムと企業の刑事責任についても若干言及するこ
ととする。そして，何よりも本章が捧げられる神山敏雄教授は，不作為犯，
共犯，過失犯といった刑法の基本問題の研究と同時に経済刑法の研究を長年

されてきたが，本章のテーマは，まさにこれらのすべてに関わる問題であり，長年ご親交を賜った神山教授の古稀をお祝いするには，格好のテーマと思われることから，本章を謹んで神山教授に捧げたいと思う[10]。

2 実行行為主体の特定と実行行為性

1 まず，実行行為主体の特定と実行行為性が問題となる。これも，企業・会社の経営体制ないし規模によって一様に扱えないが，取締役会の合議で意思決定をする企業活動に起因する事故の場合とワンマン経営体制でおよそ合議なく意思決定がなされる企業活動に起因する事故の場合の2つに大きく分類できる。後者の場合であれば，実行行為主体の特定は，経営者に絞って考えることができるので容易である。例えば，さつまあげ中毒事件差戻し後第1審判決（仙台地判昭和56・7・2判タ469号161頁）では，工場内に入り込んだ鼠を介してさつまあげに付着したサルモネラ菌に汚染された食品の製造・販売に起因する事故について，従業員約20名の会社の代表取締役に対し，自ら工場の建物，製造機械，器具等を管理していた点が実行行為主体性の根拠とされ，食品衛生法等に基づく清潔で衛生的な設備・方法によって食品を製造すべき義務（特に防鼠措置義務）に違反した点に実行行為性が認められている。また，サウナ風呂事件最高裁決定（最決昭和54・11・19刑集33巻7号728頁，第1審：東京地判昭和49・6・25刑集33巻7号734頁，第2審：東京高判昭和53・3・28刑集33巻7号748頁）では，発火原因となったサウナ風呂の製作について協議，試作および実験を行い，かつその構造についての決定にも関与していたとして，サウナ風呂の製作・販売会社の取締役らが，業務上過失致死罪および業務上失火罪で有罪とされた。これらは，いずれも，危険源から結果発生に至る因果の流れを，その組織において実質的権限を有する者が支配していたことから，その作為または不作為について刑事責任を肯定することが可能である，と思われる。

これに対して，前者の場合には複雑な問題がある。なぜなら，前者の場合であっても，取締役の決定がある場合と取締役の決定がない場合がありうるからである[11]。そこで，この点についてさらに検討してみよう。

6　第1部　企業犯罪の理論

2　前者のケースとして，古くは，森永ドライミルク砒素中毒事件（差戻し
審：徳島地判昭和48・11・28判時721号7頁，判タ302号123頁）がある。本件は，刑
事製造物責任という観点から再検討すると，実に興味深い問題を内包してお
り，まさに本題のリーディング・ケースと言える。事案の概要は，以下のと
おりである。昭和30年（1955年）夏ごろ，岡山県を中心に西日本一帯で人工
栄養乳児に下痢，嘔吐，発熱，腹部膨満，貧血，皮膚の異変といった症状を
伴う奇病が集団的に発生し，110名余の死者と1万名以上の罹病者を数える
に至った。調査の結果，この病は，本件工場で製造された乳児用調整粉乳に
多量の砒素が含まれていたことによる砒素中毒であることが判明した。同工
場ではもともと1953年4月以降に粉乳の安定剤として第二燐酸ソーダ（無規
格品）を協和産業から購入して使用していたところ，1955年4月から7月に
かけて納入された薬剤は，容器には「第二燐酸ソーダ」と表示されていたが，
実際は多量の砒素を含有した特殊化合物（松野製剤）であった。砒素混入経路
は，松野製剤がアルミナ製造の際にできた産業廃棄物を他の業者から買い入
れ，これを脱色，再結晶させたところ，結晶の外見が第二燐酸ソーダに類似
していたため，「第二燐酸ソーダ」と称して販売していたもので，同工場では
松野製剤を添加して粉乳を製造したため，その分の同粉乳は乳児の身体に有
害な程度に多量の砒素を含有するに至った，というものである。しかし，周
知のように，本件の争点は，むしろ工場長と製造課長の予見可能性を判断す
ることについて危惧感で足りるか，という点にあったので（製造課長のみ有罪），
実行行為者の特定ないし実行行為性についてはあまり論じられなかった。そ
して，結論的には，工場長に第二燐酸ソーダ納入についての実質的権限はな
かったことから，せいぜい製造課長について過失行為を問題にすれば足り，
したがって，この点について特段の問題はないように思われる。しかし，今
日の視点および企業の在りようからすれば，意思決定の責任者としての工場
長の実行行為性が問題にされるかもしれない。

　これに対して，カネミ油症事件（福岡地判昭和53・3・24判時885号17頁）では，
米ぬか油の製造過程で熱媒体カネクロール（PCB）が混入したことから，これ
を摂取した消費者が油症に罹患した点について，工場長Mと代表取締役社
長Kの刑事責任が争われたが，前者のみ有罪で，後者は無罪とされた。後者

の無罪理由は,「技術的,具体的業務につきその職責になく,また,これらの直接責任者である被告人Mに対し,右の諸点に関して具体的,個別的業務につきその職責になく,また,これらの直接責任者である被告人Mに対し,右の諸点に関して具体的,個別的な指示監督を行い,あるいは,その遂行を監視督励すべき立場にも実質的にはなかった」点,すなわち,「被告人Kとしては,結局,会社全体の,あるいは製油部の統括責任者として,その業務全般にわたり,一般的,抽象的にこれを掌理統括するという広範な職責から,右の諸点についての一般的,抽象的な監督責任すなわち統括責任を有するものの,本社工場の一部門における多数の装置中の一つに過ぎない脱臭装置に生じた本件結果につき,その回避措置をとり得べき立場にあったものとは到底認められない」,と認定された点にある。

　近時この問題に言及された日山恵美講師[現・教授]は,この論理が前述の森永ドライミルク砒素中毒事件差戻審判決の論理と同じであることを指摘したうえで,以後の旅館・ホテル等の一連の火災事故における監督過失論の拡張傾向と対比してみると,「製造物事故の事案では,判例は,事案における企業内の管轄・権限を考慮して監督過失を直接行為者に対する具体的な指示監督権限を有する者のみに肯定し,業務全般にわたる,一般的・抽象的監督権限を有するにすぎない者については否定しており,限定的な態度だといえる」[12],と指摘しておられる。確かに,これは適切な指摘であるし,この方向性は妥当なように思われる。刑事製造物責任における実行行為主体の特定の問題の原点は,ここにある。これが確定されてはじめて,その行為が作為か不作為かが検討されることになるのである。

　3　その後,周知のように,いわゆる薬害エイズ・ミドリ十字ルート事件において,製薬会社たる(旧)ミドリ十字の幹部の刑事責任について,この点が正面から問われ,一連の判断が示されるに及び(第1審:大阪地判平成12・2・24判タ1042号94頁,第2審:大阪高判平成14・8・21判時1804号146頁,上告審:最決平成17・6・27判例集未登載),汚染された血液製剤を輸入・販売した結果,それを利用した患者が死亡した場合,製薬会社幹部に対していかなる根拠でどのような刑事責任を問えるか,という形で,改めて日本でも刑事製造物責任の問題がクローズアップされた[13]。

8   第1部　企業犯罪の理論

　第1に，実行行為者たる地位にある者の確定について検討しよう。第1審
も第2審も，血液製剤等の医薬品製造販売を業とするミドリ十字の代表取締
役社長甲について，同社の業務全般にわたる重要な案件について協議し決定
する機関である常務会経営会議を主宰し，営業方針，副作用の発生とその対
応等の業務全般について報告を受けるなど同社の業務全般を統括していたと
して，実行行為者の資格［適格性］を認め，また，乙については，同社代表取
締役副社長兼研究本部長として，常務会等を構成して同社の意思決定に参画
し，甲を補佐して同社の業務全般を統括するとともに，エイズと血液製剤と
の関わりについての情報収集等の調査を含む医薬品の研究に関する業務全般
を統括していたとして，やはり実行行為者の資格［適格性］を認めた。さらに，
丙は，第1審後に死亡したこともあり，第1審だけの判断ではあるが，同社
代表取締役専務兼製造本部長として，常務会等を構成して同社の意思決定に
参画するとともに，医薬品の製造業務全般を統括していたとして，やはり実
行行為者の資格［適格性］を認めた。すなわち，いずれも同社の医薬品の製造
販売に伴う危険の発生を未然に防止すべき地位にあった，と判断された。こ
のような前提状況があるかぎり，この3名は，実行行為者としての適格性を
有していた，と言える。この点については異論ないであろう。特に第2審が
甲について「同社の業務全般にわたる重要な案件について協議し決定する機
関である常務会と経営会議を主宰し，営業方針等について報告を受けるなど
同社の業務全般を統括していた」点を重視し，乙について「常務会等を構成
して同社の意思決定に参画し，被告人甲を補佐して同社の業務全般に関与す
ると共に，エイズと血液製剤との関わりについての情報収集等の調査を含む
医薬品の研究に関する業務を統括していた」点を重視しているのは，重要で
ある。すなわち，単に会社の幹部であるという形式的根拠ではなく，意思決
定への具体的実質的な参加という側面を重視しているのである。

　では，実行行為内容はどうであろうか。第1審も第2審も，非加熱クリス
マシンの販売を継続するとともに，販売済みの非加熱クリスマシンを回収す
る措置を採らないという過失行為，すなわち，作為と不作為の2つの過失行
為を実行行為として構成している点が特徴である。もっとも，「販売を継続す
るとともに」「回収措置を採らないという過失を犯した」とする判決の論理か

らは，本件においてこれら幹部の行為が作為なのか不作為なのか，必ずしも判然としない。したがって，「『販売継続』に着目してこれを作為犯とするのなら，直接行為者ではない取締役らを作為正犯として認める根拠が必要であり，『回収措置不実施』に着目するのなら取締役らに不作為犯が問われるのだから，作為義務者としての地位をもたらす根拠が必要となる」[14]という指摘は，正鵠を射たものである。本件では，甲，乙，丙らが常務会の中心メンバーであり，しかも非加熱製剤投与の危険性が明確になった時点以降も，実質的権限をもって「販売継続」の実質的意思決定をしていたのであるから，むしろ明確に作為性を前面に出した理論構成を採るべき事案のように思われる。もっとも，第1審および第2審判決が，「回収措置不実施」という不作為をも過失行為として捉え，過失の併存ないし競合という論理を採った可能性も否定できない。この点を明示すべきであったと思われる。

4 かくして，刑事製造物責任の領域においても，監督過失の問題と同様，実行行為者としての適格性を有するのは，当該欠陥製品の製造・販売に関して実質的支配権限を有する者であり，また，実行行為は，それに関して実質的支配の範囲内で当該欠陥製品の製造への意思決定をして流通に置かしめたという作為，または一旦流通に置かれた後に欠陥製品と判明した場合にその製品を回収しなかった不作為，ということになる。しかし，ここで問題になるのが，後者の不作為を犯罪として構成するためにはどのような論拠が必要か，という点である。

周知のように，ドイツでは，前述のいわゆる「皮革用スプレー事件判決」（BGH St 37, 106）において連邦通常裁判所が欠陥製品の回収義務を認めたことにより，学説もこれを支持する見解が増えた[15]。問題は，その根拠である。北川佳世子教授の研究によれば，これを肯定する学説は，①民法上の義務や条理等を根拠にする見解，②販売したという先行行為に基づくとする見解，③危険な製品に対する支配を根拠にする見解に分かれる[16]。日本の学説も，基本的に同様に分類することができる[17]。

①説が説くように，民法上の義務（安全配慮義務ないし上司への進言義務等）や条理（社会生活上の義務）が刑法上の注意義務の直接的根拠になりえないことは，過失犯の議論において夙に指摘されている[18]。ドイツにおいても，民法

上の製造者責任の原則を刑法に転用することへの疑念は強く出されている[19]。

また、②説も、先行行為だけでは諸種の矛盾が出てくる。北川教授は、適切にも、「先行行為に義務違反が必要だとすると、販売後に製品の隠れた瑕疵が見つかった場合には回収義務を基礎づけ得ないこと、逆に、先行行為に義務違反を不要とすると、結果発生の条件を設定した者に常に作為義務が認められることになりかねない等の欠点がある。さらに、先行行為により不作為責任が問われるのは企業ではなく個人であるので、製造・販売当初から関与しなかった者の責任を基礎づけられず、配置転換の多い企業の実状に合わない場合が生じる。また、通常、個人の職責として回収責任が問われるのは、製品の欠陥・危険性が判明した後リコールの報告等を受けた品質管理部等の責任者である事実ともずれが生じる」[20]、とその矛盾を整理される。また、塩見淳教授も、本件との関連で、作為犯との同価値性は「不作為者がその不作為をなす以前に法益侵害に向かう因果の流れを自ら故意又は過失により設定してことをもって充足される」とする先行行為説の規準を適用した場合、「ミドリ十字ルートにおいては、先行行為を非加熱製剤の製造・販売の決定に求めるならば、その時点では HIV の混入によるエイズの発症・死亡を予見するのは不可能で過失を認定できないし、医薬品販売会社の日本商事に対する非加熱製剤の卸売りととらえたときでも、それが加熱製剤の販売時期である昭和 61 年 1 月 10 日のわずか 3 日後であり、被告人らに卸売りを止めることができたかどうかの判断は微妙なものとなろう」[21]、と指摘される。いずれも、正鵠を射た指摘である。したがって、回収義務を認めるとすれば、基本的には③説によるほかない、と思われる。

しかし、③説に立っても、「危険な製品に対する支配」の内実をどのように捉えるかで、結論が異なる。すなわち、事実的支配を根拠とする説（事実的支配説）によれば、製品出荷後に製造業者の手元を離れると、製造業者の支配が及ばなくなるので、回収義務は事実上否定されることになるし、他方、支配概念を規範的に捉える説（規範的支配説）によれば、消費者の手に渡った製品に対してまでつねに回収義務を認める懸念が出てくる[22]。これに対して、製造物を危険源と捉え、危険源保障人義務が認められないという観点から回収

義務を否定する見解[23]や,「排他的支配」を強調して回収義務を否定する見解[24]も有力である。後者の見解は,先行行為のみで作為義務を基礎づけることに疑問を呈し,むしろ行為者が危険源を排他的に支配していたかどうかに着目する,いわゆる「排他的支配説」に依拠している,と言うことができる。換言すれば,「不作為の時点で,不作為者が因果の流れを掌中に収めている場合」[25]を排他的支配と捉えるのである。ただ,ここで注意しておかなければならないのは,これら否定説は,回収義務の問題を注意義務の内容としてではなく,作為義務の内容として捉えている点である。

　しかしながら,このような考えに対しては,「排他的支配という基準は,それを用いる論者によって,その実質的内容が異なってくる可能性がある」[26],という批判や,「もし危険源の支配ということで説明しようとすれば支配領域性の概念を規範的レベルまで拡張する必要がある。しかし,事実上の支配に欠ける結果について被告人の地位や権限といった規範的要素のみからその支配性を肯定すると,作為と同価値とはいえない不作為の処罰を肯定し過失不作為犯の処罰範囲は不当に拡大する恐れがあり妥当でない」[27],という批判がある。また,「影響可能性」を重視する立場から,「『支配』要件は作為と不作為との因果関係の差異を埋める機能を果たしうるものではなく,また,刑法の法益保護機能に鑑みても,場所的・領域的意味での『支配』の有無は問題ではなく,その意味での『支配』を離れた欠陥製造物についても,当該製造物による法益侵害ないしその危殆化を回避する可能性がある限り,当該結果ないし危殆化の回避義務を論じることは可能である」[28]との批判的見解も出されている。これらの批判は,いずれも核心を衝いたものである。この批判を回避しようとすれば,あくまで事実的な排他的支配に限定せざるをえなくなる。しかし,その立場からは,例えば,薬害エイズ事件厚生省ルートで争われている「官僚の不作為」[29]について刑事責任を追及できるかは難しいかもしれない。ここで,「官僚の不作為」の問題を詳細に論じる余裕はないが[30],本題との関係に限定して言えば,危険物を人に向けて製造・販売し,そのルートも支配しているような場合は,危険物製造業者を保障人として位置づけることが可能と思われる。また,それを前提として,危険物をいったん手元から製品として手離した場合でも,制度としても実態としても,そのルー

12   第1部　企業犯罪の理論

トに事実的支配を及ぼしていた場合には，欠陥製品を回収する義務を刑法上の作為義務として認めることができるように思われる。北川教授が，「処罰根拠はまさに不作為の実行行為の点に求められなければならない」として，「法益侵害結果へと向かう因果の流れが現実に発生した後の，あるいは因果の流れが発生しているのと同視し得るほど危険な状況下に立ち至っている段階において，現実に法益侵害へと向かう因果の流れを事実上排他的に支配したにもかかわらず，結果を防止せずに結果を発生させた行為（不作為）だけが，実質的に法益侵害の危険のある作為と同価値のものとされるべき不作為の実行行為である」[31]，と説かれるのは，この脈絡で理解するかぎりで賛同できる見解である。しかし，それは，誰に販売したか，消費者が誰であるかが特定できるような場合に限定されるであろう。なぜなら，不特定多数人に商品が手渡された後に欠陥が判明したような場合，事実上，全面的な回収措置を採ることは困難だからである。企業の幹部とはいえ，そのようなあらゆる場合にまで個人に刑事責任を負わせるのは，酷である。このように考えれば，外在的要因を取り込むことになる「社会的期待」[32]や規範的操作に陥りやすい「影響可能性」[33]という曖昧な規準を敢えて持ち出さなくとも，この種の事案に対応できるものと思われる。

3　因果関係

1　つぎに，刑事製造物責任の問題における因果関係の問題を簡潔に取り上げておこう。複数の取締役による集団的意思決定があるとしても，全員一致の場合はともかく，そうでない場合には，各自の立場決定が当該被害結果との間に因果関係があるか，が問題となる。この問題については，すでに北川佳世子教授がドイツの議論を素材としつつ「集団的意思決定における因果関係——とくに複数人の過失不作為が競合する場合の因果関係——」という観点から見事に整理・検討されている[34]。それによれば，一般的な肯定論として，①危険増加論（行為者の態度が結果発生の危険を高めていれば結果の客観的帰属が認められる：連邦通常裁判所の見解），②コンディティオ公式の例外を認める説（複数の条件のうち，択一的に〔どちらかを〕取り除いても結果は発生するが，重畳的に〔と

もに〕取り除いて考えると結果は発生しなかったであろう場合には，各々の条件いずれにも因果関係があるとする：マイヤー，クーレン），③合法則的条件公式の適用を唱える説（後行事実である結果が先行事実である行為から経験則に従って生じた場合に合法則的関係を認める：ヒルゲンドルフ），④新しい公式を採用する説（合法則的条件関係説を採用し，因果関係の特殊な帰属方法として，結果を過剰に条件付けたという意味での多重的因果関係を説く：プッペ），⑤過失の共同正犯を認める説（ブラムゼン，オットー）に分かれ，さらに個別化説（結果回避可能性のない作為義務は果たす必要がないとする見解：ザムゾン）がある[35]。

2　北川教授がすでに指摘されているように，①説は，「確実性に境を接した蓋然性でもって結果が防止できなくても，客観的帰属が認められてしまうことになるので，『疑わしきは被告人の利益に』の原則に反する」であろうし，②説は，「共犯ではない同時犯の因果関係の存否を判断する際に，なぜ各人の行為を合わせて取り除くことができるのかというこの修正公式に対する周知の異論には答えておらず」，「専ら結論の正当性を強く主張するだけに留まっている」[36]，と言わざるをえない。また，③説も，「合法則関係の基準を自然法則に限らず，経験則にまで幅広く認めてしまい，かつ，合法則的関係の存否のみに焦点を当てるのであれば，およそ全ての条件関係が肯定されることになってしま」い，「因果関係論ないし条件関係論の持つ，違法・責任段階の事実的な基礎としての該枠を可能な限り事実的かつ明確に確定する機能をも無視することになる」[37]であろうし，④説も，「因果関係の事実的側面を捨象した，論理的判断を偏重した見解である」[38]，と言わざるをえない。

しかし，⑤説については，若干の検討を要する。確かに，ブラムゼン[39]にせよオットー[40]にせよ，規範的側面を重視しすぎる点で問題と思われるが，その点を別とすれば，ある場合には，過失の共同正犯を認めてよいのではなかろうか。すなわち，企業の意思決定に際して，ある製品の具体的危険性に関する情報を把握していながら，その製品の製造ないし販売を継続するという意思決定に加担した場合，その作為または不作為による行為自体が被害結果と結び付く因果力を有するシステムに乗っていたとすれば，その意思決定参加者は，私見が依拠する行為共同説の立場から，過失犯の（もちろん故意があれば故意犯の）共同正犯者としての地位を獲得するように思われる[41]。もちろん，

14　第1部　企業犯罪の理論

それは実際上個別的状況を踏まえて判断されることになるので,実質的には,北川教授が支持される個別化説になるのかもしれない。

3　そして,過失不作為犯となる場合は,千成ホテル火災事件控訴審判決（大阪高判昭和59・3・13特殊過失刑事事件裁判例集□691頁）との関係ですでに別稿で論じたように,「確実性に境を接する蓋然性」をもって因果関係を確定すべきである[42]。すなわち,同判決は,「過失行為と結果との間に因果関係があるといいうるためには,過失行為がなかったならば,換言すれば行為者が注意義務を履行していれば,当該結果が発生しなかったであろうという条件関係の存在が,確実性に接着した蓋然性をもって確定される必要があり,その認定にあたっては,現実に存在した具体的事実を基礎とし,そのうえに立って,当該注意義務が履行されていたならば,そのことに起因して事態がどのように変わり,現に発生した結果を回避しえたであろうか否かを考えるべきであり,このような意味で当該注意義務の履行と因果的な関連をもたない仮定的な事実,例えば,第三者によって結果の回避に向けてより適切な行動がなされておれば,というような仮定的事実を加えて結果回避が可能であるか否かを論ずべきものではない」,という定式を採用したのである。このように,「被害者に最も不利な条件」を設定したうえで結果不発生の可能性が「合理的な疑いを容れない程度に立証」されることを実質的な因果判断基準とすることは,火災事故だけではなく,刑事製造物責任を追及する場合でも,考慮すべきものと思われる。その際,ドイツの「皮革用スプレー事件」判決（前出）において検討されたように,「第一段階で,必要な回収活動はそもそも実現したであろうかが,第二段階で,回収命令が小売商に適切な時期に達していたであろうかが,第三段階で,小売商が回収命令を守ったであろうかが」[43]ポイントになるであろう。

　なお,薬害エイズ事件ミドリ十字ルート判決では,因果関係は正面から争われていないが,上記「販売継続」の意思決定に基づき,日本商事に非加熱製剤を販売させ,大阪医科大学附属病院で医師をして投与させ,患者をHIVに感染させ,そして発症後に死亡させたことは,この定式を当てはめても,因果関係を肯定するに十分な連鎖と言えるように思われる。

第1章 欠陥製品の製造・販売と刑事過失　15

4　注意義務内容および予見可能性

1　最後に，刑事製造物責任において，注意義務内容および予見可能性の問題ついてどのように考えるべきか，について検討しておこう。

　先に取り上げた森永ドライミルク砒素中毒事件差戻判決（前出・徳島地判昭和48・11・28）は，周知のように，「予見可能性は具体的な因果関係を見とおすことの可能性である必要はなく，何事かは特定できないが，ある程度の危険が絶無であるとして無視するわけにはいかないという程度の危惧感であれば足りる」，と説いた。しかし，この論理は，北大電気メス事件控訴審判決（札幌高判昭和51・3・18高刑集29巻1号78頁）により，「内容の特定しない一般的・抽象的な危惧感ないし不安感を抱く程度で直ちに結果を予見し回避するための注意義務を課するのであれば，過失犯成立の範囲が無限定に流れるおそれがあり，責任主義の見地から相当であるとはいえない」，として即座に拒絶され，結果発生の予見とは，「特定の構成要件的結果及びその結果の発生に至る因果関係の基本的部分の予見を意味する」，という定式が出され，熊本水俣病刑事事件控訴審判決（福岡高判昭和57・9・6高刑集35巻2号85頁）もこれに続いた。予見の対象についてのこの方向性は基本的に妥当であるが，より正確には，すでに定式化したように，「予見の対象とは，構成要件的結果に即座に結び付く場合は当該結果そのものであるが，複数の因果連鎖を経て結果に至る場合は当該具体的事案において最終結果たる当該法益侵害（場合によっては法益危殆化）と経験的に蓋然的に強く結び付いた因果力をもった事象である」[44]，と考えられる。そして，具体的予見可能性を肯定するためには，責任原理からの帰結として，行為者たる企業幹部に具体的な危険の予兆が存在しなければならない[45]。

2　さて，以上の基本的視点に立脚して刑事製造物責任における注意義務内容および予見可能性の問題を考えるうえで参考になるのが，第1に，カネミ油症事件判決（前出）である。前述のように，本件では，工場長Mは有罪であったが，代表取締役社長Kは無罪であった。すでに井上祐司教授が指摘されたように，「本件事故の因果経過の本質的部分は，過熱脱装置の過熱条件に

16   第1部　企業犯罪の理論

独自に加えられた改造変更とその不適正な運転操作のため，蛇管の局部過熱によってカネクロールが分解し，よって生じた塩化水素ガスが循環経路中の水分と合体して塩素となり，蛇管内壁を腐食し貫通孔を形成し，そこからカネクロールが油のなかに漏出混入したという点にある」[46]。そして，予見可能性自体も争点となり，特に工場長有罪の論理展開において，次のように述べている。

　まず，カネクロールの毒性の予見可能性について，「人体に不適合で異質な物質であるかかる化学合成物質を経口摂取すれば人体に何らかの影響をもたらすかもしれないという認識，詳述すれば，その具体的な理化学的経緯，理由，態様等は不明であっても人の健康状態に不良な影響をもたらし，或いはその生理的機能に障害を与えるかもしれないという認識は，特段の事情なき限り，容易にもちうるものと考えられるし，かかる結果発生の可能性は決して稀有なものとして否定し去ることはできない」との立場から，「被告人Mの経歴，知識，経験の程度に照らすと，同被告人において，右各カタログの記載内容から，その安全性につき保障がなされているわけではなく，従って他の有毒な芳香族塩素化合物同様人体に有毒ではないかとの疑いを持ちうる可能性は十分に存し，カネクロールが人体に無害なものではなく，人の健康に対する安全性の保障された物質ではないことを十分認識しえたものと考えられる」，と認定している。つぎに，カネクロールの米ぬか油中への混入の予見可能性についても，⑴脱臭缶蛇管の腐食貫通孔からのカネクロール漏出についての予見可能性および⑵脱臭缶蛇管の所謂「機械的損傷」によるカネクロールの漏出の予見可能性について丹念に検討し，「被告人Mは，前示のとおり三和式脱臭装置につきその安全性の確たる保障もないままこれを改造変更等をなし，その運転方式も変更しているのであるから，カネクロールの加熱条件にかなりの変化が生じ，場合によってはその過熱分解に起因する腐食等により蛇管に欠陥が生成し，或いは不適正な装置操作への変更によって蛇管等に無理が生じている可能性を十分認識しうる立場にあったから，少くとも右修理に伴う蛇管の欠陥の生成ないしは既に生成している欠陥の拡大等につき，一層これを予見することができた」，と認定している。

　このように，本判決は，具体的予見可能性を基軸として論理を展開してお

り，結果回避義務については新過失論の構成を採ってはいるものの，特に，「客観的な結果回避の義務ありとして行為者にこれを負担させるためには，その前提となる結果や因果経過の予見可能性についても，当該事件において具体的に生起した因果経過や結果についてのそれであるべきで，右の具体的事実と離れて，実際にはそのような経過をたどらずまた結果も生じなかった一般的抽象的に考えられる予見可能な事実をもって，その結果回避義務の前提とすることはできない」という基本的思考を根底に据えている点は，もっと評価されてよいように思われる[47]。

3　第2に，前述の薬害エイズ事件ミドリ十字ルートの第1審判決および第2審判決が重要である。第1審判決は，被告人らの過失の存在について，次のような論理を展開した。

まず，前提として，「加熱クリスマシン HT の販売が開始された昭和61年1月10日の時点においては，HIV が血液製剤等を介して接続感染し，発病までの潜伏期間が長期にわたり，いったん発病した後の死亡率が高いことなど，HIV のウイルスとしての性質の概要は，既に相当程度明らかになっていた」し，「また，米国において，HIV に汚染された血しょうを原料として非加熱血液製剤の使用により血友病患者におけるエイズ発症例も増加していた上，我が国内においても，医学研究者らにより血友病患者の中に多数の HIV 感染者が存在することが指摘され，厚生省 AIDS 調査検討委員会が昭和60年5月に日本人血友病患者3名をエイズ患者と認定公表し，同年末時点で5名の血友病患者をエイズ患者と認定公表するなど，米国で採取された血しょうを原料とする非加熱血液製剤を使用した血友病患者の中にエイズ発症者が確認されたのであり，その上で，厚生省がその対策として加熱処理した凝固因子製剤の導入を図り，まず第Ⅷ因子製剤について，次いで第Ⅸ因子製剤についても早急に承認を与えた」ことを確認する。そして，結果発生の危険性の認識可能性について，「被告人らにおいて，非加熱クリスマシンを投与された患者らが HIV に感染し，エイズを発症するということの危険性を認識することは可能であったことが認められる。したがって，加熱クリスマシン HT の販売が開始された時点において，非加熱クリスマシンの販売を継続し，また，販売済みの非加熱クリスマシンの販売を放置すれば，その投与により患者ら

18　第1部　企業犯罪の理論

に HIV を感染させ，エイズ発症により死亡させる危険性があることを予見することができたことは，明らかである」，と述べ，予見可能性を肯定する。続いて，「被告人らについて個別にみても，被告人乙は，昭和 58 年に『AIDS』と題する文書を作成したが，その文書に，エイズの病因としてはウイルス感染による可能性が濃厚であること，米国におけるエイズ患者に血友病患者も含まれていること，感染経路としてエイズ患者からの血液及び血液製剤が考えられること，潜伏期間は 2 か月から 2 年と長いことなどを記載していたのであるから，本社内においていち早く米国からの輸入血しょうを原料とする非加熱クリスマシンによる HIV 感染の危険性を意識していたものである。また，被告人甲と被告人丙も，常務会等の席上でその話題が繰り返されることにより，あるいは，Ｉ報告や被告人乙作成の文書を含む社内資料を閲読することにより，加熱クリスマシン HT 販売開始よりも相当以前から非加熱クリスマシンによる HIV 感染の危険性を認識することが可能であったと認められる」，と断定する。

　さらに重要な点は，「被告人らが加熱クリスマシン HT の販売後は，非加熱クリスマシンの販売を中止し，販売済みの非加熱クリスマシンの回収措置を採ることにより，その後の HIV 感染の結果を回避させることは，可能であったことが明らかである。すなわち，被告人甲が，代表取締役社長として，常務会に諮るなどして，販売中止，回収の措置を実行し，あるいは，被告人乙が，代表取締役副社長兼研究本部長として，常務会等において，販売中止等の措置を採ることを提言するとともに，被告人甲にその旨を進言し，被告人丙が，代表取締役専務兼製造本部長として，販売中止等の措置を採ることを提言すれば，それぞれの社内における地位や職責に照らし，販売中止，回収が実現する可能性は極めて高く，本件被害の発生を未然に防止することが可能であったと認めることができる。したがって，被告人らにいずれも業務上の注意義務を怠った過失があることは，明らかである」，と述べている点である。販売中止，回収の措置を刑法上の注意義務として捉えたのである。しかし，進言義務や提言義務を根拠としてこのような注意義務を持ち出すのは，論理的に問題である。

　なお，量刑の箇所で，「医薬品の製造販売業者は，治療効果の反面において

人体に有害な作用を及ぼす危険性を有する医薬品の安全性を最大限に確保する義務があり，製造販売の開始時はもとより，その後においても，その安全性に関する最新の情報と知見に基づく最高の学問的水準に関心を怠ることは許されない」，などと厳しい論調で実刑理由を述べて，甲を禁錮2年，乙を禁錮1年6月，丙を禁錮1年4月に処している。被告人らは，量刑不当を理由に控訴した。

第2審は，量刑に配慮して原判決を破棄し，甲を禁錮1年6月に，乙を禁錮1年2月に処した（なお，丙は第1審判決後に死亡したため，公訴棄却）。その予見可能性および注意義務認定の論理は，次のようなものであった。

「被告人らは，加熱クリスマシンHTの販売開始時点において，濃縮血液凝固第IX因子製剤の加熱化がこれによって状況を決定的に変化させた極めて重要な意義を有するエイズ対策であって，非加熱クリスマシンの販売を継続し，また，医療機関等に販売済みの非加熱クリスマシンを放置すれば，その投与により患者らをエイズウイルスに感染させ，エイズ発症により死亡させる危険性があることを予見することができ，かつ，血友病等の治療のため非加熱クリスマシンを販売することも販売済みの非加熱クリスマシンを留め置くこともその必要がなかったのであるから，直ちに非加熱クリスマシンの販売を中止するとともに，販売済みの非加熱クリスマシンの回収措置を取る^{（ママ）}べき業務上の注意義務があった」。そして，「被告人甲は，代表取締役社長として，常務会に諮るなどして，販売中止，回収の措置を実行すべき義務があり，被告人乙は，代表取締役副社長兼研究本部長として，常務会等において，販売中止等の措置を取る^{（ママ）}ことを提言するとともに，被告人甲にその旨を進言すべき義務があった。ところが，被告人両名は，いずれもこの義務を怠り，加熱クリスマシンHTの販売後も引き続き非加熱クリスマシンを販売するとの営業方針を常務会等で了承し，その後も，非加熱クリスマシンの販売を継続するとともに，販売済みの非加熱クリスマシンを回収する措置を採らないという過失を犯したものである」，と断定する。これは，第1審判決の論理と同様である。なお，最高裁でも，上告棄却により有罪の結論が維持され，企業トップの実刑が確定したことは（最決平成17・6・27判例集未登載），製薬企業に大きな課題を突きつけた。

20　第1部　企業犯罪の理論

　本件の場合，予見可能性については，上記事実からして，非加熱製剤投与が具体的危険を有することが一般に認識されていた時点以降の「販売継続」の意思決定に際して，結果発生の具体的予見可能性を十分に肯定することができる。むしろ重要な点は，第1審判決および第2審判決が注意義務内容として，製薬会社に対して販売中止義務のみならず，販売済み製品の回収義務を認めた（そして最高裁が結論的にこれを支持した）点にある。本件の場合，事前に高度の危険を内包した薬剤であることが判明していたケース（いわゆる「認識ある過失」のケース）であり，企業の幹部としては，販売継続の意思決定という作為について過失責任を負うことが可能になり，かりにその認定が困難な場合でも，その危険源からの流通ルートを把握することが可能であった，とみることができ，したがって，前述のように，過失不作為犯として回収義務を作為義務として認定してよかったものと解される。もちろん，このことは，回収義務を一般的に肯定したことにはならない点に留意する必要がある。

　4　最後に，近時，コンプライアンス・プログラムが企業の刑事過失認定にも関係するのではないか，との議論もなされつつある[48]。詳細は別途検討せざるをえないが，それぞれの企業で欠陥製品の製造・販売がどのような意思決定のプロセスを経てなされたか，あるいは販売後の回収システムがどのようなものであったか等，コンプライアンス・プログラムと摺り合わせながら当該事件における因果のプロセスと具体的予見可能性ないし注意義務が認定されることになる，と思われる。コンプライアンス・プログラムが良くできていても，事故が起きることはありうるので，過失責任の認定において，必ずしもコンプライアンス・プログラムが決定的役割を果たすわけではないが，参考にはなりうる。要は，その運用がどのようになされているか，である。

5　結　語

　以上，欠陥製品の製造・販売と刑事過失の問題について論じてきた。結局，私自身は，責任原理を堅持しつつ可能なかぎり伝統的過失論の枠組みを維持することによってもこの問題に対処できる，という結論に至らざるをえない。

その際，ヒューマン・エラーに関する心理学者ジェームズ・リーズンの次の指摘は，この問題を考えるうえでも参考になる。

「愚かなあるいは不注意な行為をしたからといって，必ずしもその人が愚かなあるいは不注意な人間だというわけではない。誰もが，時にはすばらしく創造的な，時にはばかげた行動をとる。エラーマネジメントの基本原則の一つは，最良の人間でも時には最悪のエラーをするということである」[49]。「人間の間違いやすさをある程度まで改善することは可能である。しかし，人間の間違いやすさを完全になくすことはできない」。「エラーの型の一つひとつが異なった心理的メカニズムをもっており，組織のさまざまな部分で発生し，それぞれ異なった管理方法が必要である」。「安全上の重大なエラーは，組織システムのすべてのレベルで発生する。第一線の従業員だけが犯すわけではない」。「制裁，威嚇，恐怖心を煽るといった対策は，非常に限定された効果しかもたらさない。そして，多くの場合，それらの対策はプラスの効果を生むどころか，モラール，自尊心，正義感を傷つけてしまう」。「多くの事故調査結果によると，事故はエラーしやすい人のしわざというより，エラーを誘発しやすい状況とエラーを起こしやすい作業の結果である」[50]。

要するに，「われわれは人間の状態を変えることができない。人間はどんな時でもエラーを犯し，規則違反を犯しうる。しかし，人間の働く条件を変え，不安全行動を少なくすることは可能である」。「エラーをした人間を非難しても，感情的には満足するであろうが，その人の将来の間違いやすさには何の効果もない」[51]。そうだとすると，せいぜい刑法で処罰できるのは，故意犯のほかには「認識ある過失」が限界であり，「認識なき過失」は刑事制裁になじまないように思われる[52]。刑事製造物責任においても，このことを考えておく必要がある。そうすると，この問題において刑事罰で対応する場面は限定されてくるであろう。

さらに言えば，結果防止のためには，刑法が最良の手段とはかぎらない。むしろ行政法的コントロールとセットで考えるべきである。例えば，薬事法改正（2002年）により，新たに74条の4に，「医薬品，医薬部外品，化粧品若しくは医療機器の製造販売業者又は外国特例承認取得者は，その製造販売をし，又は承認を受けた医薬品，医薬部外品，化粧品若しくは医療機器の使用

22 　第 1 部　企業犯罪の理論

によって保健衛生上の危害が発生し，又は拡大するおそれがあることを知ったときは，これを防止するために廃棄，回収，販売の提供その他必要な措置を講じなければならない」という規定が加わった。罰則はないが，この明文化は，企業倫理が強調されている昨今，製薬企業にとって重みのある規定である。そして，場合によっては，限定的ながらこの種の規定に行政制裁規定ないし刑事制裁規定を設けるべきであろう。

1) この問題についての日本におけるこれまでの研究として，岩間康夫「刑法上の製造物責任と先行行為に基づく保障人的義務——近時のドイツにおける判例及び学説から——」愛媛法学会雑誌 18 巻 4 号 (1992) 41 頁以下，同「欠陥製造物を回収すべき刑法的義務の発生根拠について——ブラムゼン説の検討——」愛媛法学会雑誌 20 巻 3＝4 号 (1994) 201 頁以下，同「製造物責任の事例における取締役の刑事責任——集団的決定に関与した者の答責——」愛媛法学 22 巻 1 号 (1995) 45 頁以下，同「刑法上の製造物責任に関するヤコブスの見解について」愛媛法学会雑誌 23 巻 2 号 (1996) 55 頁以下，同「刑法上の製造物責任に関するホイヤーの見解——因果関係と先行行為に基づく保障人的義務に関して——」愛媛法学会雑誌 23 巻 4 号 (1997) 57 頁以下，同「製造物責任と不作為犯論」現代刑事法 4 巻 9 号 (2002) 26 頁以下〔これらの論文は，岩間康夫『製造物責任と不作為犯論』(2010・成文堂) に収められている。〕，堀内捷三「製造物の欠陥と刑事責任——その序論的考察——」研修 546 号 (1994) 3 頁以下，ヴァルター・ペロン (高橋則夫訳)「ドイツにおける製造物責任——ドイツ連邦通常裁判所『皮革用スプレー判決』をめぐって——」比較法 (東洋大学) 31 号 (1994) 1 頁以下，松宮孝明「ドイツにおける『管理・監督責任』論」中山研一＝米田泰邦編著『火災と刑事責任——管理者の過失処罰を中心に——』(1993・成文堂) 167 頁以下〔同著『過失犯論の現代的課題』(2004・成文堂) 1 頁以下所収〕，北川佳世子「製造物責任をめぐる刑法上の問題点——ドイツ連邦通常裁判所の皮革用スプレー判決をめぐる議論を手掛かりに——」早稲田法学 71 巻 2 号 (1996) 171 頁以下，同「欠陥製品による事故と製造者の刑事責任——刑法における製品回収義務の発生根拠をめぐるオットーの分析——」『宮澤浩一先生古稀祝賀論文集 第 3 巻 現代社会と刑事法』(2000・成文堂) 41 頁以下，同「薬害エイズミドリ十字ルート第一審判決について——薬害企業の型事責任——」海保大研究報告 47 巻 1 号 (2002) 51 頁以下，山中敬一＝前嶋匠「〔紹介〕ヴィンフリート・ハッセマー著・現代刑法における製造物責任」関西大学法学論集 47 巻 4 号 (1997) 118 頁以下，鎮目征樹「刑事製造物責任における不作為犯論の意義と展開」本郷法政紀要 8 号 (1999) 343 頁以下，田寺さおり「製造物責任領域における刑事責任の可能性」明治学院大学大学院ジャーナル 16 号 (2001) 57 頁以下，ハロー・オットー (甲斐克則＝日山恵美訳)「危険な製造物の引き渡しについての刑法上の帰責(1)(2・完)」広島法学 25 巻 1 号 (2001) 125 頁以下，2 号 (2011) 265 頁以下，日山恵美「刑事製造物責任と取締役の行為主

体性」広島法学 26 巻 4 号（2003）161 頁以下，甲斐克則『医事刑法への旅 Ⅰ』（2004・現代法律出版）165 頁以下，同「薬害と製薬会社幹部の刑事責任——薬害エイズ事件ミドリ十字ルート判決に寄せて——」広島法学 27 巻 2 号（2003）239 頁以下［同『医療事故と刑法　医事刑法研究第 6 巻』（2012・成文堂）154 頁以下］，ローター・クーレン（神例康博訳）「刑法上の製造物責任の必要性と限界」松山大学論集 14 巻 5 号（2002）79 頁以下，神例康博「ドイツにおける刑事製造物責任」松山大学論集 15 巻 5 号（2003）141 頁以下，同「欠陥製造物の回収とその限界に関する覚書——いわゆる薬害エイズ・ミドリ十字事件刑事判決を契機として——」板倉宏博士古稀祝賀論文集『現代社会型犯罪の諸問題』（2004・頸草書房）183 頁以下，平山幹子『不作為犯と正犯原理』（2005・成文堂）55 頁以下がある。

2) 神例・前出注 1)「ドイツにおける刑事製造物責任」148 頁。なお，この神例論文およびクーレン（神例訳）・前出注 1)「刑法上の製造物責任の必要性と限界」は，この問題に関するドイツの最新の情報を伝える。

3) コンプライアンス・プログラムの刑事法上の意義を正面に据えて企業犯罪について本格的に論及した最近の研究として，川崎友巳『企業の刑事責任』（2004・成文堂）がある。なお，同「アメリカ合衆国におけるコンプライアンス・プログラムの新動向」同志社法学 56 巻 7 号（2005）1 頁以下，浜辺陽一郎『コンプライアンス・プログラムの考え方——信頼される企業経営のために——』（2005・中公新書），今井猛嘉「基調報告：企業活動とコンプライアンス——アンケート調査を踏まえた法的責任のあり方について——」季刊・企業と法創造 1 巻 4 号（2005）243 頁以下，甲斐克則「企業の社会的責任と新たな（刑事）法システムの構築——刑事法の観点から見た企業活動とコンプライアンス等の実態調査を踏まえて——」同誌 305 頁以下，同「コンプライアンス・プログラムと企業の刑事責任」田口守一＝甲斐克則＝今井猛嘉＝白石賢編著『企業犯罪とコンプライアンス・プログラム』（2006・商事法務）［本書第 6 章］参照。

4) 甲斐・前出注 3)「コンプライアンス・プログラムと企業の刑事責任」［本書第 6 章］参照。

5) 甲斐・前出注 1)『医事刑法への旅 Ⅰ』128 頁以下［および甲斐・前出注 1)『医療事故と刑法』1 頁以下］参照。

6) L. コーン/J. コリガン/M. ドナルドソン編・米国医療の質委員会/医学研究所著（医学ジャーナリスト協会訳）『人は誰でも間違える——より安全な医療システムを目指して——』（2000・日本評論社）参照。

7) ジェームズ・リーズン著（塩見弘監訳：高野研一＝佐相邦英訳）『組織事故』（1999・日科技連）参照。なお，これと関連して，小松原明哲『ヒューマンエラー』（2003・丸善）［およびシドニー・デッカー（芳賀繁監訳）『ヒューマンエラーは裁けるか——安全で公正な文化を築くには』（2009・東京大学出版会）］をも参照。また，近時，日本学術会議・人間と工学研究連絡委員会の安全工学専門委員会報告「事故調査体制の在り方に関する提言」（平成 17 年 6 月 23 日付）が出されているが，これも本題との関係で実に興味深い。

24　第 1 部　企業犯罪の理論

8) この点について，甲斐克則『責任原理と過失犯論』（2005・成文堂）参照。

9) 以上の点は，実は，火災事故と監督過失をめぐる議論の検討において筆者が試みている分析視角と共通性がある。甲斐克則「火災死傷事故と過失犯論――管理・監督者の過失を中心に――(1)～(7)」広島法学 16 巻 4 号（1993）131 頁以下，17 巻 4 号（1994）115 頁以下，18 巻 3 号（1995）1 頁以下，19 巻 2 号（1995）61 頁以下，19 巻 4 号（1996）129 頁以下，20 巻 3 号（1997）49 頁以下，21 巻 1 号（1997）27 頁以下（未完），同「ビル火災死傷事故と管理・監督者の刑事過失――千日デパートビル火災事件上告審決定」『平成 2 年度重要判例解説』ジュリスト 980 号（1991）149 頁以下，同「ホテル火災と経営者の過失責任――ホテルニュージャパン火災事故上告審決定」法学教室 166 号（1994）126 頁以下参照。［これらは，近いうちに『火災事故と監督過失』として一書にまとめる予定である。］なお，甲斐・前出注 8) 95 頁以下参照。

10) 2003 年 9 月 20 日に広島大学で行われた中・四国法政学会第 44 回大会刑事法部会では，私は，オーガナイザーとして，「刑事製造物責任をめぐって――刑法と民法の対話――」というシンポジウムを行った。そこでは，私の「問題状況と問題設定」に続き，日山恵美氏［当時は広島大学大学院博士後期課程在籍，現在は広島大学法科大学院教授］「刑事製造物責任と取締役の行為主体性」，神例康博教授［当時は松山大学法学部助教授，現在は岡山大学法科大学院教授］「ドイツにおける刑事製造物責任」，手嶋豊教授［神戸大学大学院法学研究科教授］「民事的観点からみた刑事製造物責任」が報告され，大塚裕史教授［当時は神戸大学大学院法学研究科教授，現在は明治大学法科大学院教授］のコメントをはじめ，神山敏雄教授の質問等，活発な議論が展開された。本章は，そのときの議論の総括とその後の早稲田大学 COE「企業と法創造」の中の「企業と市場に係る刑事法制研究」における研究の一端をまとめたものである。

11) 日山・前出注 1) 163 頁以下は，取締役が業務担当領域のトップの地位にある場合を(1)取締役の決定がある場合と(2)取締役の決定がない場合に分けつつ判例分析を通じて興味深い考察をしている。

12) 日山・前出注 1) 166 頁。

13) 本件の事案の詳細については，甲斐・前出注 1)『医事刑法への旅 Ⅰ』166 頁以下，同・前出注 1) 広島法学 27 巻 2 号 241 頁以下［同・前出注 1)『医療事故と刑法』156 頁以下］参照。

14) 日山・前出注 1) 167 頁。

15) 前出注 1) の諸文献参照。Vgl. auch *Harro Otto*, Die strafrechtliche Haftung für die Auslieferug gefährlicher Produkte, in Festschrift für Hans Joachim Hirsch zum 70. Geburtstag, 1999 S. 291ff. 邦訳として，オットー（甲斐＝日山訳）・前出注 1) 参照。なお，ドイツの文献は多いが，詳細は，前出注 1) の岩間教授の一連の紹介を参照されたい。本章では，このオットー論文のほか，*Lothar Kuhlen*, Fragen einer strafrechtlichen Produkhaftung, 1989 ; Die Pflicht zum Rückruf in der strafrechtlichen Produkthaftung, in Festschrift für Albin Eser zum 70. Geburtstag, 2005, S. 359ff. ;

第 1 章 欠陥製品の製造・販売と刑事過失　25

Winfried Hassemer, Produkthaftung im modernen Strafrecht, 1994 等を参照した。

16) 北川佳世子「薬害エイズ 3 判決における刑事過失論」法学教室 258 号 (2002) 48 頁，同・前出注 1)「製造物責任をめぐる刑法上の問題点」190 頁以下参照。なお，日山・前出注 1) 173 頁以下は，作為義務老としての地位の発生根拠という観点から，回収義務をめぐる学説の分析を試みる。

17) 日本の学説整理については，塩見淳「瑕疵ある製造物を回収する義務について」刑法雑誌 42 巻 3 号 (2003) 85 頁以下参照。

18) 例えば，米田泰邦「刑事過失論の今日的課題——大洋デパート事件最高裁判決の残したもの——㈠」警察研究 63 巻 6 号 (1992) 22 頁，松宮孝明「『進言義務』と過失不作為犯——大洋デパート控訴審判決を素材に——」南山法学 13 巻 1 号 (1989) 93 頁以下〔同著前出注 1)『過失犯論の現代的課題』201 頁以下〕，甲斐・前出注 9)「火災死傷事故と過失犯論㈣」広島法学 19 巻 2 号 79-82 頁参照。

19) Vgl. *Otto*, a.a.O. (Anm. 15) 292ff. なお，オットー・前出注 1) (甲斐・日山訳)「㈠」126 頁以下参照。

20) 北川・前出注 16) 48 頁。Vgl. auch *Harro Otto*, Ingerenz und Verantwortlichkeit, Festschrift für Karl Heinz Gössel zum 70. Geburtstag, 2002, S. 99ff.; *ders.*, a.a.O. (Anm. 15), S. 301ff. なお，オットー・前出注 1) (甲斐・日山訳)「(2・完)」265 頁以下参照。

21) 塩見・前出注 17) 86 頁。

22) 以上の点について，北川・前出注 16) 48 頁。

23) 例えば，神山敏雄「保障人義務の類型」岡山法学会雑誌 44 巻 1 号 (1994) 24 頁，同「保障人義務の理論的根拠」森下忠先生古稀祝賀『変動期の刑事法学(上)』(1995・成文堂) 215 頁。

24) 堀内・前出注 1) 8 頁。なお，山口厚教授〔現・最高裁判所判事〕は，故意作為犯の場合には正犯性の要件において排他的支配関係が現れているが，「故意不作為犯においては，遡及禁止による正犯性の要件には変容が生じていると考えることが可能であり，したがって排他的支配を保障人的地位の要件として独立に問題とする意義がある」としつつ，過失犯については，作為犯にせよ不作為犯にせよ，もともと遡及禁止は妥当せず，本件のように一種の監督過失が問題となっている場合には，排他的支配は問題となりえない，と説かれる（山口厚「薬害エイズ三判決と刑事過失論」ジュリスト 1216 号 (2002) 17-18 頁）。一定の場合に，回収義務を肯定される趣旨であろう。

25) 佐伯仁志「保障人的地位の発生根拠について」香川達夫博士古稀祝賀論文集『刑事法学の課題と展望』(1996・成文堂) 110 頁以下。

26) 鎮目・前出注 1) 351 頁。なお，「排他的支配」概念について，「支配」という基準および「排他性」という基準を根本的・批判的に考察した論稿として，平山・前出注 1) 199 頁以下がある。

27) 大塚裕史「薬害エイズ厚生省ルート第一審判決について」現代刑事法 4 巻 3 号 (2002) 73 頁。

26　第 1 部　企業犯罪の理論

28) 神例・前出注 1)「欠陥製造物の回収とその限界に関する覚書」187 頁。
29) この問題については，林幹人「国家公務員の作為義務」現代刑事法 4 巻 9 号 (2002)
　 20 頁以下，山口・前出注 24) 10 頁以下，前田雅英「エイズ禍と刑事過失」判例タイ
　 ムズ 1076 号 (2002) 3 頁以下，大塚・前出注 27) 69 頁以下 [および甲斐克則「企業
　 犯罪と公務員の刑事責任――薬害エイズ事件厚生省ルート最高裁決定を契機とし
　 て――」早稲田法学 85 巻 1 号 (2009) 8-9 頁：本書第 2 章所収，同・前出注 1)『医
　 療事故と刑法』169 頁以下] 等参照。
30) 差し当たりの私見として，甲斐・前出注 1)『医事刑法への旅　I』177 頁以下参照。
　 この問題については，別途改めて論じる予定である [本書第 2 章参照]。
31) 北川・前出注 1)「製造物責任をめぐる刑法上の問題点」200 頁。
32) 塩見・前出注 17) 90 頁。社会的期待説への批判について，佐伯・前出注 25) 101
　 頁参照。
33) 神例・前出注 1)「欠陥製造物の回収とその限界に関する覚書」187 頁。
34) 北川・前出注 1)「製造物責任をめぐる刑法上の問題点」205 頁以下参照。
35) 北川・前出注 1)「製造物責任をめぐる刑法上の問題点」209-217 頁。
36) 北川・前出注 1)「製造物責任をめぐる刑法上の問題点」209-210 頁。
37) 北川・前出注 1)「製造物責任をめぐる刑法上の問題点」211 頁。
38) 北川・前出注 1)「製造物責任をめぐる刑法上の問題点」212 頁。
39) *Joerg Bramsen*, Kausalitäts-und Taterschaftsragen bei Produktfragen, Jura 1991,
　 S. 533ff., bes. S. 537. Vgl. auch *Bramsen*, Strafrechtliche Rückrufpflichten bei
　 fehlerhaften Produkten?, GA 1993, S. 97ff.
40) *Harro Otto*, Täterschaft und Teilnahme im Fahrlässigkeitsbereich, in Festschrift
　 für Günter Spendel, 1992, S. 271ff., bes. S. 285.
41) 過失犯の共同正犯についての私見の詳細は，甲斐・前出注 8) 181 頁以下参照。
42) 甲斐・前出注 9)「三」16 頁以下参照。北川・前出注 1)「製造物責任をめぐる刑法
　 上の問題点」218-219 頁も，この点に賛同している。
43) 北川・前出注 1)「製造物責任をめぐる刑法上の問題点」185 頁。
44) 甲斐・前出注 8) 104 頁。
45) 甲斐・前出注 8) 105 頁。
46) 井上祐司「監督者の刑事過失判例について」井上正治博士還暦祝賀『刑事法学の
　 諸相(上)』(1981・有斐閣) 285 頁 [同著『刑事判例の研究　その二』(2003・九州大学
　 出版会) 340 頁]。
47) 井上・前出注 46) 286 頁 [同著『刑事判例の研究　その二』341 頁] も，本判決を
　 高く評価する。
48) 特に川崎・前出注 3)『企業の刑事責任』265 頁以下参照。
49) リーズン (塩見監訳)・前出注 7) 181 頁。
50) リーズン (塩見監訳)・前出注 7) 183 頁。
51) リーズン (塩見監訳)・前出注 7) 2183。
52) この問題の詳細については，甲斐・前出注 8) 127 頁以下参照。

第2章
企業犯罪と公務員の刑事責任
——薬害エイズ事件厚生省ルート
最高裁決定を契機として——

1 序

　企業犯罪に対して所轄官庁の公務員が管理・監督責任を怠っていた場合，当該公務員に刑事責任を負わせることができるか。できるとすれば，それは，いかなる理論的根拠で，いかなる範囲の公務員に対して，いかなる内容の刑事責任を負わせることができるのか。最近，この問題に関する薬害エイズ事件 (旧) 厚生省ルート最高裁決定 (最決平成20・3・3刑集62巻4号567頁)[1] が出たことにより，刑法理論的にも実務的にも，この問題を真摯に検討しておく必要が生じてきた。薬害エイズ事件には，帝京大ルート，ミドリ十字ルート，そして本章で取り上げる厚生省ルートの3つの刑事事件があった。前二者については，すでに早く決着がついていたが，厚生省ルートについては，前二者に関わる2つの訴因があったこともあり，しかも，第1訴因については帝京大ルートの被告人が控訴審段階で死亡したことにより無罪が確定したため，第2訴因についてのみ最後に最高裁において判断されることになった。本決定は，事例判断にとどまるものであり，射程範囲は限定されると思われるが，国家公務員の刑事責任が認められた初めての最高裁判例である以上，解釈論に及ぼす影響はかなりあることが予想される。本章では，本決定を契機として，上述のように，企業犯罪と公務員の刑事責任について，若干の検討を試みるものである。

　以下，本章では，まず，契機としての薬害エイズ事件厚生省ルート最高裁決定の論理を分析して，その意義と射程範囲を検討し，つぎに，形態を3つに分類して企業犯罪と公務員の刑事責任について論じることにしたい。

28　第 1 部　企業犯罪の理論

2　契機としての薬害エイズ事件厚生省ルート 最高裁決定の論理

1　前提問題として，薬害エイズ事件厚生省ルートで公務員である被告人が具体的にいかなる地位・権限を有していたか，およびどの点について刑事責任が問われたか，を確認しておこう。

　まず，被告人は，昭和 59 年 (1984 年) 7 月 16 日から昭和 61 年 (1986 年) 6 月 29 日までの間，公衆衛生の向上および増進を図ることなどを任務とする厚生省 (現・厚生労働省：以下同じ。) の薬務局生物製剤課長として，同課所管に係る生物学的製剤の製造業・輸入販売業の許可，製造・輸入の承認，検定および検査等に関する事務全般を統括していた者であり，血液製剤等の生物学的製剤の安全性を確保し，その使用に伴う公衆に対する危害の発生を未然に防止すべき立場にあった点が重要である。

　つぎに，(第 1 審判決・第 2 審判決の認定によれば) 被告人は，昭和 60 年 (1985 年) 末ころまでには，わが国の医療施設で使用されてきた本件非加熱製剤の投与を今後もなお継続させることによって，その投与を受ける HIV 未感染者の患者をして HIV に感染させるおそれがあることを予見することができ，加熱製剤に切り替えることが容易に可能であることを現に認識していたかまたは容易に認識することが可能なものであった，とされている点も重要である。被告人には，カッターおよびミドリ十字の 2 社の加熱第IX因子製剤の供給が可能となった時点において，自ら立案し必要があれば厚生省内の関係部局等と協議のうえ，権限行使を促すなどして，上記 2 社をして，非加熱第IX因子製剤の販売を直ちに中止させるとともに，自社の加熱第IX因子製剤と置き換える形で出庫済みの未使用非加熱第IX因子製剤を可及的速やかに回収させ，さらに，第IX因子製剤を使用しようとする医師をして，本件非加熱製剤の投与による HIV 感染およびこれに起因するエイズ発症・死亡を極力防止すべき業務上の注意義務があったのに，これを怠り，本件非加熱製剤の取扱いを製薬会社等に任せてその販売・投与等を漫然放任した過失により，被害者を死亡させた点の責任が問われた。第 1 審 (東京地判平成 13・9・28 判時 1799 号 21

頁）は，被告人を禁錮1年執行猶予2年に処し，第2審（東京高判平成17・3・25刑集62巻4号1187頁）も，これを支持[2]した。

2 最高裁も原審を支持するが，その決定の論理は，まず，「行政指導自体は任意の措置を促す事実上の措置であって，これを行うことが法的に義務付けられるとはいえず，また，薬害発生の防止は，第一次的には製薬会社や医師の責任であり，国の監督権限は，第二次的，後見的なものであって，その発動については，公権力による介入であることから種々の要素を考慮して行う必要があることなどからすれば，これらの措置に関する不作為が公務員の服務上の責任や国の賠償責任を生じさせる場合があるとしても，これを超えて公務員に個人としての刑事法上の責任を直ちに生じさせるものではないというべきである」，と述べ，行政指導と刑法の問題との関係を抑制的に示し，続いて，薬務行政上の義務と刑法上の義務との関係について，次のように述べる。

「本件非加熱製剤は，当時広範に使用されていたところ，同製剤中にはHIVに汚染されていたものが相当量含まれており，医学的には未解明の部分があったとしても，これを使用した場合，HIVに感染してエイズを発症する者が現に出現し，かつ，いったんエイズを発症すると，有効な治療の方法がなく，多数の者が高度のがい然性をもって死に至ること自体ほぼ必然的なものとして予測されたこと，当時は同製剤の危険性についての認識が関係者に必ずしも共有されていたとはいえず，かつ，医師及び患者が同製剤を使用する場合，これがHIVに汚染されたものかどうか見分けることも不可能であって，医師や患者においてHIVに汚染の結果を回避することは期待できなかったこと，同製剤は，国によって承認が与えられていたものであるところ，その危険性にかんがみれば，本来その販売，使用が中止され，又は控えられるべきものであるにもかかわらず，国が明確な方針を示さなければ，引き続き，安易な，あるいはこれに乗じた販売や使用が行われるおそれがあり，それまでの経緯に照らしても，その取扱いを製薬会社等にゆだねれば，そのおそれが現実化する具体的な危険が存在していたことなどが認められる。

このような状況の下では，薬品による危害発生を防止するため，薬事法69条の2の緊急命令など，厚生大臣が薬事法上付与された各種の強制的な監督

30 第1部 企業犯罪の理論

権限を行使することが許容される前提となるべき重大な危険の存在が認められ，薬事行政上，その防止のために必要かつ十分な措置を採るべき具体的義務が生じたといえるのみならず，刑事法上も，本件非加熱製剤の製造，使用や安全確保に係る薬務行政を担当する者には，社会生活上，薬品による危害発生の防止の業務に従事する者としての注意義務が生じたものというべきである。そして，防止措置の中には，必ずしも法律上の強制監督措置だけではなく，任意の措置を促すことで防止の目的を達成することが合理的に期待できるときは，これを行政指導というかどうかはともかく，そのような措置も含まれるというべきであり，本件においては，厚生大臣が監督権限を有する製薬会社等に対する措置であることからすれば，そのような措置も防止措置として合理性を有するものと認められる」。

かくして，「被告人は，エイズとの関連が問題となった本件非加熱製剤が，被告人が課長である生物製剤課の所管に係る血液製剤であることから，厚生省における同製剤に係るエイズ対策に関して中心的な立場にあったものであり，厚生大臣を補佐して，薬品による危害の防止という薬務行政を一体的に遂行すべき立場にあったのであるから，被告人には，必要に応じて他の部局等と協議して所用の措置を採ることを促すことを含め，薬務行政上必要かつ十分な対応を図るべき義務があったことも明らかであり，かつ，原判断指摘のような措置を採ることを不可能又は困難とするような重大な法律上又は事実上の支障も認められないのであって，本件被害者の死亡について専ら被告人の責任に帰すべきものでないことはもとよりとしても，被告人においてその責任を免れるものではない」，と結論づける。

3 この論理で検討すべき点は，本件弁護人が上告趣意において争ったように，本来は薬害防止について「第二次的，後見的」立場にあるとされている国家公務員[3]が不作為による刑事過失責任をなぜ負うのか，という点であり，また，これを肯定した最高裁の作為義務論の論理の根拠と射程範囲如何，である。

3 公務員の作為義務

1　周知のように，不真正不作為犯の作為義務論については，長い間にわたり争いがあるが，それをここで概観する余裕はない。本件との関係で争われている点のみに焦点を絞って公務員の作為義務[4]について論じることにする。

まず，本件第1審，第2審，そして本決定，そのいずれも認定しているように，薬事法上も，また（組織の複雑さはあったにせよ）所掌事務の実態としても，当時の厚生省生物製剤課に製剤の安全性の確保について責任があり，とりわけ本件被告人がその主たる責任者であったことは間違いなく，刑法上も業務上過失致死罪（刑法211条）の実行行為者たる地位にあった，と言える。

2　つぎに，それを前提として，本件被告人のような権限を有する者に，刑法上の作為義務がいかなる根拠で発生するか，が問題となる。その際，法令に直接作為義務の根拠を求めることは，前提を確認する際に有力な手掛かりとはなるが，決定的とは言えず，また，先行行為に根拠を求めることも，先行行為が存在しないがゆえに，本件のようなケースでは対応できない。

そこで，本件のように危険回避がなされる保障が必ずしも十分でない場合には，「『最後の砦』として，積極的な介入が行政庁・行政官に法的に期待され，その不作為については，作為による結果惹起と同視する余地が生じうる」とする見解[5]，「本件の場合，国が非加熱製剤を承認して以来，実務を掌る行政官は，所掌事務を励行することによって現実に国内の製剤の管理を行っていることから，管理者及び監督者として，製薬会社や医師等を通じて，国内に流通する非加熱製剤を自己の支配管理下に置いているので，自己の支配領域内の危険源を監視する義務が生じる」[6]とする見解，さらには，規範的観点を強調して，本件のような状況では，「個別的・具体的には小さい排他的支配が，包括的・一般的には強くなっていたと考えることができれば，被告人に作為義務を肯定することができる」とする見解[7]が有力に主張されている。これらの見解は，法令や先行行為のみで作為義務を基礎づけることに疑問を呈する点で共通しており，「排他的支配説」と呼ばれている。そして，「不作

32　第1部　企業犯罪の理論

為の時点で，不作為者が因果の流れを掌中に収めている場合」[8]を「排他的支配」と捉える見解をベースにするものと位置づけられ，私も，基本的にこの方向を支持している[9]が，「排他的支配」という概念をめぐっては，批判も多い。

　何よりも，「排他的支配という基準は，それを用いる論者によって，その実質的内容が異なってくる可能性がある」という批判[10]，あるいは「もし危険源の支配ということで説明しようとすれば支配領域性の概念を規範的レベルまで拡張する必要がある。しかし，事実上の支配に欠ける結果について被告人の地位や権限といった規範的要素のみからその支配性を肯定すると，作為と同価値とはいえない不作為の処罰を肯定し過失不作為犯の処罰範囲は不当に拡大する恐れがあり妥当でない」という批判[11]，さらには，「『排他的支配』という基準には，『排他性』という観点と『支配』という観点との2つの異なる視点が含まれていることに注意する必要がある」という指摘[12]がかねてから出されており，いずれも正鵠を射た指摘である。

　3　これらの批判を克服すべく，議論はいまなお続いている。例えば，林幹人教授は，先に，「国家公務員に固有の作為義務があるわけではな」く，「問題は，作為義務の一般論を適用した場合，本件被告人に作為義務が認められるかの一点に尽きる」という適切な視点から，「排他性」について，「本件の場合，もともと国が承認を与え，そのままの状態であるという背景に加え，臨床医は非加熱製剤の危険性についての情報をもたず，製薬会社は利益追求のために非加熱製剤の回収を行わないといった状況のために，被告人以外に，危険源から結果が発生してしまうおそれを回避する者はいなかったとすることは可能であろう」としつつ，さらに，「支配」について，「法令上の権限を背景として，被告人と製薬会社，そして臨床医の間には，被告人が一定の要求をすれば，相手は事実上それに従う高度の蓋然性があったといえよう。その意味において，弱いとはいえ，製薬会社・臨床医を通して，非加熱製剤に対する支配があったとすることも可能」[13]，と説かれていた。しかも，「現実に投与された非加熱製剤との個別的・具体的な関係に着目するかぎり，『排他性』『支配性』いずれについても，強くはなかった」ことを認めつつ，「非加熱製剤が投与される危険性は全国的レベルで発生し，そして，被告人はそれ

を所轄する国家公務員として，その全国的な危険状況について，……排他的支配を有していた……状況こそ，国家公務員の作為義務に固有の（事実上の）特徴である」として，「このような状況において，個別的・具体的には小さい排他的支配が，包括的・一般的には強くなっていたと考えることができれば，被告人に作為義務を肯定することができるであろう」[14]，と説かれていた。

　私も，この見解に共感を覚えつつも，「強い支配」と「弱い支配」の概念の使い方に疑問を呈したことがある[15]。「排他的支配」を規範的に捉えると，どうしても「伸縮自在なものになる」という批判を免れないように思われる。やはり，可能なかぎり，事実的基盤から遊離することなく，「排他的支配」を事実的に把握する必要がある。「排他的」という要件が強い響きを与えるのであれば，「因果的支配」に置き換えた方がよいかもしれない。

　そこで，本件におけるような場合，大塚裕史教授が提起された「危険情報の掌握」という視点がその後の議論に加わることになる。大塚教授は，「作為義務を認めようとするなら，非加熱製剤の危険に関する『情報』が製薬会社・厚生省によって独占されていることから，他者による法益救助の可能性がほとんど奪われているところに注目する必要がある」として，「情報掌握を根拠とした法益保護の効率性と行為選択の事前的保障（他者の介入の可能性の減少についての意思決定）という枠組みを採用するならば，被告人に作為義務を肯定することも不可能ではない」[16]，と説かれた。確かに，情報掌握という視点は重要と思われるが，それを根拠とした法益保護の効率性と行為選択の事前的保障だけで作為義務を基礎づけるのは困難と思われる。当該人物が情報掌握をしていてもそれを駆使して実質的権限をどの程度行使できるかは，排他性ないし支配性を抜きにしては語ることができないし，因果性も判断できないことは，すでに私が指摘したところであり，排他的支配を事実的なものに限定しつつ，その中に因果力を有する情報掌握という視点を組み込む理論的努力をすべきである[17]。これに関連して，林教授も，今回の最高裁決定に寄せる論文において，この点に着目され，「被告人に作為義務が認められたのは，彼が権限も情報も共にもっていたからである。厚生大臣や薬務局長は，権限があったが，情報はそれほど具体的に把握していたわけではなかった。部下や他の課長は，情報はある程度もっていたかもしれないが，権限はなかっ

た」[18]という観点から，規範的・事実的な支配関係があったことを改めて肯定される[19]。これは，私見に近づいた見解になったと考えられる。国民の生命・健康に深くかかわるこの種の職務においては，実質的権限と情報掌握（特にリスク情報および企業ないし業者を介しての薬剤等の流通経路の情報掌握）の両方を兼ね備えてはじめて，「排他的支配」ないし「因果的支配」というものを，当該職責を有する者について肯定することができる，と言えるのである。

　かねてより事実を重視した排他的支配説を提唱されていた北川佳世子教授も，今回の最高裁決定について論評するに際して，この説を堅持し，「たしかに，生物製剤課長は非加熱製剤を物理的に占有していないし，被害者を保護していたわけでもないが，国が承認を与えた非加熱製剤につき，実務を掌る行政官は，承認後もその安全性を確保するために調査や情報収集を行う等，安全管理事務を引き受けており，一般国民が非加熱製剤の安全性の確保を国に依存しているという実態から，なお排他的支配の存在を認めることができると考えられ，法的期待や特別義務概念よりは，非加熱製剤と被告人の事実的なつながりを示す明確な基準となり得るように思われる」[20]，と明言される。国が与えた事実は「他からの法益の救助可能性を解除する事実とみることができよう」[21]という指摘は，規範的支配よりも事実的支配を重視する点で，核心を衝いている。

　4　しかし，それでもなお，批判は根強い。例えば，松宮孝明教授は，本件の被告人に関するかぎり，排他的支配説（ならびに先行行為説および具体的依存説（事実上の引受説））では作為義務を根拠づけられない，と説かれる。「なぜなら，被告人には，①前任者の時期にまだ HIV に汚染されていなかった非加熱製剤を厚生省が承認したという，作為義務を根拠づけられない先行行為しか存在しないし，②被告人や厚生省が事実的行為によって被害者らの死亡回避を引き受けたという事実もなく，ましてや，③国産原料であると偽って販売を続けた『ミドリ十字』関係者がいるのに，その情報を知っていたという証拠のない被告人に，本件非加熱製剤の危険性をコントロールする『排他的』支配があるとはいえないからである。もちろん，『支配』という言葉を文字通りに解するなら，すでに販売してしまった商品に対しては，メーカーでさえ『支配』は持っていないし，『支配』を情報による機能的な意味での『支配』

と解したとしても，前述のように，本件では『ミドリ十字』の——国産原料によると偽られた——非加熱製剤の危険性に関する情報は，『ミドリ十字』関係者に独占されていたはずである。同時に，『ミドリ十字』に販売中止と回収を求めるだけの厚生省には，④効率的な結果回避の点で，『ミドリ十字』に劣るので，④説［効率的な結果回避に着目する見解：筆者補足］でも被告人の正犯責任は導かれない」[22]，と（割注略）。そして，そのうえで，「厚生省の作為義務は，旧厚生省設置法（現厚生労働省設置法）3条1項にある国民のための『公衆衛生の向上』という任務および同法4条1項31号で書証事務とされている『医薬品，医薬部外品，化粧品，医療機器その他衛生用品の品質，有効性および安全性の確保に関すること』ならびに当時の薬事法69条の2（現薬事法69条の3）によって厚生（労働）大臣に与えられている医薬品等に関する緊急命令権限から導かれる，医薬品等の危険から国民の安全を守る特別義務によるものと解される。その意味で，厚生省の作為義務は，先行行為や事実上の引受といった事実から生じるのではなく，未成年者に対する親権者の監護義務（民法820条）と同じく，まさに厚生省が設けられた根拠である制度的・規範的関係から生じるのである」[23]，と主張される。

　確かに，これは，鋭い指摘である。しかし，鎮目征樹教授がすでに批判されているように，「このような『医薬品等の危険から国民の安全を守る義務』が，行政法上，国の責務であるとしても，それが刑法上の作為義務をも基礎付ける理由を理論的に説明するのは容易ではない。仮にこれに成功しても，当然ながら『厚生省の作為義務』がなぜ行政組織の一員にすぎない被告人に帰属されるのかが問題にならざるをえない」との批判は免れがたい[24]。制度的根拠は，保障人的地位を基礎づける一応の根拠にすぎないのであって，作為義務を決定的に基礎づけるものではない，と思われる。また，排他的支配説に向けられる批判のうち，ミドリ十字による支配との競合を根拠に排他性がないとする批判について言及しておくと，ミドリ十字と本件被告人との権限の相違から，因果系列の方向性が同一であっても，その流れの「系」自体は異なるものと思われる。

　5　これに対して，鎮目教授自身は，排他的支配説に関心を寄せつつも，「その場合に問題となるのは，……公務員である被告人と危険源とされる非

36 第1部 企業犯罪の理論

加熱製剤との間には，空間的な距離もあり，危険源との間に，危険な装置を設置・運用する場合に認められるような，物理的な支配関係は存在しないということである」として，「何らかの理論的な根拠から，危険物に対する物理的・空間的な意味での事実的支配を作為義務の要件とするのであれば別であるが，『危険源を除去しうる可能性』という意味での『支配』とは，要するに，危険の現実化による結果発生を回避しうる地位にあるというにすぎない」[25]，と批判される。すなわち，「法が不可能を強いることはできないはずであるから，このような意味での『支配』は，作為義務の内容を，行政指導を含めた権限行使による非加熱製剤の回収やドクターレターの発出に求めるのであれば，必要とされてしかるべき要件である。すなわち，行政指導を含めた権限がなく，回収やドクターレターの発出ができないのであれば，結果回避可能性の前提を欠く。いずれにせよ，結果発生を左右しうるという意味で『支配』が必要とされるのであれば，危険源たる本件製剤の物理的・空間的な掌握などは必須でないということになる。また，重要なのは結果発生を左右しうるということであるから，『危険源の支配』か『法益の支配』かというのは，執るべき回避措置の内容を決めるてがかりにすぎず，両者が併存する場合も考えられるだろう」[26]，と。

　かくして，鎮目教授は，「排他性」の実質の分析に移り，製薬会社との関係を問題視して，本件では，「製薬会社と厚生省の薬務行政に携わる者，結果発生を左右しうる者の中から，特に『排他性』を有する者として，選別する必要があり，論者は暗黙のうちにこのような作業を行っているように思われる」として，「そこでは，結局のところ，本件製剤の危険性に関する情報や知識，回避の手段を持たない一般の国民との格差や相違から，事実上，結果回避措置を執りうる者が非常に限定されている状況が生じているということが決め手となっている」[27]，と指摘される。問題は，その作為義務を有する者の絞り込みであるとして，鎮目教授は，情報と権限に着目し，「情報と権限の所在を検討していくと，厚生省という組織体の中で，その両方を兼ね備えた者は，（被告人ただ1人といえるかはともかくとして）相当に限定されるのはまちがいない」として，「本決定は，被告人が厚生省における非加熱製剤の係るエイズ対策に関して『中心的な立場』にあったものであり，厚生大臣を補佐して，薬

品による危害の防止という薬務行政を一体的に遂行すべき立場にあったと指摘するが，この『中心的な立場』の中身を，情報と権限という2つの手掛かりをもって検証していくのは妥当である」との結論に至る[28]。

この鎮目教授の見解は，基本的に妥当な方向性を示しており，排他的支配説と一線を画するようでありながら，実質においては，前述の私見や林説に近いものと考えられる。

6 なお，近時，作為義務の発生根拠を多元的に捉え，それとの関係で情報掌握も含めて排他的支配も規範的に理解すべきだとする見解[29]が出されているが，結局のところ，「当該公務員の『職責』および『職務遂行の実態』などを考慮し，当該公務員が実際にいかなる業務を行っていたか，また，どれだけの情報を掌握していたかなどを資料として，その業務を具体的に判断し，それが刑法上の作為義務にあたると評価することができてはじめて，不作為犯としての刑事責任を問うことができる」[30]と論じており，これはまさに事実的な排他的支配説が主張する内容そのものである。したがって，ことさらに規範的観点を前面に出す必要はない，と思われるし，かえってそれにより，不明確な要因を取り込むことになるように思われる。今回の最高裁決定が，ことさらに規範的枠組みを用いずに，被告人の置かれた地位・職責および具体的な管理権限の実態に即して不作為の過失責任を認定したのは，まさに事実的な排他的支配説に依拠しているからだ，と解することができる。

4 企業犯罪と公務員の刑事責任

1 さて，薬害エイズ事件厚生省ルートも，見方を変えれば，企業犯罪に関して公務員が刑事責任を問われたケースであると位置づけることもできる。企業犯罪に関して，監督的立場にある公務員には，どの範囲の刑事責任がどのような形で問われるのであろうか，このことが問題となる。そこで，上述の分析および論理を，企業犯罪と公務員の刑事責任一般に広げて，若干の検討をしておきたい。

2 企業犯罪と公務員の刑事責任に関しては，形態としていくつか考えられる。まず，①企業犯罪に対する公務員の監督過失責任が考えられる。具体

38　第1部　企業犯罪の理論

的には，業務上過失致死傷罪（刑法211条1項）の成否が関係するであろう。この場合，1）当該公務員の職務権限と行為主体の選定と因果関係（特に不作為犯の場合），2）具体的予見可能性・注意義務，3）業者への業務委託と信頼の原則，がポイントになる。

　実は，私自身，この問題について，10年以上も前に，広島市橋桁落下事件（広島地判平成8・3・28判例集不登載）の際に検討したことがあるが，これまで本件に関する見解を公表してこなかった。しかし，改めて，本題と関係があると思われるので，遅ればせながら，ここで若干ながら取り上げておきたい。

　事案は，広島市新交通システムの橋桁架設工事において，元請の担当業者3名と下請業者1名の過失が競合して，橋脚の北側に上架した橋桁を橋脚上で横移動させた後，橋脚南端に設置するためにジャッキによる降下作業中に，ジャッキおよびジャッキ架台の設置位置および設置方法が不適切であったため，ジャッキ架台が挫屈・倒壊し，転倒防止ワイヤーも設置していなかったことから，橋桁が，吊り足場等で作業中の作業員らもろとも橋脚南側路上に転落し，よって，作業員らの他に，路上で信号待ちのため停車し，あるいは同所を通行していた自動車内の一般市民らが橋桁の下敷きになり，15名（うち一般市民10名）が死亡し，8名（うち一般市民5名）が傷害を負ったとされる事故で，上記3名の元請業者が有罪となったというものである（なお，起訴された4名のうち下請業者1名は無罪となっている。）。この結論自体は妥当であったが，さらに，業務委託者である広島市の関係者に刑事責任はないのか，が問題となった。

　広島市の関係公務員は不起訴であったが，その可能性について私自身（当時は広島市在住で，当該箇所を通行していたこともあり），当時地元でマスコミ等各方面からいろいろと質問を受けて，検討し，コメントを出したことがある［讀賣新聞1996年3月29日付朝刊，中國新聞1996年3月29日付朝刊］。結論から言うと，市の職員は，しかるべき実績のある業者に業務を委託しており，刑法上の監督過失責任まで問うのは困難であった，と思われる。実際上，「信頼の原則」が働いた場面かもかもしれない。しかし，元請業者サクラダは，人員確保に苦慮していた現実もあったことから，実質的な監督的地位にある公務員について，結果発生の具体的危険性の認識があった場合，当該公務員の刑事責任

を問う可能性もあった。ただ，本件当時，公務員の監督過失に関する議論が熟しておらず，この点に関する捜査も十分になされなかったのはやむをえないことであった。

　なお，本件民事訴訟（広島地判平成 9・7・14 判例集不登載）では，元請業者，下請業者および広島市に対しても損害賠償責任が認められている。この種の事件でも，実質的権限（情報掌握と含む）を有する公務員について場合によっては監督過失責任が問われる余地があるが，それは，ほとんど実質的信頼に値しない業者に請負を委託したような場合に限られるであろう。

　2　つぎに，②管理過失の類型が考えられる。薬害エイズ事件厚生省ルートの場合，監督過失というよりも，管理過失である，と考えられており[31]，したがって，この類型では，企業幹部の過失とは別に，実質的権限（情報掌握を含む。）を有する公務員の管理過失が問題となる。薬品管理および食品管理，あるいは状況によってはそれに匹敵する管理が実質的に国によって行われていた場合，企業の刑事責任とは別に，実質的権限を有する公務員の刑事責任を問う余地がある。

　3　さらに，③公務員の過失と企業の過失が競合する場合がありうる。それは，まさに公営物の管理に起因する事故の場合である。例えば，埼玉県ふじみ野市で起きた大井プール事件（さいたま地判平成 20・5・27 判例集未登載）でも，市営プールで防護策が外れた吸水口に女児（7歳）が吸い込まれて死亡した事案で，元市職員（市教委体育課長）と同課管理係長が業務上過失致死罪で有罪となったほか，当初不起訴であった管理業者も検察審査会による不起訴不当の決定後には起訴され，略式命令ながら有罪となっている[32]。本件では，当該プールに関する市の日常の管理体制の過失と管理を委託された業者の過失が同一の因果系列に組み込まれ，その流れの中で結果が発生したものといえる。

　ただ，注意を要するのは，上記①〜③の形態では，通例，公務員の過失は不作為の形態が多いと想定されるので，運用には慎重さを要する。不作為犯の場合，作為の命令について相当の根拠がなければ刑事責任を負わせることができず，これは公務員であっても同様である[33]。

　4　その他，④特別刑法上の罪（所轄監督庁の公務員の監督不十分），行政犯（所

40　第1部　企業犯罪の理論

轄監督庁の公務員の監督不十分）が，食品事故，医薬品事故，金融犯罪，航空機・鉄道車両の検査，その他で認められる余地がある。今後，解釈論としてもこれらの総点検をすべきだと思われるが，法整備をすべき領域もある，と考えられる。

　なお，⑤企業犯罪に対する公務員の共同責任（故意犯）が考えられるが，それは，既存の刑法典の犯罪類型や共犯論で対応可能である。例えば，官製談合，収賄，その他（文書偽造，詐欺，業務上横領等）について，そのことが考えられる。

5　結　語

　以上，企業犯罪と公務員の刑事責任について，薬害エイズ厚生省ルート最高裁決定を契機として，作為義務論を中心にその理論分析を行い，その枠組を探ってきた。そして，その延長として，企業犯罪と公務員の刑事責任に関しては，5つの形態について若干の考察を加えた。近年，日本でも企業犯罪の研究が盛んになっており[34]，それが管理・監督者としての公務員の刑事責任とどのように関わるかも今後議論が続くものと思われる。公務員というだけで軽々に処罰できるものではなく，刑法の基本原理，とりわけ責任原理に照らして一定の枠組を考えながら，適切な処罰に収まるよう今後の動向を見守りたい。

1) 本決定に関する論文として，林幹人「国家公務員の刑法上の作為義務」法曹時報60巻7号（2008）57頁以下，岡部雅人「公務員の過失不作為犯について——薬害エイズ事件厚生省ルート最高裁決定をめぐって——」姫路法学49号（2009）316頁以下，鎮目征樹「公務員の刑法上の作為義務」研修730号（2009）3頁以下があり，本決定の評釈として，北川佳世子「判批」刑事法ジャーナル14号（2009）73頁以下，家令和典「判批」ジュリスト1361号（2008）166頁以下，岡部雅人「判批」判例セレクト2008（2009）27頁，松宮孝明「判批」判例評論602号（2009）41頁以下（判例時報2030号187頁以下），齊藤彰子「判批」平成20年度重要判例解説（2009）172頁以下，稲垣悠一「判批」専修法研論集44号（2009）147頁以下［および甲斐克則『医療事故と刑法』（2012・成文堂）169頁以下］がある。

2) 第2審までについては，甲斐克則「判批」宇都木伸＝町野朔＝平林勝政＝甲斐克

第 2 章　企業犯罪と公務員の刑事責任　41

則編『医事法判例百選』(2006) 62 頁以下，同『医事刑法への旅 I (新版)』(2006・イウス出版) 182 頁以下参照。

3) 代表的な薬害国倍訴訟判例として，クロロキン薬害訴訟の最判平成 7・6・23 民集 49 巻 6 号 1600 頁参照。本決定も，基本的にこの立場を踏襲していると理解されている（北川・前出注 1) 76 頁）。

4) 公務員の作為義務一般については，鎮目征樹「刑事製造物責任における不作為犯論」本郷法政紀要 8 号 (1999) 343 頁以下，島田聡一郎「国家賠償と過失犯——道路等管理担当公務員の罪責を中心として——」上智法学論集 48 巻 1 号 (2004) 1 頁以下，林幹人「国家公務員の作為義務」現代刑事法 4 巻 9 号 (2002) 20 頁以下，塩見淳「公務員の瑕疵ある職務行為と刑事責任」現代刑事法 6 巻 3 号 (2004) 74 頁以下，同「瑕疵ある製造物を回収する義務について」刑法雑誌 42 巻 3 号 (2003) 81 頁以下，齋藤彰子「公務員の職務違反の不作為と刑事責任」金沢法学 49 巻 1 号 (2006) 45 頁以下，同「公務員の職務違反の不作為と刑事責任」刑法雑誌 47 巻 2 号 (2007) 60 頁以下参照。なお，常岡孝好「行政の不作為による刑事責任——行政法学からの一考察——」ジュリスト 1216 号 (2002) 19 頁以下参照。

5) 山口厚「薬害エイズ三判決と刑事過失論」ジュリスト 1216 号 (2002) 18 頁。

6) 北川佳世子「薬害エイズ 3 判決における刑事過失論」法学教室 258 号 (2002) 47 頁。

7) 林・前出注 4) 25 頁。

8) 佐伯仁志「保障人的地位の発生根拠について」『香川達夫博士古希祝賀論文集・刑事法学の課題と展望』(1996・成文堂) 110 頁以下。

9) 甲斐・前出注 2)「判批」64 頁および『医事刑法への旅 I (新版)』193 頁参照。

10) 鎮目・前出注 4) 351 頁。

11) 大塚裕史「薬害エイズ厚生省ルート第一審判決について」現代刑事法 4 巻 3 号 (2002) 73 頁。

12) 平山幹子『不作為犯と正犯原理』(2005・成文堂) 199-200 頁。

13) 林・前出注 4) 24-25 頁。

14) 林・前出注 4) 25 頁。

15) 甲斐・前出注 2)『医事刑法への旅 I (新版)』192 頁参照。

16) 大塚・前出注 11) 73-74 頁。

17) 甲斐・前出注 2)「判批」64 頁。

18) 林・前出注 1) 58 頁。

19) 林・前出注 1) 66 頁以下。

20) 北川・前出注 1) 78 頁。

21) 北川・前出注 1) 79 頁。

22) 松宮・前出注 1) 45 頁。

23) 松宮・前出注 1) 45 頁。

24) 鎮目・前出注 1) 11 頁。なお，鎮目教授は，「国家は，医者や製薬会社による危険回避が十分には機能しない場合に生ずる『国民の無保護性』を埋め合わせるために，

42   第1部　企業犯罪の理論

権限を有する公的機関を設置し，自ら危険阻止任務を引き受けていることが，国家の作為義務を基礎付ける」とする見解（齋藤・前出注4）金沢法学49巻1号94頁以下）に対しても，「このような説明は，要するに，『医薬品の危険から国民の安全を守る義務』が国にあるという制度上の理由を述べているにすぎず，上記の見解［松宮説：筆者］と同様の問題点に直面することになる」，と批判される（鎮目・前出注1）12頁）。また，次のようにも批判される。「『国民の無保護性』に備えた危険阻止任務の引受けという説明」に対しても，「第1次的な責任主体の回避措置が期待できない場合に生ずる保護措置の必要性に着目するものであるが，単独で刑法上の作為義務を基礎付けているわけではない。すなわち，この見解も，作為義務を認めるためには，さらに，権限を有する公的機関の設置によって，国民が法益保護を国家に依存するという関係を国家が自ら作り出したことが必要であるとするのである。すなわち，ここでは，交通事故を起こした後に被害者を一旦自車に引き入れたという事例と同様に，公的機関の設置は，国民のそれに対する依存性を作出して，他の保護可能性を排除したという意味を与えられている。［原文改行］しかし，厚生省ルートの場合に，自動車事故の自車への引き入れと同じような意味で，危険創出的な意味を負よしうる『無保護性』の創出が認められるかには疑問がある。なぜなら，厚生省という公的機関の設置は重畳的に国民の安全を守るためになされたものであるし，それが本来の制度設計と裏腹に国民にとって危険な存在になったとしても，そこでの『危険阻止の依存』は，厚生省がその任務を適切に遂行するという一般国民の『期待』があって初めて生ずるものだからである。これを『社会的期待』の言い換えにすぎないというのは言い過ぎであるとしても，事実上他人が手をだせない閉鎖空間への引き入れの場合と同一視することはできないように思われる。これを『無保護性の国家による創出』と評価することには疑問があるといえよう」，と（鎮目・前出注1）12頁）。これは，妥当な批判と思われる。

25) 鎮目・前出注1）14頁。
26) 鎮目・前出注1）14頁。
27) 鎮目・前出注1）15頁。
28) 鎮目・前出注1）17-18頁。「ただし，組織体の中での作為義務者の絞り込みという作業が，情報と権限の所在を明らかにすることだけで完了しうるものかは，問題として残る」とも言われる（同・18頁）。
29) 岡部・前出注1）「公務員の過失不作為犯について」299頁以下。
30) 岡部・前出注1）「公務員の過失不作為犯について」288-287頁。
31) 北川・前出注1）78頁は，本件は管理過失の事案であることを指摘されている。
32) なお，企業犯罪とは関係ないが，公務員の単独の管理過失が否定された事例として，人工砂浜の陥没により生き埋めになった女児が死亡した事案に関して，海岸管理の担当であった国と市の職員4名について事故発生の予見可能性を否定して，業務上過失致死罪の成立を否定した神戸地判平成18・7・7判タ1254号322頁があり，評釈として，岡部雅人「判批」早稲田法学84巻1号（2008）205頁以下がある。
33) この点に関する基本的考察をした最近の文献として，萩野貴史「刑法における『禁

止』と『命令』の自由制約の程度差」早稲田大学大学院法研論集 127 号（2008）121
頁以下がある。

34) 川崎友巳『企業の刑事責任』（2004・成文堂），田口守一＝甲斐克則＝今井猛嘉＝白
石賢編『企業犯罪とコンプライアンス・プログラム』（2007・商事法務），甲斐克則＝
田口守一編『企業活動と刑事規制の国際動向』（2008・信山社），甲斐克則編『企業活
動と刑事規制』（2008・日本評論社），樋口亮介『法人処罰と刑法理論』（2009・東京
大学出版会），同「法人処罰の系譜的考察――『法人処罰と刑法理論』補遺」季刊・企
業と法創造（早稲田大学）15 号（2009）175 頁以下，〈特集〉「法人処罰の現代的課題」
刑事法ジャーナル 17 号（2009）2 頁以下等参照。なお，ドイツの議論状況および制
度状況の全般については，*Hans Achenbach*, Das Strafrecht als Mittel der Wirt-
schaftslenkung, ZStW 119（2007）, S. 789ff. 参照。この論文の邦訳として，ハンス・
アッヘンバッハ（甲斐克則（監訳）：辻本淳史＝伊藤嘉亮（訳））「経済統制としての
刑法」季刊・企業と法創造（早稲田大学）15 号（2009）156 頁以下がある。また，
Ulvich Sieber, Compliance-Programme in Unternehmensstrafrecht. Ein neues
Konzept zur Kontrolle von Wirtschaftskriminarität, in Festschrift für Klaus
Tiedemann zum 70. Geburtstag, 2008. S. 449ff. も重要であり，その邦訳として，ウル
リッヒ・ズィーバー（甲斐克則＝小野上真也＝萩野貴史訳）「企業刑法におけるコン
プライアンス・プログラム――経済犯の統制のための新構想――」季刊・企業と法
創造 18 号所収（2009）120 頁以下［甲斐克則＝田口守一編『企業活動と刑事規制の
国際動向』（2008・信山社）409 頁以下，およびウルリッヒ・ズィーバー（甲斐克則
＝田口守一監訳）『21 世紀刑法学への挑戦――グローバル化情報社会とリスク社会
の中で――』（2012・成文堂）309 頁以下所収］がある。なお，同号 148 頁以下所収
のマルク・エンゲルハルト（武藤眞朗訳）「コンプライアンス・プログラムを特に顧
慮したドイツおよびアメリカ合衆国における企業の制裁」参照。

第 3 章
欠陥車両の製造と刑事過失
——三菱自工トラック・タイヤ脱落事故
最高裁決定を契機として——

1 序

　欠陥自動車を製造した結果，消費者がその車両走行中にその欠陥が原因となる事故により死傷した場合，誰に，いかなる根拠で刑事過失責任を問うことができるか。この問題を考えるうえで重要な判断が，2012 年 2 月 8 日に最高裁第三小法廷で示された（最決平成 24 年 2 月 8 日刑集 66 巻 4 号 200 頁：以下「本決定」という。）。三菱自動車工業株式会社（以下「三菱自工」という。）が製造したフロントホイールハブの破損に起因する事故に関して，最高裁第三小法廷は，同社の品質保証部門の責任者と，同部門のバスのボデー・シャシーを担当するグループ長に対して，業務上過失致死傷罪（刑法 211 条）の成立を認めたのである。かねてより刑事製造物責任に関心があった私は，本決定を読んだとき，本格的に分析・検討しておく必要性を痛感した[1]。そこには，最高裁にしては類を見ないほどに入念かつ詳細に展開された理論が看取され，刑事製造物責任を考えるうえで，検討すべきいくつかの重要論点が含まれている。それは，企業活動と刑事規制についての私自身の研究[2]の延長にある問題でもあることから，本決定の分析・検討は，避けて通ることができないものである。しかも，本件および本決定は，単なる判例評釈では済まされない内容を多く含んでいるように思われる。

　そこで，本章では，まず，三菱自工トラック・タイヤ脱落事故の概要，第 1 審判決の要旨および第 2 審判決の要旨を述べ，つぎに，本決定の論理を確認し，さらに，本件および本決定が提起する欠陥車両の製造と刑事過失責任の重要論点について論じ，最後に，これを契機にして，企業のコンプライア

46　第1部　企業犯罪の理論

ンスと欠陥製品の防止に対する法政策について，早稲田大学グローバル
COE《企業法制と法創造》総合研究所の刑事法グループが調査した結果を若
干取り入れながら論じることにする。

2　三菱自工トラック・タイヤ脱落事故の概要

　まず，三菱自工トラック・タイヤ脱落事故の概要を本決定が是認する原判
決および原判決が是認する第1審判決の認定事実と最高裁独自の事実認定に
よりながら示しておこう（一部表現修正）。とりわけ最高裁が前提とする事実認
定には，後述のように，田原睦夫裁判官の反対意見があることにも留意して
おく必要がある。

1　被告人両名の地位，職責

　三菱自工の品質保証部門は，同社内で，市場品質の対応処置に関する事項
等を担当する部署であり，その具体的職務内容は，販売会社等から寄せられ
る所定の様式の連絡文書に記載された自社製の乗用車やトラック，バスに関
する品質情報を解析したうえ，その不具合部位および不具合内容等により「重
要度区分」や「処理区分」等を定めて担当部門に伝達し，対策または改善を
指示するほか，不具合情報の重要度に応じて，リコール等の改善に係る措置
を行うべき場合に該当するか否かの判断を行うクレーム対策会議やリコール
検討会（以下，併せて「関係会議」という。）を開催し，そのとりまとめ結果をリ
コール等の実施の要否の最終決定権者に報告する，というものであった。

　被告人Xは，後記4の中国JRバス事故当時，品質保証部門の部長の地位
にあり，三菱自工が製造した自動車の品質保証業務を統括する業務に従事し，
同社製自動車の構造，装置または性能が道路運送車両法上要求される技術水
準である「道路運送車両の保安基準」に適合しないおそれがあるなど安全性
に関わる重要な不具合が生じた場合には関係会議を主宰するなど，品質保証
部門の責任者であった。

　被告人Yは，中国JRバス事故当時，三菱自工の品質保証部門のバスのボ
デー・シャシーを担当するグループ長の地位にあり，被告人Xを補佐し，品

質保証業務に従事していた。

2　三菱自工におけるハブの開発経緯

フロントホイールハブ（以下「ハブ」という。）は，トラック・バス等の大型車両の共用部品であり，前輪のタイヤホイール等と車軸とを結合するための部品であって，道路運送車両法41条2号にいう走行装置に該当し，同条に規定する運輸省令が定める技術基準である道路運送車両の保安基準9条1項により，「堅ろうで，安全な運行を確保できるものでなければならない。」とされていた。ハブは，自動車会社関係者や運輸事業関係者等の間では，車両使用者が当該車両を廃車にするまで破損しないという意味で，「一生もの」と呼び習わされてきており，破損することが基本的に想定されていない重要保安部品であって，車両等の点検対象項目にはされていなかった。

三菱自工では，ハブは，トラック・バスの共用部分として設計，開発，製造されていて，後記5の本件瀬谷事故当時においては，開発された年代順にA，B，C，D，D'，E，Fの通称を付された7種類のものがあり，いずれのハブについても，フランジ部（鍔部）に亀裂が入り，これが進展して輪切り状に破損した場合（以下「輪切り破損」という。）には，前輪タイヤがタイヤホイールやブレーキドラムごと脱落する構造になっていた。三菱自工の平成2年（1990年）6月施行の社内規定には，ハブ一般について強度耐久性の評価試験方法として実走行実働応力試験が定められていたが，同規定の施行前に開発されたAハブからCハブだけでなく，同規定の施行後に開発されたDハブについても，開発当時にこの実走行実働応力試験が実施されておらず，その強度は，客観的データに基づいて確かめられてはいなかった。

3　ハブの輪切り破損事故の発生とその処理状況

平成4年（1992年）6月21日，高知山秀有限会社が使用していた三菱自工製のトラックの左前輪のハブ（Bハブ）が走行中に輪切り破損し，左前輪タイヤがタイヤホイール，ブレーキドラムごと脱落するという事故（以下「山秀事故」という。）が発生した。当時，品質保証部門においてトラックのシャシーを担当するグループ長であった被告人Yが同事故を担当し，その処理につい

48　第1部　企業犯罪の理論

ての重要度区分を最重要の S1（安全特別情報）と分類した。三菱自工では，かねてから，リコール等の正式な改善措置を回避するなどの目的で，品質保証部門の判断により，品質情報を運輸省による検査等の際に開示する「オープン情報」と秘匿する「秘匿情報」とに分け，二重管理する取扱いをしていたが，被告人 Y は，山秀事故に関する事故情報を秘匿情報の扱いとした。この事故については，その後クレーム対策会議が開催され，並行してハブの強度に関する調査も行われたが，事故後 1 年が経過するに至り，ハブの輪切り破損の原因について結論を出さないまま同会議が終了となり，事後処理の過程で，事故車両の使用者に対する説明が求められたため，ハブの輪切り破損の原因はハブの磨耗にあり，磨耗の原因は使用者側の整備不良等にあるとする設計開発部門が唱えた 1 つの仮説（以下「磨耗原因説」という。）に従って社内処理がなされ，リコール等の改善措置は実施されなかった。

　その後も，後記 4 の中国 JR バス事故に至るまでの間に，三菱自工製のトラックのハブの輪切り破損事故が 14 件発生した。そのうちの 7 件は，平成 5 年（1993 年）3 月頃から三菱自工製のトラック等に装備され始めた D ハブに関するものであった。これら後続事故の中には，事故後に当該ハブが廃却されているためにその磨耗量が確認できないものや，平成 6 年（1994 年）6 月 21 日に発生した 2 件目のハブの輪切り破損事故事案（金八運送有限会社が使用していた三菱自工製のトラックの右前輪のハブ（A ハブ）が走行中に輪切り破損したもの。以下「金八事故」という。）のように，報告されているハブの磨耗量が「0.05〜0.10 mm」にすぎない事例もあったにもかかわらず，いずれの事故においても関係会議の開催やハブの強度に関する調査が行われないまま従前どおり磨耗原因説に従った社内処理がされ，リコール等の改善措置は実施されず，事故関連の情報も秘匿情報として取り扱われた。

4　中国 JR バス事故の発生（16 件目のハブの輪切り破損事故）とその処理状況

　平成 11 年（1999 年）6 月 27 日，広島県内の高速道路上を乗客を乗せて走行していた中国ジェイアールバス株式会社の三菱自工製バスに装備された右前輪のハブ（D ハブ）が走行中に輪切り破損して，右前輪タイヤがタイヤホイールおよびブレーキドラムごと脱落し，車体が大きく右に傾き，車体の一部が

第3章　欠陥車両の製造と刑事過失　49

路面と接触したまま，何とか運転手が制御してバスを停止させたという事故（以下「中国JRバス事故」という。）が発生した。三菱自工は，同月28日頃，同事故について，リコール等の改善措置の勧告等に関する権限を有する当時の運輸省の担当官から事故原因の調査・報告を求められた。

　被告人Yは，中国JRバス事故を担当し，事故情報を秘匿情報としたうえ，重要度区分を最重要のS1と分類し，グループ長らによる会議を開催して対応を検討するなどした。被告人Yは，過去に山秀事故および金八事故を自ら担当し，その詳細を承知していたほか，三菱自工製トラックについて，その後もハブの輪切り破損事故が続発していたことに関しても，同会議の際に報告を受け，認識していた。しかし，同被告人は，中国JRバス事故も発生原因について突き詰めた調査を行わずに磨耗原因説に従った処理をすることとし，関係会議の開催などの進言を被告人Xに対して行うなどはせず，さらに，同年9月中旬頃，他に同種不具合の発生はなく多発性はないので処置は不要と判断する，などという内容を盛り込んだ運輸省担当官宛ての報告書を作成し，被告人Xに対する説明を行ったうえで同被告人の了解を得て同担当官に提出し，以後も，Dハブを装備した車両についてリコール等の改善措置を実施するための措置を何ら講じなかった。

　被告人Xは，中国JRバス事故が発生した直後，被告人Yから同事故の概要の報告を受けるとともに，過去にも三菱自工製トラックのハブの輪切り破損事故が発生していたことなどを告げられた。しかし，被告人Xは，被告人Yからさらに具体的な報告を徴したり，具体的な指示を出したりすることはせず，被告人Yからの説明を受けたうえで上記運輸省担当官宛ての報告書についてもそのまま提出することを了承するなどし，Dハブを装備した車両についてリコール等の改善措置を実施するための措置を何ら講ずることはなかった。

5　本件瀬谷事故（40件目のハブの輪切り破損事故）の発生状況

　平成14年（2002年）1月10日午後3時45分頃，横浜市瀬谷区内の片側2車線の道路の第2車線を時速50kmで走行中の三菱自工製大型トラクタの左前輪に装備されていたハブ（Dハブ）が輪切り破損し，左前輪がタイヤホイー

50 第1部 企業犯罪の理論

ルおよびブレーキドラムごと脱落し，脱落した左前輪が，左前方の歩道上に
いた当時29歳の女性に背後から激突し，同女を路上に転倒させ，頭蓋底骨折
等により死亡させるとともに，一緒にいた児童2名もその衝撃で路上に転倒
させ，各全治約7日間の傷害を負わせるという事故（以下「本件瀬谷事故」とい
う。）が発生した。なお，中国JRバス事故後，本件瀬谷事故に至るまでの間に
も，三菱自工製のトラックまたはバスのハブの輪切り破損事故が続発してお
り，本件瀬谷事故は，山秀事故から数えて40件目，Dハブに関するものとし
ては19件目の輪切り破損事故であった。

3 第1審判決および第2審判決の論理と上告趣意

1 第1審判決の論理① 予見可能性

以上の事実について，第1審の横浜地判平成19年（2007年）12月13日（判
タ1285号300頁）は，被告人XおよびYの「過失の競合」による業務上過失致
死傷罪の成立を認めたが，過失認定の論理として，まず，予見可能性につい
て，次のような判断を示した（XとYの認定の順序は判決文では逆である：筆者）。

被告人Xについて。「被告人Xとしては，上記のように，走行中のバスの
ハブが輪切り破損したため，前輪タイヤが脱落するという危険性の大きな事
故の発生を知り，かつ，過去にも，トラックで同様の不具合が発生したこと
があったなどの事情も知ったのであるから，このような事柄の性質及び市場
品質部長として品質情報処理の責任者の立場にあった同被告人の職責に照ら
すと，同被告人が，目下の事案である中国JRバス事故の内容ないしその処
理の状況等について，さらには，過去の同種事案の内容等についても，被告
人Yらから報告を徴するなどして，これらの事案の内容の把握に努めるこ
とが求められたのは当然である（なお，自ら新商連書システムを操作して，過去のハ
ブ輪切り破損不具合に関する品質情報を検索することもまた可能であった。）。また，そ
うしていれば，Dハブを含め，三菱自工のハブに強度不足の疑いがあり，他
方，三菱自工が山秀事故事案等の処理に当たってよりどころにした磨耗理論
が，ユーザーに対する説明の用に使われた仮説の一つという域を出るもので
なかったことを知ることが可能であり，さらに，リコール等の改善措置を講

じることなく，Ｄハブを装備したトラックないしバスを漫然社会の交通環境の中に放置しておけば，中国ＪＲバス事故同様のタイヤ脱落事故が発生して，当該車両関係者のみならず，他の交通関係者にも危害を生ずる危険のあることが当然予見できたものといわなければならない」。

被告人Ｙについて。「リコール等の改善措置を講じることなく，Ｄハブを装備したトラックないしバスを漫然社会の交通環境の中に放置しておけば，走行中のこれら車両のハブが輪切り破損して，相当の重量のある前輪タイヤが脱落し，当該車両の関係者に重大な危険をもたらすのみならず，他の交通関係者にも，例えば，脱落したタイヤが接触，衝突するなどの危害を生じ得ることは，当然予測され得ることであり，特に，被告人Ｙのように三菱自工で長く勤務して品質情報を扱う者にとっては，いうまでもないところといわなければならない」。

2 第1審判決の論理② 注意義務の内容と結果回避可能性

つぎに，注意義務の内容と結果回避可能性について，「被告人両名には，前記 1 の項で詳細に検討した予見可能性の存在を前提として，三菱自工社内で品質情報を担当し，同社製車両の不具合事案について，適切にその処理を行うべきそれぞれの職責に照らし，Ｄハブを装備したトラック・バスについて，リコール等の改善措置を行うための措置を講じて，事故発生を未然に防止すべき業務上の注意義務があったことが明らかである」，と述べて以下のように両名の具体的な注意義務内容を認定する（ＸとＹの認定の順序は判決文では逆である：筆者）。

Ｘの注意義務について。「同被告人は，いうまでもなく，三菱自工の品質情報処理業務について最も責任を負うべき部長の立場にあったのであり，中国ＪＲバス事故事案の処理に当たり，被告人Ｙから，過去に三菱自工製トラックで同様の不具合が発生していたなどの事情も聞いていたのであるから，被告人Ｘが採るべき措置としては，被告人Ｙらの部下に対し，中国ＪＲバス事故事案の内容，処理状況等に関する報告を適切に求めて，Ｄハブに強度不足の疑いがあるなどの事情も把握し，設計開発部門に指示するなどして徹底した原因調査を行わせ，上記強度不足の疑いが残る以上は，クレーム対策会議，

52　第1部　企業犯罪の理論

リコール検討会義等を開催し，これらの機会に，所管の部長として，リコール等の改善措置の実施のため，会議の意見を取りまとめるべく取り計らい，リコール等の改善措置の実施に向けた手続を進めることであり，リコール等の改善措置の勧告等に関する権限を持つ運輸省の担当官から当該事案について担当部長として報告を求められている以上，リコール等の改善措置の要否の判断に当たり重要な意味を持つ事実関係について，率直に開示するなどの対応をすることも，リコール等の改善措置の実施に向けた措置の一環を成すものと解される」。

　Yの注意義務について。「具体的に，被告人Yの立場に即していうと，この措置とは，中国JRバス事故事案に関する三菱自工社内での事故処理に当たり，Dハブに強度不足の疑いがあるのであるから，市場品質部の担当グループ長として，設計開発部門に指示するなどして徹底した原因調査を行わせ，上記強度不足の疑いが残る以上は，その旨上司である被告人Xらに報告するとともに，クレーム対策会議，リコール検討の開催等，リコール等の改善措置に向けた手続を採るよう進言するなど，リコール等の改善措置の勧告等に関する権限（改善措置に関する運輸大臣の勧告について，道路運送車両法63条の2参照。）を持つ運輸省の担当官から当該事案について報告を求められている以上，リコール等の改善措置の要否の判断に当たり重要な意味を持つ事実関係について，率直に開示するなどの対応をすることも，リコール等の改善措置の実施に向けた措置の一環を成すものと解される」。

　かくして，第1審は，被告人両名をそれぞれ禁錮1年6月，執行猶予3年に処した。

3　第2審判決の論理

　被告人両名は控訴したが，第2審（東京高判平成21年2月2日）は，第1審判決を是認し，控訴を棄却した。第2審判決は，特に新たな判断を示してはいないが，要するに，中国JRバス事故事案の処理の時点でDハブの強度不足を疑うに足りる客観的状況にあったことが優に認定できるとしたうえで，被告人両名においても，その時点で，リコール等の改善措置をすることなくDハブを装備した車両の運行を放置すれば，輪切り破損事故が発生して人身被

第3章　欠陥車両の製造と刑事過失　　53

害が生じるかもしれないことは十分に予測しえたとして予見可能性を認め，また，その時点でＤハブの強度不足の疑いによりリコールをしておけば，Ｄハブの輪切り破損による本件瀬谷事故は確実に発生していなかったのであって，本件瀬谷事故の原因が磨耗による輪切り破損であると仮定しても事故発生を防止できたとして結果回避可能性を認め，被告人両名にその注意義務を課することは何ら過度の要求ではないとして結果回避義務を認め，因果関係も肯定した。第2審判決の論理については，最高裁もその問題点について言及しているので，そちらに譲ることにする。

4　上告趣意

　弁護人は，①中国JRバス事故事案の処理当時，被告人両名がＤハブの強度不足を疑うことは不可能であり，予見可能性は認められない，②被告人両名の実際の権限等に照らすと，被告人両名には，Ｄハブをリコールすべきであるという業務上過失致死傷罪の義務が課されていたとはいえない，③本件瀬谷事故車両の使用状況等に照らすと，ＤハブをリコールしてＦハブを装備したところで本件瀬谷事故を回避できたとはいえないし，三菱自工製のハブに強度不足があることまでの立証がされておらず，本件瀬谷事故を発生させた事故車両のハブの輪切り破損原因も解明されていない以上，被告人両名の不作為と本件瀬谷事故との間の因果関係も存在しない，という3点について争った。そこには，本件の理論的争点が凝縮されている。これらについて，最高裁は，どのような判断を示したのであろうか。

4　最高裁決定要旨

　最高裁は，上記所論の①②③について，最高裁にしては比類ないほどに入念かつ詳細に検討を加え，以下のような判断を示した。

1　最高裁決定の論理①　予見可能性

　「前記１２のとおり，三菱自工製ハブの開発に当たり客観的なデータに基づき強度が確かめられていなかったこと，ハブは破損することが基本的に想定されていない重

要保安部品であって，走行中にハブが輪切り破損するという事故が発生すること自体が想定外のことであるところ，前記１３４のとおり，そのような事故が，山秀事故以降，中国JRバス事故事案の処理の時点で，同事故も含めると７年余りの間に実に16件（うち，Dハブについては８件）という少なくない件数発生していたこと，三菱自工の社内では，中国JRバス事故よりも前の事故の情報を人身事故の発生につながるおそれがある重要情報と分類しつつ，当時の運輸省に知られないように秘匿情報の扱いとし続けていたことが認められ，これらの事情に照らすと，中国JRバス事故事案の処理の時点において，同社製ハブの強度不足のおそれが客観的に認められる状況にあったことは明らかである。

　そして，被告人Yは，品質保証部門のグループ長として，中国JRバス事故事案を直接担当し，同事故の内容等を詳しく承知し，過去にも山秀事故及び金八事故という２件のハブの輪切り破損事故を担当し，その後も同様の事故が続発していたことの報告を受けていたのであるから，中国JRバス事故事案の処理の時点で，上記事情から，三菱自工製のハブに強度不足のおそれがあることを十分認識していたと認められるし，中国JRバス事故を含む過去のハブ輪切り破損事故の事故態様の危険性等も踏まえれば，リコール等の改善措置を講じることなく強度不足のおそれがあるDハブを装備した車両の運行を放置すればDハブの輪切り破損により人身事故を発生させることがあることを容易に予測し得たといえる。

　被告人Xも，品質保証部門の部長として，中国JRバス事故事案の処理の時点で，被告人Yから報告を受けて，同事故の内容のほか，過去にも同種の輪切り破損事故が相当数発生していたことを認識していたと認められる。被告人Xとしては，その経歴及び立場からみて，中国JRバス事故事案の処理の時点で，同事故の態様の危険性等に照らし，リコール等の改善措置を講じることなく強度不足のおそれがあるDハブを装備した車両の運行を放置すれば，Dハブの輪切り破損により人身事故を発生させることがあることは十分予測し得たと認められる。

　所論は，中国JRバス事故については，輪切り破損したDハブに最大1.46mmという異常摩耗が認められ，それが原因であると判断されていたから，中国JRバス事故事案の処理の時点で，被告人両名においてDハブの強度不足を疑うことは不可能であったという。しかし，当時既にハブの輪切り破損事故が続発するなどしていたことは上記のとおりであって，中国JRバス事故車両について所論の程度の異常摩耗が認められたからといって，当時，Dハブに強度不足のおそれが客観的に認められず，あるいは，被告人両名がこれを認識し得なかったとの結論になるものではない。

　なお，三菱自工社内では，本件瀬谷事故までの間，ハブの輪切り破損事故の処理に当たって，ハブの輪切り破損の原因は摩耗にあり，摩耗の原因は使用者側の整備不良等にあるとする摩耗原因説を採用し続けていたが，この摩耗原因説は，前記１３のとおり，もともと１件目の輪切り破損事故である山秀事故事案の処理の過程で，１年間にわたる調査にもかかわらず輪切り破損の原因が明らかにならず，事故車両の使用者

第3章　欠陥車両の製造と刑事過失　　55

に対する説明が求められたことから，設計開発部門が提唱した一つの仮説にすぎない。内容面でも，摩耗の原因としては種々のものが考えられるにもかかわらず，整備不良や過酷な使用条件といった使用者側の責めに帰すべき問題のみを取り上げて摩耗の原因ともなしている点は，根拠に乏しいものであったといえる。また，ハブの摩耗量が「0.05〜0.10 mm」と報告されている金八事故のように，ハブの摩耗量が激しくない場合でも輪切り破損が生じた例もあったと認められる。これらの点を踏まえると，摩耗原因説は，Dハブの輪切り破損の原因が専ら整備不良等の使用者側の問題にあったといえるほどに合理性，説得性がある見解とはいえず，これをもってDハブの強度不足のおそれを否定するものとはいえない。記録中には，Dハブの設計強度が社団法人自動車技術会の設計基準を満たしているとする検証結果もあるが，中国JRバス事故事案の処理の時点で，Dハブについても同事故を含めると既に8件の輪切り破損事故が発生していたこと等に照らすと，そのような検証結果があることから直ちにDハブの強度不足のおそれが否定されることになるものでもない」。

2　最高裁決定の論理②　結果回避義務

「中国JRバス事故事案の処理の時点における三菱自工製ハブの強度不足のおそれの強さや，予測される事故の重大性，多発性に加え，その当時，三菱自工が，同社製のハブの輪切り破損事故の情報を秘匿情報として取り扱い，事故関係の情報を一手に把握していたことをも踏まえると，三菱自工でリコール等の改善措置に関する業務を担当する者においては，リコール制度に関する道路運送車両法の関係法規に照らし，Dハブを装備した車両につきリコール等の改善措置の実施のために必要な措置を採ることが要請されていたにとどまらず，刑事法上も，そのような措置を採り，強度不足に起因するDハブの輪切り破損事故の更なる発生を防止すべき注意義務があったと解される。そして，被告人Yについては，その地位や職責，権限等に照らし，関係部門に徹底した原因調査を行わせ，三菱自工製ハブに強度不足のおそれが残る以上は，被告人Xにその旨報告して，関係会議を開催するなどしてリコール等の改善措置を執り行う手続を進めるよう進言し，また，運輸省担当官の求めに対しては，調査の結果を正確に報告するよう取り計らうなどして，リコール等の改善措置の実施のために必要な措置を採り，強度不足に起因するDハブの輪切り破損事故が更に発生することを防止すべき業務上の注意義務があったといえる。また，被告人Xについても，その地位や職責，権限等に照らし，被告人Yから更に具体的な報告を徴するなどして，三菱自工製ハブに強度不足のおそれがあることを把握して，同被告人らに対し，徹底した原因調査を行わせるべく指示し，同社製ハブに強度不足のおそれが残る以上は，関係会議を開催するなどしてリコール等の改善措置を実施するための社内手続を進める一方，運輸省担当官の求めに対しては，調査の結果を正確に報告するなどして，リコール等の改善措置の実施のために必要な措置を採り，強度不足に起因するDハブの輪切り破

56 第1部 企業犯罪の理論

損事故が更に発生することを防止すべき業務上の注意義務があったというべきである。

所論は，当時の三菱自工内における品質保証部門と設計開発部門との力関係やリコール制度の実態等からすれば，被告人両名がDハブにつきリコール等の改善措置の実施のために必要な措置を採ることはできなかったというが，被告人両名の地位，権限や，中国JRバス事故当時，三菱自工が自社製品につきリコール等の改善措置を実施した例が少なからずあったことなどに照らすと，被告人両名において，上記義務を履行することができなかったとは到底いえない」。

3 最高裁決定の論理③ 結果回避可能性および因果関係

「原判決は，『一般に強度不足がDハブ輪切り破損事故の原因であると断定するだけの客観的なデータがなく，さらに，本件瀬谷事故の原因がDハブの強度不足であると断定できるだけの証拠もない』という証拠評価を前提に，三菱自工のDハブには強度不足の欠陥が存在していたと十分推認できるとした第1審判決の事実認定を『原判決の手法によるDハブの強度不足論は，その目的に照らしていささか過大な認定である』とする一方，『Dハブの強度不足の疑いによりリコールをしておけば，Dハブの輪切り破損による本件瀬谷事故は確実に発生していなかったのであり，本件瀬谷事故の原因が摩耗による輪切り破損であると仮定しても，事故発生を防止できたのであるから，リコールしなかったことの過失を認めることができる』として結果回避可能性を肯定し，被告人両名の過失を認めている。そして，『本件瀬谷事故は，リコール等の改善措置を講じることなく，強度不足の疑いのあるDハブを放置したことにより発生した輪切り破損の事故であって，放置しなければ事故は防止できたといえるのであるから，仮に摩耗が認められ，これに関連する車両の利用状況があったとしても，それは問題とはならないし，因果関係に影響を与えるともいえない』などとして，Dハブに強度不足のおそれがあると認めただけで，本件瀬谷事故がDハブの強度不足に起因するものであるかどうかまでは明らかにしないまま，被告人両名の過失と本件瀬谷事故との因果関係をも肯定し，本件瀬谷事故の結果を被告人両名に帰責できるとしている。

確かに，原判決が指摘するとおり，Dハブの対策品として開発されたFハブは，Dハブの強度を増大したものであって，Fハブによる輪切り破損事故の発生が，Fハブが装備された平成8年6月以降平成18年10月までに1件生じているのみであることからすれば，中国JRバス事故事案の処理の時点において，被告人両名が上記注意義務を尽くすことによってDハブにつきリコールを実施するなどの改善措置が講じられ，Fハブが装備されるなどしていれば，本件瀬谷事故車両につき，ハブの輪切り破損事故それ自体を防ぐことができたか，あるいは，輪切り破損事故が起こったとしても，その時期は本件瀬谷事故とは異なるものになったとはいえ，結果回避可能性自体は肯定し得る。

第3章　欠陥車両の製造と刑事過失　　57

　しかし，被告人両名に課される注意義務は，前記のとおり，あくまで強度不足に起因するDハブの輪切り破損事故が更に発生することを防止すべき業務上の注意義務である。Dハブに強度不足があったとはいえず，本件瀬谷事故がDハブの強度不足に起因するとは認められないというのであれば，本件瀬谷事故は，被告人両名の上記注意義務違反に基づく危険が現実化したものとはいえないから，被告人両名の上記注意義務違反と本件瀬谷事故との間の因果関係を認めることができない。そうすると，この点に関する原判決の説示は相当でない。

　もっとも，1，2審判決及び記録によれば，本件では，中国JRバス事故事案の処理の時点で存在した前記1234の事情に加え，①重要保安部品として破損することが基本的に想定されていない部分であるハブが，本件瀬谷事故も含めると10年弱の間に40件（Dハブに限れば，6年弱の間に19件）も輪切り破損しており，その中にはハブの摩耗の程度が激しいとはいえない事故事例も含まれていたこと，②本件瀬谷事故後に行われたDハブの強度に関する実走行実働応力試験においては，半径15mの定常円を時速25kmで走行した場合に平均値で633.2MPa，ほぼ直角の交差点を旋回したときには平均値で720.5MPaと，Dハブの疲労即応力である432MPaを大きく超過した応力が測定されており，これは強度不足の欠陥があることを推認させる実験結果といえること，③三菱自工のトラック・バス部門が分社化した三菱ふそうトラック・バス株式会社は，平成16年3月24日，一連のハブ輪切り破損事故の内容やその検証結果を踏まえ，Dハブ等を装備した車両につき強度不足を理由として国土交通大臣にリコールを届け出ているが，そのリコール届出書には，『不具合状態にあると認める構造，装置又は性能の状況及び原因』欄に『フロントハブの強度が不足しているため，旋回頻度の高い走行を繰り返した場合などに，ハブのフランジ部の付け根付近に亀裂が発生するものがある。また，整備状況，積載条件などの要因が重なると，この亀裂の発生が早まる可能性がある。このため，そのままの状態で使用を続けると亀裂が進行し，最悪の場合，当該部分が破断して車輪が脱落するおそれがある。』と記載し，Dハブに強度不足があったことを自認していたことが認められる。また，一連のハブ輪切り破損事故の処理に当たって三菱自工社内で採用され続けた摩耗原因説も，Dハブの輪切り破損の原因が専ら整備不良等の使用者側の問題にあったといえるほどに合理性，説得性がある見解とはいえないことは前記31のとおりである。

　他方，本件瀬谷事故車両についてみても，本件瀬谷事故車両の整備，使用等の状況につき，締付けトルクの管理の欠如や過積載など適切とはいえない問題があったことは否定し難いが，車両の製造者がその設計，製造をするに当たり通常想定すべき市場の実態として考えられる程度を超えた異常，悪質な整備，使用等の状況があったとまではいえないとする第1審判決の認定は，記録によっても是認できるものである。

　これらの事情を総合すれば，Dハブには，設計又は制作の過程で強度不足の欠陥があったと認定でき，本件瀬谷事故も，本件事故車両の使用者側の問題のみによって発生したものではなく，Dハブの強度不足に起因して生じたものと認めることができる。

58 第1部 企業犯罪の理論

そうすると，本件瀬谷事故は，Dハブを整備した車両についてリコール等の改善措置
の実施のために必要な措置を採らなかった被告人両名の上記義務違反に基づく危険が
現実化したものといえるから，両者の間に因果関係を認めることができる」。

4 結 論

　「以上のとおり，三菱自工製ハブの開発に当たり客観的な強度が確かめられていな
かったことや，ハブの輪切り破損事故が続発していたこと，他の現実的な原因も考え
難いことなどから，中国JRバス事故事案の処理の時点で，Dハブには強度不足があり，
かつ，その強度不足により本件瀬谷事故のような人身事故が生ずるおそれがあったの
であり，そのおそれを予見することは被告人両名にとって十分可能であったと認めら
れる。予測される事故の重大性，多発性，三菱自工が事故関係の情報を一手に把握し
ていたことなども考慮すれば，同社の品質保証部門の部長又は担当グループ長の地位
にあり品質保証業務を担当していた被告人両名には，その時点において，Dハブを装
備した車両につきリコール等の改善措置の実施のために必要な措置を採り，強度不足
に起因するDハブの輪切り事故が更に発生することを防止すべき業務上の注意義務
があったというべきである。これを怠り，Dハブを装備した車両につき上記措置を何
ら行わずにその運行を漫然放置した被告人両名には上記業務上の注意義務に違反した
過失があり，その結果，Dハブの強度不足に起因して本件瀬谷事故を生じさせたと認
められるから，被告人両名につき業務上過失致死傷罪が成立する。同罪の成立を認め
た原判断は，結論において正当である」。

5 田原睦夫裁判官の反対意見

　これに対して，田原睦夫裁判官は，多数意見に反対して，①ハブの強度に
ついて，②摩耗理論について，③リコールについて，④本件瀬谷事故車輌に
ついて，それぞれ事実認定に関して審理不尽であるとし，被告人らの過失お
よび因果関係について疑問を呈し，第1審に差し戻すべきだ，と主張した。
特にDハブの強度自体の審理が因果関係を認定するうえで不十分だとして
いる点が重要である。全体としてきわめて長い反対意見であり，この種の事
件の事実認定の難しさをそこから看取できるが，長文であることから本章で
は詳細を割愛し，本決定の分析に際して若干言及することとする。

　なお，田原裁判官が，最後に，「本件は被告人らの個人責任を問う事案であ
るが，本来は本件事件に関しては三菱自工自体の組織責任が問われるべきも

のであり，同種の事故の再発防止の観点及び自動車の基幹部品の破断事故という自動車業界全体に影響を及ぼす事案であるだけに，技術水準の維持，向上の観点からも，その原因及びその責任の所在の解明につき三菱自工が組織として対応して然るべき事案であると言える」，と述べ，「今後も生起するであろう，科学技術上の論点を有する刑事事件及び事件につき組織としての対応が問われ管理者の過失責任が問疑される事案の処理に関して，本件は多くの反省材料を提供するものといえよう」，と説いているのは，本件の性質をよく表している。

5　最高裁決定の理論的分析

1　実行行為主体の特定と実行行為性

　本件の理論的争点はいくつかに分かれるが，まず第1に，実行行為者の特定について検討しておこう。田原裁判官の反対意見にあるように，「本来は本件事件に関しては三菱自工自体の組織責任が問われるべきもの」ということも理解できるが，現行法の刑法解釈論からすると，個人責任追及が前提とならざるをえず，自然人の実行行為者を特定せざるをえない[3]。

　この種の過失不作為犯の事案において実行行為者を特定するには，当該人物が当該事案処理に関して実質的権限を有し，かつ結果防止に向けた情報の掌握をしていなければならない[4]。本件で，被告人両名の権限をみると，被告人Xは，中国JRバス事故当時，品質保証部門の部長の地位にあり，三菱自工が製造した自動車の品質保証業務を統括する業務に従事し，同社製自動車の構造，装置または性能が道路運送車両法上要求される技術水準である「道路運送車両の保安基準」に適合しないおそれがあるなど安全性に関わる重要な不具合が生じた場合には関係会議を主宰するなど，品質保証部門の責任者であった。また，被告人Yは，中国JRバス事故当時，三菱自工の品質保証部門のバスのボデー・シャシーを担当するグループ長の地位にあり，被告人Xを補佐し，品質保証業務に従事していた。しかも，三菱自工社内で品質情報（不具合情報も含む）を担当していたのであるから，両名は，本件事故当時，本件事案に関して，実質的権限を有し，かつ情報掌握をしていた立場にある者

60　第1部　企業犯罪の理論

と言える。

　しかも，実行行為に関して，被告人Xについては，「その地位や職責，権限等に照らし，被告人Yから更に具体的な報告を徴するなどして，三菱自工製ハブに強度不足のおそれがあることを把握して，同被告人らに対し，徹底した原因調査を行わせるべく指示し，同社製ハブに強度不足のおそれが残る以上は，関係会議を開催するなどしてリコール等の改善措置を実施するための社内手続を進める一方，運輸省担当官の求めに対しては，調査の結果を正確に報告するなどして，リコール等の改善措置の実施のために必要な措置を採り，強度不足に起因するDハブの輪切り破損事故が更に発生することを防止」しなかった不作為，被告人Yについては，「その地位や職責，権限等に照らし，関係部門に徹底した原因調査を行わせ，三菱自工製ハブに強度不足のおそれが残る以上は，被告人Xにその旨報告して，関係会議を開催するなどしてリコール等の改善措置を執り行う手続を進めるよう進言し，また，運輸省担当官の求めに対しては，調査の結果を正確に報告するよう取り計らうなどして，リコール等の改善措置の実施のために必要な措置を採る」ことをしなかった点で，不作為とされている。したがって，両名の行為とも不作為の実行行為であり，本件事故当時，本件事案に関して，実質的権限を有し，かつ情報掌握をしていた立場にある者として，危険源に対して排他的支配ないし因果的支配を有していた，と考えられ，しかもリコール等の改善措置は，両名にとって十分に実践可能な措置であった，と考えられるので，この部分の判断は妥当である。

2　因果関係・結果回避可能性

　第2に，本件は，因果関係・結果回避可能性についても，大きな争点となった。本件でも事故発生のメカニズムをめぐる事実認定で争われたように，刑事製造物責任をめぐる過失不作為犯の因果関係の認定は，相当な困難を伴う。本件でも，田原裁判官が詳細な反対意見を述べたのも，まさにこの点に関わるからである。

　過失不作為犯の場合，すでに別途取り上げた千成ホテル火災事件控訴審判決（大阪高判昭和59年3月13日特殊過失刑事事件裁判例集㈡691頁）が述べたように，

第3章　欠陥車両の製造と刑事過失　　61

「確実性に境を接する蓋然性」をもって因果関係を確定すべきである。すなわち、「過失行為と結果との間に因果関係があるといいうるためには、過失行為がなかったならば、換言すれば行為者が注意義務を履行していれば、当該結果が発生しなかったであろうという条件関係の存在が、確実性に接着した蓋然性をもって確定される必要があり、その認定にあたっては、現実に存在した具体的事実を基礎とし、そのうえに立って、当該注意義務が履行されていたならば、そのことに起因して事態がどのように変わり、現に発生した結果を回避しえたであろうか否かを考えるべきであり、このような意味で当該注意義務の履行と因果的な関連をもたない仮定的な事実、例えば、第三者によって結果の回避に向けてより適切な行動がなされておれば、というような仮定的事実を加えて結果回避が可能であるか否かを論ずべきものではない」。「被害者に最も不利な条件」を設定したうえで結果不発生の可能性が「合理的な疑いを容れない程度に立証」されることを実質的な因果判断基準とすることは、火災事故だけではなく、刑事製造物責任を追及する場合でも、考慮すべきである[5]。

　この観点から本決定をみると、第2審判決の理解と異なる点に留意する必要がある。本決定は、原判決が、「本件瀬谷事故は、リコール等の改善措置を講じることなく、強度不足の疑いのあるDハブを放置したことにより発生した輪切り破損の事故であって、放置しなければ事故は防止できたといえるのであるから、仮に摩耗が認められ、これに関連する車両の利用状況があったとしても、それは問題とはならないし、因果関係に影響を与えるともいえない」などとして、Dハブに強度不足のおそれがあると認めただけで、本件瀬谷事故がDハブの強度不足に起因するものであるかどうかまでは明らかにしないまま、被告人両名の過失と本件瀬谷事故との因果関係をも肯定し、本件瀬谷事故の結果を被告人両名に帰責できる、としている点に批判的に言及している。そして、一方で、「確かに、……Dハブの対策品として開発されたFハブは、Dハブの強度を増大したものであって、Fハブによる輪切り破損事故の発生が、Fハブが装備された平成8年6月以降平成18年10月までに1件生じているのみであることからすれば、中国JRバス事故事案の処理の時点において、被告人両名が上記注意義務を尽くすことによってDハブ

につきリコールを実施するなどの改善措置が講じられ，Fハブが装備される
などしていれば，本件瀬谷事故車両につき，ハブの輪切り破損事故それ自体
を防ぐことができたか，あるいは，輪切り破損事故が起こったとしても，そ
の時期は本件瀬谷事故とは異なるものになったとはいえ，結果回避可能性自
体は肯定し得る」，と述べつつも，他方で，「しかし，被告人両名に課される
注意義務は，……あくまで強度不足に起因するDハブの輪切り破損事故が
更に発生することを防止すべき業務上の注意義務である。Dハブに強度不足
があったとはいえ，本件瀬谷事故がDハブの強度不足に起因するとは認
められないというのであれば，本件瀬谷事故は，被告人両名の上記注意義務
違反に基づく危険が現実化したものとはいえないから，被告人両名の上記注
意義務違反と本件瀬谷事故との間の因果関係を認めることができない。そう
すると，この点に関する原判決の説示は相当でない」，と批判する。ここに本
決定の慎重さを看取できる。つまり，本件瀬谷事故では，Dハブの強度不足
を前面に出して因果関係を認定しなければ不十分である，という基本的態度
がここに出ている。

　そこで，最高裁は，それを補足すべく，「本件では，中国JRバス事故事案
の処理の時点で存在した前記 1 2 3 4 の事情に加え，①重要保安部品として
破損することが基本的に想定されていない部分であるハブが，本件瀬谷事故
も含めると10年弱の間に40件（Dハブに限れば，6年弱の間に19件）も輪切り破
損しており，その中にはハブの摩耗の程度が激しいとはいえない事故事例も
含まれていたこと，②本件瀬谷事故後に行われたDハブの強度に関する実
走行実働応力試験においては，半径15mの定常円を時速25kmで走行した
場合に平均値で633.2MPa，ほぼ直角の交差点を旋回したときには平均値で
720.5MPaと，Dハブの疲労即応力である432MPaを大きく超過した応力
が測定されており，これは強度不足の欠陥があることを推認させる実験結果
といえること，③三菱自工のトラック・バス部門が分社化した三菱ふそうト
ラック・バス株式会社は，平成16年3月24日，一連のハブ輪切り破損事故
の内容やその検証結果を踏まえ，Dハブ等を装備した車両につき強度不足を
理由として国土交通大臣にリコールを届け出ているが，そのリコール届出書
には，『不具合状態にあると認める構造，装置又は性能の状況及び原因』欄に

『フロントハブの強度が不足しているため，旋回頻度の高い走行を繰り返した場合などに，ハブのフランジ部の付け根付近に亀裂が発生するものがある。また，整備状況，積載条件などの要因が重なると，この亀裂の発生が早まる可能性がある。このため，そのままの状態で使用を続けると亀裂が進行し，最悪の場合，当該部分が破断して車輪が脱落するおそれがある。』と記載し，Dハブに強度不足があったことを自認していたことが認められる」，と認定したのである。これによって，一連のハブ輪切り破損事故の処理に当たって三菱自工社内で採用され続けた摩耗原因説も，退けられた。しかも，「本件瀬谷事故車両についてみても，本件瀬谷事故車両の整備，使用等の状況につき，締付けトルクの管理の欠如や過積載など適切とはいえない問題があったことは否定し難いが，車両の製造者がその設計，製造をするに当たり通常想定すべき市場の実態として考えられる程度を超えた異常，悪質な整備，使用等の状況があったとまではいえないとする第1審判決の認定は，記録によっても是認できる」，と認定したのである。かくして，「これらの事情を総合すれば，Dハブには，設計又は制作の過程で強度不足強度不足の欠陥があったと認定でき，本件瀬谷事故も，本件事故車両の使用者側の問題のみによって発生したものではなく，Dハブの強度不足に起因して生じたものと認めることができる。そうすると，本件瀬谷事故は，Dハブを整備した車両についてリコール等の改善措置の実施のために必要な措置を採らなかった被告人両名の上記義務違反に基づく危険が現実化したものといえるから，両者の間に因果関係を認めることができる」（圏点筆者），と結論づけられた。

　この部分は重要であり，過失不作為犯における因果関係を認定するにあたり，仮定的判断を安易に用いず，事実関係を累積しながら本件瀬谷事故もあくまでDハブの強度不足に起因して生じたものとして理論構成をしている。これであれば，田原裁判官の反対意見があるにもかかわらず，一応「合理的疑念を払拭できる程度」の「確実性に境を接する蓋然性」という判断がなされたとみてよいであろう。また，「被告人両名の上記義務違反に基づく危険が現実化したものといえる」とする点も，「本件の現実の結果実現プロセスは『刑法的観点から想定されるべき結果実現プロセスの1つ』といえるであろう」[6]という論評が示すとおり，上記の論証で一応説明がつくと思われる。パロマ

64 　第 1 部　企業犯罪の理論

ガス湯沸器事件（東京地判平成 22・5・11 判タ 1328 号 241 頁）の場合は，著しい「改造」という介在事情があり，有罪は酷ではないか，と思われるが[7]，本件では，そこまでの介在事情は認められず，因果関係を肯定してよい，と思われる。

3　予見可能性

　第 3 に，予見可能性も重要な争点であった。とりわけ，結果発生の具体的予見可能性が本件でいかなる根拠で認められるか。私は，この点について，「予見の対象とは，構成要件的結果に即座に結び付く場合は当該結果そのものであるが，複数の因果連鎖を経て結果に至る場合は当該具体的事案において最終結果たる当該法益侵害（場合によっては法益危殆化）と経験的に蓋然的に強く結び付いた因果力をもった事象である」[8]という前提に立って，本件のような刑事製造物責任における具体的予見可能性を肯定するためには，「責任原理からの帰結として，行為者たる企業幹部に具体的な危険の予兆が存在しなければならない」[9]，と説いてきた。

　この観点から本決定の論理を分析すると，本決定は，まず，輪切り破損事故が，「山秀事故以降，中国 JR バス事故事案の処理の時点で，同事故も含めると 7 年余りの間に実に 16 件（うち，D ハブについては 8 件）という少なくない件数発生していたこと，三菱自工の社内では，中国 JR バス事故よりも前の事故の情報を人身事故の発生につながるおそれがある重要情報と分類しつつ，当時の運輸省に知られないように秘匿情報の扱いとし続けていたことが認められ，これらの事情に照らすと，中国 JR バス事故事案の処理の時点において，同社製ハブの強度不足のおそれが客観的に認められる状況にあったことは明らかである」，と認定している。この部分は，本件瀬谷事故に至るまでのリスク情報の認識を確認する意味で重要である。そのうえで，被告人両名の具体的な危険性の予兆の認識についてそれぞれ認め，「被告人 Y は，品質保証部門のグループ長として，中国 JR バス事故事案を直接担当し，同事故の内容等を詳しく承知し，過去にも山秀事故及び金八事故という 2 件のハブの輪切り破損事故を担当し，その後も同様の事故が続発していたことの報告を受けていたのであるから，中国 JR バス事故事案の処理の時点で，上記事情から，三菱自工製のハブに強度不足のおそれがあることを十分認識して

いたと認められるし，中国JRバス事故を含む過去のハブ輪切り破損事故の事故態様の危険性等も踏まえれば，リコール等の改善措置を講じることなく強度不足のおそれがあるDハブを装備した車両の運行を放置すればDハブの輪切り破損により人身事故を発生させることがあることを容易に予測し得たといえる」，と認定し，「被告人Xも，品質保証部門の部長として，中国JRバス事故事案の処理の時点で，被告人Yから報告を受けて，同事故の内容のほか，過去にも同種の輪切り破損事故が相当数発生していたことを認識していたと認められる。被告人Xとしては，その経歴及び立場からみて，中国JRバス事故事案の処理の時点で，同事故の態様の危険性等に照らし，リコール等の改善措置を講じることなく強度不足のおそれがあるDハブを装備した車両の運行を放置すれば，Dハブの輪切り破損により人身事故を発生させることがあることは十分予測し得たと認められる」，と認定した。これは，因果経過に即して，かつ過去の同社の事故情報を詳細に分析して具体的な危険の予兆を判断に組み入れている点で，かつて最高裁がホテル・デパート火災事故における管理・監督過失で採った「一旦火災が発生すると重大な結果に至ることは予見可能である」という危惧感説的な論理（例えば，最決平成5年11月25日刑集47巻9号242頁）に比べると，はるかに優れた認定をしている，と評価できる。

4　結果回避義務

第4に，結果回避義務について，本決定は，「中国JRバス事故事案の処理の時点における三菱自工製ハブの強度不足のおそれの強さや，予測される事故の重大性，多発性に加え，その当時，三菱自工が，同社製のハブの輪切り破損事故の情報を秘匿情報として取り扱い，事故関係の情報を一手に把握していたことをも踏まえると，三菱自工でリコール等の改善措置に関する業務を担当する者においては，リコール制度に関する道路運送車両法の関係法規に照らし，Dハブを装備した車両につきリコール等の改善措置の実施のために必要な措置を採ることが要請されていたにとどまらず，刑事法上も，そのような措置を採り，強度不足に起因するDハブの輪切り破損事故の更なる発生を防止すべき注意義務があった」，と認定した。そして，被告人Yにつ

66　第1部　企業犯罪の理論

いては,「その地位や職責,権限等に照らし,関係部門に徹底した原因調査を行わせ,三菱自工製ハブに強度不足のおそれが残る以上は,被告人Xにその旨報告して,関係会議を開催するなどしてリコール等の改善措置を執り行う手続を進めるよう進言し,また,運輸省担当官の求めに対しては,調査の結果を正確に報告するよう取り計らうなどして,リコール等の改善措置の実施のために必要な措置を採り,強度不足に起因するDハブの輪切り破損事故が更に発生することを防止すべき業務上の注意義務があった」し,また,被告人Xについても,「その地位や職責,権限等に照らし,被告人Yから更に具体的な報告を徴するなどして,三菱自工製ハブに強度不足のおそれがあることを把握して,同被告人らに対し,徹底した原因調査を行わせるべく指示し,同社製ハブに強度不足のおそれが残る以上は,関係会議を開催するなどしてリコール等の改善措置を実施するための社内手続を進める一方,運輸省担当官の求めに対しては,調査の結果を正確に報告するなどして,リコール等の改善措置の実施のために必要な措置を採り,強度不足に起因するDハブの輪切り破損事故が更に発生することを防止すべき業務上の注意義務があった」,と認定している。

　この注意義務内容は,三菱自工でリコール等の改善措置に関する業務を担当する者に対して,リコール制度に関する道路運送車両法の関係法規に照らし,いわば単に行政法上Dハブを装備した車両についてリコール等の改善措置の実施のために必要な措置を採ることが要請されていたにとどまらず,「刑事法上も,そのような措置を採り,強度不足に起因するDハブの輪切り破損事故の更なる発生を防止すべき注意義務」として製品回収義務を認めた点に特徴がある。この論理は,すでに薬害エイズ事件のミドリ十字ルート2審判決（大阪高判平成14年8月21日判時1804号146頁）[10]や厚生省ルート上告審決定（最決平成20年3月3日刑集62巻4号567頁）[11]でも見られる。作為義務との異同の問題は理論的に残るにせよ,本件では,これも肯定してよいであろう。

　なお,その他,被告人両名の「過失の競合」も,特段の問題なく肯定されているが,本件ではむしろ「過失犯の共同正犯」についても検討すべき事案ではないか,と思われる[12]。その点を別とすれば,本決定は,結論において妥当である,と考える。

6　企業のコンプライアンスと欠陥製品の
　　　製造防止への法政策

　最後に，以上と関連して，企業のコンプライアンスと欠陥製品の製造防止への法政策について簡潔に述べておきたい。これは，早稲田大学グローバルCOE《企業法制と法創造》総合研究所の刑事法グループが調査した結果[13]に基づくものであるが，本章と関連する必要部分だけ取り上げてみたい。なぜなら，処罰の是非も重要だが，本件のような事案の特性に鑑みると，企業犯罪防止という観点からは，法政策も重要だからである。

　本調査の第Ⅰ部は，ずばり「コンプライアンスについて」と題して尋ねた。問1は，「コンプライアンスの防止対象事項」についてである。多い順に挙げると，「下請代金の支払遅延」，「守秘義務の徹底」，「欠陥品の製造・販売」，「監督機関への報告義務違反」，「商品・役務内容等の虚偽表示」というのがベスト5である[14]。2004年の調査では，「贈収賄」が1番で，2番が「下請代金の支払遅延」，3番が「特許侵害」，4番が「欠陥品の製造・販売」，5番が「商品・役務内容等の虚偽表示」という順番であった。今回比較してみると，随分順番が変わったが，「欠陥品の製造・販売」は，コンプライアンスの防止対象事項として順位を上げており，これがいかに重要なコンプライアンスの内容であるか，を示している。

　「消費者に対する周知方法」についてはどうか，というのが問5である。今度は逆で，消費者に対しては，「ある程度周知を図っている」というのが36％で，「十分に図っている」という回答を入れても，半数に満たないというところである。逆に，「あまり周知を図っていない」あるいは「まったく周知を図っていない」という2つの回答を入れると，むしろ半数を超える。したがって，課題がここから浮かび上がってくる。消費者に対してコンプライアンスも含めてきちんと知ってもらうという意味での情報提供をどうするか，ということがひとつの重要課題として残ることが，ここで判明する[15]。三菱自工に関わる本件の場合，三菱自工の被告人両名が，品質情報を「オープン情報」と「秘匿情報」とに分けて二重管理していた点がそもそも問題であった。ここに

68　第1部　企業犯罪の理論

当時のコンプライアンス体制の杜撰さを看取できる。

　問7の「違反行為察知・防止システムの有無」については，ほぼ大半の企業に当たる98.2%が「ある」という回答なので，これ自体は現在問題ない。むしろ問題は，問7-1の「相談窓口」である。社内でいろいろな不祥事があった場合，どこに相談するかという質問である。ベスト3を挙げてみると，1番目はコンプライアンス関連部署であり，273社で，61.5%である。これを見るかぎりでも，2004年の調査のときには，まだこういう部門がある会社はそれほど多くなかったので，この5〜6年に随分充実した，と言えよう。それから2番目が社外弁護士で，51.4%であり，これは予測されたところである。そのほか，法務部とか，コンプライアンス部門の中に法務部があるところもあるし，逆の場合もあるが，とにかく法務部が多い。したがって，企業では，コンプライアンス関連部署と法務部がかなり活動しており，社外弁護士も活動している，と言える[16]。

　問10は，法令違反行為防止システム構築方法についての質問である。「各企業が独自に構築する」という回答が71%であった。これは，「想定外」と言ったほうが正確かもしれない。むしろ「業界レベルで」とか，もう少し広いレベルで考えるのではないか，と思っていたが，「各企業が独自に構築する」という選択が71%で，かなり多い，と感じる。これは，視点を変えれば，各企業の自律性がやはりなお強いということであり，これは良い面にも評価できる。しかし他方，同業種間での連携はどうなっているか，ということも検討の余地がある。自分の会社だけで限界がある場合には，やはり業種ごとにいろいろ共通のルールを作るなり，あるいは業界外にいろいろアドバイスなりサポートを求めるという手もある，と思われるが，クロス集計を見ても，今回の調査では，むしろ「各企業が独自に構築する」傾向が出ているのが特徴だと言えよう。しかし，過去5年間の行政処分違反を見ると，大企業による違反が多く（問23およびそのクロス集計表参照），各企業に任せきることには限界がある，と言えよう[17]。

　第Ⅳ部は，「制裁制度のあり方」について問うている。「企業に対する刑事制裁のあり方」を問27で尋ねたところ，「罰金刑だけでよい」と回答した企業が41%であった。罰金刑は，現行法でも存在する。ところが，それ以外の

刑事制裁として,「企業名の公表」,「企業の保護観察」,「企業の入札からの排除」等を導入したらどうか,という回答が実は 52% と半数以上に上ったというのが,刑法学者としては大変関心が持たれたところである。なぜなら,逆に言うと,現在の刑事制裁システムには満足していない企業が半数以上ある,と推測できるからである。ただ単に罰金を科すというレベルでは,先ほどの課徴金と比べると,要はお金の問題であるから,同じであるが,それよりも効き目があるのは,やはり「企業名の公表」といったような制裁ではないか,という推測もつく。

　クロス集計をすると,「罰金刑だけでよい」と回答した企業のうち,10000人以上の規模の企業が 65.5% で最も多く,以下,5000-10000 人の規模の企業が 60.0%,0-1000 人規模の企業が 40.9%,1000-5000 人規模の企業が 40.6% であった。資本金規模でみても,若干の順位の変動はあれ,概ね同じ傾向にある。これに対して,新たな刑事制裁が必要か,という点では,1000 人規模の企業が 59.4% と最も多く,以下,0-1000 人規模の企業が 59.1%,5000-10000 人規模の企業が 40.0%,10000 人以上の規模の企業は 34.5% であった。資本金の規模でみても,50-100 億円規模の企業が 60.8%,100-500 億円規模の企業が 60.6%,0-50 億円規模の企業が 58.7%,そして 1000 億円以上の規模の企業は 30.3% であった。このことから,大企業ほど,金銭に余力があるためか,罰金で済ませたいという傾向があり,規模が小さいほど新たな別の刑事制裁を希望する傾向があるように思われる。しかし,このような実態をみると,罰金刑だけで十分かは疑問があり,企業名の公表やプロベーション等,何らかの新たな刑事制裁を考える必要があるように思われる[18]。

　問 27-1 は,「その他の制裁・企業犯罪類型創設」について自由記載方式で尋ねたものである。「強制解散等,社会から退場させる仕組み」,「親告罪の排除」,「企業名の公表」,「入札からの排除」,「ネット犯罪」,「マスコミの無責任な報道の規制」という提言が記載されていた。もちろん,表現の自由,報道の自由との関係が出てくるという問題も含んでいるので,慎重な検討を要する部分もある[19]。

　さて,問 28 は,「行政制裁と刑事制裁の抑止効の比較」について尋ねたものである。先ほどの罰金と課徴金の関係に関する問題意識がここにつながっ

70　第1部　企業犯罪の理論

ているわけである。多くの企業（65%）が「課徴金のほうが効果がある」と回答しており，「罰金のほうが効果がある」という回答（26%）の倍以上あり，課徴金のほうに軍配を上げている。おそらく，これは，課徴金のほうが金額が大きいという事情もあるのであろう。それから，罰金については刑事制裁であることから，逆に企業としては「有罪」というレッテルを貼られるラベリング効果を恐れているということもあるのかもしれない。クロス集計を分析すると，「課徴金のほうが効果がある」と回答した企業のうち，10000人以上の規模の企業が80.0%を占めており，突出している。この効果の比較は大変難しいものがあり，今後の検討課題である[20]。

　問29は，「法人処罰のあり方」について尋ねた。これも，われわれ刑法学者としては大変関心があるところで，刑法学会でもずっと議論が続いているところである。ヨーロッパやアメリカをはじめ，先進国で法人処罰を一般に肯定する国が増えてきた。ドイツのように，秩序違反法という法律で対応している国もあるが，多くの先進国では，法人が犯罪行為一般を行いうるということで，法人の犯罪能力を一般に認めて刑法典の中に組み入れている国もあるし，イタリアのように「企業刑法」という新たな法律を独自に設けている国もある。日本は今後どうなるのか，「今後のゆくえ」を探ることは，重要なテーマになる。今回の調査によると，回答企業の55%が「法人自体を処罰するほうがよい」と回答し，36%が「現行法のように個人を基本に処罰するほうがよい」と回答している。したがって，半数以上の企業が法人を処罰してもよい，という考えをもっていることになる。クロス集計をすると，「法人自体を処罰するほうがよい」と回答した企業のうち，0-1000人規模の企業が65.4%と最も多く，以下，5000-10000人規模の企業が62.9%，1000-5000人規模の企業が59.9%であり，10000人以上の規模の企業は32.1%にとどまった。これは，資本金の規模でみてもほぼ同様の傾向があり，ここから，大企業ほど法人処罰の導入に消極的であり，規模が小さいほどこれに積極的であることがわかる。業種別では，不動産業が88.9%で最も高く，以下，電気・ガス業85.7%，サービス業78.6%と続く。

　仮にそうであっても，課題は，この法人処罰の中に何を盛り込むか，ということであろう。前述の罰金と課徴金の関係を考えると，法人を処罰すると

して罰金だけで済むかというと，罰金よりは課徴金のほうが効果があるというということなので，それとの整合性をどう捉えるのか，これも，今回のアンケートで浮き彫りになってきた。したがって，新たな制度を設けて，「企業名の公表」とか，その他，新たな類型を設けるのか，今後も検討を要する[21]。しかし，そうだとしても，三菱自工に関わる本件のような事案を見るかぎりでは，一定の責任者に個人責任である刑事過失責任を追及する問題は，一定の範囲で残り続けるであろう。

　最後が，「その他（自由記載）」であり，自由記載欄に相当の意見が寄せられた。これも全部挙げることはできないが，まず，複数挙がったものを中心にまとめてみると，以下のとおりである。

　①「営業職に対するコンプライアンス教育において，どこまで研修を施せばよいか」（3件）。つまり，コンプライアンス教育が大事であることはわかるけれども，何をどこまで実施すればよいか，ということに悩んでいる企業もあった。また，②「中小企業においても，コンプライアンスの重要性を啓発し，法による統制も必要」という意見（2件），③「些細なコンプライアンス違反についてどのように対処すべきか，悩ましい」という意見（2件），④「コンプライアンスという概念が単なる法令順守という狭い範囲で社内外で捉えられがちだが，法令も含めた広く社会の要請に応えることが本来的意味」という意見（2件）もあった。

　つぎに，単発的ながら，積極的意見としては，「日頃より社員全員の意識啓発，モチベーションの維持と健康管理が大切」，「日弁連や業界団体を通して，さらなる啓蒙活動推進を望む」，「会社法の中で取締役就任の際にコンプライアンス違反をしないよう誓約書提出を義務付ける」，「日本企業の競争力アップ，海外投資家からの投資増加のため，コンプライアンス重視はますます求められる」，「コンプライアンス向上のためには，ステークホルダーの期待，支持，圧力，評価といった活動を通じて企業の基礎的要件として取り込まれるべきだ」，「コンプライアンスの評価については企業毎の特性に合わせて企業毎に自律的に制度設計すべきという原則からは，単に表面上の規律を厳しく定めるのではなく，個々の企業固有の事情に照らしその実効性と妥当性から判断すべきだ」という意見が注目される。

他方，消極的な意見として，「社内教育をしても内部統制の効果は限定的なので，あまり過大な期待をしないほうがよい」，「企業に対する要求レベルが高まり続ける一方で，企業を構成する個人の意識向上には限界がある」，「『コンプライアンス』という言葉が，その定義について社会的コンセンサスが得られる前に流行してしまったため，社内でも，『何だかわからないけどコンプライアンスの問題』ととらえられる事例が多い」，「制裁をむやみに重くすることで活力が低下する」という意見が参考になる。また，「日本企業のコンプライアンス，特にカルテル・談合の領域は，経営幹部・従業員とも建前と本音（業界の共存秩序のためにはやむをえない必要悪）の乖離がいまだに大きく，人事面でも，後者を優先する会社が多い」という意見も，傾聴に値する。

　それ以外の意見を見てみると，結局は，社内教育等を通じて個人の意識啓発，意識を高めることが大事で，コンプライアンスあるいは法規制ということばかりを強調しすぎても，不祥事問題をすべて解決することにはならない，と考えている企業も多いことがわかる。そういう意味では，自由記載欄の意見は，本音を書いていただいただけに大変参考になる。「何でもかんでもルール，コンプライアンスということになると，萎縮効果をもたらす」ということも指摘されているので，「いったいこの状況でどういうコンプライアンスが重要なのか」ということを見極めることも今後の課題と言える[22]。

7　結　語

　以上，三菱自工トラック・タイヤ脱落事故最高裁決定を契機として，欠陥車両の製造と刑事過失について論じ，続いて，それを契機として今後の事故防止に向けた法政策についてわれわれの調査に基づいて論じてきた。この種の問題は，今後も発生することが予測されるが，責任原理に基づいた適正な処罰と同時に，むしろ，事故の防止のために企業コンプライアンスを強化し，定着させることが重要だということを本件が示している点を改めて強調して，本章を閉じたい。

1) これまでの研究として，甲斐克則「欠陥製品の製造・販売と刑事過失」『神山敏雄先生古稀祝賀論文集第1巻』(2010・成文堂) 157頁以下 [本書第1章所収]，同「薬害と製薬会社幹部の刑事責任——薬害エイズ事件ミドリ十字ルート判決に寄せて——」広島法学27巻2号 (2003) 239頁以下 (甲斐克則『医療事故と刑法』(2012・成文堂) 154頁以下所収) 参照。なお，*Harro Otto,* Die strafrechtliche Haftungfür die Auflieferung gefährlicher Produkte, in Festschrift für Hans Joachim Hirsch zum 70. Geburtstag, 1999, S. 291ff. の邦訳であるハロー・オットー (甲斐克則＝日山恵美訳)「危険な製造物の引き渡しについての刑法上の帰責(1)(2・完)」広島法学25巻1号 (2001) 125頁以下，2号 (2001) 265頁以下のほか，近時のものとして，北川佳世子「欠陥製品回収義務と刑事責任—市販後の製品回収義務の根拠をめぐるわが国の議論—」前出『神山古稀第1巻』181頁以下，岩間康夫『製造物責任と不作為犯論』(2010・成文堂) 等参照。

2) 田口守一＝甲斐克則＝今井猛嘉＝白石賢編著『企業犯罪とコンプライアンス・プログラム』(2006・商事法務)，甲斐克則編『企業活動と刑事規制』(2008・日本評論社)，甲斐克則＝田口守一編『企業活動と刑事規制の国際動向』(2008・信山社)，田口守一ほか著『刑法は企業活動に介入すべきか』(2010・成文堂) 所収の諸論文参照。

3) 甲斐・前出注1)「欠陥製品の製造・販売と刑事過失」159頁 [本書第1章所収] 参照。

4) この点については，甲斐・前出注1)『医療事故と刑法』177-178頁，201頁，同「企業犯罪と公務員の刑事責任——薬害エイズ事件厚生省ルート最高裁決定を契機として——」早稲田法学85巻1号 (2009) 8-9頁 [本書第2章所収] 参照。

5) 甲斐・前出注1)「欠陥製品の製造・販売と刑事過失」168頁 [本書第1章所収]。

6) 成瀬幸典「判批」刑事法ジャーナル33号 (2012) 128頁。松宮孝明「批判」立命館法学343号 (2012) 616頁は，「本決定は，正確には，……客観的帰属関係を要求しているのである。これをより正確にいえば，『義務違反のゆえに放置された危険の現実化ないし義務の保護目的範囲内の結果』と認められないため，結果の客観的帰属が否定されるというべきである。そして，本決定は，従来から『客観的帰属論』のひとつの具体化として主張されてきた，このような『保護目的』ないし『保護範囲』の考え方を，実質的に採用した初の最高裁判例であるといえる」と位置づける。なお，最近の判例における因果関係については，甲斐克則「過失犯と因果関係」早稲田大学法科大学院 Law & Practice 5号 (2011) 221頁以下参照。

7) パロマガス湯沸器事件判決については，神例康博「批判」刑事法ジャーナル28号 (2011) 102頁以下参照。本判決の結論を肯定している。

8) 甲斐克則『責任原理と過失犯論』(2005・成文堂) 104頁。

9) 甲斐・前出注1)「欠陥製品の製造・販売と刑事過失」169-170頁 [本書第1章所収]。なお，甲斐・前出注8) 105頁参照。

10) 詳細については，甲斐・前出注1)『医療事故と刑法』154頁以下参照。

11) 詳細については，甲斐・前出注1)『医療事故と刑法』169頁以下，同・前出注4)「企業犯罪と公務員の刑事責任」1頁以下 [本書第2章所収] 参照。

74   第1部　企業犯罪の理論

12) この問題については，甲斐克則「過失の競合」刑法雑誌52巻2号（2013）140頁
　以下ほかの諸論文参照。松宮・前出注6）614頁も，「本件は関係者の過失共同正犯と
　して構成すべきものであった」と指摘する。［その後の関連論文として，金子博「合
　議決定に関する刑事責任についての一考察——三菱自動車欠陥事故最高裁決定を契
　機として——」立命館法学345＝346号（2013）253頁以下がある。］
13) 甲斐克則「日本におけるコンプライアンスの現状と課題——2010年アンケート調
　査分析結果——」商事法務1975号（2012）28頁以下参照。本調査は，2010年11月
　から12月にかけて郵送方式で行い，2,496社（東証第一部上場企業）に質問票を送
　付して，448社から回答を得たものである（回収率17.95％）。なお，クロス集計も含
　めたデータ解析を入れた最終報告書は，企業と法創造34号（2013）97頁以下［本書
　第12章所収］に掲載している。また，アンケート全体および調査結果の単純集計に
　ついては，甲斐克則ほか「早稲田大学GCOEシンポジウム：コンプライアンスの現
　状と課題——企業コンプライアンスと法規制のゆくえ」企業と法創造33号（2012）
　95頁以下，特に144頁以下［甲斐克則＝田口守一編『刑事コンプライアンスの国際
　動向』（2015・信山社）142頁以下所収］参照。
14) 甲斐・前出注13）商事法務1975号29頁。
15) 甲斐・前出注13）商事法務1975号29-30頁。
16) 甲斐・前出注13）商事法務1975号30頁。
17) 甲斐・前出注13）商事法務1975号31頁。
18) 甲斐・前出注13）商事法務1975号38頁。
19) 甲斐・前出注13）商事法務1975号38頁。
20) 甲斐・前出注13）商事法務1975号38頁。
21) 甲斐・前出注13）商事法務1975号38-39頁。法人犯罪については，前出注2）の
　ほか，川崎友巳『企業の刑事責任』（2004・成文堂），樋口亮介『法人処罰と刑法理論』
　（2009・有斐閣），＜特集＞「法人処罰の現代的課題」刑事法ジャーナル17号（2009）
　等参照。
22) 甲斐・前出注13）商事法務1975号39-40頁。

第4章
談　合

1　はじめに——談合の意義

1　企業活動において「公正で透明な社会的ルール」が世界的規模で求められている現在,「談合」やカルテルほど,それに抵触するものはない。そして,皮肉なことに,とりわけ「談合」ほど,日本の経済社会構造の性格の一端を端的に示すものはない。「官製談合」を含め,大型談合事件が,近年,次々に摘発されているのが,それを物語っている。日本では,伝統的に「談合がなければ一定の事業が成り立たない」,という認識が暗黙のうちに広く社会に根ざしていたように思われる。しかし,いまや,それは国内外の厳しい批判に曝されている。したがって,談合に対する刑事法上の対応にも必然的に注目が集まっている。談合に対する刑事制裁としては,刑法典と「私的独占の禁止及び公正取引の確保に関する法律」(以下「独禁法」という。)に規定がある。後者には,行政制裁もある。

2　そもそも「談合」は,公正な取引を害する行為として刑法典第5章「公務の執行を害する罪」において昭和16年 (1941年) に犯罪として追加規定され,「公正な価格を害し又は不正な利益を得る目的で,談合した者」は,2年以下の懲役または250万円以下の罰金で処罰される (96条の3第2項)。この規定が示すように,本罪は,「公正な価格を害する目的」または「不正な利益を得る目的」で行われる目的犯であり,その罪質については争いがあるものの,競売等妨害罪 (96条の3第1項) とともに,公の競売・入札の公正さを確保するための抽象的危険犯である,と解されている[1]。本罪の場合,発注側が公の機関である。

談合の類型としては,談合金の授受またはその約束を伴う類型 (不正利益獲得型) とこれを伴わない類型 (公正価格阻害型) がある[2]。なお,後述のように,

76 第1部 企業犯罪の理論

本罪の罪質および「公正な価格」の意義等をめぐり，争いがある。

3 これに対して，「独禁法」は，「私的独占，不当な取引制限及び不公正な取引方法を禁止し，事業支配力の過度の集中を防止して，結合，協定等の方法による生産，販売，価格，技術等の不当な制限その他一切の事業活動の不当な拘束を排除することにより，公正且つ自由な競争を促進し，事業者の創意を発揮させ，事業活動を盛んにし，雇傭及び国民実所得の水準を高め，以て，一般消費者の利益を確保するとともに，国民経済の民主的で健全な発達を促進することを目的とする。」（同法1条）。この目的規定からは，「経済取引における基本的価値としての自由市場経済と消費者の利益」の保護が看取できるが，同法は，「直接的には反競争行為を禁止し，排除することに主たる役割がある」ため，「直接的に犯罪と刑罰を規定することを目的とする刑法典とは違う」点に留意する必要があるし，なによりも「本法違反行為に対しては，注意，警告，排除勧告，排除措置命令，課徴金の送付命令，審決等の行政処分が課されるとともに，違反行為のほとんどに対して直罰方式で刑罰が科され」る点に特徴がある[3]。その際，公正取引委員会（以下「公取委」という。）の活動が重要な役割を果たしている。

このような性格の独禁法は，当然ながら同法の入札談合罪，より正確には「不当な取引制限の罪」に反映されることになるが，同法89条1項は，3条の規定（「事業者は，私的独占又は不当な取引制限をしてはならない。」）に違反して私的独占または不当な取引制限をした者（同項1号），および8条1項1号の規定（事業者団体は，「一定の取引分野における競争を実質的に制限する」行為をしてはならない。）に違反して一定の取引分野における競争を実質的に制限した者に対して，3年以下の懲役または500万円以下の罰金を予定している。前者のうち，「不当な取引制限」とは，「事業者が，契約，協約，協定その他何らの名義をもってするかを問わず，他の事業者と共同して対価を決定し，維持し，若しくは引き上げ，又は数量，技術，製品，設備若しくは取引の相手方を制限する等相互にその事業活動を拘束し，又は遂行することにより，公共の利益に反して，一定の取引分野における競争を実質的に制限することをいう。」（2条6項）。

また，刑法典における談合罪が個人処罰を念頭に置いているのに対して，

独禁法は，個人（直接行為者および法人代表者）のほかに法人処罰も可能にしている点が重要であり（同法95条），それによって高額な罰金（5億円以下）を科すことができる。しかし，両者の関係については，必ずしも明確ではない。

4　以上のように，刑法典と独禁法による二重の刑事規制を受ける談合，さらには独禁法により行政規制と刑事規制を受ける談合の問題について，本章では，まず，最近の入札談合の実態を簡潔に概観し，つぎに，刑法典における談合罪および独禁法上の入札談合罪に関する判例の動向について検討し，最後に，談合対策の課題について述べることにする。

2　入札談合の実態概観

1　前述のように，日本社会では，伝統的に「談合体質」が続いてきた部分がある。いわば，それが悪しき「企業風土」になっていたといっても過言でない。そこで，まず，談合の実態について，平成18年度（2006年度）『公正取引委員会年次報告書』（以下『報告書』という。）によりつつ，簡潔に概観しておこう。

公取委が独禁法違反被疑事件として平成18年度（2006年度）に審査を行った事件は159件であり，そのうち同年度内に審査を完了したものは131件であったが，13件の法的措置が延べ73事業者に対して採られている[4]。その13件のうち，入札談合が6件あり[5]，その割合の高さがわかる。ちなみに，公取委による法的措置件数のうちの談合の件数の推移をみると，平成14年度（2002年度）は37件中30件，平成15年度（2003年度）は25件中14件，平成16年度（2004年度）は35件中22件，平成17年度（2005年度）は19件中13件である。したがって，21世紀になっても，入札談合の占める割合は高率で推移している，といえる。それに伴い，入札談合に対する課徴金の割合も高い[6]。

2　『報告書』が記しているように，平成17年（2005年）に「談合・横並び体質からの脱却を図り，21世紀にふさわしい競争政策を確立する観点」から，(1)課徴金制度の見直し，(2)課徴金減免制度の導入，(3)犯則調査権限の導入，(4)事前手続の見直し等を内容とする独禁法の改正が行われ，平成18年（2006年）から施行されている。したがって，新制度になったばかりであり，運用状

78　第1部　企業犯罪の理論

況については，今後の推移を見守る必要がある。ちなみに，注目されている課徴金減免制度（リーニエンシー）については，平成18年度（2006年度）に課徴金減免制度に基づいて事業者自らの違反行為事実の報告等が行われた件数は79件あった，という[7]。これは，この制度が企業に受け入れられつつある証左であろう。

　3　なお，公取委は，調査により犯則の心証を得たときは，検事総長に告発しなければならないが（独禁法74条1項，96条1項），公取委は，平成17年（2005年）10月，「独占禁止法違反に対する刑事告発及び犯則事件の調査に関する公正取引委員会の方針」（平成2年〔1990年〕6月公表の「独占禁止法違反に対する刑事告発に関する方針」を改定したもの）を公表し，独禁法違反行為に対する抑制力強化の観点から，積極的に処罰を求めて告発を行う方針を示しており，平成18年度（2006年度）には，し尿処理施設建設工事の入札談合事件に係る告発，名古屋市営地下鉄に係る土木工事に係る入札談合事件を刑事告発している[8]。公取委と検察庁の連携により，この積極姿勢は，当分続くであろう。そのためか，あるいは企業のコンプライアンス意識の定着のためか，入札談合件数は，ここ1〜2年，減少傾向にある。

3　談合罪および入札談合罪に関する判例の動向

　1　つぎに，刑法典における談合罪および独禁法上の入札談合罪に関する判例について検討しよう[9]。刑法典の談合罪（刑法96条の3第2項）に関しては，かつては摘発例があまりなかったため，判例数も少ない。その理由は，「公正な価格を害する目的」および「不正な利益を得る目的」の意義が必ずしも明確でなかったことに一因があったことが指摘されている[10]。

　2　「公正な価格」の意義について，古く1953年の最高裁は，①公立中学校の新築工事の入札に関してH土木会社常務取締役AとK社顧問Bが，いわゆる「せり出し」の方法で最高額の談合金60万円の入札をしたM社を落札者とするよう他の入札指定社等に働きかけて申し合わせた事案（「和木村立中学校校舎談合事件」）について，「公正な価格」とは，「入札なる観念を離れて客観的に測定せらるべき公正価格の意ではなく，当該入札において，公正な自

由競争によって形成せられたであろう落札価格の謂に外ならない」，と判示して有罪とした（最決昭和 28・12・10 刑集 7 巻 12 号 2418 頁）。この立場は，「競争価格説」といわれている[11]。同判決は，したがって，既遂の時期についても，同条同項に規定する目的で「競争者が互に通謀して或る特定の者をして契約者たらしめるため他の者は一定の価格以下又は以上に入札しないことを協定するだけで足りる」との立場を示した。これは，本罪を抽象的危険犯と解する立場として位置づけることができる。

　ところが，類似の②「神代中学校校舎談合事件」において，1957 年，最高裁は，「不正の利益」について，「原審が，はじめから工事を施行する意思なく，金銭その他の経済上の利益（本件の場合談合金）を得ることのみを目的として，談合した場合はもちろん，はじめは工事施行の意思を放棄し，他の業者との協定（談合）に応じたときも，その利益が社会通念上いわゆる『祝儀』の程度を越え，不当に高額の場合は，同条にいう『不正ノ利益』と解すべきであるという趣旨を判示したのは正当である」，と述べている（最判昭和 32・1・22 刑集 11 巻 1 号 50 頁）。本件は，「公正な価格」についての判断ではないが，①と比較すると，具体的な利益に固執する傾向が看取できる。

　3　①の立場と対照的な判断を示したのが，③「草津市水道工事談合事件」判決（1968 年）である（大津地判昭和 43・8・27 下刑集 10 巻 8 号 866 頁）である。事案は，A ほか 5 名の者が草津市の発注する上水道工事に関し，A を落札者とするため，A 以外の者は A が指示する金額で入札する旨の談合を行ったというものであるが，大津地裁は，次のような興味深い論理を展開して無罪判決を下した。

　まず，「経済取引の一環である公の入札における談合に二種を認め，一はこれを違法なものとして刑罰を用いてまでこれを禁圧しようとするのに反し，他はこれを適法な経済取引活動としこれに干渉しないこととするもの」という具合に談合を 2 分類し，つぎに，いかなる事実をもって「公正なる価格を害する目的」ありと解するかは，「国又は地方公共団体など公の機関の公共事業その他の取引が我国経済社会の取引全体において占める比重の小さくないだけに，単に本件の如き建設業界の問題のみにとどまらず，ひろく我国経済社会の取引生活全体に深甚な影響をおよぼす」がゆえに，「法律家的道義的な

80　第1部　企業犯罪の理論

感覚からのみ結論をいそぐあまりに，実社会における経済人的合理的な常識から乖離し，法秩序全体の観点からは敢て刑法の干渉すべきでないと見られるような取引生活にまで徒らに刑罰をもって介入し，経済社会における取引生活の法的安定性を害する結果を招くような結論を導き出すことは，当然これを避けるべきである」，と一般論を展開した。さらに，これを受けて，公の機関との工事請負取引はほとんど指名入札の手段がとられている実態や指名を受けるための実績作りの実態を考慮し，「右の如き談合はまさに，公の入札制度に対処し，通常の利潤の確保と業者の共存を図ると同時に完全な工事という入札の最終目的をも満足させようとする経済人的合理主義の所産である」として，次のように述べた。

> 「このような見地からすれば，同条にいわゆる『公正なる価格を害する目的』とは，当該工事につき他の指名業者に比し最も有利な個人的特殊事情，例えば，当該工事の前記工事を施行していて，それに伴う飯場，事務所，資材などが工事場付近にあり転用可能なため，新たにその仮設，運搬費を要せず，また現場の地形，地質に通暁していること，資材メーカーの系列にあってその仕入れに便宜が与えられていること，大資本が背後にあって，工事費用が業者の銀行借り入れによる立替え払いの場合でも，公の機関から支払があるまで長期間その負担に耐え得ることなどの事情を有する業者が，そのような事情を利して算出した最も低廉な実費に通常の利潤を加算した入札価格，しかもそれ故各指名業者がそれぞれの事情から合理的に実費を削減し合う（利潤を削減し合うものではない）競争入札即ちいわゆる『公正な自由競争』において当然落札価格となる筈であった価格即ちいわゆる『公正なる価格』を，不当な利益を得るためにさらに引き上げるなど入札施行者たる公の機関にとってより不利益に変更しようとする意図をいうものと解すべく，このような意図をもってする談合だけが同条に該るのであり，利潤を無視したいわゆる叩き合いの入札の場合に到達すべかりし落札価格（出血価格）を，通常の利潤の加算された価格にまで引き上げようとの意図をもってする協定は，公の機関において当然受認すべきものであり，敢て刑法の干渉すべからざるものというべく，同条には該らないと解するのが正当である」。

この立場は，「適正利潤説」といわれ，本判決の影響で，「談合金の介在しない談合は合法であるとの認識が強まり，検察実務においても摘発が困難になった，といわれている[12]。しかし，談合に2種類のものを認める論理は，やがて通用しなくなる。また，「適正利潤説」に対しては，学説からも，「適正

第 4 章　談　　合　　81

利潤価格というものが内容が不明確である」として，その可変性について強い批判がある[13]。そのため，この立場は，やがて維持されなくなる。

その後,指名入札業各社の営業従業員 10 名が起訴された 1994 年の④「シール談合事件」（後述）判決（東京地判平成 6・3・7 判タ 874 号 291 頁）では，先の最高裁の「競争価格説」の立場，すなわち，「当該談合がなかったならば到達したであろう落札価格」が公正な価格であるという見解が「確立した判例」として位置づけられた。そして，「本件で各指名業者が談合をせず自由競争で入札を行っていたとすれば，シール 1 枚当たりの落札価格は約 7 円程度になっていたものと認められ，これをもって本件における『公正なる価格』とするのが相当である」，と結論づけた。しかも，「各入札ごとに指名業者と日立情報等において『回し』と呼ばれる方法，すなわち，実際にはシールの印刷，製造を行うことなく伝票の操作だけで落札業者が他の談合業者等に順次下請けに出したことにする方法を採ることによって，談合各業者がそれぞれ受注代金と発注代金との差額を利益として取得していた」点を重視し，「このような本件談合のシステム，取引の実状等からすると，右『回し』による差額の利益は，不正談合罪における『不正の利益』にあたる」，と判示した点が注目される。また，学説も，「競争価格説」が有力な支持を得ている[14]。

4　しかし，刑法典上の談合罪の判例は，その後 (2008 年 3 月まで) 確認できていないが，むしろ機能しているのは，前述の独禁法上の入札談合罪の適用である[15]。その背景には，経済事犯の防止に向けた 1980 年の「石油カルテル生産調整事件」（東京高判昭和 55・9・26 高刑集 33 巻 5 号 359 頁）および 1984 年の「石油カルテル価格協定事件」（最判昭和 59・2・24 刑集 38 巻 4 号 1287 頁）以降の公取委の権限強化と検察庁との連携がある。

実は，談合が独禁法違反ではじめて処罰されたのは，刑法典上の談合罪も適用された上述の 1993 年の「シール談合事件」の⑤東京高判平成 5・12・14 (高刑集 46 巻 3 号 322 頁) である[16]。本件は，したがって，両罪で裁かれたことになる。事案は，社会保険庁が発注する支払通知書等貼付用シールの印刷・販売等に関する事業者であるトッパン・ムーア，大日本印刷，小林記録紙および日立情報の談合に関わる以下のようなものである。トッパン・ムーアのA（第三営業本部長），B（第三営業本部営業部長代理），大日本印刷のC（公共機構営

82　第1部　企業犯罪の理論

業本部長），D（同本部営業第一部長），E（同営業第一課長），小林記録紙のF（東京支店第一営業部長），日立情報のG（OA事業部第一営業部第二課長）は，その所属する被告会社の業務に関し，平成4年（1992年）4月下旬頃，社会保険庁発注にかかる本件シールの入札について，今後落札業者をトッパン・ムーア，大日本印刷，および小林記録紙の3社のいずれかとし，その仕事はすべて落札業者から日立情報に発注するとともに，その間の発・受注価格を調整することなどにより4社の間の利益を均等にすることを合意し，もって，被告会社4社は，共同して，社会保険庁が発注する平成4年（1992年）度以降の本件シールの受注・販売に関し，被告会社らの事業活動を相互に拘束することにより，公共の利益に反して，社会保険庁が発注する本件シールの受注・販売にかかる取引分野における競争を実質的に制限し，不当な取引制限をした。東京高裁は，次のように判示した。

　　「本件において，被告会社4社の従業者がした談合・合意の内容は，……その取引段階に注目すれば，①社会保険庁から落札・受注する業者とその価格，②落札業者から受注する仕事業者とその価格とに分けることが可能であるとはいえ，指名業者になっていない日立情報が右談合・合意にその一員として参加している以上，同社に仕事業者等として利益を得る機会を与えない限り，①の談合が成立するわけがなく，また，被告会社4社の利益を均等化するためには，落札業者の発注価格（仕事業者の受注価格）をも定めなければならない関係にあり，結局①と②は一体不可分のものとして合意されたとみることができるのである」。（原文改行）「そうしてみると，この様な合意の対象とした取引及びこれによって競争の自由が制限される範囲は，……社会保険庁の発注にかかる本件シールが落札業者，仕事業者，原反業者等を経て製造され，社会保険庁から仕事業者に至るまでの間の受注・販売に関する取引であって，これを本件における『一定の取引分野』として把握すべきものであり，現に本件談合・合意によってその取引分野の競争が実質的に制限されたのである」。

　本件では，個人については，前述の刑法典上の談合罪が適用され，法人4社については，公取委による検事総長への告発が行われた結果，本判決で有罪となった点に注目する必要がある。その後，談合事件は，総じて独禁法上の入札談合罪として処理される傾向が続いている。しかし，その理由が，独禁法のほうが法人処罰が可能なるがゆえにそうなっているのか，あるいは法

人についての公取委の調査を犯罪捜査に最大限活用するためにそうなっているのか，必ずしも明確ではない。おそらく，その両方が実質的理由ではないか，と思われる。また，刑法典の談合罪は，もともと現在のような大規模な談合を想定していなかったことも考えられ，これに対して，独禁法の入札談合罪は，まさに大規模な企業犯罪対策として作られたことによるものと考えられる。

　5　⑥「下水道事業団談合事件」（東京高判平成8・5・31高刑集49巻2号320頁）では，日本下水道事業団が発注した下水道の電気設備工事について，重電機器メーカー9社が「運用手順」というシェア枠やその対象となる工事の範囲，受注予定会社決定の手続などを定めた基本ルールの合意をし，毎年これを見直して改訂するという受注調整をしていたが，平成5年（1993年）度の同事業団による指名競争入札の方法での電気設備工事の新規発注の受注調整について，関係9社とその営業担当者17名が入札談合罪で起訴され，有罪となった[17]。その際，東京高裁は，次のように述べた。すなわち，「受注調整の実施状況を段階を追って見ると，前記ルールすなわち『運用手順』の改訂とならんで下水道事業団の公務部次長から新年度発注工事の件名，予算金額等の教示を受けることが必要不可欠の事柄であり，このルールの改訂と工事件名等の教示を巡り，……各被告会社の営業部門と調査部門の各担当者が作業を分担するとともに密接な連携を保ちながら，ドラフト会議に向けての準備を行った上，ドラフト会議で受注予定社の決定に至るというものである。（原文改行）以上のルールの見直し及び改訂の状況と受注調整の実施状況とを併せ考えると，本件においては，受注調整による取引制限は，各年度ごとに独立して行われていることは明らかであり，各年度におけるルールの改訂からドラフト会議までの一連の作業をもって取引制限の実行行為と見るのが相当というべきである。したがって，平成2年［1990年］における受注調整のルールの合意により犯罪は既遂に達し，その後の行為はすべて不可罰的事後行為であるという弁護人らの主張は，採用することができない」，と。

　本判決は，「各年度におけるルールの改訂からドラフト会議までの一連の作業」という点に着眼して入札談合行為の実行行為性を的確にとらえたものである，といえる。この種の談合は，構造的であるがゆえに，一連の行為が

84　第1部　企業犯罪の理論

実行行為として位置づけられているのである。

　また，⑦「水道メーター事件」でも，東京都が発注する水道メーターの販売等の事業を営む被告会社25社およびその従業員らが，東京都が平成6年（1994年）度から水道メーターの発注を全面的に指名競争入札および指名見積合わせの方法によることにしたことに対応して，それまでの各社の利益を維持するための受注調整をすることに会合で合意した事案について，東京高判平成9・12・24（高刑集50巻3号181頁）は，「平成6年［1994年］度における談合によって3箇年度分の取引制限の効果が生じたとの緒論を前提としても，……不当な取引制限の罪は，3箇年度の談合を含む全体が継続犯として一罪を構成するにとどまり，平成7年［1995年］度及び8年［1996年］度の合意が不可罰的事後行為として罪にならないわけではない」とし，また，「各年度の談合によりそれぞれ新たな不当な取引制限という法益侵害が生じているのであるから，各年度毎の罪は併合罪となる」との判断を示し，さらに，「本件の各談合は，各被告会社の合意によりそれぞれの年度内における受注調整の方法を具体的に決定したものであって，その後は入札の際にこれを実施に移せば足りたのであるから，各談合により，公共の利益に反して競争が実質的に制限されたものと認めるのが相当であり，既遂罪が成立する」，と結論づけた。

　入札談合罪に関する初めての最高裁の判断である2000年の本件上告審（最決平成12・9・25刑集54巻7号689頁）も，「このような本件合意の目的，内容等に徴すると，本件合意は，競争によって受注会社，受注価格を決定するという指名競争入札等の機能を全く失わせるものである以上，中小企業の事業活動の不利を補正するために本件当時の中小企業基本法，中小企業団体の組織に関する法律等により認められることのある諸方策とはかけ離れたものであることも明らかである。したがって，本件合意は，一般消費者の利益を確保するという私的独占の禁止及び公正取引の確保に関する法律の目的（同法1条参照）に実質的に反しないと認められる例外的なものには当たらず，同法2条6項の定める『公共の利益に反して』の要件に当たるとした原判断は，正当である」，と判示した[18]。この最高裁の判断により，本罪の解釈の実務の方向性はほぼ固まった，といえる。

　なお，水道管やガス管に使われるダクタイル鋳鉄管に関する2000年の⑧

第 4 章 談 合 85

ダクタイル鋳鉄管談合事件判決（東京高判平成 12・2・23 東高刑時報 51 巻 1＝12 号 23 頁）でも，シェア協定に関して関連会社 3 社と各社営業担当幹部 10 名が有罪とされたが，詳細な論理展開こそないものの，受注実績の均衡について，「年度配分シェアに相応するための受注の調整は，主として，受注の約二割を取り扱う直需市場での『名義決め』によってまかなっていたが，間需市場でも，一部の大口受注等について受注の調整を行うことにより，これを補っていたことが認められる」，と述べており，⑦と同様の立場を採ったものと思われる。

6 最後に，最近「官製談合」として社会の耳目を集めた 2005 年の⑨防衛庁燃料入札談合事件（最決平成 17・11・21 刑集 59 巻 9 号 1597 頁）が挙げられる[19]。本件は，被告人 9 名を含む石油元売業者またはその代理人である被告会社ら 12 社（このうち 1 社は告発前に解散，もう 1 社は公判中に解散）の従業員が，平成 10 年（1998 年）4 月から 9 月にかけて，その業務に関し，防衛庁調達実施本部が指名競争入札の方法により発注する自衛隊基地等で消費する石油製品について受注調整を 4 回ほど行って，当該予定会社が受注できるような価格で入札することに合意し，不当な取引制限をした（平成 14 年（2002 年）の改正前の独禁法 2 条 6 項，3 条，89 条 1 項 1 号，95 条 1 項 1 号違反の罪）という事案である。

調達実施本部により自由競争が制限されていたか否か，そして被告会社等が競争を制限する余地はなかったか否か，が中心に争われたが，東京高裁は，被告側の主張を退け，次のように述べて，被告会社 10 社を各々罰金 8000 万円，7000 万円，3500 万円，3000 万円，2500 万円，1500 万円，800 万円，700 万円，300 万円（2 社）に処し，被告人 9 名のうち 1 名を懲役 1 年 6 月執行猶予 3 年，2 名を懲役 1 年執行猶予 2 年，4 名を懲役 8 月執行猶予 2 年，2 名を懲役 6 月執行猶予 2 年の有罪に処した（東京高判平成 16・3・24 審決集 50 巻 915 貰）[20]。長い判決文なので，以下，ポイントのみ記す。

（i）「当初入札及び商議において，調達実施本部側からの自由競争の制約は，なんら認めることができない。業者の受注調整行為の結果としての当初入札及び商議全件不調を受けて，その後，調達実施本部が商議の中で最低商議価格（指値）を提示し，商議権者が商 3 札を提出することにより，実質的には，調達実施本部と商議権者との間で随意契約が成立したに近いものがあり，

86 第1部 企業犯罪の理論

予定価格より高い価格では随意契約を締結できない制約から，再入札を行っていたにすぎないと見られ得るところである」。「本件当時に行われていた指名競争入札のやり方は，業者の受注調整行為が先行しており，これに応じて，調達実施本部が最低商議価格を提示してこれで決着させるやり方は，調達実施本部側にも，調達遅延をもたらさない，油種ごとの単価を統一価格とすることによる便宜，会計検査院に対する説明もしやすい，事務処理の迅速化などのメリットがあり，このような手続が続けられてきたものと解されるが，だからといって，調達実施本部により当初より自由競争が阻害されていたなどとは，受注行為を行っていた者がいえる筋合いではない」。

　(ii)　「被告会社等の担当者は，被告会社等が前年度実績並みの受注割合を確保し，価格競争による落札価格の下落を防止し，さらには，予定価格再算定によって受注価格を引き上げることを目的として，本件受注調整を行っていたものと認められる」。

　(iii)　「本件公訴事実における『一定の取引分野』は，防衛庁調達実施本部が発注する本件石油製品の発注期ごと（平成10年［1998年］1期については暫定分と補正分とに区別される。）に，同一油種に係る発注物件全体を対象とする取引分野であるところ，関係証拠によれば，上記取引分野は，油種ごとに指名された11ないし13の業者が，全国各地を納入先とする数百件という多数の物件を受注するというもので，各期の合計受注金額はそれぞれ約19億円から約110億円であり，各期の油種別の合計受注金額もそれぞれ約2200万円から約68億円に達するという大規模なものであったことが認められる。そこでは，各指名業者が油種ごとに多数の物件のそれぞれについて受注競争を行い，活発な競争市場が形成されることが期待されていたものである」。「本件が，その都度基本ルールを確認・合意しつつ行われてきた継続的な入札談合事案であることにもかんがみると，本件各石油製品の各八中期の油種ごとの受注に係る指名競争入札が，独占禁止法2条6項にいう『一定の取引分野』に該当することは明らかである」。

　(iv)　「出席者の間では，各受注調整会議の冒頭において，当該期の発注についても，従来と同じ基本ルールを確認・合意し，そして，引き続き，同出席者らは，個別の発注物件について，その基本ルールに従って，……受注予定

会社を決定するなどして，もって，各被告会社等が共同して，調達実施本部が指名競争入札の方法により発注する本件各石油製品の受注に関し，各被告会社等の事業活動を相互に拘束し，遂行したのであって，以上はいずれも本罪の実行行為に該当するものである」。

被告人・会社側から上告がなされたが，最高裁は，次のように述べて，全員一致で上告を棄却した。

「確かに，原判決の認定によれば，当初入札では全件が不調となり，商議を経た後に実施された再入札において，商議の際に調達実施本部から提示されたいわゆる最低商議価格で落札されることが長年続くなど，指名競争入札の運用が形がい化していたと認められる実情にあり，調達実施本部担当官の中には，指名業者の間で何らかの受注調整が行われ，そのために上記のような経過をたどって落札されているのではないかと察知していた者がいたと認められる状況であったのに，同本部は，指名競争入札の運用を改めず，また，担当官においては，指名業者に対し，会計法29条の5第2項に違反する疑いがあるのに入札書の差し替えを許したり，複数落札入札の際のくじ引きで便宜を与えたりするなど，再入札において最低商議価格により落札されることを前提としたような事務手続を行い，事実上指名業者による受注調整を黙認し，それを助長していたことが疑われる。しかしながら，調達実施本部から提示された最低商議価格を基に落札され，指名競争入札制度が形がい化していたとしても，それらは，調達実施本部において，指示，要請し，あるいは主導したものではなく，現に，被告人会社等は，入札における自由競争が妨げられていたというわけではない。しかるに，被告人会社等は，本件指名競争入札において，前年度実績並みの有利な受注を確保するために，当初入札における全件不調，商議を経て，受注できる価格についての情報を得て再入札手続に入るよう受注調整を実施したものであり，このような受注調整が本件指名競争入札における競争を実質的に制限したものであることは明らかである」。

本決定は，「官製談合」における自由競争性を認める立場から，学説もこれを支持しているように[21]，妥当な判断だと思われる。本決定により，今後，「官製談合」についても，独禁法上の入札談合罪が適用されるであろう。以上

88　第1部　企業犯罪の理論

のようにみてくると，談合に対する司法の方向性は概ね定まった，と解することができる。

4　談合対策の課題

　以上のような具体例を前にして，今後，談合対策をどうすればよいであろうか。談合事件の防止のためには，刑罰による事後的対応ないし独禁法の罰則強化だけでは不十分であるし，課徴金の高額化だけでも不十分である。リーニエンシー（課徴金減免制度）の導入により，談合の事実を隠蔽せずに，それをいち早く公取に報告するインセンティブを与えたことは，ある意味で重要な契機となるであろう。

　しかし，最善の方策は，事前防止型のシステムを構築である。そのためには，入札制度の改善のほか，独禁法に基づいた公取委による排除勧告等の強力な行政指導が有効であることはいうまでもない[22]。公取委の権限をさらに強化すべきであろう。また，入札談合等関与防止法が2002年に制定されたことも重要である。同法は，「公正取引委員会による各省庁の長等に対する入札談合等関与行為を排除するために必要な改善措置の要求，入札談合等関与行為を行った職員に対する損害賠償の請求，当該職員に係る懲戒事由の調査，関係行政機関の連携協力等入札談合等関与行為を排除し，及び防止するための措置について定めるとともに，職員による入札等の公正を害すべき行為についての罰則を定めるもの」である（1条）。公取委による改善措置の要求も盛り込まれている（3条）ほか，職員に対する損害賠償の請求等も盛り込まれており，ユニークである。そして，改正入札談合等関与防止法の周知状況については，公取委では平成19年（2007年）1月以降，国等の発注機関を対象とした説明会を開催したり，地方公共団体等が主催する説明会に講師を派遣する等により周知徹底を図っている，といわれている。この努力もまた重要である。

　だが，最も重要なことは，企業が自主的に談合体質を改めることである。企業コンプライアンスの向上を図ることが重要である[23]。そのためには，「談合が悪である」という「企業風土」を自発的に醸成することが重要である。

第 4 章　談　　合　　89

そのための啓発活動が始まっているが[24]，今後の定着に期待をしたい。

5　おわりに

　以上，談合の問題について日本における動向を中心にみてきたが，経済活動がグローバル化するなかで，開かれた市場の確保は，避けて通れない。先進各国がこの問題に取り組んでいるところであり，刑事法が果たす役割に限界があるとはいえ，重要な役割を担っていることは変わりなく，日本においても，行政指導を含め，ハードローとソフトローの併用により，「脱談合」に向けた多角的取組みを展開すべきであろう。

　1)　大谷實『刑法講義各論』（新版第 2 版，成文堂，2007 年）557 頁。
　2)　西田典之『刑法各論』（第 4 版，弘文堂，2007 年）408 頁。なお，本罪の立法経過および問題点については，西田典之「談合罪についての覚書」芝原邦爾＝西田典之＝井上正仁編『松尾浩也先生古稀祝賀論文集・上巻』（有斐閣，1998 年）426 頁以下参照。
　3)　神山敏雄『独禁法犯罪の研究』（成文堂，2002 年）1 頁。なお，独禁法上の入札談合罪については，神山敏雄『日本の経済犯罪——その実情と法的対応』（成文堂，1996 年）15 頁以下，同『[新版] 日本の経済犯罪——その実情と法的対応』（成文堂，2001 年）45 頁以下，野村稔『経済刑法の論点』（現代法律出版，2002 年）31 頁以下，芝原邦爾『経済刑法研究　下』（有斐閣，2005 年）713 頁以下をも参照。
　4)　平成 18 年度（2006 年度）『公正取引委員会年次報告書』（以下『報告書』という。）第 1 部総論第 1 図および第 2 部各論第 1 図参照。
　5)　『報告書』第 2 部各論第 2 表参照。また，公取委による排除勧告等の具体例についても第 2 部各論参照。
　6)　『報告書』第 1 部総論第 3 図および第 2 部各論第 2 図・第 3 表参照。なお，1980 年代末から 2001 年までの入札談合事件の行政摘発事例については，神山・前掲注 3）159 頁以下参照。
　7)　『報告書』第 2 部各論第 2 章参照。
　8)　『報告書』第 2 部各論第 7 参照。
　9)　判例については，芝原邦爾＝西田典之＝佐伯仁志編『ケースブック経済刑法（第 2 版）』（有斐閣，2002 年）255 頁以下参照。
　10)　芝原ほか・前掲注 9）285 頁。
　11)　芝原ほか・前掲注 9）147 頁。
　12)　芝原ほか・前掲注 9）285 頁。

90 第1部 企業犯罪の理論

13) 西田・前掲注2)『刑法各論』410頁。

14) 西田・前掲注2)『刑法各論』410頁。

15) 芝原ほか・前掲注9) 265頁以下, 神山・前掲注3)『独禁法犯罪の研究』174頁以下, 芝原・前掲注3) 713頁以下参照。

16) 本判決については, 高橋則夫「判批」判例タイムズ874号 (1995年) 63頁以下, 山本雅昭「判批」法学61巻4号 (1997年) 218頁以下, 松浦市郎「判批」『独占禁止法審決・判例百選 (第6版)』(2002年) 36頁以下, 土佐和生「判批」ジュリスト1046号 (1994年)『平成5年度重要判例解説』250頁以下参照。なお, 神山・前掲注3)『独禁法犯罪の研究』174頁以下参照。

17) 本判決については, 今井猛嘉「判批」『独占禁止法審決・判例百選 (第6版)』(2002年) 260頁以下, 岡田外司博「判批」ジュリスト1111号 (1997年) 230頁以下, 川島富士雄「判批」ジュリスト1113号『平成8年度重要判例解説』(1997年) 231頁以下参照。なお, 神山・前掲注3) 183頁以下参照。

18) 本決定については, 芝原邦爾「判批」ジュリスト1167号 (1999年) 101頁以下〔同・前掲注3) 749頁以下所収〕, 佐伯仁志「判批」法学教室220号 (1999年) 128頁以下, 田中利幸「判批」『独占禁止法審決・判例百選 (第6版)』262頁以下, 林幹人「判批」判例評論526号 (判例時報1797号〔2002年〕) 54頁以下参照。なお, 神山・前掲注3)『独禁法犯罪の研究』187頁以下参照。

19) 本決定については, 西田典之「判批」ジュリスト1313号『平成17年度重要判例解説』(2006年) 179頁以下, 川崎友巳「判批」判例評論579号 (判例時報1959号〔2006年〕) 54頁以下参照。

20) 本判決については, 島田聡一郎「判批」ジュリスト1291号『平成16年度重要判例解説』(2004年) 248頁以下参照。

21) 西田・前掲注19) 180頁。

22) この問題について, 刑罰強化よりも行政指導の強化の有効性を説くものとして, 神山・前掲注3)『独禁法犯罪の研究』198頁以下がある。

23) この点については, 大西一清編『企業のコンプライアンスと独占禁止法』(商事法務, 2006年) 参照。なお, 甲斐克則「コーポレート・ガバナンスと刑事規制」本巻〔甲斐克則編『企業活動と刑事規制』(日本評論社, 2008年)〕第12章〔本書第7章〕参照。

24)『報告書』第2部各論第8「企業コンプライアンス向上のための施策の推進」参照。

第 2 部

企業のコンプライアンス・プログラムと刑事規制

第5章
企業の社会的責任と新たな(刑事)法システムの構築
——アンケート調査・シンポジウム・訪問調査を終えて——

1　はじめに

　21世紀に入り，日本の社会構造は，ある種の転換期を迎えているように思われる。それは，行政組織，大学，病院，企業，スポーツ界等々，様々な領域で見られる。これを単純な図式で割り切るには躊躇を覚えるが，敢えて言えば，「透明性の高い公平なルールに基づいた責任ある社会構造」の構築へと向かって行っているように思われる。とりわけ大企業の構造変革は，欧米の企業との競争の中で，トランス・ナショナル（trans-national）な活動規模であればあるほど，その方向へ向かわざるをえないであろう。このような潮流の中で，日本の企業構造も，かつてのいわば「家父長的企業体質」から「透明性の高い公平なルールに基づいた責任ある企業体質」へと転換を迫られている，といえよう。コンプライアンス・プログラムないし企業の社会的責任(CSR)の必要性が叫ばれているのも，必然的な流れといえる。しかし，そもそもコンプライアンス・プログラムないしCSRの内容ないし法的位置づけは，どのように理解すればよいのであろうか。それは，刑事法的視点からも，座視できないものを多分に含んでいるように思われる。

　そこで，われわれ早稲田大学21世紀COE《企業法制と法創造》総合研究所の「企業と市場に係る刑事法制研究」グループは，内閣府経済社会総合研究所とタイアップして，社団法人商事法務研究会の協力を得ながら2004年10月に「企業の社会的責任・コンプライアンス等に関するアンケート調査」を実施した。同アンケートは，上場企業約3,100社に送付され，幸いなことに942社から貴重な回答を得た。その回答の概略的分析を踏まえて，2004年11月13日に早稲田大学において「COEシンポジウム：企業の社会的責任——新たな法システムの構築を求めて——」と題するシンポジウムを開催

した。このシンポジウムは，必ずしも全面公開ではなかったが，研究者，法曹関係者，行政関係者および50社以上の企業関係者等約200人が集まり，当該テーマについて熱く論じ合った実に有益な内容のものであった。掘り起こされたテープ原稿を改めて読み直しても，現在の問題状況が実によく反映されており，ここに記録として収めることにした。また，その後，上記アンケートに協力していただいた企業の中からインタビューに応じてもよいという企業のうち11社について個別に訪問インタビュー調査を実施した。

　以上のような研究は，従来行われたことがなく，学術的観点からも貴重なものと考えられるし，実践的にもその成果を活用できると思われる。これらの全面的な分析・検討およびコンプライアンス・プログラムの新たな枠組み呈示の準備は目下行っているところであるが，その成果は別途公表することにして，さしあたりここでは，上述の企業へのアンケート調査と訪問インタビュー調査を素材としつつ，2004年11月のシンポジウムの討論内容を踏まえ，同シンポジウムの記録とともに，若干の理論的観点も加味して概略的な分析・検討の一端を示すことにした[1]。

2　アンケート調査から浮かび上がる現状の課題，その取組み，そして限界

　まず第1に，企業側から見た企業のコンプライアンス・プログラムないしCSRの意義・目的・工夫と課題についてであるが，一連の調査を通して，先進的取組みをしている企業とそうでない企業との格差があることが判明した。それは，大企業と中小企業とで，あるいは業種間でも見られた。あるいは，大企業であっても，形ばかりのコンプライアンス・プログラムを作って自己満足しているところもある，という指摘もあった[2]。他方で，訪問インタビュー調査に行ったある企業では，実に入念なコンプライアンス・プログラムを作って，かつそれを会社をあげて実践しているところがあった。とりわけ，海外の企業との取引が頻繁な企業ほどコンプライアンス・プログラムの重要性を認識している傾向が看取された。また，トップの意識改革を期待する声が強く聞かれたのも，特筆に値する。

第2に，法曹および公正取引委員会から見た企業のコンプライアンス・プログラムないしCSRの問題点についてであるが，検察官の経験の長い法務総合研究所の郷原信郎氏と独占禁止法改正作業にも関与している公正取引委員会の諏訪園貞明氏は，個人的見解ながら，コンプライアンス・プログラムのあり方，ひいては刑事制裁と行政制裁との関係について実に興味深い視点を呈示している。しかも，両者は，必ずしも同一スタンスではない。刑罰を重くすれば解決するか，あるいは，刑罰に替えて課徴金を重くすれば解決するか，さらには，現行の刑罰制度を変革して新たな刑罰制度を導入すべきか。この問題は，今後も議論が続くであろう。

　第3に，企業の組織内での対応の限界を指摘せざるをえない。ホットラインやヘルプライン等を設けている企業も増えているし，公益通報者保護法も制定されたが，本来の機能を果たすには，なおほど遠い。真の企業の自律を促すには，必要な範囲で外部の眼を入れて風通しを良くすることが必要と思われる。すでにこのシステムを導入している企業もある。しかし，この場合でも，形式的であってはならないであろう。要は，モニタリング機能が発揮できるかどうか，である。その際，企業間で，コンプライアンス上の連帯を強化するのも一案と思われる。例えば，経営法友会などはその重要な役割を担いうるのではなかろうか。

③ 新たな法システムおよびコンプライアンス・プログラム構築への道標

　1　では，新たな法システムないしコンプライアンス・プログラムを構築するには，どのような道標が必要であろうか。

　私は，コンプライアンス・プログラムを3段階に分けることができる，と考えている。まず第1に，業種を問わず，いかなる企業においても遵守すべきコンプライアンス・プログラムの共通項が存在するものと思われる。刑法典に規定された違反行為はもちろん，独占禁止法に抵触する談合や証券取引法［現・金融商品取引法］に抵触するインサイダー取引等，明らかに犯罪行為となりうるものは，その最たるものである。シンポジウムで諏訪園氏が某電器

メーカーの社長のビデオによる訓辞（談合禁止）の例を出されたが，まさに良い例だと思われる。また，必ずしも犯罪行為とはいえないが，厳格な行政規制の対象となっているもの，あるいは明白に民法上の不法行為とされているものも，それに含まれるであろう。

問題は，その周辺の企業活動についてである。コンプライアンス・プログラムを「予防」という観点から重視すればするほど，詳細なものにならざるをえないが，その場合，新たな共通枠組みを設けることは，業種なり企業の規模によって困難を伴うことが予想される。そこで，第2に，業種（場合によっては企業の規模）の特殊事情を考慮して，枝葉を付けて柔軟性を持たせたコンプライアンス・プログラムの方向が考えられる。とはいえ，トランス・ナショナルな企業活動の国際化ないしグローバル化の波の中で，国際的視点を抜きにしてコンプライアンス・プログラムを考えるわけにはいかないであろう[3]。もっとも，取引相手が国内に限定される場合，とりわけこの第2の点が考慮される必要があるかもしれない。しかし，その場合でも，「日本の企業風土に合うコンプライアンス・プログラムの樹立は可能か」という問題設定をする際に，注意すべき点がある。すなわち，この問題設定は必ずしも誤りではないが，「日本の企業風土」の中に何を盛り込むべきか，という点に注意を払う必要がある。なぜなら，日本の一部でしか通用しないものを誇張して「日本の企業風土」論を持ち込むと，コンプライアンス・プログラムの本質を歪曲する懸念もあるからである。したがって，コンプライアンス・プログラムの中に取り込むことのできる「日本の企業風土」とは何か，を抽出する作業が必要であると思われる。

第3に，以上の点を踏まえたうえで，さらにきめ細かく企業内で独自にコンプライアンス・プログラムを作る方策もありうる。

以上の3段階で考えておけば，「魂の入ったコンプライアンス・プログラム」になる可能性がかなりあるように思われる。

2　第2に，経営者の責任の問題，とりわけ経営者の逸脱行動をどのようにチェックすべきか，という問題への対応が重要である。もちろん，経営者の責任といっても多様である。まず，経営者が犯罪行為を行った場合は，事後的に司直の手で裁かれる。しかし，刑法は，事後的チェック機能が主であ

り，経営者が犯罪行為を行った場合，企業のダメージおよび従業員に与える影響は計り知れない。ワンマン体制の企業であれば，適切な「魂の入った」コンプライアンス・プログラムがなければ，事前にチェックをしようがない。「トップの意識改革」は，最大の懸案事項である。

3 そこで，考えられるのが，行政の役割である。今回の企業へのアンケートおよび訪問インタビューから得た感触では，所轄官庁（経済産業省，場合によっては金融庁）による行政指導，あるいは公正取引委員会の勧告等は，実際上かなり大きな役割を果たしている。アメリカにおける医療事故対策では，リスク・マネジメントの一環として，「人は誰でも間違える（To err is human）」ということを前提として，大事故が発生する前に，小さなミスの段階でインシデント・レポートを参考にしてチェックするシステムを作って効果を上げており[4]，日本でも類似のシステムを導入しつつある。これが企業にそのまま当てはまるか，について若干の疑問はあるが，公益通報者保護制度とリンクさせて，行政とタイアップすれば，展望は開けるように思われる。刑法でいえば，故意犯でなくても，過失犯は少なくともありうるということは，考えておいたほうがよい。さらには，諏訪園氏が指摘されるように，法整備に行政が尽力することも重要である。しかし一方で，規制緩和の潮流の中で行政が干渉しすぎることに対しては警戒感も強いし，行政側も過剰なコスト増には消極的である。むしろ行政にも人的・物的におのずと限界があることを自覚する必要がある。

このような要因を考慮したうえで，なおかつ有効な規制を求めるとすれば，どうすればよいであろうか。この点に関しては，われわれ刑事法研究グループによる COE の研究会（2005 年 3 月 5 日）において，内閣府経済社会総合研究所の白石賢氏［現・首都大学東京教授］が指摘されたことが，そのヒントになるように思われる。すなわち，各企業が自主チェックできているかどうかを行政がチェックするというシステムである。これは，間接的チェックとなるが，小さなミスの段階で直接行政が介入するよりも，企業の自主性を尊重する意味でも，コスト面でも，実に有効な手段になる，と思われる。不祥事の絶滅は不可能だが，これにより，犯罪性の強い違反行為は可能なかぎり減らすことができる，と思われる。そういうシステムをコンプライアンス・プログラ

98　第2部　企業のコンプライアンス・プログラムと刑事規制

ムの中に取り入れていけば，コーポレート・ガバナンスの向上は，一定程度期待できるのではないだろうか。そして，それが同時に CSR を果たすことにもなるのではないだろうか。

4　第4に，刑事規制の役割と限界について述べておこう。まず，コンプライアンス・プログラムの刑法上の意義については，すでに前記シンポジウムにおける今井猛嘉教授の基調報告に対するコメントで述べたように，理論的には，法的に正当化（justification）ないし違法性阻却のような機能を果たすものと，免責（excuse）ないし責任阻却のような機能を果たすものと，もうひとつ刑の免除的機能あるいは訴追免除機能を果たすもの，という具合に3つの機能がある，と考えられる[5]。これを混同すると，「コンプライアンス・プログラムさえ作れば，それでよい」ということになる懸念がある。

　犯罪といえば，故意犯だけではなくて，過失犯もあるわけで，過失犯については，英米法のように結果責任に近い厳格責任を一部認めるという考えもある。しかし，私は，企業の刑事責任についても，責任主義・責任原理というものを根底に据えて考えるべきだと思う。そして，故意犯の場合には，トップ，取締役，中間管理職，従業員，それぞれがどういう違法行為を行ったのかということで，違法性の意識の問題と関わってくる。さらに，過失犯では，いわゆる注意義務違反の認定の問題（管理・監督過失の問題を含む）で，コンプライアンス・プログラムを客観的注意義務の内容として理解する考え（新過失論ないし危惧感説）もありうるが，むしろ，それは一応の参考であって，注意義務違反についてはもっと個別的事情を考慮して主観的内容にまで立ち入って判断すべきである，と考える。

　故意犯にせよ過失犯にせよ，前述のように，企業における事故なり犯罪というのは突然起きるものではなく，具体的な危険の予兆は必ずある，と思われる。事故なり犯罪の前提となるいくつかの危険性があって，それが積り積って大事故につながるし，故意犯でも同様だと思われる。

　しかしながら，いずれにせよ，刑事規制には自ずと限界というものがあり，すべて刑罰で対応するよりも，代替手段ないし補完手段を考えながら対応する必要がある，と思われる。すなわち，企業犯罪ないし企業の逸脱行動を規制するには，刑事制裁と行政制裁（もちろん自主規制もありうる）のバランスの

とれた併用策をとりつつ，例えば，独占禁止法改正で議論されているリーニエンシー制度（改正された独占禁止法7条の2第7項，8項，9項）のような新たなシステムを加味していくのが最も効果が上がる，と思われる。

5 以上の点は，社会において多大な影響力をもつマスコミ報道にも十分に理解してもらえるよう努力すべきであるし，マスコミにも相応のコンプライアンス・プログラムを求めていくべきである。

4 おわりに

以上，企業へのアンケートおよび訪問インタビュー調査，さらには前記シンポジウムを踏まえ，コンプライアンス・プログラムの枠組みの呈示のための基本的視座について論じてきた。これを元に，今後，わが研究プロジェクトのメンバーとともにコンプライアンス・プログラムの枠組み自体，さらにはコンプライアンス・プログラムのモデル案を模索していきたい，と考える。

1) アンケート自体の鋭い分析については，本書［田口守一＝甲斐克則＝今井猛嘉＝白石賢編『企業犯罪とコンプライアンス・プログラム』（商事法務，2007）11頁以下］掲載の今井猛嘉「基調報告：企業活動とコンプライアンス——アンケート調査を踏まえた法的責任のあり方について——」を参照されたい。
2) 2004年11月のシンポジウムでの加藤ひとみ氏の言葉を借りて比喩的に言えば，「仏作って魂入れず」ということである。
3) この点に関して，バイオテクノロジーの規制の問題について興味深い問題提起をしているものとして，デレク・モーガン（永水裕子＝甲斐克則訳）「バイオエコノミーを規制すること——バイオテクノロジーと法との関係の予備的評価——」法律時報77巻4号57頁以下（2005）参照。
4) この問題については，甲斐克則『医事刑法への旅Ⅰ〔新版〕』（イウス出版，2006）第8講および第9講，L.コーンほか編・米国医療の質委員会＝医学研究所著（医学ジャーナリスト協会訳）『人は誰でも間違える——より安全な医療システムを目指して——』（日本評論社，2000）参照。
5) なお，この問題についての最近の労作として，川崎友巳『企業犯罪の研究』（成文堂，2004）がある。

第6章
コンプライアンス・プログラムと企業の刑事責任

1 はじめに

　わが国では，現在，企業の不祥事（犯罪を含む）を防止するため，コンプライアンス・プログラム（compliance program）ないしは企業の社会的責任（Corporate Social Responsibility＝CSR）が強調されている。しかし，その法的位置づけや内容，あるいは実践的効果については，まだ十分に論証されていない。形式的にはコンプライアンス・プログラムを有する企業でも，独占禁止法違反に抵触する行為（特に談合）に加担して摘発されたり，証券取引法［現・金融商品取引法］に違反する行為（特にインサイダー取引）を行ったり，あるいは欠陥製品を販売して消費者が事故に巻き込まれたりするケースがある。コンプライアンス・プログラムが有効に機能していれば，このような事態は防止できるはずであるが，このような現実を見ると，まだ検討課題は多い。そこで，われわれは，早稲田大学 21 世紀 COE《企業法制と法創造》総合研究所の研究グループである「企業と市場に係る刑事法制研究」の共同研究として，内閣府経済社会総合研究所と連携して，2004 年 10 月に「企業の社会的責任・コンプライアンス等に関するアンケート調査」を実施した。同アンケートは，上場企業約 3,100 社に送付され，942 社から回答を得た。また，その中から訪問インタビュー調査に応じてくれた企業 11 社について訪問インタビュー調査を実施した。その間にあって，2004 年 11 月 13 日に「COE シンポジウム：企業の社会的責任——新たな法システムの構築を求めて——」と題するシンポジウムも開催し，刑事法研究者，企業の第一線で活躍する法務担当者および法曹関係者ならびに行政関係者が一同に会して同テーマについて熱い議論を展開した[1]。それらを分析すると，企業のコンプライアンス・プログラムをめ

102　第2部　企業のコンプライアンス・プログラムと刑事規制

ぐる今後の課題がより具体的に浮かび上がってきた。個別問題については，本書［田口守一＝甲斐克則＝白石賢＝今井猛嘉編『企業犯罪とコンプライアンス・プログラム』（商事法務・2007年）］の他の章で各執筆者がさらに深く分析・検討を行っているとおりである。

　本章では，上記の調査結果および最近の法的諸研究を参考にしつつ，コンプライアンス・プログラムと企業の刑事責任に焦点を当てて，コンプライアンス・プログラムの法的意義を明らかにしつつ，刑事法的観点からさらに理論的・制度論的考察を加えることにする。

2　コンプライアンス・プログラムの刑法的意義

　1　まず，コンプライアンス・プログラムの法的意義を確認しておく必要がある。21世紀に入り，日本の社会構造は，ある種の転換期を迎えているように思われる。それは，行政組織，大学，病院，企業，スポーツ界等々，様々な領域で見られる。これを単純な図式で割り切るには躊躇を覚えるが，あえて言えば，「透明性の高い公平なルールに基づいた責任ある社会構造」の構築へと向かって行っているように思われる。とりわけ大企業の構造変革は，欧米の企業との競争の中で，グローバルな，そしてトランス・ナショナル（transnational）な活動規模であればあるほど，その方向へ向かわざるをえないであろう。このような潮流の中で，日本の企業構造も，かつてのいわば「家父長的企業体質」から「透明性の高い公平なルールに基づいた責任ある企業体質」へと転換を迫られている，と言えよう。今日，コンプライアンス・プログラムないし企業の社会的責任（CSR）の必要性が叫ばれているのも，必然的な流れといえる。しかし，そもそもコンプライアンス・プログラムないしCSRの内容ないし法的位置づけは，どのように理解すればよいのであろうか。それは，どのような法的効果をもたらすのであろうか。これは，刑事法的視点からも，座視できないものを多分に含んでいるように思われる。

　2　弁護士実務経験を踏まえてコンプライアンス・プログラムの問題に造詣の深い浜辺陽一郎教授によれば，通常単に「法令遵守」と訳されがちだが，そうではなく，「コンプライアンスの中心にあるのは，組織的な対応手法である」

り，「企業社会で求められているコンプライアンスとは，組織として自主的に対応するものなのであって，個人的な課題とか，個人の哲学として位置づけられるものではない」[2]，という。また，「法令だけを遵守するという意味で理解しては，コンプライアンスがきわめて不十分なものになるだけでなく，本当の意味での法令の遵守さえ達成できなくなってしまうからである。法令のことしか目に入らないと，形式的な辻褄合わせをしようとしたり，法令の本来の目的に沿った行動をとらなかったり，脱法的な行為をしたり，さらには，発覚さえしなければよいのだろうといった考え方に陥ることもある」[3]，とも指摘される。要するに，法令のみならず，企業倫理，各種社内規定やガイドライン等もコンプライアンスの対象として含まれる，というわけである[4]。確かに，法律が完璧なものではありえない以上，倫理規範の最小限度のものが法規範だとすれば，形式的な法令遵守だけを問題にしたのでは，コンプライアンス・プログラムの趣旨は没却されるであろう。結局は，ルールをどのように運用していくかが重要である，と思われる。刑事法的観点からこの問題を考える際にも，この点を念頭に置く必要がある。しかし，刑事法的観点からは，侵害原理（harm principle）が重要であり，また，何よりも行為主義，罪刑法定主義，責任主義といった基本原理が前提となるのであって，単なる形式的ルール違反を処罰するわけにはいかない点にも留意する必要がある。

　また，近時，企業犯罪の問題について本格的研究書を公刊された川崎友巳助教授［現・教授］の研究によれば，「当初コンプライアンス・プログラムは，アメリカ合衆国でも限定的な法領域についてのみ発展していたにすぎず，その効果についても，高い評価は受けていなかった。ところが，近時では，広範な法領域を対象とするまでに整備が進み，有効性についても大きな期待がかけられるに至っている」[5]，という。もちろん，具体的に見ると，コンプライアンス・プログラムの法的意義については，1960年代以降，現在に至るまで変遷があり，とりわけ1980年代にインサイダー取引等を契機として質的にも量的にも発展を遂げ，さらに1991年に「組織体に対する連邦量刑ガイドライン（Federal Sentencing Guidelines for Organizations）」の法制化に伴い，企業に高額の罰金を科す一方で，コンプライアンス・プログラムが適正に実施されていた場合に罰金額を必要的に減軽することになって以来，その法的重みが

104 第2部 企業のコンプライアンス・プログラムと刑事規制

増した，と言われる[6]。かくして，川崎助教授の分析によれば，現在のアメリカでは，企業に要求されるコンプライアンス・プログラムの具体的内容は，業種，規模，組織構造などにより異なるものの，①明文のマニュアルの作成とその運用，②プログラム実行の責任者と責任セクションの設置，③違反行為が発覚した際の処理手続の整備，以上の3点において整備され，具現化されている，という[7]。

3 問題は，コンプライアンス・プログラムの刑法的意義の正確な位置づけにある。川崎助教授は，コンプライアンス・プログラムと法人の刑事責任との関係について，①「相当の注意」の抗弁とコンプライアンス・プログラムの関係，②代位責任の成立要件とコンプライアンス・プログラムの関係，③起訴裁量・量刑とコンプライアンス・プログラムの関係，④民事責任とコンプライアンス・プログラムの関係，に分類して考察される[8]。アメリカ法と日本法では法体系は異なるが，本章でもこれを手がかりにして，刑事法の観点から主として「相当の注意」の抗弁と起訴裁量・量刑に焦点を当ててコンプライアンス・プログラムの刑法的意義を探求してみよう。ただ，浜辺教授の指摘にもあるように，コンプライアンス自体に狭義の法律を超える内容が含まれている点にも留意する必要がある。

「相当の注意」の抗弁について，アメリカでも賛否両論があるように，コンプライアンス・プログラムがこのような抗弁になるであろうか。われわれの一連の調査を通して，コンプライアンス・プログラムに対して先進的取組みをしている企業とそうでない企業との格差があることが判明した。それは，大企業と中小企業とで，あるいは業種間でも見られた。あるいは，大企業であっても，形ばかりのコンプライアンス・プログラムを作って自己満足しているところもある[9]。他方で，訪問インタビュー調査に行ったある企業では，弁護士資格を有する担当責任者を中心に実に入念なコンプライアンス・プログラムを作って，かつ会社をあげてそれを実践しているところがあった。とりわけ，海外の企業との取引が頻繁な企業ほどコンプライアンス・プログラムの重要性を認識している傾向が看取された。そのような企業では，環境問題への配慮も含め，コンプライアンス・プログラムが実際に機能するようにモニタリング・システムを導入している点に注目したい。また，これらのシ

ステムを稼動させるには，トップの意識改革を期待する声が強く聞かれたのも，特筆に値する。

いずれにせよ，このようなばらつきがある現在の状況下では，コンプライアンス・プログラムにただちに「相当の注意」の抗弁という法的意義を付与することは困難である。しかし，これが真に定着していけば，とりわけ過失犯における注意義務の標準の議論や両罰規定における選任・監督義務の議論に影響を及ぼすであろう。

4　したがって，今後の問題は，どのようなコンプライアンス・プログラムを策定し，定着させるか，である。私は，コンプライアンス・プログラムを3段階に分けることができる，と考えている[10]。

まず第1に，業種を問わず，いかなる企業においても遵守すべきコンプライアンス・プログラムの共通項が存在するものと思われる。刑法典に規定された違反行為はもちろん，独占禁止法に抵触する談合や証券取引法に抵触するインサイダー取引等，明らかに犯罪行為となりうるものは，その最たるものである。また，必ずしも犯罪行為とは言えないが，厳格な行政規制の対象となっているもの，あるいは明白に民法上の不法行為とされているものも，それに含まれるであろう。さらに，その周辺の企業活動についてコンプライアンス・プログラムを「予防」という観点から重視すればするほど，詳細なものにならざるをえないが，その場合，新たな共通枠組みを設けることは，業種なり企業の規模によって困難を伴うことが予想される。

そこで，第2に，業種（場合によっては企業の規模）の特殊事情を考慮して，枝葉を付けて柔軟性を持たせたコンプライアンス・プログラムの方向が考えられる。例えば，製造業でも，国民の健康に深く関わる医薬品製造企業だとか食品製造企業等の場合には，安全性の確保を中心とした繊細なコンプライアンス・プログラムが成り立ちうるであろうし，言論・出版・放送等の企業には，表現の自由と名誉・プライバシーの保護とのバランスに配慮した独自のものが成り立ちうるかもしれない。また，例えば，金融・証券・保険関係の企業にも，取引のリスクや消費者の保護に配慮した独自のものが成り立ちうるかもしれない。さらに，例えば，いわゆるベンチャー企業の中には，ある種の冒険的要因を抜きにしては活動しえないことから，リスク要因に一定の

106　第2部　企業のコンプライアンス・プログラムと刑事規制

幅を設けざるをえないものもあるかもしれない。しかも，その行為が従来の法的枠組みでは明確に捉えきれない場合に，特にこのことが考えられる。また他方で，トランス・ナショナルな企業活動の国際化ないしグローバル化の波の中で，一定の場合（総合商社が典型である）には国際的視点を抜きにしてコンプライアンス・プログラムを考えるわけにはいかないであろう[11]。もっとも，取引相手が国内に限定される場合，とりわけそのことが考慮される必要があるかもしれない。しかし，その場合でも，「日本の企業風土に合うコンプライアンス・プログラムの樹立は可能か」，という問題設定をする際に，注意すべき点がある。すなわち，この問題設定は必ずしも誤りではないが，「日本の企業風土」の中に何を盛り込むべきか，という点に注意を払う必要がある。なぜなら，日本の一部でしか通用しないものを誇張して「日本の企業風土」論を持ち込むと，コンプライアンス・プログラムの本質を歪曲する懸念もあるからである。「日本の企業風土」論に，過剰な配慮をする必要はないであろう。したがって，コンプライアンス・プログラムの中にぎりぎり取り込むことのできる「日本の企業風土」とは何か，を抽出する作業が必要である，と思われる。

　第3に，以上の点を踏まえたうえで，さらにきめ細かく企業内で独自にルールを盛り込んでコンプライアンス・プログラムを作る方策もありうる。それは，社風とか社訓とでもいうべきもので，当該企業のアイデンティティを保持する根底にあるもの，あるいは従業員の礼儀・作法というものまで含むものもあるかもしれない。しかし，それはもはや，法的枠組みの外にあるものと言える。

　いずれにせよ，以上の3段階で考えておけば，実効性をもった内容のある「魂の入ったコンプライアンス・プログラム」になる可能性がかなりあるように思われる。したがって，コンプライアンス・プログラムには，法的に重要な意義を有するものとそうでないもの（企業倫理に委ねるべきもの）があり，さらに，法的に重要な意義を有するものでも，企業犯罪（防止）に密接に関わるものとそうでないもの（行政規制ないしは民事規制の対応に委ねるもの）がある，ということになる。

　5　第2に，以上のことを前提として考えれば，起訴裁量・量刑とコンプ

ライアンス・プログラムの関係についても一定の意義が獲得される。もちろん，これは，アメリカ合衆国の連邦量刑ガイドラインのような整備されたものがあれば，当然に積極的な意義が認められるが，それがなくても，一定の運用がしっかりしている場合には十分考慮に値する，と思われる。それは，前述の「相当の注意」とも関係する部分もありうる。実質を伴う質の高いコンプライアンス・プログラムを有していた場合，起訴裁量ないし量刑に反映させてもよい，と思われる。また，日本では，最近の独占禁止法改正（2005 年）で，課徴金が大幅に引き上げられたと同時に，いわゆるリーニエンシー（課徴金減免）制度が導入され（独占禁止法7条の2第7項，第8項，第9項），法定要件（違反事業者が自ら違反事実を申請等）に該当すれば，3 社についてのみ，立入検査前の1番目の申請者に対して課徴金をすべて免除し，2番目の申請者に対しては課徴金を 50 パーセント減額し，3 番目の申請者に対しては課徴金を 30 パーセント減額し，立入検査後の申請者に対しては 30 パーセント減額することになった[12]。課徴金は必ずしも刑罰とはいえないが，この種のシステムの導入は，起訴裁量ないし量刑に今後微妙に影響を及ぼすように思われる。

3 コンプライアンス・プログラムと企業の刑事責任

1 以上の点を踏まえて，コンプライアンス・プログラムと企業の刑事責任について，もう少し掘り下げて検討を加えてみよう。コンプライアンス・プログラムの刑法上の意義については，理論的には，法的に正当化（justification）ないし違法性阻却のような機能を果たすものと，免責（excuse）ないし責任阻却のような機能を果たすもの，そしてもうひとつ，刑の免除的機能ないし訴追免除機能の3つの機能がある，と考えられる[13]。これを混同すると，「コンプライアンス・プログラムさえ作れば，それでよい」という形式主義に堕する懸念がある。

2 まず，コンプライアンス・プログラムが正当化機能を発揮する場面について考えてみよう。これは，主として刑法 35 条の正当業務行為の一環としてなされた企業活動の場合に考えられる。例えば，警備会社の社員が厳格なコンプライアンス・プログラムに則って警備業務を実践中に物損ないし傷害

という結果を発生させた場合が考えられる。また，航空会社のパイロットや海運会社の船長が厳格なコンプライアンス・プログラムに則って運行中に，予測し難い危難に遭遇し，大きな被害を回避するためにやむなく一定の被害結果を発生させた場合で，しかもその対応もコンプライアンス・プログラムに盛り込まれていた場合，「補充性の原則」の適用の際にそれを考慮して刑法37条1項の緊急避難で正当化されるであろう[14]。その他，マスコミ報道と名誉毀損罪との関係で，コンプライアンス・プログラムに則った十分な取材に基づいて報道をした場合，理論構成は分かれるにせよ，コンプライアンス・プログラムが正当化的機能を発揮することがあるかもしれない。

　なお，過失犯についても，コンプライアンス・プログラムがその成否に影響を及ぼす可能性がある。とりわけ過失犯の本質を違法性段階で考える見解（新過失論）だと，コンプライアンス・プログラムが客観的注意義務の基準として捉えられる可能性があり，仮に企業活動に伴い人身事故が発生した場合に，一定のコンプライアンス・プログラムを遵守していた場合には，それが正当化機能と結び付く余地がある。しかし，私は，後述のように，過失を責任段階で考えるので（旧過失論），むしろ免責機能の場面でこの問題を述べることにする。

　3　そこで，つぎに，コンプライアンス・プログラムが免責機能を発揮する場面について考えてみよう。

　故意犯の場合には，トップ，取締役，中間管理職，従業員，それぞれがどういう違法行為を行ったのかということで，違法性の意識ないしその可能性の問題と関わってくる。例えば，総合商社の営業マンが，厳格なコンプライアンス・プログラムに則って営業活動をしていると思っていたのに，最先端の流通情報に追いつかず会社に損害を与えてしまった場合，違法性の錯誤（刑法38条3項）における「相当の理由」に当たるかぎりで，責任を問われない場合がありうるであろう。このような事情がないかぎり，例えば，取締役会で事情を認識したうえで違法な内容の意思決定をした以上，各取締役には，原則として共同正犯（共謀共同正犯を含む）ないし教唆犯，場合によっては間接正犯が成立することになる[15]。また，例えば，「談合〔不当な取引制限〕をしない」というコンプライアンス・プログラムが各社にあるにもかかわらず，会

社を超えて関連企業の要職にある者が会合を開いて「談合」を行ったのであれば，単純に「その会合が談合であることを真に知らなかった」というきわめて例外的な場合を除けば，それは一般に抗弁になりえず，少なくとも，不当取引制限罪（独占禁止法89条），場合によっては刑法犯である談合罪（刑法96条の3第2項）の未必の故意が認定され，最終的にこれらの罪（共犯関係を含む）が成立する余地がある。

　なお，日本では，両罰規定を別とすれば，法人自体に直接犯罪行為能力を認めて処罰することの是非については争いがあり，これを肯定する見解もあるが[16]，現行法の解釈論としては無理があるように思われる。やはり，企業活動に起因する犯罪行為があっても，要は個人の行為がそれにどのように関わったかが最終的に問題となるのであって，その認定の際に組織の中で行為者がどのような状況や地位に置かれて因果的にそれに関与したかという，行為環境重視の観点から判断をすべきだ，と思われる。

　4　また，犯罪といえば，故意犯だけではなくて，過失犯もある。過失犯については，英米法のように結果責任に近い厳格責任（strict liability）を一部認めるという考えもあるが，企業の刑事責任についても，実際は自然人が活動に関与せざるをえない以上，責任主義・責任原理というものの根底に据えて考えるべきだ，と思われる[17]。過失犯では，特に監督過失における注意義務違反の認定の問題（管理・監督過失の問題を含む。）で，コンプライアンス・プログラムを客観的注意義務の内容として理解する考え（新過失論ないし危惧感説）もありうる。例えば，ホテルやデパート等の大規模火災で多数の死傷者が出た場合，避難誘導訓練の実施とか防火設備の整備等の消防法上ないし建築基準法上の義務をコンプライアンス・プログラムの一環として捉えれば，その義務の履行の有無だけで経営者等の管理権原者ないしその者が選任した防火管理者（消防法8条1項）の過失犯の成否を判断すれば足りるということになりがちである[18]。しかし，むしろ，それは一応の参考であって，行為主体を限定したうえで，注意義務違反はもっと個別的事情を考慮して主観的内容にまで立ち入って，具体的予見可能性を基軸として責任段階で判断すべきである，と考える（旧過失論ないし修正旧過失論）。

　この点に関して現在議論されているのが，いわゆる刑事製造物責任の問題

である。最近，日本でも，薬害エイズ事件ミドリ十字ルート判決（第1審：大阪地判平成12年2月24日判タ1042号94頁，第2審：大阪高判平成14年8月21日判時1804号146頁。なお，最決平成17年6月22日（判例集未登載）），三菱自動車の欠陥車販売事件（公判中［その後の最決平成24年2月8日刑集66巻4号200頁について，本書第3章参照]）を契機として，企業が欠陥製品を製造し，かつ販売し，消費者がそれを使用して人身事故が発生した場合に，当該企業ないし企業関係者に刑事責任を問うことができるのではないか，という議論が高まりつつある。理論的にはこの問題は，主として刑事過失責任における監督過失論と密接な関係があるが，従業員の過失行為が必ずしも介在するとは限らないという意味で，典型的な監督過失論とは区別すべき側面がある。しかし，行為者が直近過失者といえない点で，実行行為性および予見可能性の認定において難しい問題を内包する等，監督過失論と共通点がある。刑事製造物責任の問題は，とりわけドイツにおいて，1990年に下されたいわゆる皮革用スプレー事件連邦通常裁判所判決（BGHSt 37, 106）をめぐって議論され，日本でもその紹介を通じて議論が進んできた[19]。詳細は別途検討予定であるが［本書第1章参照]，それぞれの企業で欠陥製品の製造・販売がどのような意思決定のプロセスを経てなされたか，あるいは販売後の回収システムがどのようなものか等，コンプライアンス・プログラムと摺り合わせながら当該事件における因果のプロセスと具体的予見可能性ないし注意義務違反が認定されることになる，と思われる。コンプライアンス・プログラムがよくできていても，事故が起きることはありうるので，過失責任の認定において，必ずしもコンプライアンス・プログラムが決定的役割を果たすわけではないが，参考にはなりうる。要は，その運用がどのようになされているか，である。

5　なお，わが国における特別刑法（例えば，人の健康に係る公害犯罪の処罰に関する法律4条）ないし行政刑法（例えば，水質汚濁防止法34条）におけるいわゆる両罰規定においては，従業員の故意または過失行為で犯罪が行われた場合，直接行為者である従業員を処罰するほか，法人または法人の代表者（事業主）を処罰することができる制度になっている。そして，事業主が従業員に対して十分な選任・監督義務を尽くしたか，という判断の際に，通説・判例によれば，一般に，事業主として行為者の選任，監督その他違反行為を防止する

ために必要な注意を尽くさなかった過失の存在を推定した規定と解する，い
わゆる過失推定説が採られている（最大判昭和 32 年 11 月 27 日刑集 11 巻 12 号
3113 頁）[20]。すなわち，事業主の方で従業員の選任・監督に関する注意を尽く
したことの証明をしなければ処罰されるのである。その判断の際に，入念に
策定されかつ実践されているコンプライアンス・プログラムであれば，過失
推定の反証の素材としても考慮される余地がある。

　ともかく，故意犯にせよ過失犯にせよ，企業における事故なり犯罪という
のは突然起きるものではなく，具体的な危険の予兆は必ずある，と思われる。
事件なり犯罪の前提となるいくつかの危険性があって，それが積り積って大
事故につながるし，またそれは故意犯でも同様だと思われる。それら事前の
リスクへの対処がコンプライアンス・プログラムに十分に盛り込まれていれ
ば，決定的ではないにせよ，免責の有力な判断材料となりうるものと思われ
る。

　6　さらに，訴追免除ないし刑の免除機能，あるいは量刑における減軽機
能について簡潔に見ておこう。

　浜辺教授によると，アメリカの「連邦量刑ガイドライン」は，コンプライ
アンス・プログラムと密接な関係がある，という。すなわち，「刑罰を重くす
る要素としては，①経営陣の関与，②犯罪歴，③捜査妨害，があり，刑罰を
軽くする要素として，①効果的な法令違反抑制プログラムの運営，②自己申
告（自首），③捜査への協力，④犯罪行為の自白，といったものが定められてい
る。このうち刑罰軽減要素の①については，7 つのステップがあり，これらに
真剣に取り組んでいたことが認められれば刑罰が軽くなる。これらのプログ
ラムを総称して，一般に『コンプライアンス・プログラム』という」[21]，と。
そして，その「7 つのステップ」とは，①犯罪防止のための合理的なコンプラ
イアンス基準と手続の制定，②当該基準と手続のコンプライアンスの監督責
任者となる上級役職者の選任，③権限委譲における配慮と注意，④必要とさ
れる基準や手続についての研修と周知徹底（コミュニケーション），⑤監査シス
テムと報告システムの確立，⑥ルール違反に対する懲戒などの強制システム，
⑦同様の不祥事を防止するための適切な対応とプログラムの見直し，であ
る[22]。この指摘は，日本の今後の企業犯罪を企業システム上の犯罪と考える

ならば，そして財産刑を中心に考えるならば，大いに参考になる。ただ，個人を行為主体として捉えるならば，これを参考にしつつも，刑法66条（酌量減軽）を考慮するなど，若干の修正が必要かと思われるが，それは別途検討したい。

4 おわりに

1 最後に，刑事規制には自ずと限界というのがあり，すべて刑罰で対応するよりも，代替手段ないし補完手段を考えながら対応する必要がある点を強調しておきたい。刑罰を重くすれば解決するか，あるいは，刑罰に替えて課徴金を重くすれば解決するか，さらには，現行の刑罰制度を変革して新たな刑罰制度を導入すべきか。この問題は，今後も議論が続くであろう。しかし，結論としては，企業犯罪ないし企業の逸脱行動を有効に規制しうるのは，刑事制裁と行政制裁（もちろん自主規制もありうる）のバランスのとれた併用策を採ることである，と思われる。すなわち，刑罰一辺倒ではなく，例えば，独占禁止法改正で導入されたリーニエンシー制度（同法7条の2第7項，第8項，第9項）のような新たなシステムを加味したり，有効と思われる公的モニタリング・システムを併用していくのが最も効果が上がる，と思われる。

2 また，企業の組織内での対応（内部統制）の限界を指摘せざるをえない。ホットラインやヘルプライン等を設けている企業も増えているし，公益通報者保護法も制定されたが，本来の機能を果たすには，なおほど遠い。真の企業の自律を促すには，必要な範囲で外部の眼を入れて風通しをよくすること（外部統制）が必要と思われる。すでにこのシステムを導入している企業もある。しかし，この場合でも，形式的であってはならないであろう。要は，自律的なモニタリング機能が発揮できるかどうか，である。その際，企業間で，コンプライアンス上の連帯を強化するのも一案と思われる。

3 さらに，経営者の責任の問題，とりわけ経営者の逸脱行動をどのようにチェックすべきか，という問題への対応が重要である。もちろん，経営者の責任といっても多様である。まず，経営者が犯罪行為を行った場合は，事後的に司直の手で裁かれる。しかし，刑法は，事後的チェック機能が主であ

り，経営者が犯罪行為を行った場合，企業のダメージおよび従業員に与える影響は計り知れない。ワンマン体制の企業であれば，適切な「魂の入った」コンプライアンス・プログラムがなければ，事前にチェックをしようがない。「トップの意識改革」は，最大の懸案事項である。

4　そこで，考えられるのが，行政の役割である。企業へのアンケートおよびインタビューから得た感触では，所轄官庁（経済産業省，場合によっては金融庁）による行政指導，あるいは公正取引委員会の勧告等は，実際上かなり大きな役割を果たしている。「人は誰でも間違える（To err is human）」[23]ということを前提として，大事故や大きな犯罪が発生する前に，小さなミスの段階でチェックするシステムを作り，公益通報者保護制度とリンクさせて，行政とタイアップすれば，展望は開けるように思われる。刑法で言えば，故意犯でなくても，過失犯は少なくとも発生しうるので，大事故の減少は期待できそうである。

法整備に行政が尽力することも重要であるが，しかし一方で，規制緩和の潮流の中で行政が干渉しすぎることに対しては警戒感も強いし，行政側も過剰なコスト増には消極的である。むしろ，行政にも人的・物的におのずと限界があることを自覚する必要がある。このような要因を考慮したうえで，なおかつ有効な規制を求めるとすれば，内閣府経済社会総合研究所の白石賢氏［現・首都大学東京教授］が指摘されるように[24]，各企業が自主チェックできているかどうかを行政がチェックするというシステムを導入すべきである。これは，間接的チェックとなるが，小さなミスの段階で直接行政が介入するよりも，企業の自主性を尊重する意味でも，コスト面でも，実に有効な手段になると思われる。不祥事の絶滅は不可能だが，これにより，犯罪性の強い違反行為は可能なかぎり減らすことができる，と思われる。そういうシステムをコンプライアンス・プログラムの中に取り入れていけば，コーポレート・ガバナンスの向上は一定程度期待できるのではないだろうか。そして，それが同時にCSRを果たすことにもなるのではないだろうか[25]。

1）これら一連の研究成果については，「シンポジウム：企業の社会的責任——新たな法システムの構築を求めて——」と題して，第I部「企業の社会的責任・コンプライ

アンス等に関する実態調査」において、今井猛嘉「基調報告：企業活動とコンプライアンス——アンケート調査を踏まえた法的責任のあり方について——」、寺岡和宣＝山本到＝白石賢＝甲斐克則「基調報告へのコメント」が、第Ⅱ部「パネル・ディスカッション：企業活動とコンプライアンス」においては、討論の再現（曽根威彦教授の「総括」を含む。）および《資料》「企業の社会的責任・コンプライアンス等に関するアンケート調査」、そして最後に、これらを踏まえた総括的論稿である、甲斐克則「企業の社会的責任と新たな（刑事）法システムの構築——刑事法的観点から見た企業活動とコンプライアンス等の実態調査を踏まえて——」が、季刊企業と法創造1巻4号243頁以下（2005）に掲載されている。これらはいずれも、若干の修正を加えたうえで本書第1部［田中守一＝甲斐克則＝今井猛嘉＝白石賢編『企業犯罪とコンプライアンス・プログラム』（商事法務，2007）3頁以下］に収められている。

2) 浜辺陽一郎『コンプライアンスの考え方』5頁（中公新書，2005）。

3) 浜辺・前掲注2) 5-6頁。

4) 浜辺・前掲注2) 6頁以下参照。これに対して、今井・前掲注1) 254頁〔本書［田口ほか編・前掲注1)］31頁〕は、「一般に、コンプライアンス・プログラムには、『賄賂を贈ってはならない』『不当に下請けを拘束してはならない』等の記載がある。これらは、企業としての不適当な行為であり、それを行うことにより、企業に法令違反、ひいては犯罪が成立し、その処罰が問題となるべき事項である。したがって、刑事法的にみれば、コンプライアンス・プログラムとは、企業が、これら行為を防止するために制定するものだと理解できる」、と説かれる。そして、「企業による犯罪と目される事態が生じた場合でも、当該企業が十分なコンプライアンス・プログラムを策定し、その実施を図っていた限りにおいて、当該企業の行為につき、その違法性ないしは責任の阻却を問題にすることは、可能」との観点から、「企業が、そのようなコンプライアンス・プログラムを策定し、その実施を図っていることにより、当該企業におけるコーポレート・ガバナンスのレベルが上がり、最終的には、企業のCSRのレベルが高いと評価されることになる。こうして、コンプライアンス・プログラムを策定し、実施するのが、基本的に要求されるプロセスであり、その過程において企業内部のガバナンスが洗練され、その結果として当該企業のCSRが高いレベルに到達するという理解が可能となろう」、とも説かれる。コンプライアンス・プログラムについての浜辺教授の理解と今井教授の理解は、このように微妙に異なる。総じて刑法学者の方が、コンプライアンス・プログラムを企業犯罪（防止）と結び付けて理解する傾向があるのかもしれない。

5) 川崎友巳『企業の刑事責任』226頁（成文堂，2004）。同書225頁以下では、コンプライアンス・プログラムの生成と発展が明快に論じられている。なお、同「アメリカ合衆国におけるコンプライアンス・プログラムの新動向」同志社法学56巻7号1頁以下（2005）は、この点についてのアメリカの最新の動向を伝える。

6) 川崎・前掲注5)『企業の刑事責任』231頁以下、特に235頁以下参照。

7) 川崎・前掲注5)『企業の刑事責任』231頁以下、250頁以下参照。ちなみに、ヘルスケア関係の企業も当然に存在するので、アメリカでは、『生命倫理事典』にも「企

業のコンプライアンス（CORPORATE COMPLIANCE）」という項目が掲載されているくらい，日常的にコンプライアンス・プログラムが浸透している。See Stephen G. Post（Ed.），Encyclopedia of Bioethics, 3rd Ed.（2003），Vol. 1, pp. 528-533.

8）川崎・前掲注5）『企業の刑事責任』265頁以下参照。

9）前掲注1）の「パネル・ディスカッション：企業活動とコンプライアンス」における加藤ひとみ氏の言葉を借りて比喩的に言えば，「仏作って魂入れず」との指摘があった（季刊企業と法創造1巻4号276頁〔本書［田口ほか編・前掲注1）］69頁〕）。また，同じく同パネル・ディスカッションにおける郷原信郎氏は，アメリカのマーク・ラムザイヤー教授（ハーバード大学）の言葉を引用し，「エンロン事件の際のあのコーポレート・ガバナンス体制は，当時のアメリカのコーポレート・ガバナンスの水準からすると形式的には相当整っていた」，と指摘されている（同誌284頁〔本書［田口ほか編・前掲注1）］80頁〕）。アメリカでもそのような経緯を経て，現在に至っているという点を認識しておく必要がある。

10）甲斐・前掲注1）306-307頁〔本書［田口ほか編・前掲注1）］6-7頁〕。

11）この点に関して，バイオテクノロジーの規制の問題について興味深い問題提起をしているものとして，デレク・モーガン（永水裕子＝甲斐克則訳）「バイオエコノミーを規制すること——バイオテクノロジーと法との関係の予備的評価——」法律時報77巻4号57頁以下（2005）参照。

12）独占禁止法改正の詳細については，諏訪園貞明ほか「特集 独占禁止法改正」ジュリスト1294号2頁以下（2005）および諏訪園貞明『改正独禁法』（東洋経済新社，2005）等参照。また，証券取引法および独占禁止法における課徴金制度の手続保障について論じたものとして，原田和往「課徴金制度における制裁的不利益処分と手続保障のあり方」早大法研論集117号172頁以下（2006）がある。なお，独占禁止法違反の罪の詳細については，神山敏雄『独禁法犯罪の研究』（成文堂，2002）の随所および芝原邦爾『経済刑法研究 下』715頁以下（有斐閣，2005）参照。

13）この点は，すでに前記シンポジウムにおける今井猛嘉教授の基調報告に対するコメントで述べた。甲斐・前掲注1）308頁〔本書［田口ほか編・前掲注1）］9頁〕。なお，今井・前掲注1）254頁〔本書［田口ほか編・前掲注1）］31-32頁〕参照。

14）もっとも，この場合はコンプライアンス・プログラムを考えずに一般的に緊急避難規定を適用してよい場面がありうるであろう。しかしながら，日本では緊急避難規定の適用は著しく厳格であるため，このように考えた次第である。

15）この点について本格的に考察した最近の論稿として，川口浩一「組織支配による間接正犯の理論の企業・環境犯罪への適用可能性」姫路法学27＝28合併号71頁以下（1999），前嶋匠「企業・組織犯罪における合議決定と帰属関係㈠（二・完）——因果関係と共同正犯・共同教唆——」関西大学法学論集54巻4号90頁以下（2004），54巻5号114頁以下（2005）がある。

16）もっとも，法人に犯罪能力を認める見解も，板倉宏『企業犯罪の理論と現実』（有斐閣，1975）の随所，沼野輝彦「チッソ刑事判決と企業組織体責任論」ジュリスト690号47頁以下（1979）をはじめ，増えている。最近の動向については，伊東研祐

116 第2部 企業のコンプライアンス・プログラムと刑事規制

「組織体に係る刑事規制のゆくえ——組織体刑事責任論・再論——」中谷瑾子先生傘寿祝賀『21世紀における刑事規制のゆくえ』243頁以下（現代法律出版，2003），今井猛嘉「組織体の刑事責任」町野朔編『環境刑法の総合的研究』（信山社，2003）360頁以下，同「組織体の処罰——コンプライアンス・プログラムをめぐる議論を踏まえて」本書［田口ほか編・前掲注1)］後掲146頁以下，吉岡一男「組織の犯罪と刑事責任論」板倉宏博士古稀祝賀論文集『現代社会型犯罪の諸問題』1頁以下（勁草書房，2004），同『刑事学各論の研究——企業秘密から企業犯罪まで——』175頁以下，184頁以下，223頁以下（成文堂，2000），加藤直隆「企業組織体責任論からトライパーティズムへの試論——エージェンシー理論と組織構造論からの展望——」同書45頁以下等参照。なお，ドイツの議論を伝えるものとして，クヌート・アメルング編著（山中敬一監訳）『組織内犯罪と個人の刑事責任』（成文堂，2002）がある。

17) 責任主義・責任原理については，甲斐克則『責任原理と過失犯論』1頁以下，95頁以下および155頁以下（成文堂，2005）参照。

18) この問題の詳細については，甲斐克則「火災死傷事故と過失犯論——管理・監督者の過失を中心に——㈠〜㈦」広島法学16巻4号131頁以下（1993），17巻4号115頁以下（1994），18巻3号1頁以下（1995），19巻2号61頁以下（1996），19巻4号129頁以下（1996），20巻3号49頁以下（1997），21巻1号27頁以下（未完）(1997)，同平成2年重判解149頁以下（1994），同「ホテル火災と経営者の過失責任——ホテルニュージャパン火災事故上告審決定」法学教室166号126頁以下（1994）参照。これらは，近いうちに『火災事故と監督過失』として1書にまとめる予定である。

19) この問題についての日本におけるこれまでの研究として，岩間康夫「刑法上の製造物責任と先行行為に基づく保障人的義務——近時のドイツにおける判例及び学説から——」愛媛法学会雑誌18巻4号41頁以下（1992），同「欠陥製造物を回収すべき刑法的義務の発生根拠について——ブラムゼン説の検討——」愛媛法学会雑誌20巻3＝4号201頁以下（1994），同「製造物責任の事例における取締役の刑事責任——集団的決定に関与した者の答責——」愛媛法学22巻1号45頁以下（1995），同「刑法上の製造物責任に関するヤコブスの見解について」愛媛法学会雑誌23巻2号55頁以下（1996），同「刑法上の製造物責任に関するホイヤーの見解——因果関係と先行行為に基づく保障人的義務に関して——」愛媛法学会雑誌23巻4号57頁以下（1997），同「製造物責任と不作為犯論」現代刑事法4巻9号26頁以下（2002），堀内捷三「製造物の欠陥と刑事責任——その序論的考察——」研修546号3頁以下（1994），ヴァルター・ペロン（高橋則夫訳）「ドイツにおける製造物責任——ドイツ連邦通常裁判所『皮革用スプレー判決』をめぐって——」比較法（東洋大学）31号1頁以下（1994），松宮孝明「ドイツにおける『管理・監督責任』論」中山研一＝米田泰邦編著『火災と刑事責任——管理者の過失処罰を中心に——』167頁以下（成文堂，1993）〔同著『過失犯論の現代的課題』3頁以下（成文堂，2004）所収〕，北川佳世子「製造物責任をめぐる刑法上の問題点——ドイツ連邦通常裁判所の皮革用スプレー判決をめぐる議論を手掛かりに——」早稲田法学71巻2号171頁以下（1996），

第6章　コンプライアンス・プログラムと企業の刑事責任　117

同「欠陥製品による事故と製造者の刑事責任——刑法における製品回収義務の発生根拠をめぐるオットーの分析——」『宮澤浩一先生古稀祝賀論文集 第3巻 現代社会と刑事法』41頁以下（成文堂，2000），山中敬一＝前嶋匠「〔紹介〕ヴィンフリート・ハッセマー著・現代刑法における製造物責任」関西大学法学論集47巻4号118頁以下（1997），鎮目征樹「刑事製造物責任における不作為犯論の意義と展開」本郷法政紀要8号343頁以下（1999），田寺さおり「製造物責任領域における刑事責任の可能性」明治学院大学大学院ジャーナル16号57頁以下（2001），ハロー・オットー（甲斐克則＝日山恵美訳）「危険な製造物の引き渡しについての刑法上の帰責㈠㈡・完）」広島法学25巻1号125頁以下（2001），2号265頁以下（2001），日山恵美「刑事製造物責任と取締役の行為主体性」広島法学26巻4号161頁以下（2003），甲斐克則「薬害と製薬会社幹部の刑事責任——薬害エイズ事件ミドリ十字ルート判決に寄せて——」広島法学27巻2号239頁以下（2003）〔甲斐克則『医療事故と刑法』（成文堂，2012）所収〕，同「欠陥製品の製造・販売と刑事過失」『神山敏雄教授古稀祝賀論文集第1巻——過失犯論・不作為犯論・共犯論』157頁以下（成文堂，2006）〔本書第1章〕，ローター・クーレン（神例康博訳）「刑法上の製造物責任の必要性と限界」松山大学論集14巻5号79頁以下（2002），神例康博「ドイツにおける刑事製造物責任」松山大学論集15巻5号141頁以下（2003），同「欠陥製造物の回収とその限界に関する覚書——いわゆる薬害エイズ・ミドリ十字事件刑事判決を契機として——」前掲注16）板倉古稀『現代社会型犯罪の諸問題』183頁以下がある。

20）両罰規定についての最近の論稿として，沼野輝彦「両罰規定における過失責任説批判——失業保険料不納付事件（最判昭和31年12月11日）を素材として——」前掲注16）板倉古稀『現代社会型犯罪の諸問題』17頁以下，伊東研祐「両罰規定解釈論と法人刑事責任論の近時の展開に関する批判的一考察⑴」慶應法学2号1頁以下（2005）参照。

21）浜辺・前掲注2）58-59頁。なお，川崎・前掲注5）「企業の刑事責任」236頁および279頁参照。

22）浜辺・前掲注2）59頁。なお，川崎・前掲注5）『企業の刑事責任』236頁参照。

23）L. コーンほか編・米国医療の質委員会＝医学研究所著（医学ジャーナリスト協会訳）『人は誰でも間違える』（日本評論社，2000）参照。なお，医療事故の詳細については，甲斐克則『医事刑法への旅 Ⅰ〔新版〕』112頁以下，132頁以下，147頁以下（イウス出版，2006）参照。また，広く組織事故一般についてその原因と防止策を論じたものとして，ジェームズ・リーズン著（塩見弘監訳：高野研一＝佐伯邦昭訳）『組織事故——起こるべくして起こる事故からの脱出——』（日科技連，1999）および小松原明哲『ヒューマンエラー』（丸善，2003）は，有益な書である。なお，日本学術会議・人間と工学研究連絡委員会安全工学専門委員会「事故調査体制の在り方に関する提言」（平成17年6月23日付）は，実に興味深い提言をしている。

24）この考えは，2005年3月5日開催の早稲田大学21世紀COE《企業と法創造》総合研究所の刑事法グループの研究会において，内閣府経済社会総合研究所の白石賢氏よりご教示を得たものである。なお，白石賢「証券取引法への課徴金導入はわが

118 第2部 企業のコンプライアンス・プログラムと刑事規制

国の法体系を変えるか——証券取引法・独占禁止法の課徴金を巡る法人処罰に関する意義と問題点——」ESRI Discussion Paper Series No. 149(内閣府経済社会総合研究所, 2005)は, 刑事規制と行政規制の関係について実に興味深い分析をしている。

25) 以上は, 甲斐・前掲注 1) 308 頁〔本書〔田口ほか編・前掲注 1)〕8-9 頁〕においてすでに指摘したところである。なお, 佐久間修「証券・金融犯罪とコーポレイト・ガバナンス」同著『最先端法領域の刑事規制——医療・経済・IT 社会と刑法——』176 頁以下(現代法律出版, 2003), 特に 194 頁以下は,「経営責任の主体であるガバナンス(=行政)の一極集中による管理ではなく, 企業内『司法』にあたる常設の監査機構が必要である」とし,「しかも, 現代の専門・特化した業務内容を継続的に監視しうるためには, 外部に向けたコンプライアンス・プログラムの確立と違反者の不正を摘発する体制が実現されねばならない。その意味で, コーポレイト・ガバナンスを補完する刑事規制が適切に機能するためには, 企業情報のディスクロージャーが前提となる」, と説く(195 頁)。これは, 妥当な方向性を示唆しているように思われる。

第7章
コーポレート・ガバナンスと刑事規制

■1■　はじめに

　近年，わが国でも，証券不祥事，粉飾決算，欠陥製造物の製造・販売，食品偽装・販売，談合等々，相次ぐ企業不祥事の発生により，コンプライアンス・プログラムないしコーポレート・ガバナンスと刑事規制のあり方についての問題関心が高まっている。コーポレート・ガバナンスとは，企業経営の適法性や効率性を確保するための企業統治のことをいう[1]。より簡潔にいえば，コーポレート・ガバナンスとは，「不祥事を起こさないようにするための企業努力」のことであり，①その企業の目的とは何か，②経営者の守るべき行動の基準は何か，③経営者行動を適切なものにするための会社機構・組織とは何か，④経営者が適切な行動をとれなかった場合に救済措置はあるか，という4点の議論を深め，社内に統治の仕組みをつくることを目指すもの，と解されている[2]。その一環として，コンプライアンス（「法令遵守」と訳されることが多いが，法令より広い規範内容が含まれている。）が説かれ，コンプライアンス・プログラムの重要性が強調されている[3]。さらには，企業の社会的責任（Corporate Social Responsibility＝CSR）も，歴史的には異なるコンテキストであったものの，近年ではこれと連動して強調されつつある[4]。

　以上のことが認識されつつありながら，それでも企業不祥事は後を絶たない。企業不祥事にもさまざまなものがあるが，犯罪ともなれば，国民の生命・健康・財産，さらには市場経済にも大きな損害を与えるだけに，それらの法益保護を目指す刑事規制という観点からも看過できない[5]。最近では，金融商品取引法の誕生等，法整備も着々と進んでいる。そこで，本章では，まず，諸外国におけるコーポレート・ガバナンスと刑事規制の状況について論じ，つぎに，日本におけるコーポレート・ガバナンスと刑事規制の問題について

論じることにする。

2 諸外国におけるコーポレート・ガバナンスと刑事規制

1 2006年度の共同研究

まず，諸外国におけるコーポレート・ガバナンスと刑事規制の動向について概観しておこう[6]。

われわれは，平成18年度（2006年度）に早稲田大学と内閣府経済社会総合研究所との共同研究「諸外国における高質な市場経済設計のための法的規制と企業コンプライアンスの状況に関する調査研究」（代表：甲斐克則）において，調査対象となる国を，「英国・米国調査グループ」，「ドイツ調査グループ」，「その他の先進諸国調査グループ」の3グループに分け，グループ構成員が分担して調査を行った。本調査研究の目的は，以下のようなものであった。すなわち，「今日，いわゆる規制緩和による企業活動の自由領域は拡大しており，従来のように国家の事前規制による秩序維持に代わり，事後規制の役割の充実が必要となっており，そこでは，サンクションの役割が大きくなる。わが国の経済社会を自由とサンクションのバランスの取れた高度な質を確保した市場としていくためには法制度の整備が不可欠であるところ，企業不祥事や企業犯罪の防止的規制としては，企業等による自主規制と法的規制（行政規制，民事規制および刑事規制）とがあるが，わが国の経済社会に適した制度設計を行うにあたっては，先進諸国におけるこれらの各種規制の機能分担の状況を解明するのみならず，その機能分担の基礎となる経済社会構造および各種規制の機能の達成状況に関する実態を調査することが不可欠である」[7]。このような問題意識の下で，証券・金融分野および競争法分野等の経済犯罪を対象として，先進諸国における各種規制の制度面と運用面，さらにはそれらの制度を作り上げている社会経済構造の調査を行うことにより，わが国の経済社会にとっての望ましい市場制度のあり方の検討に資することを目指したのである。

その研究の具体的内容は，調査対象各国の実情に応じ，企業活動の適正ルール形成のための法制度，とくに制裁システムの現状調査，企業不祥事ないし

企業犯罪防止のための各種ルール（たとえば，監査制度ないしチェックシステム，あるいは内部統制と外部統制の機能・運用の現状分析），企業犯罪に関する重要判例ないし重要事例の分析，各国の制裁システムないしコンプライアンス・プログラム策定の背後に存する社会経済的事情の分析を実施するというものである。もとより，それは，刑事法的研究のみでなしうるものではないことを十分に自覚しているが，その契機にはなりうるものと思われる。

2　アメリカ合衆国

　まず，英米のうち，アメリカ合衆国は，経済大国＝「企業犯罪大国」らしく，エンロン事件を代表とする各種 10 件余りの大規模な企業犯罪を体験しただけに，それを克服すべく，刑事規制を含む制裁システムおよびコンプライアンス・プログラムを確立しており，世界的に影響力も大きいものがある。「アメリカ合衆国の連邦レベルでは，1980 年代半ば以降，刑罰観の主流が犯罪者の改善更生を重視し，社会復帰（rehabilitation）の立場から適正な応報（just desert）を求める立場へと移行し，犯罪者処遇モデルが，医療モデル（medical model）から正義モデル（justice model）に転換したことを背景に，量刑上の公平化を主たる目的とした量刑ガイドラインが導入され」，これは，1991 年の企業を含む「組織体に対する連邦量刑ガイドライン（Sentencing Guidelines for Organization）」に波及し，「単に企業等の組織体に対する量刑の統一化を目指すにとどまらず，それまでの議論を踏まえ，企業に対する刑事制裁の目的を明確化するとともに，いくつかの新しい刑事制裁の方法を採用している」[8]，という。罰金刑の高額化，被害弁償命令，企業プロベイションがその例である。この中で，アメリカの企業が社会的責任（Corporate Social Responsibility ＝ CSR）を果たすべく，その一環として生き残りをかけて築いてきたコンプライアンス・プログラムの実施の有無が犯罪と刑罰の評価に際してポイントになっているのである[9]。とくに，エンロン事件に加担した会計監査法人であるアーサー・アンダーセン事件[10]を契機に，企業に対する監査機能にも重点が置かれていることに注目する必要がある。

　アメリカのこれらのシステムは，相当に厳しいと評価されているサーベンス・オクスリー法（いわゆる SOX 法）とともに，先進国のコーポレート・ガバ

ナンス（企業統治）体制に大きな影響を与えている[11]。

3 イギリス

これに対して，イギリスでも，1987 年の Herald of Free Enterprise にかかるフェリー転覆事故（192 名死亡）以来，法人故殺罪・殺人罪（corporate manslaughter or killing）が関心を集め，現在まで 34 件が起訴され，7 件が有罪とされるなど，企業活動に伴う犯罪に刑法が厳しい態度で臨んでいるようにも見えるが，有罪率の低さが示すように，いわゆる「同一視理論（identification theory）」に限界があることが指摘されている[12]。すなわち，小規模企業ならばともかく，「現代の大企業では，意思決定に様々な階層に属するスタッフが関与するのが通常であるから，当該法人と同一視しうるだけの個人を特定することは，ほとんど不可能である」というのが，その理由である。そこで，むしろ労働安全衛生法（Health and Safety at Work Act 1974）を用いる傾向にあるが，これも実際の訴追は死亡事案で約 20%，重傷害では 1%にすぎないとのことで，企業の責任の重大性が正当に評価されていないと批判され，1996 年の the Law Commission による corporate killing の新設提案，2000 年の政府による Involuntary Manslaughter に関するコンサルテーション・ペーパー，2005 年の政府による corporate manslaughter の提案が出されるに至っている[13]。今後の動向に注目する必要がある。

また，データも取り込んで上記の 1974 年労働安全衛生法の実態分析によれば，とりわけ罰金刑の額がアメリカに比べるとそれほど高額ではない点で批判もされていたが，2000 年以降は高額化傾向にある，という[14]。また，安全衛生局の取組みは，企業活動の規制システムとしては，限界があるとはいえ，労働現場での安全衛生の確保という観点からみると，再評価されてよいように思われる。

さらに，徹底した自己責任と自主規制を基調としていたためか，「イギリスの社会は，個人の安全や社会の秩序・安全を脅かす犯罪に対しては極めて敏感であるのに対して，ホワイトカラー犯罪あるいは経済犯罪といわれるものに対する社会全体としての感受性は，それほど強くなかった」，と言われているが，金融・証券市場における犯罪とその捜査・訴追，市場における逸脱行

為（market abuse）に対して制裁金が重要な役割を果たしており，したがって，不正行為の防止・制裁における刑事法の役割は意義があり，具体的には，とくに金融サービス及び市場法（Financial Services and Markets Act 2000）が金融犯罪対策の中心的役割を果たす法律である。また，金融犯罪の取締り機関は捜査・訴追機関が並立している点でユニークであり，1985年犯罪者訴追法により公訴局が訴追権限を有しているが，金融サービス機構（Financial Services Authority＝FSA）が中心的役割を果たしている等，並立している[15]。そのほか，通商産業省（DTI）も，インサイダー取引を含む会社犯罪については調査権限を有するし，重大詐欺局（Serious Fraud Office）も，重大な詐欺事犯のみならず，金融・証券犯罪の捜査・訴追権限を有する。ただし，刑事事件としては，2004年のAIT事件1件のみのようであり，金融サービス法施行前の事件としては，Sounders事件が挙げられている。制裁内容としては，制裁金と違反事実公表措置が活用されているのが特徴である[16]。

　かくして，事後的な取締りよりも監督官庁の活用による事前的な予防に重点を置き，希少な行政資源を効率的に配置・利用し，もって金融商品に関する市場および取引の適正を確保し，それによって消費者保護を図るのがイギリスの規制システムの大きな特徴である。アメリカとの相違がここにあるように思われる。

4　ドイツ

　つぎに，ドイツでは，1990年代のシュナイダー社事件，バルザム社事件，メタルゲゼルシャフト社事件に代表される企業不祥事を背景に，監査役会の監査機能に疑問が呈せられ，近年，企業犯罪に対する制裁論議が盛んであり，企業買収に関するマンネスマン事件がこれに輪をかけている[17]。企業犯罪に対する制裁体系としては，刑法（関係者に対する背任罪等）と有価証券法等の特別刑法はあるが，法人に対して一般的に犯罪能力を認めないドイツでは，本来の刑罰とは異なる独自の過料（Geldbuße）という制裁を有する秩序違反法（Ordnungwidrigkeitengesetz＝OwiG）が中心となっている。とくに同法130条の監督義務違反の規定は興味深い。また，コーポレート・ガバナンスの中心は，2002年8月に公表されたコーポレート・ガバナンス・コード（Deutscher Corporate Governance Kodex）であり，このソフトローによって取締役および監査役が果たすべき義務が具体化されている。

また，秩序違反法は，実体法的側面のみならず，企業犯罪ないし経済事犯の捜査を含む手続的側面，すなわち，過料手続と刑事手続との関係からも興味深い。とくに，起訴法定主義の国ドイツで，刑事制裁を前提としつつも，起訴便宜主義的運用により，刑事手続外制裁（賦課事項または遵守事項）による事件処理を可能としつつ，それが行われない場合には行政制裁（過料）を課することができるとしている点は，ドイツならではの工夫といえよう[18]。EU諸国が法人犯罪を一般的に処罰する潮流にあるなかで，ぎりぎりのところでそれに抗して多様な制裁の工夫により孤軍奮闘しているドイツの姿に，むしろ改めて新鮮さを感じる。

5　イタリア

その他の先進諸国のうち，イタリアでは，イタリア憲法 27 条が「刑事責任は個人的なものである」と規定しているにもかかわらず，2001 年に「企業刑法」（D. Lgs. 8-6-2001 n. 231）が成立した点を看過することはできない。しかし，「企業刑法」とはいえ，オランダ刑法 51 条やベルギー刑法 5 条のように法人の犯罪を一般的に認めて刑罰を科すというよりは，企業犯罪に対して主として行政制裁（金銭刑のほか，営業活動の禁止，許認可・免許の停止または撤回，公共行政機関との契約禁止等）を課すという「玉虫色」のものであり，制裁の多様性という点で興味深い反面，厳密な意味での「刑法」とは言い難い[19]。おそらく，これによって憲法違反の懸念を払拭したかったのであろう。また，イタリア「企業刑法」は，アメリカ法の影響を多分に受けており，とりわけコンプライアンス・プログラム（modelli di organizzazione）の要件が規定されている点（6 条 2 項）が興味深い。その要件として，①犯罪が遂行された場合を想定した活動を明らかにすること（リスク・アセスメント等），②犯罪遂行防止のための特別手続を規定すること，③犯罪遂行を避けうる財源管理の手段を明らかにしていること，④監査機関への報告を規定していること，⑤コンプライアンス・プログラムが規定する手段が遵守されなかった場合に，制裁を適用する懲戒制度が実施されること，という内容は，コンプライアンス・プログラムを刑法典

ないし企業刑法典に導入した場合のひとつの大陸法的モデルになるかもしれない。しかし，その監視機関をどのように設置するかが，実践的課題として残っている[20]。また，大事件であるパルマラット事件やその他の判例も，そのことを示している。いずれにせよ，イタリアの企業犯罪およびその対策の制度的枠組みは，今後の議論の参考になる。

6　デンマーク

　また，北欧リアリズムを代表するデンマークでは，1996 年に法人処罰規定が刑法典第 5 章「法人に対する刑事責任」に導入され（25 条〜27 条），罰金刑で対応している。巨大な企業犯罪もなく（なお，隣国のスウェーデンでは 1997 年に株券買収に関わるトルスター事件が起きている），したがって，新たな立法もないし，コンプライアンス・プログラムに関する議論もないようだが，2007 年に独占禁止法改正によりリーニエンシー制度が導入されている点で，アメリカ法の影響を受けている点に注目したい[21]。なお，経済犯罪の類型としては，①契約関係における犯罪（詐欺，データ詐欺，商行為法における罪，インサイダー取引等），②信用に対する犯罪（物件横領，金銭横領，担保権に対する侵害，破産犯罪等），③会社に対する犯罪（労働契約違反，バリケード封鎖，守秘義務違反，勤務先における窃盗・横領，会社における指導的地位の濫用等），④労働環境等における被用者に対する犯罪（労働環境についての犯罪，休暇についての犯罪），⑤社会に対する罪（環境犯罪），⑥国家および国家経済に対する罪（税法違反，関税法違反，手数料支払い違反，為替に対する罪，公共機関による助成金に対する詐欺，会計違反，資金洗浄），⑦EU に対する罪，という具合に生活関係別に整理され，議論されている，という[22]。

7　オーストラリア

　さらに，オーストラリアに目をやると，1995 年刑法典（2001 年施行）に法人処罰規定が導入され，とくに独自の企業文化ないし法人文化（corporate culture）という概念とともに組織故意を認める法人処罰を正面から刑法典（とくに 12.3 条）に取り込んでいる点に特徴がある[23]。この規定が実際にどのように適用されるか，今後の運用に注目する必要がある。また，アメリカのエンロン事件にも匹敵する 2001 年の HIH 事件を契機に行われたコーポレート・

ガバナンスの制度改革により，英国法域圏にありながら，ハードローとソフトローの組合せにより独自の規制システムを構築しつつあり，母国イギリスの制度改革を上回る工夫をしている点が注目される[24]。とくに2004年の企業法経済改革プログラム法により，会計監査法人の独立と責任，財務報告，情報開示，幹部の報酬，ステークホルダーの関与，セキュリティー，利益衝突の管理を内容とする改革が始まったほか，証券取引所（ASX）および証券・投資委員会（ACIC）が中心となり機能的に活動している点，競争（促進）および消費者保護委員会（ACCC）がそれと連動して活動している点，さらに，企業および市場アドバイザリー委員会が有益な提言活動をしている点も参考になる[25]。

8　EU

最後に，EUという枠組みに目を転じると，EC条約81条および82条を受けて行政制裁金の算定ガイドラインを2003年に公表している点が注目される[26]。また，2006年にはカルテル事件に関してリーニエンシー制度も導入していることから，アメリカの影響がEUにも及んでいることが看取できる。さらに，とくにユーロ貨幣の導入に伴い，企業の金融不正行為に対してEUと各国の国内法との連携ないし関係が整備されつつあることが看取できる[27]。とりわけ刑事事件での有罪判決および資格剥奪についての情報交換促進は，ますます重要なものになる，と思われる。金融市場においてユーロが安定し，強くなっている背景には，このような諸々の努力があるように思われる。

今後，EUが加盟国に対して法人犯罪に対して刑事制裁を義務づけることが強化される可能性があるが，そのようななかで，伝統的な刑法理論との葛藤がドイツなどでは増すかもしれない。EUの動向には，今後も目が離せない。

9　小　括

以上，われわれの共同研究から得られた成果を比較法的観点から簡潔にまとめてみたが，フランス等，まだ調査をしていない国もある[28]。多くの国々

で，企業活動に伴う不祥事ないし企業犯罪防止のための積極的な取組みないしコーポレート・ガバナンスの新たな枠組み作りをしていることが具体的に判明した[29]。とりわけ刑事規制ということになると，それぞれの刑法理論ないし刑事法制度の相違があることから，一律な枠組みを作ることは困難と思われるが，相互の共通点はあるように思われる。グローバル化社会を迎え，この問題に対する取組みは，ますます国際的視点を抜きにしては語れないであろう。

3 日本におけるコーポレート・ガバナンスと刑事規制

1 2005 年度の共同研究

以上の国際動向を踏まえて，つぎに，日本におけるコーポレート・ガバナンスと刑事規制の問題について論じることにしよう。

われわれ刑事法グループは，すでに平成 17 年度（2005 年度）に日本国内の企業の活動の実態を探るべく内閣府の経済社会総合研究所と共同で大規模なアンケート調査（主要企業 1003 社に調査票送付）を行い，942 社から得た回答の分析に基づき課題を析出した[30]。それによると，日本におけるコーポレート・ガバナンスの意識が企業において高まったのは，21 世紀に入ってからであり，とりわけ 2003 年以降にそれが顕著である。その理由は，企業活動に伴う不祥事，とりわけ企業犯罪が生じた場合，社会に大きな不安を与え，場合によっては国民の生命・健康・財産に具体的な被害を及ぼすことがあるほか，市場経済にも大きな影響を与えることがあることを身をもって体験したからにほかならない。国内外を問わず，総じて，企業の急成長にシステムが追いつかない場合や既存の企業の古い体質がシステムに追いつかなかったりする場合に不祥事が生じる傾向にある。

また，企業の社会的責任（Corporate Social Responsibility＝CSR）も，「日本においては，2003 年が CSR 元年である」[31]といわれるほど，この時期は，まさに「企業革命の波」が押し寄せた。この波は，現在を含め，当分続くであろう。しかも，グローバル化ないし国際化社会を迎えた現在，企業不祥事・企業犯罪の防止と制裁をも射程に入れたコーポレート・ガバナンスは，日本のみな

128 第2部 企業のコンプライアンス・プログラムと刑事規制

らず，前述のように，世界的に重要な課題となっている。

2 コーポレート・ガバナンスと刑事規制の基本的視点

コーポレート・ガバナンスは，法律，とりわけ刑事規制のみで実現できるものではない。結論からいうと，オーストラリアのようなハードローとソフトローの組合せのモデルが妥当である。

ところで，商法の大改正で平成17年（2005年）に誕生した会社法348条3項は，企業の内部統制システムの整備，すなわち，「取締役の職務の執行が法令及び定款に適合することを確保するための体制その他株式会社の業務の適正を確保するために必要なものとして法務省令で定める体制の整備」を取締役に義務づけた。具体的には，会社法施行規則98条1項により，①取締役の職務の執行に係る情報の保存および管理に関する体制，②損失の危険の管理に関する規程その他の体制，③取締役の職務の執行が効率的に行われることを確保するための体制，④使用人の職務の執行が法令および定款に適合することを確保するための体制，⑤当該株式会社ならびにその親会社および子会社から成る企業集団における業務の適正を確保するための体制，これらの整備ということになる。これにより，日本でも，コーポレート・ガバナンスは，コンプライアンス・プログラムとともに今後着実に社会において定着するであろう。

しかし，これを実現するには，その周辺のさまざまな規制の整備と実効性の確保が不可欠である。とくに，法令違反の典型である犯罪対策として，ハードローとしての，企業犯罪への刑事法的介入の意義が問われなければならない。刑法上，法人の犯罪能力を一般に肯定するか否か，という大問題があり，現行刑法は，個人処罰の原則を堅持しているため，これを否定する立場を採っているが，フランス，イギリス，オランダ，デンマーク等，これを肯定する国も多いし，最近では学説上も肯定説が増えつつある。しかし，現行法の解釈論では，せいぜい企業幹部の刑事責任を，特別背任罪（会社法960〜962条），場合によっては共犯論ないし監督過失論を駆使して個人的に追及するのが限界であるし，あるいは各種行政刑罰法規に規定された両罰規定（従業員の犯罪行為があった場合に事業主または法人が処罰される規定）を適用するのが限界であ

る。それ以上の枠組みは立法論の課題となるが，刑事法的介入の意義と限界
は，刑法の基本原則である行為主義・罪刑法定主義・責任主義と法益保護の
調和の中で模索される必要がある。私個人の見解としては，法人の犯罪能力
を一般に肯定して立法化を図る前に，現行法の一端を担う両罰規定の意義を
再確認し，不十分な点について修正を加える方向を目指すべきではないか，
と考える。

3　独占禁止法と金融商品取引法

　そこで，つぎに，行政刑法として機能することが期待されるのが，独占禁
止法および金融商品取引法を中心とした規制システムである。

　独占禁止法は，「公正な取引」の確保を目指し，公正取引委員会がそのため
の各種規制・指導を行っているが，近年，談合やカルテル違反の対策として
課徴金の額が引き上げられた。また，いわゆるリーニエンシー制度（課徴金減
免制度）も併せて導入された[32]。その効果は今後の評価に待たねばならないが，
課徴金は厳密な意味で刑罰ではない点で，行政規制の新たな方策として，そ
の運用に注目したい。さらに，公正取引委員会の権限強化も重要な点である。
とりわけ「談合体質」があるといわれ続けた日本社会において，その根本的
対策をさらに模索する必要があるが，かなり変化しつつあるように思われる。

　他方，昭和 23 年（1948 年）に制定され運用されてきた証券取引法は，西武
鉄道事件，カネボウ事件，ライブドア事件，村上ファンド事件等の一連の大
規模な有価証券虚偽記載事件ないし粉飾決算事件を契機に，平成 18 年（2006
年）6 月の「証券取引法等の一部を改正する法律」により，「金融商品取引法」
という新法に変更され，2007 年 9 月から施行されている。同法は，罰則を強
化し，公開買付・大量保有報告制度の改正，有価証券報告書の記載内容に係
る確認書・内部統制報告書制度，四半期報告書，証券取引所の独立性の強化
等を盛り込んだ，まさに日本版 SOX 法とも呼ばれている[33]。しかし，情報開
示の強化は妥当だとしても，同法の罰則強化（重要事項についての虚偽記載の有価
証券届出書提出について 10 年以下の懲役，1000 万円以下の罰金，またはその併科〔197 条
1 項 1 号〕，発行者の代表者等による法人の財産または業務に関する虚偽記載について両罰
規定により 10 億円以下の罰金〔207 条〕）については，抑止力を期待するのが大方

の見解であるが,「すでに犯罪に手を染めた者に対しては,犯罪を中止するインセンティブを与えることができず,かえって隠蔽工作に追い込んでしまうことが危惧され」るとの見解も商法学者の間にある[34]。さらに,インサイダー取引（5年以下の懲役,500万円以下の罰金,またはその併科〔197条の2〕,法人の財産に関して取引が行われたときは,法人に対して5億円以下の罰金〔207条〕）を含め,違反行為の程度や態様に応じた課徴金制度も導入され,全体として制裁が著しく強化されている。しかし,過度な制裁が,システム全体に対して有効に機能するかは,慎重に見守る必要がある。むしろ,その防止のための有効な監視システムこそが重要ではないか,と思われる。そのためには,証券取引等監視委員会の権限（210条以下）を公正取引委員会と同等にする方向が妥当なように思われる。

4 コンプライアンス・プログラムの一般的意義

さらに,コーポレート・ガバナンスとの関係で近年クローズアップされているコンプライアンス・プログラムについて述べることにしたい。

まず,コンプライアンス・プログラムの法的意義を確認しておく必要がある。21世紀に入り,日本の社会構造は,ある種の転換期を迎えているように思われる。それは,行政組織,大学,病院,企業,スポーツ界等々,さまざまな領域で見られる。これを単純な図式で割り切るには躊躇を覚えるが,敢えて言えば,「透明性の高い公平なルールに基づいた責任ある社会構造」の構築へと向かっているように思われる。とりわけ大企業の構造変革は,欧米の企業との競争の中で,グローバルな,そしてトランス・ナショナル（trans-national）な活動規模であればあるほど,その方向へ向かわざるをえないであろう。このような潮流の中で,日本の企業構造も,かつてのいわば「家父長的企業体質」から「透明性の高い公平なルールに基づいた責任ある企業体質」へと転換を迫られている,といえよう。今日,コンプライアンス・プログラムないし企業の社会的責任（CSR）の必要性が叫ばれているのも,必然的な流れといえる。しかし,そもそもコンプライアンス・プログラムないしCSRの内容ないし法的位置づけは,どのように理解すればよいのであろうか。それは,どのような法的効果をもたらすのであろうか。これは,刑事法的視点か

第7章　コーポレート・ガバナンスと刑事規制　　131

らも，座視できないものを多分に含んでいるように思われる。

　コンプライアンス・プログラムの問題に造詣の深い専門家によれば，通常
単に「法令遵守」と訳されがちだが，そうではなく，「コンプライアンスの中
心にあるのは，組織的な対応手法であ」り，「企業社会で求められているコン
プライアンスとは，組織として自主的に対応するものなのであって，個人的
な課題とか，個人の哲学として位置づけられるものではない」，という。また，
「法令だけを遵守するという意味で理解しては，コンプライアンスがきわめ
て不十分なものになるだけでなく，本当の意味での法令の遵守さえ達成でき
なくなってしまうからである。法令のことしか目に入らないと，形式的な辻
褄合わせをしようとしたり，法令の本来の目的に沿った行動をとらなかった
り，脱法的な行為をしたり，さらには，発覚さえしなければよいのだろうと
いった考え方に陥ることもある」。要するに，法令のみならず企業倫理，各種
社内規定やガイドライン等もコンプライアンスの対象として含まれる，とい
う[35]。確かに，法律が完璧なものではありえない以上，倫理規範の最小限度
のものが法規範だとすれば，形式的な法令遵守だけを問題にしたのでは，コ
ンプライアンス・プログラムの趣旨は没却されるであろう。結局は，ルール
をどのように運用していくかが重要である，と思われる。刑事法的観点から
この問題を考える際にも，この点を念頭に置く必要がある。しかし，刑事法
的観点からは，侵害原理（harmprinciple）が重要であり，また，なによりも行
為主義，罪刑法定主義，責任主義といった基本原理が前提となるのであって，
単なる形式的ルール違反を処罰するわけにはいかない点にも留意する必要が
ある[36]。

　また，当初コンプライアンス・プログラムは，アメリカ合衆国でも限定的
な法領域についてのみ発展していたにすぎず，その効果についても，高い評
価は受けていなかったが，近時では，広範な法領域を対象とするまでに整備
が進み，有効性についても大きな期待がかけられるに至っている，という[37]。
もちろん，具体的にみると，コンプライアンス・プログラムの法的意義につ
いては，1960年代以降，現在に至るまで変遷があり，とりわけ1980年代にイ
ンサイダー取引等を契機として質的にも量的にも発展を遂げ，さらに1991
年に「組織体に対する連邦量刑ガイドライン（Federal Sentencing Guidelines for

Organizations)」の法制化に伴い，企業に高額の罰金を科す一方で，コンプライアンス・プログラムが適正に実施されていた場合に罰金額を必要的に減軽することになって以来，その法的重みが増した，といわれる[38]。現在のアメリカでは，企業に要求されるコンプライアンス・プログラムの具体的内容は，業種，規模，組織構造などにより異なるものの，①明文のマニュアルの作成とその運用，②プログラム実行の責任者と責任セクションの設置，③違反行為が発覚した際の処理手続の整備，以上の3点において整備され，具現化されている，という[39]。

5　コンプライアンス・プログラムの刑法的意義

問題は，コンプライアンス・プログラムの刑法的意義の正確な位置づけにある。コンプライアンス・プログラムと法人の刑事責任との関係については，①「相当の注意」の抗弁とコンプライアンス・プログラムの関係，②代位責任の成立要件とコンプライアンス・プログラムの関係，③起訴裁量・量刑とコンプライアンス・プログラムの関係，④民事責任とコンプライアンス・プログラムの関係に分類される，という[40]。アメリカ法と日本法では法体系は異なるが，これを手がかりにして，刑事法の観点から主として「相当の注意」の抗弁と起訴裁量・量刑に焦点を当ててコンプライアンス・プログラムの刑法的意義を探求してみよう。

まず，「相当の注意」の抗弁について，アメリカでも賛否両論があるように，コンプライアンス・プログラムがこのような抗弁になるであろうか。われわれの一連の調査を通して，コンプライアンス・プログラムに対して先進的取組みをしている企業とそうでない企業との格差があることが判明した。それは，大企業と中小企業とで，あるいは業種間でも見られた。あるいは，大企業であっても，形ばかりのコンプライアンス・プログラムをつくって自己満足しているところもある。他方で，インタビュー調査に行ったある企業では，実に入念なコンプライアンス・プログラムを作って，かつ会社をあげてそれを実践しているところがあった。とりわけ，海外の企業との取引が頻繁な企業ほどコンプライアンス・プログラムの重要性を認識している傾向が看取された。そのような企業では，コンプライアンス・プログラムが実際に機能す

るようにモニタリング・システムを導入している点に注目したい。また，こ
れらのシステムを稼働させるには，トップの意識改革を期待する声が強く聞
かれたのも，特筆に値する。

　いずれにせよ，このようなばらつきがある状況下では，コンプライアンス・
プログラムにただちに「相当の注意」の抗弁という法的意義を付与すること
は困難である。しかし，これが真に定着していけば，とりわけ過失犯におけ
る注意義務の標準の議論や両罰規定における選任・監督義務の議論に影響を
及ぼすであろう。

　したがって，今後の問題は，どのようなコンプライアンス・プログラムが
定着するか，である。私は，コンプライアンス・プログラムを3段階に分け
ることができると考えている[41]。

　まず第1に，業種を問わず，いかなる企業においても遵守すべきコンプラ
イアンス・プログラムの共通項が存在するものと思われる。刑法典に規定さ
れた違反行為はもちろん，独占禁止法に抵触する談合や金融商品取引法に抵
触するインサイダー取引や粉飾決算等，明らかに犯罪行為となりうるものは，
その最たるものである。また，必ずしも犯罪行為とはいえないが，厳格な行
政規制の対象となっているもの，あるいは明白に民法上の不法行為とされて
いるものも，それに含まれるであろう。さらに，その周辺の企業活動につい
てコンプライアンス・プログラムを「予防」という観点から重視すればする
ほど，詳細なものにならざるをえないが，その場合，新たな共通枠組みを設
けることは，業種なり企業の規模によって困難を伴うことが予想される。

　そこで，第2に，業種（場合によっては企業の規模）の特殊事情を考慮して，枝
葉を付けて柔軟性を持たせたコンプライアンス・プログラムの方向が考えら
れる。たとえば，製造業でも，国民の健康に深く関わる医薬品製造企業だと
か健康ないし食品製造企業の場合とそうでない企業とでは，多少の差異があ
りうるであろうし，言論・出版・放送等の企業には，独自のものが成り立ち
うるかもしれない。また，たとえば，金融・証券・保険関係の企業にも，独
自のものが成り立ちうるかもしれない。さらに，たとえば，いわゆるベン
チャー企業の中には，ある種の冒険的要因を抜きにしては活動しえないもの
もあるかもしれない。しかも，その行為が従来の法的枠組みでは明確にとら

えきれない場合に，とくにこのことが考えられる。また他方で，トランス・ナショナル（trans-national）な企業活動の国際化ないしグローバル化の波の中で，国際的視点を抜きにしてコンプライアンス・プログラムを考えるわけにはいかないであろう。もっとも，取引相手が国内に限定される場合，とりわけそのことが考慮される必要があるかもしれない。しかし，その場合でも，「日本の企業風土に合うコンプライアンス・プログラムの樹立は可能か」，という問題設定をする際に，注意すべき点がある。すなわち，この問題設定は必ずしも誤りではないが，「日本の企業風土」の中に何を盛り込むべきか，という点に注意を払う必要がある。なぜなら，日本の一部でしか通用しないものを誇張して「日本の企業風土」論を持ち込むと，コンプライアンス・プログラムの本質を歪曲する懸念もあるからである。この点に，過剰な配慮をする必要はないであろう。したがって，コンプライアンス・プログラムの中にぎりぎり取り込むことのできる「日本の企業風土」とは何か，を抽出する作業が必要である，と思われる。

　第3に，以上の点を踏まえたうえで，さらにきめ細かく企業内で独自にルールを盛り込んでコンプライアンス・プログラムを作る方策もありうる。それは，社風とか社訓，あるいは企業倫理とでもいうべきもので，従業員の礼儀・作法というものまで含むものもあるかもしれない。しかし，それはすでに，法的枠組みの外にあるものと言える。

　いずれにせよ，以上の3段階で考えておけば，内容のある「魂の入ったコンプライアンス・プログラム」になる可能性がかなりあるように思われる。したがって，コンプライアンス・プログラムには，法的に重要な意義を有するものとそうでないもの（企業倫理に委ねるべきもの）があり，さらに，法的に重要な意義を有するものでも，企業犯罪（防止）に密接に関わるものとそうでないもの（行政規制ないしは民事規制の対応に委ねるもの）があるということになる。

6　量刑の問題

　以上のことを前提として考えれば，起訴裁量・量刑とコンプライアンス・プログラムの関係についても一定の意義が獲得される。もちろん，これは，アメリカ合衆国の連邦量刑ガイドラインのような整備されたものがあれば，

当然に積極的な意義が認められるが，それがなくても，一定の運用がしっかりしている場合には十分考慮に値すると思われる。それは，前述の「相当の注意」とも関係する部分もありうる。実態を伴うコンプライアンス・プログラムを有していた場合,起訴裁量ないし量刑に反映させてもよいと思われる。また，日本では，最近の独占禁止法改正（平成17年〔2005年〕）で，課徴金が大幅に引き上げられたと同時に，いわゆるリーニエンシー（課徴金減免）制度が導入され，法定要件（違反事業者が自ら違反事実を申請等）に該当すれば，3社についてのみ，立入検査前の1番目の申請者に対して課徴金を免除し，2番目の申請者に対しては課徴金を50%減額し，3番目の申請者に対しては課徴金を30%減額し，立入検査後の申請者に対しては30%減額することになった。課徴金は，必ずしも刑罰とはいえないが，この種のシステムの導入は，起訴裁量ないし量刑に今後微妙に影響を及ぼすように思われる。

4　コンプライアンス・プログラムと企業の刑事責任

1　コンプライアンス・プログラムの3つの機能

　以上の点を踏まえて，コンプライアンス・プログラムと企業の刑事責任について，もう少し掘り下げて検討を加えてみよう。コンプライアンス・プログラムの刑法上の意義については，理論的には，法的に正当化（justification）ないし違法性阻却のような機能を果たすものと，免責（excuse）ないし責任阻却のような機能を果たすものと，もうひとつ刑の免除的機能あるいは訴追免除機能を果たすものという3つの機能がある，と考えられる。これを混同すると，「コンプライアンス・プログラムさえ作れば，それでよい」ということになる懸念がある。

2　コンプライアンス・プログラムの正当化機能

　まず，コンプライアンス・プログラムが正当化機能を発揮する場面について考えてみよう。これは，主として刑法35条の正当業務行為の一環としてなされた企業活動の場合に考えられる。たとえば，警備会社の社員が厳格なコンプライアンス・プログラムに則って警備業務を実践中に物損ないし傷害と

いう結果を発生させた場合が考えられる。また，航空会社のパイロットや海運会社の船長が厳格なコンプライアンス・プログラムに則って運行中に，予測し難い危難に遭遇し，大きな被害を回避するためにやむなく一定の被害結果を発生させた場合で，しかもその対応もコンプライアンス・プログラムに盛り込まれていた場合，刑法37条1項の緊急避難で正当化されるであろう。その他，マスコミ報道と名誉毀損罪との関係で，コンプライアンス・プログラムに則った十分な取材に基づいて報道をした場合，コンプライアンス・プログラムが正当化的機能を発揮することがあるかもしれない。

なお，過失犯についても，コンプライアンス・プログラムがその成否に影響を及ぼす可能性がある。とりわけ過失犯の本質を違法性段階で考える見解（新過失論）だと，コンプライアンス・プログラムが客観的注意義務の基準として捉えられる可能性があり，仮に企業活動に伴い人身事故が発生した場合に，一定のコンプライアンス・プログラムを遵守していた場合には，それが正当化機能と結び付く余地がある。しかし，私は，後述のように，過失を責任段階で考えるので（旧過失論），むしろ免責機能の場面でこの問題を述べることにする。

3　コンプライアンス・プログラムの免責機能

そこで，つぎに，コンプライアンス・プログラムが免責機能を発揮する場面について考えてみよう。

故意犯の場合には，トップ，取締役，中間管理職，従業員，それぞれがどういう違法行為を行ったのかということで，違法性の意識の問題と関わってくる。たとえば，厳格なコンプライアンス・プログラムに則って営業活動をしていると思っていたのに最先端の情報に追いつかず会社に損害を与えてしまった場合，違法性の錯誤（刑法38条3項）の「相当の理由」にあたるかぎりで，責任を問わない場合がありうるであろう。このような事情がないかぎり，たとえば，取締役会で事情を認識したうえで意思決定をした以上，原則として共同正犯（共謀共同正犯を含む）ないし教唆犯，場合によっては間接正犯が成立することになる。また，たとえば，「談合をしない」というコンプライアンス・プログラムが各社にあるにもかかわらず，会社を超えて関連企業の要職

にある者が会合を開いて「談合」を行ったのであれば，単純に「その会合が談合であることを知らなかった」というきわめて例外的な場合を除けば，一般に抗弁になりえず，少なくとも，未必の故意は認定され，最終的には共同正犯が成立する余地がある。

　また，犯罪といえば，故意犯だけではなくて，過失犯もある。過失犯については，英米法のように結果責任に近い厳格責任（strict liability）を一部認めるという考えもあるが，私は，企業の刑事責任についても，実際は自然人が活動に関与せざるをえない以上，責任主義・責任原理というものを根底に据えて考えるべきだ，と考える[42]。過失犯では，とくに監督過失における注意義務違反の認定の問題（管理・監督過失の問題を含む。）で，コンプライアンス・プログラムを客観的注意義務の内容として理解する考え（新過失論ないし危惧感説）もありうる。たとえば，ホテルやデパート等の大規模火災で多数の死傷者が出た場合，避難誘導訓練の実施とか防火設備の整備等の消防法上ないし建築基準法上の義務をコンプライアンス・プログラムの一環として捉えれば，その義務の履行の有無だけで経営者等の管理権原者ないしその者が選任した防火管理者（消防法8条）の過失犯の成否を判断すれば足りるということになりがちである。しかし，むしろ，それは一応の参考であって，行為主体を限定したうえで，注意義務違反はもっと個別的事情を考慮して主観的内容にまで立ち入って，具体的予見可能性を基軸として責任段階で判断すべきである，と考える。

　この点に関して現在議論されているのが，いわゆる刑事製造物責任の問題である[43]。最近，日本でも，企業が欠陥製品を製造し，かつ販売し，消費者がそれを使用して人身事故が発生した場合に，当該企業ないし企業関係者に刑事責任を問うことができるのではないか，という議論が高まりつつある。理論的にはこの問題は，主として刑事過失責任における監督過失論と密接な関係があるが，従業員の過失行為が必ずしも介在するとは限らないという意味で，典型的な監督過失論とは区別すべき側面がある。しかし，行為者が直近過失者といえない点で，実行行為性および予見可能性の認定において難しい問題を内包する等，監督過失と共通点がある。それぞれの企業で欠陥製品の製造・販売がどのような意思決定のプロセスを経てなされたか，あるいは

138　第2部　企業のコンプライアンス・プログラムと刑事規制

販売後の回収システムがどのようなものか等，コンプライアンス・プログラムと摺り合わせながら当該事件における因果のプロセスと具体的予見可能性ないし注意義務違反が認定されることになると思われる。コンプライアンス・プログラムが良くできていても，事故が起きることはありうるので，過失責任の認定において，必ずしもコンプライアンス・プログラムが決定的役割を果たすわけではないが，参考にはなりうる。要は，その運用がどのようになされているか，である。

　なお，わが国における特別刑法（たとえば，人の健康に係る公害犯罪の処罰に関する法律4条）ないし行政刑法（たとえば，水質汚濁防止法34条）におけるいわゆる両罰規定においては，従業員の故意または過失行為で犯罪が行われた場合，直接行為者である従業員を処罰するほか，法人または法人の代表者（事業主）を処罰することができる制度になっている。そして，事業主が従業員に対して十分な選任・監督義務を尽くしたかという判断の際に，通説・判例によれば，一般に，事業主として行為者の選任・監督その他違反行為を防止するために必要な注意を尽くさなかった過失の存在を推定した規定と解する，いわゆる過失推定説が採られている（最大判昭和32・11・27刑集11巻12号3113頁）。すなわち，事業主のほうで従業員の選任・監督に関する注意を尽くしたことの証明をしなければ処罰されるのである。その判断の際に，入念に策定されかつ実践されているコンプライアンス・プログラムであれば，過失推定の反証の素材としても考慮される余地がある。

　ともかく，故意犯にせよ過失犯にせよ，企業における事故なり犯罪というのは突然起きるものではなく，具体的な危険の予兆が必ずある，と思われる。その前提となるいくつかの危険性があって，それが積り積って大事故につながるし，またそれは故意犯でも同様だと思われる。それら事前のリスクへの対処がコンプライアンス・プログラムに十分に盛り込まれていれば，決定的ではないにせよ，免責の有力な判断材料となりうるものと思われる。

4　コンプライアンス・プログラムの訴追免除機能および刑の免除機能

　さらに，訴追免除ないし刑の免除機能，あるいは量刑における減軽機能について簡潔にみておこう。

　アメリカの「連邦量刑ガイドライン」は，コンプライアンス・プログラム

と密接な関係がある，という。すなわち，「刑罰を重くする要素としては，①経営陣の関与，②犯罪歴，③捜査妨害，があり，刑罰を軽くする要素として，①効果的な法令違反抑制プログラムの運営，②自己申告（自首），③捜査への協力，④犯罪行為の自白，といったものが定められている。このうち刑罰軽減要素の①については，7つのステップがあり，これらに真剣に取り組んでいたことが認められれば刑罰が軽くなる。これらのプログラムを総称して，一般に『コンプライアンス・プログラム』という」[44]。そして，その「7つのステップ」とは，①犯罪防止のための合理的なコンプライアンス基準と手続きの制定，②当該基準と手続きのコンプライアンスの監督責任者となる上級役職者の選任，③権限委譲における配慮と注意，④必要とされる基準や手続きについての研修と周知徹底（コミュニケーション），⑤監査システムと報告システムの確立，⑥ルール違反に対する懲戒などの強制システム，⑦同様の不祥事を防止するための適切な対応とプログラムの見直し，である。この指摘は，日本の今後の企業犯罪を企業システム上の犯罪と考えるならば，そして財産刑を中心に考えるならば，大いに参考になる。ただ，個人を行為主体として捉えるならば，これを参考にしつつも，刑法66条（酌量減軽）を考慮するなど，若干の修正が必要かと思われる。

5 おわりに

最後に，刑事規制には自ずと限界というのがあり，すべて刑罰で対応するよりも，代替手段ないし補完手段を考えながら対応する必要がある点を強調しておきたい。刑罰を重くすれば解決するか，あるいは，刑罰に替えて課徴金を重くすれば解決するか，さらには，現行の刑罰制度を変革して新たな刑罰制度を導入すべきか。この問題は，今後も議論が続くであろう。しかし，結論としては，企業犯罪ないし企業の逸脱行動を規制するのは，刑事制裁と行政制裁（もちろん自主規制もありうる）のバランスのとれた併用策をとりつつ，たとえば，独占禁止法改正で議論されているリーニエンシー制度のような新たなシステムを加味していくのが最も効果が上がる，と思われる。

また，企業の組織内での対応の限界を指摘せざるをえない。ホットライン

やヘルプライン等を設けている企業も増えているし，公益通報者保護法も制定されたが，本来の機能を果たすべく，工夫を重ねる必要がある。真の企業の自律を促すには，必要な範囲で外部の眼を入れて風通しを良くすることが必要と思われる。すでにこのシステムを導入している企業もある。しかし，この場合でも，形式的であってはならないであろう。要は，モニタリング機能が発揮できるかどうかである。その際，企業間で，コンプライアンス上の連帯を強化するのも一案と思われる。

　さらに，経営者の責任の問題，とりわけ経営者の逸脱行動をどのようにチェックすべきか，という問題への対応が重要である。もちろん，経営者の責任といっても多様である。まず，経営者が犯罪行為を行った場合は，事後的に司直の手で裁かれる。しかし，刑法は，事後的チェック機能が主であり，経営者が犯罪行為を行った場合，企業のダメージおよび従業員に与える影響は計り知れない。ワンマン体制の企業であれば，適切な「魂の入った」コンプライアンス・プログラムがなければ，事前にチェックをしようがない。「トップの意識改革」は，最大の懸案事項である。

　そこで，考えられるのが，行政の役割である。企業へのアンケートおよびインタビューから得た感触では，所轄官庁（経済産業省，場合によっては金融庁）による行政指導，あるいは公正取引委員会の勧告等は，実際上かなり大きな役割を果たしている。「人は誰でも間違える（To err is human）」ということを前提として[45]，大事故や大きな犯罪が発生する前に，小さなミスの段階でチェックするシステムを作り，公益通報者保護制度とリンクさせて，行政とタイアップすれば，展望は開けるように思われる。刑法で言えば，故意犯でなくても，過失犯は少なくとも発生しうるので，大事故の減少は期待できそうである。

　法整備に行政が尽力することも重要であるが，しかし一方で，規制緩和の潮流の中で行政が干渉しすぎることに対しては警戒感も強いし，行政側も過剰なコスト増には消極的である。むしろ行政にも人的・物的におのずと限界があることを自覚する必要がある。このような要因を考慮したうえで，なおかつ有効な規制を求めるとすれば，各企業が自主チェックできているかどうかを行政がチェックするというシステムを導入すべきである[46]。これは，間

接的チェックとなるが，小さなミスの段階で直接行政が介入するよりも，企業の自主性を尊重する意味でも，コスト面でも，実に有効な手段になると思われる。不祥事の絶滅は不可能だが，これにより，犯罪性の強い違反行為は可能なかぎり減らすことができる，と思われる。そういうシステムをコンプライアンス・プログラムの中に採り入れていけば，コーポレート・ガバナンスの向上は一定程度期待できるのではないだろうか。そして，それが同時にCSR を果たすことにもなるのではないだろうか。

1) 黒沼悦郎『金融商品取引法入門』（日経新書，2006 年）69 頁。
2) 岡本享二『CSR 入門』（日経文庫，2004 年）41 頁。
3) 浜辺陽一郎『コンプライアンスの考え方』（中公新書，2005 年）88 頁以下参照。
4) 岡本・前掲注 2）16 頁以下，浜辺・前掲注 3）98 頁以下参照。
5) 具体的事例については，芝原邦爾＝西田典之＝佐伯仁志『ケースブック経済刑法（第 2 版)』（有斐閣，2005 年）参照。
6) 以下については，甲斐克則「企業活動と刑事規制の国際比較」甲斐克則＝田口守一編『企業活動と刑事規制の国際動向』（信山社，2008 年）321 頁以下参照。
7) 甲斐克則「序論」甲斐＝田口編・前掲注 6）3 頁。
8) 川崎友巳「アメリカ合衆国における企業犯罪の実態と企業犯罪への刑法上の対応」甲斐＝田口編・前掲注 6）5 頁以下。
9) アメリカの議論の展開過程の詳細については，川崎友巳『企業の刑事責任』（成文堂，2004 年）参照。
10) 萩野貴史「証拠隠滅等説得罪の主観的要件——Arthur Andersen LLP v. United States, 544 U.S. 696（2005)」比較法学 40 巻 2 号（2007 年）339 頁以下参照。
11) 甲斐＝田口編・前掲注 6）第 1 部の諸論文および同書第 2 部の国際シンポジウムの記録参照。
12) 今井猛嘉「イギリスにおける法人処罰——その概観」甲斐＝田口編・前掲注 6）69 頁以下参照。
13) 今井・前掲注 12）71 頁以下参照。
14) 澁谷洋平「生命・身体に危険を及ぼす企業活動の刑事的規制に関する一考察——イギリスにおける 1974 年労働安全衛生法を中心として」甲斐＝田口編・前掲注 6）49 頁以下，特に 57-59 頁参照。
15) 田中利彦「イギリスの金融・証券市場における犯罪の規制」甲斐＝田口編・前掲注 6）79 頁以下参照。
16) 田中・前掲注 15）89 頁以下参照。
17) 神例康博「ドイツにおける企業活動の適正ルール形成のための法制度——特に制裁システムの現状」甲斐＝田口編・前掲注 6）107 頁以下，正井章筰「企業買収にお

142　第2部　企業のコンプライアンス・プログラムと刑事規制

ける経営者への功労金の支払い——マンネスマン訴訟に見るドイツのコーポレート・ガバナンスと刑事司法制度」早稲田法学82巻3号（2007年）59頁以下参照。

18) 田口守一「ドイツにおける企業犯罪と秩序違反法」甲斐＝田口編・前掲注6）157頁以下参照。

19) 吉中信人「イタリアにおける企業コンプライアンスおよび企業犯罪規制の状況」甲斐＝田口編・前掲注6）181頁以下参照。〔なお，本書第3部所収のアッティリオ・ニスコ（甲斐克則＝福山好典訳）「イタリア法における法人の責任」参照。〕

20) 吉中・前掲注19）参照。

21) 松澤伸「デンマークにおける企業犯罪」甲斐＝田口編・前掲注6）197頁以下参照。

22) 松澤・前掲注21）参照。〔なお，同じ北欧のフィンランドの法制度について，ライモ・ラハティ「フィンランドにおける法人の刑事責任の規定について」本書第3部資料4も参照されたい。〕

23) 樋口亮介「オーストラリアの法人処罰」甲斐＝田口編・前掲注6）225頁以下参照。

24) 甲斐克則「オーストラリアにおける企業活動の規制システム」甲斐＝田口編・前掲注6）255頁以下〔本書第9章〕参照。

25) 甲斐・前掲注24）参照。

26) 土田和博「EUの行政制裁金制度について」甲斐＝田口編・前掲注6）271頁以下参照。

27) 日山恵美「EUにおける企業の不正行為に対する取組み」甲斐＝田口編・前掲注6）297頁以下参照。

28) 法人処罰規定を有するフランスについては，ジャン＝ポール・セレ（岡上雅美訳）「フランスにおける法人の刑事責任の展開」季刊・企業と法創造4巻1号（2007年）35頁以下参照。

29) なお，高橋俊夫『コーポレート・ガバナンスの国際比較——米，英，独，仏，日の企業と経営』（中央経済社，2006年）参照。

30) 田口守一＝甲斐克則＝今井猛嘉＝白石賢編『企業犯罪とコンプライデンス・プログラム』（商事法務，2007年）の各論稿参照。

31) 浜辺・前掲注3）98頁。

32) 詳細については，原田和往「課徴金減免制度の法的性格」田口ほか編・前掲注30）292頁以下参照。

33) 黒沼・前掲注1）19頁参照。

34) 黒沼・前掲注1）51頁。

35) 浜辺・前掲注3）5-6頁。

36) 甲斐克則「コンプライアンス・プログラムと企業の刑事責任」田口ほか編・前掲注30）106-108頁および今井猛嘉「組織体の処罰——コンプライアンス・プログラムをめぐる議論を踏まえて」同163頁参照。

37) 川崎友巳『企業の刑事責任』（成文堂，2004年）226頁。

38) 川崎・前掲注37）231頁以下，とくに235頁以下参照。

39) 川崎・前掲注37）250頁以下参照。

第7章　コーポレート・ガバナンスと刑事規制　143

40）川崎・前掲注 37）265 頁以下参照。

41）甲斐・前掲注 36）109 頁以下参照。

42）甲斐克則「責任原理と過失犯論」（成文堂，2005 年）1 頁以下，95 頁以下および 155 頁以下参照。

43）詳細については，甲斐克則「欠陥製品の製造・販売と刑事過失」『神山敏雄先生古稀祝賀論文集 第 1 巻 過失犯論・不作為犯論・共犯論』（成文堂，2006 年）157 頁以下 ［本書第 1 章］，北川佳世子「欠陥製品回収義務と刑事責任──市販後の製品回収義務の根拠をめぐるわが国の議論」同 181 頁以下，同「欠陥製品と企業の刑事責任」本巻 ［甲斐克則編『企業活動と刑事規制』（2008・日本評論社）］ 第 10 章参照。

44）浜辺・前掲注 3）58-59 頁。

45）L. コーン＝J. コリガン＝M. ドナルドソン編・米国医療の質委員会/医学研究所著 （医学ジャーナリスト協会訳）『人は誰でも間違える』（日本評論社，2000 年）参照。

46）白石賢『企業犯罪・不祥事の法政策』（成文堂，2007 年）の随所参照。

第8章
企業のコンプライアンス・プログラムと刑事制裁

1　はじめに——これまでの研究経緯

1　出発点としての企業アンケート調査

　本章は,「企業のコンプライアンス・プログラムと刑事制裁」について論じるが, 本題に入る前に, これまでのプロジェクト研究の経緯を述べておきたい。なぜなら, 本章の内容も, このプロジェクト研究から生まれたものだからである。

　まず, 2003 年に早稲田大学 21 世紀 COE プログラム「企業社会の変容と法システムの創造」に基づき,《企業法制と法創造》総合研究所(上村達男所長)が創設され, その中の刑事法部門として,「企業と市場に係る刑事法制研究グループ」の活動が始まった。その一環として, 2004 年 10 月に, 内閣府経済社会総合研究所と連携し, 財団法人商事法務の助力を得ながら, 企業へのアンケート調査を実施した。「企業の社会的責任・コンプライアンス等に関するアンケート調査」というアンケート題目で, 上場企業約 3,100 社のうち 942 社から回答を得た。世界でもはじめての調査であったが,かなりの回収率であった。そして, 2004 年 11 月には, 上記アンケート分析を踏まえ, 国内シンポジウム「COE シンポジウム:企業の社会的責任——新たな法システムの構築を求めて——」を実施した。これは, 刑事法学者と企業法務関係者をパネリストとして率直な意見交換を行い, 相当に盛り上がった内容で, 真摯な討論が行われた。さらに, 2004 年 12 月には, アンケートに協力していただいた企業のうち, 12 社を選定して, 訪問インタビュー調査も実施した。これらの研究成果については, 田口守一=甲斐克則=今井猛嘉=白石賢編著『企業犯罪とコンプライアンス・プログラム』(2006 年・商事法務)として刊行され, 高い評価を得た。

146　第2部　企業のコンプライアンス・プログラムと刑事規制

2　企業犯罪国際シンポジウムと各国調査

　つぎに，2005年10月には，上記調査・研究を踏まえて，企業犯罪国際シンポジウム「企業の法的責任とコンプライアンス・プログラム」を開催した。この国際シンポジウムには，ドイツのマックス・プランク外国・国際刑法研究所所長ウルリッヒ・ズィーバー（Ulrich Sieber）教授，同じくドイツのシーメンス社の副社長で弁護士でもあるアルブレヒト・シェーファー（Albrecht Schäfer）氏，アメリカ合衆国弁護士ダニエル・プレーン（Daniel Plaine）氏をお招きし，日本側の専門家である刑事法学者や企業法務関係者とパネル・ディスカッションを行った。このシンポジウムでは，コンプライアンス・プログラムの本場であるアメリカの状況を聞きながら，また，日本と同様，アメリカの影響を受け始めたドイツの動向も聞きながら，コンプライアンス・プログラムと刑事規制のあり方について真摯な討論を行い，ある程度の方向性が見えてきた。

　さらに，2006年9月から約半年間，早稲田大学と内閣府経済社会総合研究所との共同研究「諸外国における高質な経済設計のための法的規制と企業コンプライアンスの状況に関する調査研究」（代表：甲斐克則）を行った。これは，国際調査研究プロジェクトであり，アメリカ，イギリス，ドイツ，EU，フランス，イタリア，オランダ，デンマーク，スウェーデン，オーストラリアにおける企業犯罪およびコンプライアンス・プログラムないしコーポレート・ガバナンスと刑事規制について調査したものである。実に有益な成果が得られ，その研究成果として，先の国際シンポジウムも含め，甲斐克則＝田口守一編『企業活動と刑事規制の国際動向』（2008年・信山社）が公刊され，これも高い評価を得た。

　なお，国内法の研究を含め，刑事法グループ全体のグローバルCOEの研究成果として，甲斐克則編『企業活動と刑事規制』（2008年・日本評論社）が公刊されたが，これによって，われわれの5年間のプロジェクト研究の一応の総括ができた，と考えている。

第8章　企業のコンプライアンス・プログラムと刑事制裁　　147

3　新たな各国調査

　さて，2008 年以降は，早稲田大学グローバル COE「成熟市民社会型企業法制の創造」の中の刑事法グループで新たに調査・研究プロジェクトを立ち上げた。大きくは，国内法制研究グループと海外調査研究グループに分かれて研究活動をしている。ここでは，海外調査について少し述べておこう。

　先にわれわれが実施したコンプライアンスに関する国内調査は，海外でも関心を持たれた。特にドイツのマックス・プランク外国・国際刑法研究所所長ウルリッヒ・ズィーバー（Ulrich Sieber）教授も強い関心を示され，2008 年 11 月に私がフライブルクの同研究所を訪問し，さらに 2009 年 3 月には，同研究所のズィーバー教授のほか，ハンス-ゲオルク・コッホ（Hans-Georg Koch）博士，マルク・エンゲルハルト（Marc Engelhart）氏が早稲田大学に来られてドイツでの調査に関して意見交換するなど，何度かの交渉の後，ドイツを含めたいくつかの国のコンプライアンス体制と刑事規制について調査をし，比較研究を行うという協力体制ができあがった。目下，その計画実施を待つ直前である。また，イタリアについても，田口守一教授のお世話で，ローマ第 3 大学のマウロ・カテナッチ（Mauro Catenacci）教授が中心となって調査を行うことになっている。

　そして，すでに調査が完了した国が中国である。最近，著しい経済成長を遂げている中国も，企業の社会的責任ないしコンプライアンス・プログラムと刑事規制の問題に大きな関心をもち，内閣府経済社会総合研究所の後援を得て，早稲田大学と中国社会科学院との共同研究の一環として，われわれが作成した質問票を中国の状況に合わせて若干修正したうえで，中国社会科学院アジア法研究センターの田禾教授が中心となり，はじめての大規模な企業調査を実施した。最近，調査が完了したところであり，提出された報告書を近々さらに詳細に分析して洗練したものにまとめあげ，中国と日本で分析結果を公表予定である。2009 年 11 月に私が北京の中国社会科学院を訪問して，その実態を含めて調査の成果を確認したが，世界が注目する中国企業の動向だけに，実に有意義な調査がなされている。いずれ結果を公表し，さらに，ドイツ，イタリアの実態調査ともども比較検討を行う予定である。

　なお，イギリス，アメリカ，およびオーストラリアについては，いずれ実

148 第2部 企業のコンプライアンス・プログラムと刑事規制

態報告が行われる予定であり，2011年には，これらを踏まえた国際シンポジウムを開催予定である［2011年3月11日に東日本大震災が発生したため，国際シンポジウムは中止となった。］。

　以上の動向を踏まえて，以下では，企業のコンプライアンス・プログラムと刑事規制のあり方について欧米諸国の動向を概観し，日本におけるコンプライアンス・プログラムの刑法理論的意義と実践的意義を中心に述べてみたいと思う。

2 欧米におけるコンプライアンス・プログラムと刑事規制

1 アメリカ合衆国

　まず，アメリカ合衆国について概観しておこう。アメリカ合衆国は，経済大国らしく，エンロン事件を代表とする各種10件余りの大規模な企業犯罪を体験しただけに，それを克服すべく，刑事規制を含む制裁システムおよびコンプライアンス・プログラムを確立しており，世界的に影響力も大きいものがある。アメリカの法制度および実態に詳しい川崎友巳教授によると，「アメリカ合衆国の連邦レベルでは，1980年代半ば以降，刑罰観の主流が犯罪者の改善更生を重視し，社会復帰（rehabilitation）の立場から適正な応報（just desert）を求める立場へと移行し，犯罪者処遇モデルが，医療モデル（medical model）から正義モデル（justice model）に転換したことを背景に，量刑上の公平化を主たる目的とした量刑ガイドラインが導入され」，これは，1991年の企業を含む「組織体に対する連邦量刑ガイドライン（Sentencing Guidelines for Organization）」に波及し，「単に企業等の組織体に対する量刑の統一化を目指すにとどまらず，それまでの議論を踏まえ，企業に対する刑事制裁の目的を明確化するとともに，いくつかの新しい刑事制裁の方法を採用し」ている，という[1]。罰金刑の高額化，被害弁償命令，企業プロベイションがその例である。この中で，アメリカの企業が社会的責任（corporate social responsibility ＝ CSR）を果たすべく，その一環として生き残りをかけて築いてきたコンプライアンス・プログラムの実施の有無が犯罪と刑罰の評価に際してポイントになっている[2]。

また，当初コンプライアンス・プログラムは，アメリカ合衆国でも限定的な法領域についてのみ発展していたにすぎず，その効果についても，高い評価は受けていなかったが，近時では，広範な法領域を対象とするまでに整備が進み，有効性についても大きな期待がかけられるに至っている，という[3]。もちろん，具体的にみると，コンプライアンス・プログラムの法的意義については，1960年代以降，現在に至るまで変遷があり，とりわけ1980年代にインサイダー取引等を契機として質的にも量的にも発展を遂げ，さらに1991年に「組織体に対する連邦量刑ガイドライン」の法制化に伴い，企業に高額の罰金を科す一方で，コンプライアンス・プログラムが適正に実施されていた場合に罰金額を必要的に減軽することになって以来，その法的重みが増した，と言われている[4]。現在のアメリカでは，企業に要求されるコンプライアンス・プログラムの具体的内容は，業種，規模，組織構造などにより異なるものの，①明文のマニュアルの作成とその運用，②プログラム実行の責任者と責任セクションの設置，③違反行為が発覚した際の処理手続の整備，以上の3点において整備され，具現化されている，という[5]。

　特に，2000年のエンロン事件に加担した会計監査法人であるアーサー・アンダーセン事件[6]を契機に，企業に対する監査機能にも重点が置かれていることに注目する必要がある。アメリカのこれらのシステムは，相当に厳しいものと評価されている2002年のサーベンス・オクスリー法（いわゆるSOX法）とともに，先進国のコーポレート・ガバナンス（企業統治）体制に大きな影響を与えている[7]。それでもなお，2008年末からの「リーマン・ショック」に代表されるアメリカの経済危機は，世界を巻き込んだだけに，コンプライアンス・プログラムの真の意義が再度問われている，と言えよう。

　なお，アメリカでは，上述の連邦量刑ガイドライン（1991年）によって当然ながら企業犯罪の量刑も影響を受けており，この問題に造詣の深い元同僚である浜辺陽一郎弁護士によると，刑罰を重くする要素として，①経営陣の関与，②犯罪歴，③捜査妨害，が挙げられ，刑罰を軽くする要素として，①効果的な法令違反抑制プログラムの運営（7つのステップ），②自己申告（自首），③捜査への協力，④犯罪行為の自白，が挙げられている[8]。そして，その「7つのステップ」とは，①犯罪防止のための合理的なコンプライアンス基準と

手続の制定，②当該基準と手続のコンプライアンスの監督責任者となる上級役職者の選任，③権限委譲における配慮と注意，④必要とされる基準や手続についての研修と周知徹底（コミュニケーション），⑤監査システムと報告システムの確立，⑥ルール違反に対する懲戒などの強制システム，⑦同様の不祥事を防止するための適切な対応とプログラムの見直し，である[9]。この指摘は，日本の今後の企業犯罪を企業システム上の犯罪と考えるならば，そして財産刑を中心に考えるならば，大いに参考になる。

2 イギリス

つぎに，イギリスにおけるコンプライアンス・プログラムと刑事規制について概観しておこう。イギリスのこの問題に精通している今井猛嘉教授によれば，企業の社会的責任の議論の母国とも言うべきイギリスでも，1987年のHerald of Free Enterprise のフェリー転覆事故（192名死亡）以来，企業故殺罪・殺人罪（corporate manslaughter or killing）が関心を集め，現在まで34件が起訴され，7件が有罪とされるなど，企業活動に伴う犯罪に刑法が厳しい態度で臨んでいるようにも見えるが，有罪率の低さが示すように，いわゆる「同一視理論（identification theory）」に限界があることが指摘されている[10]。すなわち，小規模企業ならばともかく，「現代の大企業では，意思決定に様々な階層に属するスタッフが関与するのが通常であるから，当該法人と同一視しうるだけの個人を特定することは，ほとんど不可能である」というのが，その理由である。そこで，むしろ労働安全衛生法（Health and Safety at Work Act 1974）を用いる傾向にあるが，これも実際の訴追は死亡事案で約20パーセント，重傷害では1パーセントにすぎないとのことで，企業の責任の重大性が正当に評価されていないと批判され，1996年の the Law Commission による corporate killing の新設提案，2000年の政府による Involuntary Manslaughter に関するコンサルテーション・ペーパー，2005年の政府による「法人故殺法（corporate manslaughter）」の提案が出された[11]。

そして，2007年7月26日に法人故殺法（Corporate Manslaughter and Corporate Homicide Act 2007）が成立するに至った[12]。「本邦は，コモン・ロー犯罪である manslaughter by gross negligence（重大な過失による故殺罪：重過失致死罪）を，

法人との関係では廃止し，法人には，新設された法人故殺罪を適用するものとした」のである[13]。同法の具体的内容は，組織体が注意義務（2条～7条に規定され，過失による故殺罪の前提とされる注意義務と同内容のもの）に違反して人を死亡させた場合に，組織体に対して，罰金刑，矯正命令，または公表命令という刑罰を科す，というものである。これは，まさにイギリスのこれまでの議論を集約した対応といえるが，実効性を含め，その当否については，なお検討を要する。

また，イギリスには，かねてより1974年労働安全衛生法があり，この規定が従来活用されていたが，罰金刑の額がアメリカに比べるとそれほど高額ではない点で批判されていた[14]。しかし，罰金額を上げるなどして対応した結果をみると，安全衛生局の取組みは，企業活動の規制システムとしては，限界があるとはいえ，労働現場での安全衛生の確保という観点からみると，再評価されてよいように思われる。

さらに，徹底した自己責任と自主規制を基調としていたためか，「イギリスの社会は，個人の安全や社会の秩序・安全を脅かす犯罪に対しては極めて敏感であるのに対して，ホワイトカラー犯罪あるいは経済犯罪といわれるものに対する社会全体としての感受性は，それほど強くなかった」，と言われているが，金融・証券市場における犯罪とその捜査・訴追，市場における逸脱行為（market abuse）に対して制裁金が重要な役割を果たしており，したがって，不正行為の防止・制裁における刑事法の役割は意義があり，具体的には，特に金融サービス及び市場法（Financial Services and Markets Act 2000）が金融犯罪対策の中心的役割を果たす法律となっている。また，金融犯罪の取締り機関は捜査・訴追機関が並立している点でユニークであり，1985年犯罪者訴追法により公訴局が訴追権限を有しているが，金融サービス機構（Financial Services Authority＝FSA）が中心的役割を果たしている等，並立している[15]。そのほか，通商産業省（DTI）も，インサイダー取引を含む会社犯罪については調査権限を有するし，重大詐欺局（Serious Fraud Office）も，重大な詐欺事犯のみならず，金融・証券犯罪の捜査・訴追権限を有している。ただし，刑事事件としては，2004年のAIT事件1件のみのようであり，金融サービス法施行前の事件としては，Sounders事件が挙げられている。制裁内容としては，制裁

金と違反事実公表措置が活用されているのが特徴である[16]。

　以上のように，法人故殺法を除けば，事後的な取締りよりも監督官庁の活用による事前的な予防に重点を置き，希少な行政資源を効率的に配置・利用し，もって金融商品に関する市場および取引の適正を確保し，それによって消費者保護を図るのがイギリスの規制システムの大きな特徴である，といえる。アメリカとの相違がここにあるように思われる。

3　ドイツ

　大陸法の代表国であるドイツでは，1990年代のシュナイダー社事件，バルザム社事件，メタルゲゼルシャフト社事件に代表される企業不祥事を背景に，監査役会の監査機能に疑問が呈せられ，近年，企業犯罪に対する制裁論議が盛んである。特に企業買収に関するマンネスマン事件と賄賂供与に関するシーメンス事件がこれに輪をかけている。

　マンネスマン事件とは，イギリスの携帯電話会社ボーダフォン社によるドイツのマンネスマン社の敵対的買収に際して，マンネスマン社の監査役および取締役に高額の功労金・退職金が支払われ，これが背任罪（刑法266条）およびその従犯に問われた事件である[17]。本件は，連邦通常裁判所まで争われたが，2005年12月21日，連邦通常裁判所は，第1審の無罪判決を破棄してデュッセルドルフ地方裁判所に差し戻した。その後，2006年11月24日，弁護側と検察側が580万ユーロの支払いと引換えに訴訟手続を中止することに合意したことに基づき，和解がなされ，幕を閉じた。そのため，事件としては曖昧なままとなったが，本件は，ドイツのコーポレート・ガバナンスと企業犯罪をめぐる論議に大きな契機を与えた。

　その後，ドイツでも，コンプライアンス・プログラムが導入されつつあったが，その先陣を切っていたドイツの代表的企業シーメンス社が事件を起こした。世界中の約190カ国において活動するシーメンス社は，注文をとるために，2007年に至るまで，賄賂を公的機関および契約の相手方に支払っていた，というのである[18]。本件は，ドイツとアメリカで捜査が行われ，ドイツでは，シーメンス社に対して2億5,000万ユーロの過料が課せられ，さらに同社は，3億9,500万ユーロの過料を受け入れたほか，アメリカでも，4億

5,000万ドルの罰金刑と3億5,000万ドルの証券取引委員会による民事法上の制裁を受け入れた。シーメンス社のコンプライアンス体制は，上述のわれわれの企業犯罪国際シンポジウム（2005年）において同社の副社長で弁護士でもあるアルプレヒト・シェーファー氏が自信をもって紹介されていただけに[19]，私自身も本件を知ってショックを受けた。真のコンプライアンス体制が定着するのは容易ではない，と思った次第である。

　ドイツにおける企業犯罪に対する制裁体系としては，刑法（関係者に対する背任罪等）と有価証券法等の特別刑法はあるが，法人に対して一般的に犯罪能力を認めないドイツでは，本来の刑罰とは異なる独自の過料（Geldbuße）という制裁を有する秩序違反法（Gesetz über Ordnungswidrigkeiten＝OwiG）が中心となっている。特に130条の監督義務違反の規定は興味深い。また，秩序違反法は，実体法的側面のみならず，企業犯罪ないし経済事犯の捜査を含む手続的側面，すなわち，過料手続と刑事手続との関係からも興味深い。特に，起訴法定主義の国ドイツで，刑事制裁を前提としつつも，起訴便宜主義的運用により，刑事手続外制裁（賦課事項または遵守事項）による事件処理を可能としつつ，それが行われない場合には行政制裁（過料）を課することができるとしている点は，ドイツならではの工夫と言えよう[20]。さらに，コーポレート・ガバナンスの中心は，2002年8月に公表されたコーポレート・ガバナンス・コード（Deutscher Corporate Governance Kodex）であり，その後改定が繰り返されているこのソフトローによって取締役および監査役が果たすべき義務が具体化されている。EU諸国が法人犯罪を一般的に処罰する潮流にある中で，ぎりぎりのところでそれに抗して多様な制裁の工夫により孤軍奮闘しているドイツの姿にむしろ改めて新鮮さを感じる。

　しかし，ドイツにおける企業犯罪の規制に対して，近年，コンプライアンス・プログラムを積極的に刑法理論に導入すべきだという見解も出始めている。ウルリッヒ・ズィーバー教授の主張[21]やマルク・エンゲルハルト弁護士の主張[22]にその傾向が見られる。詳細は別途論じることにするが，法人犯罪を刑法典に取り込むべきだという主張もあるので，それらの動向も含め，ドイツの今後の展開を注視する必要がある。

4 オーストラリア

イギリス法域圏にありながら独自の展開を見せるオーストラリアに目をやると，1995 年刑法典（2001 年施行）に法人処罰規定が導入され，特に独自の企業文化ないし法人文化（corporate culture）という概念とともに組織故意を認める法人処罰を正面から刑法典（特に 12.3 条）に取り込んでいる点に特徴がある[23]。2006 年に現地調査をしたところ，実際にこの規定が適用されるケースは多くないようである。この規定が実際にどのように適用されるか，今後の運用に注目する必要がある。

むしろ，2006 年の現地調査で判明したように，オーストラリアでは，アメリカのエンロン事件にも匹敵する 2001 年の HIH 事件を契機に行われたコーポレート・ガバナンスの制度改革により，イギリス法域圏にありながら，ハードローとソフトローの組合せにより独自の規制システムを構築しつつあり，母国イギリスの制度改革を上回る工夫をしている点が注目される[24]。特に 2004 年の企業法経済改革プログラム法により，会計監査法人の独立と責任，財務報告，情報開示，幹部の報酬，ステークホルダーの関与，セキュリティー，利益衝突の管理を内容とする改革が始まったほか，証券取引所（ASX）および証券・投資委員会（ACIC）が中心となり機能的に活動している点，競争（促進）および消費者保護委員会（ACCC）がそれと連動して活動している点，さらに，企業および市場アドバイザリー委員会が有益な提言活動をしている点も参考になる。しかし，2009 年 5 月にわれわれの研究プロジェクトで招聘したシドニーのウィリアム・J・ビアワース（William J Beerworth）弁護士によると，ここ数年，規制が強すぎて，企業幹部になりたがる人が減少しているという点にも留意する必要がある。

3 日本におけるコンプライアンス・プログラムと刑事規制

1 コーポレート・ガバナンスと刑事規制

以上の国際動向を踏まえて，最後に，日本におけるコンプライアンス・プログラムと刑事規制の問題について論じることにしよう。

日本におけるコーポレート・ガバナンスの意識が企業において高まったの

は，21世紀に入ってからであり，とりわけ2003年以降にそれが顕著である。その理由は，企業活動に伴う不祥事，とりわけ企業犯罪が生じた場合，社会に大きな不安を与え，場合によっては国民の生命・健康・財産に具体的な被害を及ぼすことがあるほか，市場経済にも大きな影響を与えることがあることを身をもって体験したからにほかならない。国内外を問わず，総じて，企業の急成長に内部統制システムが追いつかない場合や既存の企業の古い体質が市場システムに追いつかなかったりする場合に不祥事が生じる傾向にある。

コーポレート・ガバナンスは，法律，とりわけ刑事規制のみで実現できるものではない。結論から言うと，オーストラリアのようなハードローとソフトローの組合せのモデルが妥当である。

ところで，商法の大改正で2005年に誕生した会社法348条3項は，企業の内部統制システムの整備，すなわち，「取締役の職務の執行が法令及び定款に適合することを確保するための体制その他株式会社の業務の適正を確保するために必要なものとして法務省令で定める体制の整備」を取締役に義務づけた。具体的には，会社法施行規則98条1項により，①取締役の職務の執行に係る情報の保存および管理に関する体制，②損失の危険の管理に関する規程その他の体制，③取締役の職務の執行が効率的に行われることを確保するための体制，④使用人の職務の執行が法令および定款に適合することを確保するための体制，⑤当該株式会社ならびにその親会社および子会社から成る企業集団における業務の適正を確保するための体制，の整備ということになる。これにより，日本でも，コーポレート・ガバナンスは，着実に社会において定着しつつある。

しかし，これを真に実現するには，その周辺の様々な規制の整備と実効性の確保が不可欠である。特に，法令違反の典型である犯罪対策として，企業犯罪へのハードローとしての刑事法的介入の意義が問われなければならない。刑法上，法人の犯罪能力を一般に肯定するか否か，という大問題があり，現行刑法は，個人処罰の原則を堅持しているため，両罰規定を除けば，法人の犯罪能力を否定する立場を採っているが，フランス，イギリス，オランダ，デンマーク等，これを肯定する国も多いし，最近では学説上も肯定説が増え

つつある。しかし，現行法の解釈論では，せいぜい企業幹部の刑事責任を，特別背任罪（会社法 960-962 条），場合によっては共犯論ないし監督過失論を駆使して個人的に追及するのが限界であるし，あるいは各種行政刑罰法規に規定された両罰規定（従業員の犯罪行為があった場合に事業主または法人が処罰される規定）を適用するのが限界である。それ以上の枠組みは立法論の課題となるが，刑事法的介入の意義と限界は，刑法の基本原則である行為主義・罪刑法定主義・責任主義と法益保護の調和の中で模索される必要がある。私個人の見解としては，法人の犯罪能力を一般に肯定して立法化を図る前に，現行法の一端を担う両罰規定の意義を再確認し，不十分な点について修正を加える方向を目指すべきではないか，と考える。

2　行政刑法の役割

そこで，つぎに，行政刑法として機能することが期待されるのが，独占禁止法および金融商品取引法を中心とした規制システムである。

独占禁止法は，「公正な取引」の確保を目指し，公正取引委員会がそのための各種規制・指導を行っているが，近年，談合やカルテル違反の対策として課徴金が引き上げられた。また，いわゆるリーニエンシー制度（課徴金減免制度）も併せて導入された[25]。その効果は今後の評価に待たなければならないが，課徴金は厳密な意味で刑罰ではない点で，行政規制の新たな方策として，その運用に注目したい。さらに，公正取引委員会の権限強化も重要な点である。とりわけ「談合体質」があるといわれ続けた日本において，その根本的対策をさらに模索する必要があるが，最近数年間かなり改善されつつあるように思われる。

他方，1948 年に制定され運用されてきた証券取引法は，西武鉄道事件，カネボウ事件，ライブドア事件，村上ファンド事件等の一連の大規模な有価証券虚偽記載事件ないし粉飾決算事件を契機に，2006 年 6 月の「証券取引法等の一部を改正する法律」により，「金融商品取引法」という新法に変更され，2007 年の夏から施行されている。同法は，罰則を強化し，公開買付・大量保有報告制度の改正，有価証券報告書の記載内容に係る確認書・内部統制報告書制度，四半期報告書，証券取引所の独立性の強化等を盛り込んだ，まさに

第 8 章　企業のコンプライアンス・プログラムと刑事制裁　157

日本版 SOX 法ともいわれている[26]。しかし，情報開示の強化は妥当だとしても，同法の罰則強化（重要事項についての虚偽記載の有価証券届出書提出について 10 年以下の懲役，1000 万円以下の罰金，またはその併科（197 条 1 項 1 号），発行者の代表者等による法人の財産または業務に関する虚偽記載について両罰規定により 10 億円以下の罰金（207 条））に対しては，抑止力を期待するのが大方の見解であるが，「すでに犯罪に手を染めた者に対しては，犯罪を中止するインセンティブを与えることができず，かえって隠蔽工作に追い込んでしまうことが危惧され」るとの見解も商法学者の間にある[27]。さらに，インサイダー取引（5 年以下の懲役，500 万円以下の罰金，またはその併科（197 条の 2），法人の財産に関して取引が行われたときは，法人に対して 5 億円以下の罰金（207 条））を含め，違反行為の程度や態様に応じた課徴金制度も導入され，全体として制裁が著しく強化されている。しかし，過度な制裁が，市場システム全体に対して有効に機能するかは，慎重に見守る必要がある。むしろ，その防止のための有効な監視システムこそが重要ではないか，と思われる。そのためには，証券取引等監視委員会の権限（210 条以下）を公正取引委員会と同等にする方向が妥当なように思われる。

3　コンプライアンス・プログラムと刑事規制

　さらに，コーポレート・ガバナンスとの関係で近年クローズアップされているコンプライアンス・プログラムについて述べることにしたい。

　まず，コンプライアンス・プログラムの法的意義を確認しておく必要がある。21 世紀に入り，日本の社会構造は，ある種の転換期を迎えているように思われる。それは，行政組織，大学，病院，企業，スポーツ界等々，様々な領域で見られる。これを単純な図式で割り切るには躊躇を覚えるが，敢えて言えば，「透明性の高い公平なルールに基づいた責任ある社会構造」の構築へと向かって行っているように思われる。とりわけ大企業の構造変革は，欧米の企業との競争の中で，グローバルな，そしてトランス・ナショナル（transnational）な活動規模であればあるほど，その方向へ向かわざるをえないであろう。このような潮流の中で，日本の企業構造も，かつてのいわば「家父長的企業体質」から「透明性の高い公平なルールに基づいた責任ある企業体質」へと転換を迫られている，と言えよう。今日，コンプライアンス・プログラ

158 第2部 企業のコンプライアンス・プログラムと刑事規制

ムないし企業の社会的責任（CSR）の必要性が叫ばれているのも，必然的な流れと言える。しかし，そもそもコンプライアンス・プログラムないしCSRの内容ないし法的位置づけは，どのように理解すればよいのであろうか。それは，どのような法的効果をもたらすのであろうか。これは，刑事法的視点からも，座視できないものを多分に含んでいるように思われる。

コンプライアンス・プログラムの問題に造詣の深い専門家によれば，通常単に「法令遵守」と訳されがちだが，そうではなく，「コンプライアンスの中心にあるのは，組織的な対応手法であ」り，「企業社会で求められているコンプライアンスとは，組織として自主的に対応するものなのであって，個人的な課題とか，個人の哲学として位置づけられるものではない」，という。また，「法令だけを遵守するという意味で理解しては，コンプライアンスがきわめて不十分なものになるだけでなく，本当の意味での法令の遵守さえ達成できなくなってしまうからである。法令のことしか目に入らないと，形式的な辻褄合わせをしようとしたり，法令の本来の目的に沿った行動をとらなかったり，脱法的な行為をしたり，さらには，発覚さえしなければよいのだろうといった考え方に陥ることもある」。要するに，法令のみならず企業倫理，各種社内規定やガイドライン等もコンプライアンスの対象として含まれる，という[28]。確かに，法律が完璧なものではありえない以上，倫理規範の最小限度のものが法規範だとすれば，形式的な法令遵守だけを問題にしたのでは，コンプライアンス・プログラムの趣旨は没却されるであろう。結局は，ルールをどのように運用していくか，が重要であると思われる。刑事法的観点からこの問題を考える際にも，この点を念頭に置く必要がある。しかし，刑事法的観点からは，侵害（危害）原理（harm principle）が重要であり，また，何よりも行為主義，罪刑法定主義，責任主義といった基本原理が前提となるのであって，単なる形試的ルール違反を処罰するわけにはいかない点にも留意する必要がある[29]。

問題は，コンプライアンス・プログラムの刑法的意義の正確な位置づけにある。コンプライアンス・プログラムと法人の刑事責任との関係については，①「相当の注意」の抗弁とコンプライアンス・プログラムの関係，②代位責任の成立要件とコンプライアンス・プログラムの関係，③起訴裁量・量刑と

コンプライアンス・プログラムの関係，④民事責任とコンプライアンス・プログラムの関係，に分類される[30]。アメリカ法と日本法では法体系は異なるが，これを手がかりにして，刑事法の観点から主として「相当の注意」の抗弁と起訴裁量・量刑に焦点を当ててコンプライアンス・プログラムの刑法的意義を探求してみよう。

「相当の注意」の抗弁についてみると，アメリカでも賛否両論があるように，コンプライアンス・プログラムがこのような抗弁になるであろうか。われわれの一連の調査を通して，コンプライアンス・プログラムに対して先進的取組みをしている企業とそうでない企業との格差があることが判明した。それは，大企業と中小企業とで，あるいは業種間でも見られた。あるいは，大企業であっても，形ばかりのコンプライアンス・プログラムを作って自己満足しているところもある。他方で，インタビュー調査に行ったある企業では，実に入念なコンプライアンス・プログラムを作って，かつ会社をあげてそれを実践しているところがあった。とりわけ，海外の企業との取引が頻繁な企業ほどコンプライアンス・プログラムの重要性を認識している傾向が看取された。そのような企業では，コンプライアンス・プログラムが実際に機能するようにモニタリング・システムを導入している点に注目したい。また，これらのシステムを稼動させるには，トップの意識改革を期待する声が企業関係者から強く聞かれたのも，特筆に値する。

いずれにせよ，このようなばらつきがある状況下では，コンプライアンス・プログラムにただちに「相当の注意」の抗弁という法的意義を付与することは困難である。しかし，これが真に定着していけば，とりわけ過失犯における注意義務の標準の議論や両罰規定における選任・監督義務の議論に影響を及ぼすであろう。

4 コンプライアンス・プログラムの3段階

したがって，今後の問題は，どのようなコンプライアンス・プログラムが定着するか，である。私は，コンプライアンス・プログラムを3段階に分けることができる，と考えている[31]。

まず第1に，業種を問わず，いかなる企業においても遵守すべきコンプラ

イアンス・プログラムの共通項が存在するものと思われる。刑法典に規定された違反行為はもちろん，独占禁止法に抵触する談合や金融商品取引法に抵触するインサイダー取引や粉飾決算等，明らかに犯罪行為となりうるものは，その最たるものである。また，必ずしも犯罪行為とはいえないが，厳格な行政規制の対象となっているもの，あるいは明白に民法上の不法行為とされているものも，それに含まれるであろう。さらに，その周辺の企業活動についてコンプライアンス・プログラムを「予防」という観点から重視すればするほど，詳細なものにならざるをえないが，その場合，新たな共通枠組みを設けることは，業種なり企業の規模によって困難を伴うことが予想される。

　そこで，第2に，業種（場合によっては企業の規模）の特殊事情を考慮して，枝葉を付けて柔軟性を持たせたコンプライアンス・プログラムの方向が考えられる。例えば，製造業でも，国民の健康に深く関わる医薬品製造企業（薬害エイズ事件や肝炎事件を想起されたい）だとか健康ないし食品製造企業（一連の食品偽装事件を想起されたい）の場合とそうでない企業とでは，多少の差異がありうるであろうし，言論・出版・放送等の企業には，言論・表現の自由との関係で独自のものが成り立ちうるかもしれない。また，例えば，金融・証券・保険関係の企業にも，最近の金融危機を契機として独自のものが成り立ちうるかもしれない。さらに，例えば，いわゆるベンチャー企業の中には，ある種の冒険的要因を抜きにしては活動しえないものもあるかもしれない。しかも，その行為が従来の法的枠組みでは明確に捉えきれない場合に，特にこのことが考えられる。また他方で，トランス・ナショナル（trans-national）な企業活動の国際化ないしグローバル化の波の中で，国際的視点を抜きにしてコンプライアンス・プログラムを考えるわけにはいかないであろう。もっとも，取引相手が国内に限定される場合，とりわけそのことが考慮される必要があるかもしれない。しかし，その場合でも，「日本の企業風土に合うコンプライアンス・プログラムの樹立は可能か」，という問題設定をする際に，注意すべき点がある。すなわち，この問題設定は必ずしも誤りではないが，「日本の企業風土」の中に何を盛り込むべきか，という点に注意を払う必要がある。なぜなら，日本の一部でしか通用しないものを誇張して「日本の企業風土」論を持ち込むと，コンプライアンス・プログラムの本質を歪曲する懸念もあるか

らである。もちろん，この点に，過剰な配慮をする必要はないであろう。したがって，コンプライアンス・プログラムの中にぎりぎり取り込むことのできる「日本の企業風土」とは何か，を抽出する作業が必要である，と思われる。

　第3に，以上の点を踏まえたうえで，さらにきめ細かく企業内で独自にルールを盛り込んでコンプライアンス・プログラムを作る方策もありうる。それは，社風とか社訓，あるいは企業倫理とでもいうべきもので，顧客に対する従業員の礼儀・作法というものまで含むものもあるかもしれない。しかし，それはもはや，法的枠組みの外にあるものと言える。

　いずれにせよ，以上の3段階で考えておけば，内容のある「魂の入ったコンプライアンス・プログラム」になる可能性がかなりあるように思われる。したがって，コンプライアンス・プログラムには，法的に重要な意義を有するものとそうでないもの（企業倫理に委ねるべきもの）があり，さらに，法的に重要な意義を有するものでも，企業犯罪（防止）に密接に関わるものとそうでないもの（行政規制ないしは民事規制の対応に委ねるもの）がある，ということになる。

5　起訴裁量・量刑とコンプライアンス・プログラム

　以上のことを前提として考えれば，起訴裁量・量刑とコンプライアンス・プログラムの関係についても一定の意義が獲得される。もちろん，これは，アメリカ合衆国の連邦量刑ガイドラインのような整備されたものがあれば，当然に積極的な意義が認められるが，それがなくても，一定の運用がしっかりしている場合には十分考慮に値すると思われる。それは，前述の「相当の注意」と関係する部分もありうる。実質を伴うコンプライアンス・プログラムを有していた場合，起訴裁量ないし量刑に反映させてもよい，と思われる。また，日本では，最近の独占禁止法改正（2005年）で，課徴金が大幅に引き上げられたと同時に，いわゆるリーニエンシー（課徴金減免）制度が導入され，法定要件（違反事業者が自ら違反事実を申請等）に該当すれば，3社についてのみ，立入検査前の1番目の申請者に対して課徴金を免除し，2番目の申請者に対しては課徴金を50％減額し，3番目の申請者に対しては課徴金を30％減額し，立入検査後の申請者に対しては30％減額することになった。課徴金は，

必ずしも刑罰とは言えないが，この種のシステムの導入は，起訴裁量ないし量刑に今後微妙に影響を及ぼすように思われる。

4 コンプライアンス・プログラムの刑法解釈論上の意義

1 コンプライアンス・プログラムの正当化機能

コンプライアンス・プログラムの刑法上の意義については，理論的には，法的に正当化（justification）ないし違法性阻却のような機能を果たすものと，免責（excuse）ないし責任阻却のような機能するものと，もうひとつ刑の免除的機能あるいは訴追免除機能の３つの機能がある，と考えられる。これを混同すると，「コンプライアンス・プログラムさえ作れば，それでよい」ということになる懸念がある。

まず，コンプライアンス・プログラムが正当化機能を発揮する場面について考えてみよう。これは，主として刑法35条の正当業務行為の一環としてなされた企業活動の場合に考えられる。例えば，警備会社の社員が厳格なコンプライアンス・プログラムに則って警備業務を実践中に物損ないし傷害という結果を発生させた場合が考えられる。また，航空会社のパイロットや海運会社の船長が厳格なコンプライアンス・プログラムに則って運行中に，予測し難い危難に遭遇し，大きな被害を回避するためにやむなく一定の被害結果を発生させた場合で，しかもその対応もコンプライアンス・プログラムに盛り込まれていた場合，刑法37条１項の緊急避難で正当化されるであろう。その他，マスコミ報道と名誉毀損罪との関係で，コンプライアンス・プログラムに則った十分な取材に基づいて報道をした場合，コンプライアンス・プログラムが正当化的機能を発揮することがあるかもしれない。

なお，過失犯についても，コンプライアンス・プログラムがその成否に影響を及ぼす可能性がある。とりわけ過失犯の本質を違法性段階で考える見解（新過失論）だと，コンプライアンス・プログラムが客観的注意義務の基準として捉えられる可能性があり，仮に企業活動に伴い人身事故が発生した場合に，一定のコンプライアンス・プログラムを遵守していた場合には，それが正当化機能と結び付く余地がある。しかし，私は，後述のように，過失を責任段

階で考えるので（旧過失論），むしろ免責機能の場面でこの問題を述べること
にする。

2　コンプライアンス・プログラムの免責機能

　つぎに，コンプライアンス・プログラムが免責機能を発揮する場面につい
て考えてみよう。

　故意犯の場合には，トップ（社長等），取締役，中間管理職，従業員，それぞ
れがどういう違法行為を行ったのかということで，違法性の意識の問題と関
わってくる。例えば，厳格なコンプライアンス・プログラムに則って営業活
動をしていると思っていたのに最先端の情報に追いつかず会社に損害を与え
てしまった場合，違法性の錯誤（刑法38条3項）の「相当の理由」にあたるか
ぎりで，責任を問わない場合がありうるであろう。このような事情がないか
ぎり，例えば，取締役会で事情を認識したうえで意思決定をした以上，原則
として共同正犯（共謀共同正犯を含む）ないし教唆犯，場合によっては間接正犯
が成立することになる。また，例えば，「談合をしない」というコンプライア
ンス・プログラムが各社にあるにもかかわらず，会社を超えて関連企業の要
職にある者が会合を開いて「談合」を行ったのであれば，単純に「その会合
が談合であることを知らなかった」というきわめて例外的な場合を除けば，
一般に抗弁になりえず，少なくとも，未必の故意は認定され，最終的には共
同正犯が成立する余地がある。

　また，犯罪と言えば，故意犯だけではなくて，過失犯もある。過失犯につ
いては，英米法のように結果責任に近い厳格責任（strict liability）を一部認め
るという考えもあるが，私は，企業の刑事責任についても，実際は自然人が
活動に関与せざるをえない以上，責任主義・責任原理というもの根底に据え
て考えるべきだ，と考える[32]。過失犯では，特に監督過失における注意義務
違反の認定の問題（管理・監督過失の問題を含む）で，コンプライアンス・プログ
ラムを客観的注意義務の内容として理解する考え（新過失論ないし危惧感説）も
ありうる。例えば，ホテルやデパート等の大規模火災で多数の死傷者が出た
場合，避難誘導訓練の実施とか防火設備の整備等の消防法上ないし建築基準
法上の義務をコンプライアンス・プログラムの一環として捉えれば，その義

務の履行の有無だけで経営者等の管理権原者ないしその者が選任した防火管理者（消防法8条）の過失犯の成否を判断すれば足りるということになりがちである。しかし、むしろ、それは一応の参考であって、行為主体を限定したうえで、注意義務違反はもっと個別的事情を考慮して主観的内容にまで立ち入って、具体的予見可能性を基軸として責任段階で判断すべきであると考える。例えば、2005年に起きたJR西日本福知山線脱線死傷事故についても、歴代の企業トップの刑事責任については、このような視点から考えるべきである。そうすると、被害者感情は十分に理解できるけれども、上述のような過失犯理論からすれば、歴代の企業トップの刑事責任まで追及するのは困難だ、と思われる［その後、最決平成29年6月12日刑集71巻5号315頁で無罪が確定した。］。

　この点に関して現在議論されているのが、いわゆる刑事製造物責任の問題である。最近、日本でも、企業が欠陥製品を製造し、かつ販売し、消費者がそれを使用して人身事故が発生した場合に、当該企業ないし企業関係者に刑事責任を問うことができるのではないか、という議論が高まりつつある。例えば、薬害エイズ事件(旧)ミドリ十字ルート最高裁判所平成17年6月27日決定（判例集未登載）や三菱自動車欠陥車両事故に関する2つの有罪判決（横浜地判平成19年12月13日判例タイムズ1285号300頁、横浜地判平成20年1月16日判例集未登載：いずれも控訴中）がその契機となっている[33]。理論的にはこの問題は、主として刑事過失責任における監督過失論と密接な関係があるが、従業員の過失行為が必ずしも介在するとはかぎらないという意味で、典型的な監督過失論とは区別すべき側面がある。しかし、行為者が直近過失者といえない点で、実行行為性および予見可能性の認定において難しい問題を内包する等、監督過失論と共通点がある。それぞれの企業で欠陥製品の製造・販売がどのような意思決定のプロセスを経てなされたか、あるいは販売後の回収システムがどのようなものか等、コンプライアンス・プログラムと摺り合わせながら当該事件における因果のプロセスと具体的予見可能性ないし注意義務違反が認定されることになる、と思われる。コンプライアンス・プログラムが良くできていても、事故が起きることはありうるので、過失責任の認定において、必ずしもコンプライアンス・プログラムが決定的役割を果たすわけでは

第 8 章　企業のコンプライアンス・プログラムと刑事制裁　　165

ないが，参考にはなりうる。要は，その運用がどのようになされているか，である。

　なお，わが国における特別刑法（例えば，人の健康に係る公害犯罪の処罰に関する法律 4 条）ないし行政刑法（例えば，水質汚濁防止法 34 条）におけるいわゆる両罰規定においては，従業員の故意または過失行為で犯罪行われた場合，直接行為者である従業員を処罰するほか，法人または法人の代表者（事業主）を処罰することができる制度になっている。そして，事業主が従業員に対して十分な選任・監督義務を尽くしたか，という判断の際に，通説・判例によれば，一般に，事業主として行為者の選任，監督その他違反行為を防止するために必要な注意を尽くさなかった過失の存在を推定した規定と解する，いわゆる過失推定説が採られている（最大判昭和 32・11・27 刑集 11 月 12 号 3113 頁）。すなわち，事業主の方で従業員の選任・監督に関する注意を尽くしたことの証明をしなければ処罰されるのである。その判断の際に，入念に策定されかつ実践されているコンプライアンス・プログラムであれば，過失推定の反証の素材としても考慮される余地がある。

　ともかく，故意犯にせよ過失犯にせよ，企業における事故なり犯罪というのは突然起きるものではなく，具体的な危険の予兆は必ずあると思われる。その前提となるいくつかの危険性があって，それが積り積って大事故につながるし，またそれは故意犯でも同様だと思われる。それら事前のリスクへの対処がコンプライアンス・プログラムに十分に盛り込まれていれば，決定的ではないにせよ，免責の有力な判断材料となりうるものと思われる。

3　コンプライアンス・プログラムの訴追免除・刑の免除・減軽機能
　さらに，訴追免除ないし刑の免除機能，あるいは量刑における減軽機能があるが，これについてはすでに述べたので，割愛する。

5　おわりに——「経済刑法」から「企業刑法」へ

1　ハードローとソフトローの組合せ
　最後に，刑事規制には自ずと限界があり，すべての事案に刑罰で対応する

166 第2部 企業のコンプライアンス・プログラムと刑事規制

よりも，代替手段ないし補完手段を考えながら対応する必要がある点を強調しておきたい。刑罰を重くすれば解決するか，あるいは，刑罰に替えて課徴金を重くすれば解決するか，さらには，現行の刑罰制度を変革して新たな刑罰制度を導入すべきか。この問題は，今後も議論が続くであろう。しかし，結論としては，企業犯罪ないし企業の逸脱行動を規制するには，刑事制裁，行政制裁，民事制裁，および各種ガイドライン等による自主規制のバランスのとれた段階的な規制を基調として，いわばハードローとソフトローの併用策をとりつつ，例えば，独占禁止法改正で議論されているリーニエンシー制度のような新ななシステムをも加味していくのが最も効果が上がる制裁論だと思われる[34]。

2 企業外からのモニタリング機能の強化

また，企業の組織内での対応の限界を指摘せざるをえない。ホットラインやヘルプライン等を設けている企業も増えているし，公益通報者保護法も制定されたが，本来の機能を果たすべく，工夫を重ねる必要がある。真の企業の自律を促すには，必要な範囲で外部の眼を入れて風通しを良くすることが必要と思われる。すでにこのシステムを導入している企業も多い。しかし，この場合でも，形式的であってはならないであろう。要は，モニタリング機能が発揮できるかどうかである。その際，企業間で，コンプライアンス上の連帯を強化するのも一案と思われる。

それと関連して，経営者の責任の問題，とりわけ経営者の逸脱行動をどのようにチェックすべきか，という問題への対応が重要である。もちろん，経営者の責任といっても多様である。まず，経営者が犯罪行為を行った場合は，事後的に司直の手で裁かれる。しかし，刑法は，事後的チェック機能が主であり，経営者が犯罪行為を行った場合，企業のダメージおよび従業員に与える影響は計り知れない。ワンマン体制の企業であれば，適切な「魂の入った」コンプライアンス・プログラムがなければ，事前にチェックをしようがない。「トップの意識改革」は，つねに最大の懸案事項である。

3 行政の役割

そこで，考えられるのが，行政の役割である。先に実施した企業へのアンケートおよびインタビューから得た感触では，所轄官庁（経済産業省，場合によっては金融庁）による行政指導，あるいは公正取引委員会の勧告等は，実際上かなり大きな役割を果たしている。「人は誰でも間違える（To err is human）」ということを前提として[35]，大事故や大きな犯罪が発生する前に，小さなミスの段階でチェックするシステムを作り，公益通報者保護制度とリンクさせて，行政とタイアップすれば，展望は開けるように思われる。刑法で言えば，故意犯でなくても，少なくとも過失犯は発生しうるが，このような工夫によって，過失犯を減少させることは可能である。

法整備に行政が尽力することも重要であるが，しかし一方で，規制緩和の潮流の中で行政が干渉しすぎることに対しては警戒感も強いし，行政側も過剰なコスト増には消極的である。むしろ行政にも人的・物的におのずと限界があることを自覚する必要がある。このような要因を考慮したうえで，なおかつ有効な規制を求めるとすれば，各企業が自主チェックできているかどうかを行政がチェックするというシステムを導入すべきである。これは，間接的チェックとなるが，小さなミスの段階で直接行政が介入するよりも，企業の自主性を尊重する意味でも，コスト面でも，実に有効な手段になると思われる。不祥事の絶滅は不可能だが，これにより，犯罪性の強い違反行為は可能なかぎり減らすことができる，と思われる。そういうシステムをコンプライアンス・プログラムの中に採り入れていけば，コーポレート・ガバナンスの向上は相当程度期待できる，と思われる。

4 「経済刑法」から「企業刑法」へ

以上のような諸問題をトータルに考えるには，従来の「経済刑法」[36]の枠組みで考えていたのでは不十分である。なぜなら，詐欺罪とか横領罪とか背任罪は財産罪ないし「経済刑法」の代表であり，［組織的詐欺という形態があるとはいえ］個人レベル［共犯を含む。］で行われることも多いが，企業活動の存在を正面から見据えて企業犯罪に取り組むには，いまや「企業刑法」という枠組みを設定してトータルに企業犯罪を分析・検討し，対策を講じなければならな

168　第2部　企業のコンプライアンス・プログラムと刑事規制

いように思われる。近時の川崎友巳教授の研究[37]，今井猛嘉教授の一連の研究[38]，樋口亮介准教授の研究[39]は，その意味で，新たな息吹を感じさせる[40]。しかし，樋口准教授の主張に見られるような組織故意と組織過失を共に正面から認めることには，私自身，なお躊躇を感じる。従来の責任原理が有する意義と限界をさらに見極めながら，イタリアの2001年「企業刑法」[38]等をも検討しつつ，それに基づいて今後も「企業刑法」の問題について考え続けたいと思う。

1) 川崎友巳「アメリカ合衆国における企業犯罪の実態と企業犯罪への刑法上の対応」甲斐克則＝田口守一編『企業活動と刑事規制の国際動向』（2008年・信山社）31-32頁参照。
2) 川崎友巳『企業の刑事責任』（2004年・成文堂）225頁以下，特に227頁以下参照。
3) 川崎・前掲注2）226頁。
4) 川崎・前掲注2）231頁以下，特に235頁以下参照。
5) 川崎・前掲注2）250頁以下参照。
6) 本件の2005年判決の詳細については，萩野貴史「証拠隠滅等説得罪の主観的要件——Arthur Andersen LLP v. United States, 544 U.S. 696（2005）」比較法学40巻2号（2007年）339頁以下参照。
7) 甲斐＝田口編・前掲注1）『企業活動と刑事規制の国際動向』第1部の諸論文および同書第2部の国際シンポジウムの記録参照。
8) 浜辺陽一郎『コンプライアンスの考え方』（2005年・中央公論新社）58-59頁。
9) 浜辺・前掲注8）59頁。
10) 今井猛嘉「イギリスにおける法人処罰——その概観」甲斐＝田口編・前掲注1）『企業活動と刑事規制の国際動向』69-70頁参照。
11) 今井・前掲注10）71頁以下参照。
12) 詳細については，岡久慶「英国における企業の致死事件における刑事処罰の拡大」外国の立法234号（2007年）237頁以下，今井猛嘉「イギリスにおける法人処罰——2007年法人故殺法——」法学志林106巻3号（2009年）145頁以下参照。
13) 今井・前掲注12）148頁。
14) 澁谷洋平「生命・身体に危険を及ぼす企業活動の刑事的規制に関する一考察——イギリスにおける1974年労働安全衛生法を中心として——」甲斐＝田口編・前掲注1）『企業活動と刑事規制の国際動向』49頁以下参照。
15) 田中利彦「イギリスの金融・証券市場における犯罪の規制」甲斐＝田口編・前掲注1）『企業活動と刑事規制の国際動向』79頁以下参照。
16) 田中・前掲注15）99頁以下参照。
17) 神例康博「ドイツにおける企業活動の適正ルール形成のための法制度——特に制

裁システムの現状——」甲斐＝田口編・前掲注 1)『企業活動と刑事規制の国際動向』107 頁以下，正井章筰「企業買収における経営者への功労金の支払い——マンネスマン訴訟に見るドイツのコーポレート・ガバナンスと刑事司法制度——」早稲田法学 82 巻 3 号（2007 年）59 頁以下参照。

18) 早稲田大学での講演訳であるマルク・エンゲルハルト（武藤眞朗訳）「コンプライアンス・プログラムを特に顧慮したドイツおよびアメリカ合衆国における企業の制裁」季刊・企業と法創造 6 巻 1 号（2009 年）148 頁以下参照。

19) 甲斐＝田口編・前掲注 1)『企業活動と刑事規制の国際動向』349 頁以下参照。

20) 田口守一「ドイツにおける企業犯罪と秩序違反法」甲斐＝田口編・前掲注 1)『企業活動と刑事規制の国際動向』157 頁以下参照。

21) *Ulrich Sieber*, Compliance-Programme im Unternehmensstrafrecht. Ein neues Konzept zur Kontrolle von Wirtschaftskriminarität, in Ulrich Sieber u.a. (Hrsg.), Festschrift für Klaus Tiedemann zum 70. Geburtstag, 2008, S. 449ff. 邦訳として，ウルリッヒ・ズィーバー（甲斐克則＝小野上真也＝萩野貴史訳）「企業刑法におけるコンプライアンス・プログラム——経済犯の統制のための新構想——」季刊・企業と法創造 6 巻 1 号（2009 年）120 頁以下 [ウルリッヒ・ズィーバー（甲斐克則＝田口守一監訳）『21 世刑法学への挑戦——グローバル化情報社会とリスク社会の中で——』（2012 年・成文堂）309 頁以下所収] 参照。

22) マルク・エンゲルハルト（武藤訳）・前掲注 21) 季刊・企業と法創造 6 巻 1 号 148 頁以下参照。

23) この規定の成立経緯も含めて詳細は，樋口亮介「オーストラリアの法人処罰」甲斐＝田口編・前掲注 1)『企業活動と刑事規制の国際動向』225 頁以下参照。

24) 甲斐克則「オーストラリアにおける企業活動の規制システム」甲斐＝田口編・前掲注 1)『企業活動と刑事規制の国際動向』255 頁以下参照。

25) 詳細は，原田和往「課徴金減免制度の法的性格」田口守一＝甲斐克則ほか編『企業犯罪とコンプライアンス・プログラム』（2007 年・商事法務）292 頁以下参照。

26) 黒沼悦郎『金融商品取引法入門』（2006 年・日経新書）19 頁参照。

27) 黒沼・前掲注 26) 51 頁。

28) 浜辺・前掲注 26) 5-6 頁。

29) 甲斐克則「コンプライアンス・プログラムと企業の刑事責任」田口＝甲斐ほか編・前掲注 25)『企業犯罪とコンプライアンス・プログラム』106-108 頁，同「コーポレート・ガバナンスと刑事規制」甲斐克則編『企業活動と刑事規制』（2008 年・日本評論社）204-205 頁参照。

30) 川崎・前掲注 2) 265 頁以下参照。

31) 甲斐・前掲注 29)「コンプライアンス・プログラムと企業の刑事責任」109 頁以下参照。

32) 甲斐克則『責任原理と過失犯論』（2005 年・成文堂）1 頁以下，95 頁以下および155 頁以下参照。

33) 北川佳世子「欠陥製品と企業の刑事責任」甲斐編・前掲注 29)『企業活動と刑事規

制』152頁以下参照。［薬害エイズ事件(旧)ミドリ十字ルートの詳細については，甲斐克則『医療事故と刑法』（2012年・成文堂）154頁以下参照。］

34）なお，佐伯仁志『制裁論』（2009年・有斐閣）136頁以下参照。

35）L. コーン/J. コリガン/M. ドナルドソン編・米国医療の質委員会/医学研究所著（医学ジャーナリスト協会訳）『人は誰でも間違える』（2000年・日本評論社）参照。

36）経済刑法の詳細については，芝原邦爾『経済刑法研究(上)(下)』（2005年，2008年・有斐閣），神山敏雄＝斉藤豊治＝浅田和茂＝松宮孝明編著『新経済刑法入門』（2008年・成文堂）〔最新のものとして，芝原邦爾＝古田佑紀＝佐伯仁志編著『経済刑法――理論と実務――』（2017年・商事法務）〕参照。

37）川崎・前掲注2）参照。

38）今井・前掲注10）および注12）参照。

39）樋口亮介『法人処罰と刑法理論』（2009年・東京大学出版会）。〔同書の書評として，本書第10章がある。〕

40）3名が執筆した〈特集〉「法人処罰の現代的課題」刑事法ジャーナル17号（2009年）は興味深い。

41）吉中信人「イタリアにおける企業コンプライアンスおよび企業犯罪規制の状況」甲斐＝田口編・前掲注1）『企業活動と刑事規制の国際動向』181頁以下参。〔さらに，吉中信人「イタリア刑法における企業犯罪の法的規制」広島法学34巻3号（2011年）43頁以下およびアッティリオ・ニスコ（甲斐克則＝福山好典訳）「イタリア法における法人の責任」（本書資料3）所収参照。〕

第9章
オーストラリアにおける企業活動の
規制システム

1 序

1　歴史的に英国法域圏にあるオーストラリアは，近年，様々な法領域で独自の法文化を形成しつつあり，マルチカルチャー国家とも言われている。コーポレート・ガバナンスをめぐる法制度改革もそのひとつである。その動向を探るべく，2006年11月27日から12月4日にかけて，シドニーに現地調査に出かけた。順調に見えるオーストラリアのコーポレート・ガバナンスだが，現地で調査すると，実はアメリカがエンロン事件やワールドコム事件，さらにはアーサー・アンダーセン事件を契機に根本的にシステム改革を行ったのと同様，HIH事件という大スキャンダルを乗り越えて様々な改革を行ってきたことを学ぶことができた。

2　今回の調査にあたっては，新日本製鉄オーストラリア株式会社社長でありシドニー日本商工会議所会頭も兼ねている畏友の小林啓晃氏のお世話で，多くの方々に現地で協力していただいた。とりわけアタナスコヴィッチ・ハートネル（Atanaskovic Hartnell）法律事務所の所長であるアンソニー・G. ハートネル（Anthony G Hartnell）弁護士，ウィリアム・J. ビーアワース（Wilham J Beerworth）法律事務所の所長であるウィリアム・J. ビーアワース弁護士，ブレイク・ドーソン（Blake Dawson）法律事務所の松浦華子弁護士，およびオーストラリア政府の企業および市場アドバイザリー委員会（Australia Government, Corporations and Markets Advisory Committee）の委員長であるジョン・クルーバー（Excutive Director：John Kluver）氏には，オーストラリアにおけるコーポレート・ガバナンスと（刑事）法規制のシステムについて詳細な話を伺うことができたほか，貴重な資料および文献を提供していただいた。また，聖

172 第2部　企業のコンプライアンス・プログラムと刑事規制

ジェームズ倫理センター（St James Ethics Centre）の所長サイモン・ロングスタッフ（Excutive Director：Simon Longstaff）博士には，調査のアレンジをしていただいたほか，オーストラリアにおける企業倫理について貴重な話を賜った。さらに，前述の新日本製鉄オーストラリア株式会社社長兼シドニー日本商工会議所会頭の小林啓晃氏およびその秘書のナタリー・スティーブンス（Natalie Stevens）氏，日本貿易振興機構（JETRO）所長の稲本昇氏，伊藤忠豪州会社社長の斎藤龍三氏ほか日系企業の方々とは，コンプライアンス・プログラムや企業の社会的責任（CSR）について貴重な意見交換ができた。これらの方々に冒頭で謝意を表したい。

　　3　オーストラリアのコーポレート・ガバナンスと刑事規制については，日本ではあまり知られていないが，貿易・経済取引の重要な国であるだけに，参考にすべき点は多いように思われる。本章では，以上の調査および文献解読から判明した点をもとに，まず，オーストラリアのコーポレート・ガバナンス改革の契機について分析し，つぎに，オーストラリアにおける改革内容および改革後の企業活動の規制システムについて論じ，最後に，オーストラリアにおけるコーポレート・ガバナンスと刑事規制について論じることにする。

２　オーストラリアのコーポレート・ガバナンス改革の契機

　　1　オーストラリアでは，1998年の企業法（Corporations Act）において上場企業に取締役報告書で環境規制遵守状況の義務付けを行ったり，AS8003において企業の社会的責任（CSR）の規格化を図ったりしていて，コーポレート・ガバナンスは，20世紀末までうまくいっていたように自他共に考えていた。ところが，2001年3月15日，オーストラリアを代表する大企業であるHIH保険（Insurance）グループが暫定的に破産し，2001年8月27日には解散命令を受けることになり，何と負債総額は3.6billionオーストラリア・ドル（以下，単にドルで表記する。）から5.3billionドルに達した。オーストラリア史上最大の「企業の倒産（corporate failure）」となった。この衝撃は，相当なものであった，という。一見順調に見えたシステムから何故にこのような重大な事態が

発生したのであろうか。この原因解明とその克服過程は，実に興味深いものがある。

2 1990年代後半から21世紀初頭までのオーストラリアの企業規制システムは，危険な徴候を発見し，かつ企業体の財政上の健全さと寿命を促進するようデザインされたメカニズムで運用されていた。そして，企業法をはじめとする法律は，コーポレート・オフィサーに義務と責任を課していた。2001年のオーストラリア証券・投資委員会法（Australian Securities and Investments Commission = ASIC Act 2001）も，その前後に整備されたところであった。ASICは，コーポレート・ガバナンスをコントロール・促進する機関である。これは，ある意味では，一見すると標準的なシステムである，と言える。ところが，HIHのコーポレート・オフィサー，会計監査役および取締役は，迫り来る同社の危機を予見できず，救済および報告を予見できなかった。すなわち，公共企業のガバナンスは，財産管理に関して行われるべきであり，これをコントロールする者は，会社の最善の利益のために行動する義務があるが，HIHはリーダーシップが貧弱であったため，HIHの財産管理責任者は，警告的徴候および危機を無視したのである。

HIHは，オーストラリアの最大の住宅建設（home-building）マーケットの保険会社のひとつであったが，アメリカのエンロンやワールドコムと同様，急成長を遂げたこともあり，その成長にガバナンス・システムの内実が追い付いていかなかった。しかも，アメリカのエンロン事件およびワールドコム事件に関与していた会計監査法人アーサー・アンダーセンがHIHの会計監査を行っていたのである。いわゆる粉飾決算が引き金になったその破綻は，とりわけ建築業界に動揺をもたらした[1]。そして，後述のように，刑事事件にもなったのである。

3 HIHの破綻直後，2001年8月に，政府は，会計監査規制を検討するよう企業法の代表的専門家イアン・ラムゼイ（Ian Ramsay）教授に諮問し，2001年10月にラムゼイ教授は，「オーストラリア企業の会計監査役の独立：現在のオーストラリアの改革のための要求および提言のレビュー（Independence of Australian Requirements and Proposals for Reform）』という報告書を出した。その中で，企業法（Corporations Act）の下で独立した会計監査役のための一般的要

件を創出すること，および会計監査役の独立性を確保すべきこと等を柱とする勧告をした。そして，この報告書に呼応して，財務省出納局長ピーター・コステロ（Peter Costello）が，会計監査規制の重要性を確認し，2002年9月に後述の企業法経済改革プログラム（Corporate Law Economic Reform Program＝CLERP 9）のディスカッション・ペーパー，およびそれに続く法案ができている[2]。

4　さらに，HIH の破綻の原因解明と今後の対策のための専門委員会を立ち上げた。HIH 王立委員会（HIH Royal Commmission）がそれであり，西オーストラリア最高裁判所のネヴィル・オウエン判事（Justice Neville Owen）が委員長（Commissioner）となり，徹底した分析・検討を行い，2003年4月に提言を含む浩瀚な報告書3巻を公刊した。『HIH 保険の倒産（The Failure of HIH Insurance）』がそれであり，第1巻が「企業の破綻とその教訓（A corporate collapse and its lessons）」，第2巻および第3巻が「理由，環境および責任（Reasons, circumstances and responsibilities）」という題目になっている。同報告書は，前述のような内容の，HIH の成立から成長，そして破綻に至るプロセスを克明に論じており，迫力がある。そして，オーストラリアにおけるコーポレート・ガバナンス体制の実質的根本的改革を61項目にわたり勧告した[3]。後述のように，これを受けて，一連の制度改革が行われることになる。

本章で同報告書の全貌を示すことは困難であるが，目次を示すことにより，概略を把握することができる。第1巻は，3部に分かれ，第1部「滅亡後（POST-MORTEM）」では，1「本報告書の理解」，2「調査はいかにして行われたか」，第2部「HIH の誕生から破綻まで（THE LIFE AND TIMES OF HIH）」では，3「企業の歴史概略」，4「産業と規制のコンテキスト」，5「リスクに対する準備と再保険：一般原則」，第3部「将来の方向」では，6「コーポレート・ガバナンス」，7「財務報告と保証」，8「一般保険の規制」，9「州および準州の規制」，10「課税と一般保険」，11「保険契約者のサポートの枠組」，という構成であり，付録（Appendix）が A から H まで付いている。

なお，第2巻は，12「ウィンタートゥール時代（The Winterthur years）」，13「無益な国際的事業」，14「FAI 取得のインパクト」，15「請求に対する下準備」，16「全会計再保険の使用（Use of whole-of-account reinsurance）」，17「HIH

の滅亡」，という構成であり，第3巻は，18「マネジメント情報の不十分さ」，19「規定上の支払い能力」，20「不正確な会計の結果」，21「会計監査機能」，22「Home Security International：ケーススタディ」，23「HIH のガバナンスのその他の側面」，24「規制者」，という構成である。

　以上のように，HIH 事件についての本報告書の徹底した調査態度が看取できる。これを出発点として，実のある制度改革が始まるのである。1人の裁判官が中心となってこのような優れた報告書をまとめるところに，オーストラリアの法曹の実力を垣間見る気がするのは，私だけであろうか。

3　オーストラリアにおける改革内容および改革後の企業活動の規制システム

　1　さて，オーストラリアにおいては，HIH 事件前後，コーポレート・ガバナンスに関する様々な改革がなされた。そもそもコーポレート・ガバナンスの概念自体が必ずしも明確でなかったのであるが，そのような状況を打破すべく，2003 年 3 月には，オーストラリア証券取引所（Australian Stock Exchange＝ASX）が，コーポレート・ガバナンス評議会（Corporate Governance Council）を設立し，同評議会が，「良きコーポレート・ガバナンスと最善の実践の原則（Principles of Good Corporate Governance and Best Practice Recommendations）」（＝Best Practice Recommendations）を公表した。これは，10 の重要原則（key principle）とその実践のための 28 の勧告から成る。ここでは，10 の重要原則を示しておこう[4]。

　①マネジメントおよび監視のための堅固な基盤を設定する。
　②価値を付加する委員会を構築する。
　③倫理的および責任あるディシジョン・メイキング（decision-making）を促進する。
　④財務報告における廉潔性を防護する。
　⑤時宜を得たバランスの取れた開示を行う。
　⑥株主の権利を尊重する。
　⑦リスクを認識し，かつ管理する。

176 第2部 企業のコンプライアンス・プログラムと刑事規制

⑧高質な仕事を促進する。

⑨公平にして責任をもって報酬を支払う。

⑩ステークホルダーの正当な利益を承認する。

以上の10原則は，日本でも当然ながら承認しうる内容である。このコーポレート・ガバナンス評議会の勧告は，ASX の活動を念頭に置いたものである。ASX は，オーストラリアのコーポレート・ガバナンスの規制をする役割を担う機関であり，また監視機関でもあり，必要に応じて勧告も行う。しかし，強制的役割を有しておらず，後述のように，強制的権限を有するオーストラリア証券・投資委員会（Australian Securities and Investments Commission = ASIC）も存在するので，その役割の独自性が問われており，教育および強制という役割を担うべきだ，との指摘もある[5]。

2 そして，2004年7月1日に，企業法経済改革プログラム法（The Corporate Law Economic Reform Program（Audit Reform and Corporate Disclosure）Act 2004（Cth）= CLERP 9 Act）が成立した。同法は，会計監査の役割に焦点を当てた，まさに改革の目玉であった。要するに，同法の骨子は，会計監査法人の独立と責任，財務報告，情報開示，幹部の報酬，ステークホルダーの関与，セキュリティー，利益衝突の管理を内容とするものである[6]。もちろん，アメリカのサーベンス・オクスリー法（Sarbanes-Oxley Act）の影響もあるが，オーストラリア独自のものもある。

CLERP 9 Act によって，とりわけ ASIC の権限が強化された。ASIC（オーストラリア証券・投資委員会）は，オーストラリアにおける企業および投資のコーポレート・ガバナンスをコントロール・促進する第1次的機関であり，強制的権限を有する。ASIC の役割は，コンプライアンス遵守とその監督，教育・提言，法改正を勧告することが主たる役割であるが，倒産企業の取締役および役員に対して企業法違反（特に取締役義務違反）でエンフォースメント・アクション（enforcement action）訴訟を提起することも含まれる。エンフォースメント・アクションは，2つの有益な目的がある，と言われている。第1は，企業の取締役に対して強力なメッセージを送ることであり，第2は，取締役の義務およびコーポレート・ガバナンスの一般的ルールに関して法律の範囲および有効性を明確にし，拡張すらすることである[7]。なお，違反に対する制裁

は，民事罰（civil penalty）である。

3　ASX と ASIC は，コーポレート・ガバナンスの規制において競合する場面もあるので，両者の関係をどう理解すべきか，が課題となる。ジェームズ・マッコンヴィル（James McConvil）教授は，ASX は強制的権限を有しないので，教育的側面を強化し，ASIC と協力関係を持って良きコーポレート・ガバナンスを共に達成すべきである，と指摘される[8]。そして，オーストラリアにおけるコーポレート・ガバナンスの法律群を次のように整理される[9]。

まず，ハードロー（hard law）として，企業法（Corporations Act 2001）があり（CLERP 9 を含む。），さらに政策宣言およびこれらの規定をいかに適用すべきかに関する ASIC により出されるガイドラインが加わる。また，企業法140条１項の下での制定法上の契約である，会社組織に含まれるコーポレート・ガバナンス規則，ならびに ASIC によるエンフォースメント・アクションから生じる判例法（case law）および取締役の義務を明確にし拡張する私的訴訟もここに入る。なお，サーベンス-オクスリー法（Sarbanes-Oxley Act of 2002 (US)），証券取引委員会（Securities Exchange Commission（SEC））の規則，ニューヨーク株式市場（NYSE）のコーポレート・ガバナンス基準も，一定の範囲でここに入る。つぎに，ソフト・ハードロー（soft hard law）として，前述の ASX の良きコーポレート・ガバナンスの原則（ASX Principles of Good Corporate Governance）と最善の実践勧告（Best Practice Recommendations）があり，さらに，ソフトロー（soft law）として，様々な倫理および行動綱領，および様々なオーストラリア・コーポレート・ガバナンス基準がある。

4　その他，関連の機関として，日本の金融監督庁にあたるオーストラリア財務規制庁（Australian Prudential Regulation Authority ＝ APRA）がある。APRA は，財務基準を適宜公表している[10]。

また，日本の独占禁止法にあたる取引慣行法（Trade Practices Act 1974 ＝ TPA）があり，これを担う機関として，日本の公正取引委員会にあたるオーストラリア競争（促進）および消費者（保護）委員会（Australian Competition and Consumer Commission ＝ ACCC）がある。TPA の目的は，①事業者間の競争を促進すること，②公正な取引を促進すること（①②の内容として，価格カルテル（price fixing）の禁止，市場分割カルテル（market sharing）の禁止，不当な取引拒絶（colective

178　第 2 部　企業のコンプライアンス・プログラムと刑事規制

boycotts）の禁止，不当な排他条件付取引（exclusive dealing）の禁止，相手方と第三者との取引に関する拘束（third line forcing）の禁止，再販売価格維持行為（resale price maintenance）の禁止，市場支配力の濫用（misuse of market power）の禁止），③消費者を保護すること（誤解を招く行為（misleading conduct）の禁止，欺瞞的行為（deceptive conduct）の禁止，非良心的な行為（unconscionable conduct）の禁止，消費者との売買契約に対する黙示の保証（implied warranty）の含意），にある。日本の独占禁止法よりも広い内容である。

　また，それを担う連邦機関 ACCC の役割は，TPA の遵守を監督することにあり，具体的には，①情報提供命令，②取調べのための呼出し，③誓約させたうえでの証拠提出命令，④文書提出命令，⑤企業や従業員を TPA 違反で起訴すること，である。特に⑤の点は，英国法の私人訴追主義の伝統に由来するものであろうか，日本の公正取引委員会より強い権限が付与されている。

　なお，TPA に違反すると，罰金が予定されており，⑴競争促進法違反では，法人で 1,000 万ドル以下，個人で 50 万ドル以下，⑵消費者保護法違反では，法人で 110 万ドル以下，個人で 22 万ドル以下である。その他の制裁として，損害賠償，是正命令等がある。

　TPA 違反の具体的事件として，いくつかの判例を挙げておこう。①ACCC v Roche Vitamins Australia Pty Ltd and Ors（2001）では，被告の飼料用ビタミンの製造会社 3 社（Roche Vitamins Australia Pty Ltd, BASF Australia Ltd, および Aventis Animal Nutrition Pty Ltd）が，それぞれの親会社が国際的に価格協定を行ったことに関連し，オーストラリアで供給される製品に関して価格協定および市場分割協定を行い，電話や会議を通じ，ビタミンの価格や販売地域の分割について取決めを行った事案について，2001 年 2 月，連邦裁判所は，上記 3 社に対してそれぞれ 1,500 万ドル，750 万ドル，350 万ドルの罰金を科した。

　②ACCC v Nissan Motor Co（Australia）Pty Ltd（1998）は，こうである。日産自動車は，広告代理店に Patrol RX Turbo を特別価格の 39,990 ドルで販売する旨の広告を製作させた。しかし，写真は，Patrol RX 4.2 litre のものであったうえ，別途代金を支払う必要のあるオプションが写っていた。また，

割引価格も，実際にはすでに長期間適用されていた価格であった。なお，「写真はイメージです（pics for illustration purposes only）」といった表示がなされていたが，裁判では，虚偽の広告内容を正すものとしては不十分である，とされた。日産自動車は，1）自動車の購入者に，事実関係および購入者が民事賠償を求める権利があることを説明した手紙を出すこと，2）自動車の各購入者に2,000ドルを支払うこと，3）ディーラーにTPAを遵守するよう手紙を出すこと，4）役員および従業員に対し，TPAに関する研修を実施すること，に合意した。連邦裁判所は，日産自動車が事実関係を認めたことや，意図的に虚偽の広告を出した訳ではなかったことなどを斟酌し，日産自動車に130,000ドルの罰金を科した。

③TPC v XXX（Australia）Pty Ltd（1990）では，某日系大手家電会社が，同社の家電製品の再販売価格を維持するため，一定の価格を「推奨価格」として設定し，当該価格を無視し続けて安売りした販売店に対し，在庫の不足などを理由として製品の供給を停止した事案について，連邦裁判所は，同社に対し250,000ドルの罰金を，またクイーンズランド州のセールス・マネージャーに対し25,000ドルの罰金を，さらにオーストラリア全体のセールス・マネージャーに対し12,000ドルの罰金をそれぞれ科した[11]。

5　なお，規制機関ではないが，オーストラリアで特徴的な機関として，企業および市場アドバイザリー委員会（Corporations and Markets Advisory Committee）の役割に注目したい。これは，政府直属の諮問委員会である。今回の調査で，入念な意見交換ができたが，その独自の提言活動に関心を抱いた。正規のメンバーは，ジョン・クルーバー委員長（Executive Director：John Kluver）を含めて5名と小さいが，実は，それぞれのメンバーがプロジェクトを持ち，しかも外部の専門家メンバーを入れて各プロジェクト（それぞれ約12名）を動かしており，CSRのあり方や企業非行の法的責任（刑事責任を含む）のあり方について実に貴重な提言を次々と出している[12]。それは，国の予算にも反映されるとのことである。日本でも，導入に値する委員会である。

180 第2部 企業のコンプライアンス・プログラムと刑事規制

4 オーストラリアにおけるコーポレート・ガバナンスと刑事規制

1 最後に，オーストラリアにおけるコーポレート・ガバナンスと刑事規制について述べてこう。

まず，刑事規制では，会社法（Corporations Act）が中心となる[13]。取締役，コーポレート・オフィサー，雇用主等については，一定の義務違反について同法184条で処罰されるし，他の者でも同法1311条で処罰される[14]。会社法に基づいて関連法規やガイドラインも整備されているが，本章ではその全貌を論じる余裕はない。また，前述のように，公正取引および消費者保護に関しては取引慣行法（TPA）がACCCを中心に運用されており，違反した場合に重い処罰がある。

2 つぎに，刑法典である。本題目との関係でのオーストラリア刑法典の特徴は，何といっても連邦刑法典の12.3条2項cおよび同条6項の「企業文化（corporate culture）」条項であろう[15]。1995年オーストラリア刑法典12条は，12.1条の「一般原則」において，本法典が個人に対するのと同一の方法で法人にも適用される旨，すなわち法人の刑事責任を認める旨を規定し（1項），12.2条において犯罪の客観的要素（Physical elements）の法人への帰属を規定し，12.3条において，過失以外の主観的要素（Fault elements other than negligence）の法人への帰属を規定する。とりわけ同条2項は，犯罪実行についての法人による承認ないし許可の認定の手段として，(a)法人の取締役会が，意図的に，それを認識しながら，もしくは無謀に犯罪該当行為を行ったこと，または犯罪の実行を明示的，黙示的もしくは暗示的に承認ないし許可したことの証明，(b)法人の上級管理職員が，意図的に，それを認識しながら，もしくは無謀に犯罪該当行為を行ったこと，または犯罪の実行を明示的，黙示的もしくは暗示的に承認ないし許可したことの証明，(c)関連規定の不遵守を指示，促進，容認もしくは指揮する企業文化が当該法人内に存在したことの証明，(d)関連規定の遵守を要求する企業文化の創出と維持を法人が怠ったことの証明，を挙げている。そして，同条3項は，法人が，犯罪該当行為の承認

ないし許可を防止するデュー・デリジェンス（due diligence）を尽くしたことを証明した場合，2項bは適用されない，とも規定する。したがって，「企業文化」が何を意味するか，が重要である。そこで，同条6項では，「企業文化とは，法人の内部に一般的に存在するか，または当該犯罪行為が生じた法人の部署に存在する態度，政策，規則，行動経過もしくは実践を意味する。」と定義する。やや抽象的である。そこで，同条4項では，2項cないしdの適用に関連する要素に以下のものが含まれることを規定してこれを補っている。すなわち，a）同一または類似の犯罪を犯す権限が法人の上級管理職員によって与えられていたかどうか，b）法人の上級管理職員が犯罪の実行を承認ないし許可するであろうことを，犯罪を実行した当該法人の従業員，代理人もしくは役員が，合理的な理由に基づいて信頼していたかどうか，もしくは合理的期待を抱いていたかどうか，という点がそれである。したがって，経験則からある程度は解釈可能なようにも思われるが，しかし，必ずしもこれだけでは明確でないように思われる。それにもかかわらず，この規定は，今日まで維持されている。

なお，過失については，12.4条に規定されているが，法人に対する過失の基準は5.5条で規定されている（同条1項）。そして，同条2項は，「(a)過失が，犯罪の客観的要素に関連する責任要素（fault element）であり，かつ，(b)法人のいかなる従業員，代理人もしくは役員も責任要素を充足しない場合であっても，全体として考察した場合（すなわち，多数の従業員，代理人もしくは役員の行為を集積することにより），法人の行為が過失であるならば，法人に責任要素が認められる。」と規定し，同条3項は，「過失は，禁止された行為が実質的に(a)または(b)に基づきえたという事実によって証拠となる。(a)従業員，代理人または役員の行為に対する不十分な管理，統制または監督。(b)法人内部において，関連人物への関連情報の伝達の適切なシステムが設けられていないこと。」

この規定がどのように運用されているかは，今回は十分に調査できなかったので，今後の課題としたい。ただ，法人処罰に固執するのではなく，やはり個人の責任を追及する傾向もなお強いように思われる[16]。

3　つぎに，HIH事件関係の刑事判例をみておこう。相当数の関連判例が

182 第 2 部 企業のコンプライアンス・プログラムと刑事規制

あるが，重要と思われるものを簡潔に取り上げることにする[17]。

　ハワード事件（R v Howard [2003] NSWSC 1248）では，HIH の従業員（会計担当）であるウィリアム・ハーバート・ハワード（William Herbert Howard）が，2000年 12 月 2 日から 2001 年 3 月 15 日の間に，会社法（Corporations Act 2001）184条 2 項(b)に違反して，自己の地位を不正に利用して，Home Security International Incorporated（HSI）の代表取締役であるブラッドリー・デイビッド・クーパー（Bradley David Cooper）に便宜を図り，その見返りに 124,000 ドルの金銭を受け取った点（第 1 訴因），および，2001 年 1 月 2 日から 2001 年 1 月 16日の間に，会社法 184 条 2 項(a)に違反して，自己の地位を不正に利用してブラッドリー・デイビッド・クーパーに便宜を図り，その見返りにクーパーの関連会社の The Goodwill Group Pty Ltd に HIH から 737,500 ドルの金銭を提供させた点（第 2 訴因）で有罪となった。量刑で諸事情が考慮され，第 1 訴因については，1 年 9 月の拘禁刑，第 2 訴因については，2 年の拘禁刑に処された。なお，R v Cooper [2006] NSWSC 609 では，クーパーも，「便宜供与罪（the bribery offences）」等 13 の訴因について有罪となった（煩雑なので量刑は省略）。

　ウィリアムズ事件（R v Wimams [2005] NSWSC 315）では，HIH の代表取締役であるレイモンド・レジナルド・ウィリアムズ（Raymond Reginald Williams）が，不当な再保険契約業務等に関し，会社法 996 条 1 項，同 1308 条 2 項，同 184条 1 項違反等で，4 年 6 月の拘禁刑（2 年 9 月については仮釈放なし）に処された。

　アドラー事件（Adler v R [2006] NSWCCA 158：第 1 審は R v Rodney Stephen Adler [2005] NSWSC 274）では，Fire and All Risks Insurance Limited（FAI）の代表取締役であるロドニー・スティーブン・アドラー（Rodney Stephen Adler）が，会社法 184 条 1 項(b)，同 997 条，同 999 条違反等で拘禁刑 4 年 6 月（2 年 6 月は仮釈放なし）に処されている。

　なお，本件では多くの関係者が処罰されており，その他の関連判例として，カッスィディ事件（R v Cassidy [2005] NSWSC 410）およびボウルデン事件（R v Boulden [2006] NSWSC 1274）等がある。

　以上のように，HIH 事件は，オーストラリア史上の大事件であったことが

第9章　オーストラリアにおける企業活動の規制システム　183

看取でき，それゆえに，前述の制度改革が余儀なくされたものと思われる。詳細は，さらに研究をする予定である。

　4　最後に，最新の事件として，「小麦粉輸出事件」[18)]があるが，現在，公判中である。本件は，サダム・フセイン政権時代にオーストラリアの業者が小麦粉をイラクに不正輸出したという事件である。本来，刑事事件については州法を適用するが，会社法は連邦法に管轄があるため，本件のような渉外取引に関わる刑事事件は，連邦刑法典が適用される。判決が出た後に，別途検討を加えたい。

5　結語──企業倫理と法

　以上，オーストラリアにおける企業活動の規制システムについて述べてきたが，その工夫のあるシステムは，イギリスにも影響を及ぼしている，と言われている。日本においても，参考になる部分がありそうである。しかし，聖ジェームズ倫理センター（St James Ethics Centre）に所長サイモン・ロングスタッフ（Executive Director : Simon Longstaff）博士を訪ねて意見交換をした際，ロングスタッフ博士が「法整備だけをしてもコーポレート・ガバナンスは良くならない。最後は企業倫理が重要である。」と力説されたことを最後に付け加えなければならない。これは，HIH 事件についての報告書をまとめたオウエン判事の見解とも一致する。ロングスタッフ博士が法学者ではなく，倫理学者であるということも関係あろうが，議論をしてみると，納得のいくところが多かった。とりわけロングスタッフ博士の以下の6つの提言は，重要と思われた。

　1　取締役会のメンバーが倫理観・価値観を深く理解していなければならない。そして，そのためのコミットメントが重要である。
　2　会社のシステムとポリシーにその会社の原理・価値観が反映されることが重要である。それは，給与にも反映されなければならない。例えば，生命保険会社であれば，顧客数の獲得が社員の給与査定の決め手になるのではなく，顧客の満足度こそが評価されるべきである。

184　第2部　企業のコンプライアンス・プログラムと刑事規制

3　特定の人物への権限集中を回避する必要がある。さもなくば，リスク
　回避のための軌道修正が困難になる。

4　株主等のステークホルダーや社員とのオープンなコミュニケーション
　を図ることが重要である。もし会社内部で対応に相違があれば，相互に
　確認しあうことにより，会社の価値観を共有できる。

5　価値観と原理について言語化をしておく必要がある。ある仕事をする
　際に，経営者が倫理について何も話さないで行動すると，社員に会社の
　価値観が伝わらない。

6　倫理の敵は，「考えないこと」である。企業では，「良い人」が「悪い
　こと」をすることがしばしばある。「皆がそうやっているから」という理
　由で，何も考えずに判断することがあり，それが企業非行に繋がること
　がある。「考えること」が重要である。

　コーポレート・ガバナンスについて法システムのことを中心に考える傾向
のあるわれわれ法学者にとっては，以上のロングスタッフ博士の見解は，重
くのしかかる。確かに，形式的に法システムを作っても，その内実，すなわ
ち企業倫理の確立と実践が伴わなければ「良きコーポレート・ガバナンス」
の実現は困難である。ちなみに，ロングスタッフ博士は，「企業倫理ホットラ
イン」の創設をし，それを運営している，と言う。これは，単に不祥事を通
報するというレベルのものではなく，大局的観点から企業のあり方について
の相談を受け付けるというものであり，会社の OB 等で企業倫理に造詣の深
い人たちがボランティアで対応している，と言う。年間で 50 件程の相談が寄
せられているとのことである。いずれにせよ，ロングスタッフ博士との意見
交換により，企業倫理と法について，両者の連携の重要性を再認識した次第
である。このような背景もあり，オーストラリアでは，環境問題対策の充実
も含め，企業の CSR にも自然と力が注がれているものと思われる[19]。

　1) See The HIH Royal Commission (The Hon Justice Owen Commissioner), The
　Failure of HIH Insurance, Vol. Ⅰ, A corporate collapse and its lessons, 2003. See also
　Vol. Ⅱ and Vol. Ⅲ, Reasons, circumstances and responsibilities.

第 9 章　オーストラリアにおける企業活動の規制システム　185

2) See James McConvill, An Introduction to CLERP 9, 2004, p. 11.

3) See The HIH Royal Commission, supra ⑴. 本来ならば，オウエン判事にお会いし
たかったが，西オーストラリア在住ということで，残念ながら，日程の関係上，今回
はそれを見合わせることにした。

4) See McConvill, supra ⑵, pp. 15-16. なお，ASX が公刊している ASX Corporate
Governance Council, Principles of Good Corporate Governance and Best Practice
Recommendations, 2003 にその詳細が記載されている。詳細は別途紹介したい。

5) See McConvill, supra ⑵, p. 26.

6) See McConvill, supra ⑵は，まさに CLERP 9 をわかりやすく論じた好著である。

7) See McConvill, supra ⑵, pp. 24-25.

8) McConvill, supra ⑵, p. 29.

9) McConvill, supra ⑵, p. 211 の APPENDIX TWO.

10) ブレイク・ドーソン（Blake Dawson）法律事務所の松浦華子弁護士よりいただい
た同事務所の定期刊行冊子 LAWYERS の 2006 年 6 月号には，2006 年 5 月に公表さ
れた New APPRA governance standards が掲載されている（pp. 4-5）。

11) 以上の取引慣行法の構造ならびに ACCC の役割，さらには具体的事件について
も，ブレイク・ドーソン法律事務所の松浦華子弁護士よりいただいた同事務所の定
期刊行冊子 LAWYERS「TRADE PRACTICE ACT 1974（CTH）と ACCC──知っ
ておきたい基礎知識」による。

12) 例 え ば，Corporations and Markets Advisory Committee, Corporate Social
Responsibility, Discussion Paper, November 2005, ; Corporate Duties Below Board
Level, April, 2006 ; Personal Liability for Corporate Fault, September 2006, ; The
Social Responsibility of Corporations, December 2006 等がある。

13) オーストラリアの企業法については，see RP Austin/IM Ramsay, Ford's Princi-
ples of Corporations Law, 2005 ; CCH, Australian Corporations & Securities
Legislation, Vol. 1 2006.

14) Corporations and Markets Advisory Committee, supra ⑿, Personal Liability for
Corporate Fault, pp. 66-67 には，一覧表が掲載されているが，本章では割愛する。

15) オーストラリア刑法典（Criminal Code Act 1995）は，全体をシドニーでウィリア
ム・J. ビーアワース弁護士からいただいた。また，Corporations and Markets Ad-
visory Committee, supra ⑿, Personal Liability for Corporate Fault, Appendix 3（pp.
75-80）には，法人の刑事責任（corporate criminal lliability）に関する規定が挙げら
れている。なお，その詳細については，本書［甲斐克則＝田口守一編『企業活動と刑
事規制の国際動向』（2008・信山社）］第 1 部第 9 章 225 頁以下の樋口亮介「オースト
ラリアの法人処罰」参照。

16) See Corporations and Markets Advisory Committee, supra ⑿, Personal Liability
for Corporate Fault, pp. 1-64.

17) HIH 事件の一連の判例も，ブレイク・ドーソン法律事務所の松浦華子弁護士より
送っていただいた。なお，松浦弁護士からは，不法行為のケースである British

186　第2部　企業のコンプライアンス・プログラムと刑事規制

American Tobacco Australia Services Ltd v Cowell, (2002) 7 VR 524 の判決文もい
ただいたが，今回は取り上げる余裕がなかった。
18) 本件については，ビーアワース弁護士（前出）から直接レクチャーを受けた。
19) オーストラリア企業の CSR の代表例として，以下にウェストパック社（Westpac
Banking Corporation）の CSR を挙げておく。シドニーで聞いたところ，2006 年の
CSR 評価で世界1にランクされたという。〈参考資料〉「Corporate Responsibility」
岡本享二『CSR 入門』（日経文庫）105 頁を元に作成した。

ウェストパック社の CSR

経営者のメッセージ	われわれの目的はシンプルだ。持続可能な社会で持続可能なビジネスを行うことである。
CSR 行動範囲	オーストラリア，ニュージーランド，パシフィック・エリア，アジア，アメリカ，ヨーロッパ
CSR の拠りどころ	CSR 憲章「Social Charter」（2001 年 8 月公表）――Our vision, Our Values, Our Strategy
CSR の特徴	オーストラリア発の CSR 情報が少ないなかで，CSR 経営を実践するグローバル企業 No.1 に挙げられる。"Sustainability" を根本的な経営理念としたうえで，CSR を広く社会に対する説明責任 "Social Accountability" ととらえる。社会，環境，持続的サプライチェーン，という切り分け方が特徴的。
CSR 報告書概要	「Social Impact Report 2004」 トップ・コミットメントの紹介と GRI への準拠，CSR 活動の概観を冒頭 10 ページで行い，続く本編は，Employees, Customers, Environment, Social, Suppliers の 5 部で構成する。各章ともケーススタディからはじまりデータと解説へと続く。各章の冒頭は全面写真を使用するスタイルとし，図表や本文中に手書き文字や落書き風のデザインをリアルな画像として挿入するなど，工夫の凝らされた誌面デザインとなっており，CSR は人としての営みであるという現実感を読者に与えることに成功している。2002 年の初版から同タイトルで発行，2003 年版では表紙に "Who Cares?" と筆記体で大書して読者の目を引きつけるデザインとなっている。
その他（CSR 組織）	Executive Office CSR business review（CEO 直轄機関）取締役会の Social Responsibility Committee およびビジネスユニットと連携して CSR 活動を推進する。他に Community Consultative Council と International Sustainability Council があり，それぞれ Executive Office CSR business review またはビジネスユニットと連携している。

第10章
ドイツにおける企業犯罪と
刑事コンプライアンス

1 序

1 企業犯罪ないし企業不祥事をめぐる法的対応，とりわけ刑事規制をめぐる対応は，近年，世界各国で目まぐるしく変遷している。その傾向は，大きく分けると，法人処罰を正面から認めて対応している国（アメリカ，イギリス，フランス，オランダ，デンマーク，オーストラリア等），独自の企業刑法を制定して対応している国（イタリア），そして法人処罰を正面から認めず，既存の刑法典を中心としつつ，秩序違反法で捕捉し，または両罰規定で対応している国（前者はドイツ，後者は日本）という具合に3つに分類可能である[1]。先進国ではドイツと日本が法人の犯罪能力を正面から認めずに企業犯罪に対応している点は，ドイツ刑法学と日本刑法学が長年強い関係を築いてきただけに，実に興味深いものがある。しかしながら，両国とも，近年，法人処罰を正面から認めるべきだ，という主張が強く出されるようになった[2]。

2 2003年度から2007年度に至るまでの「21世紀COE」に始まり，2008年度から2012年度までの「グローバルCOE」に至るまで，10か年に亘る早稲田大学《企業法制と法創造》総合研究所の共同研究において，われわれ刑事法グループがひたすら探究してきたのは，刑事法的観点から見た企業コンプライアンスの意義と展望について，であった。それは，国内外の企業法務の実態を入念に調査し，その分析を踏まえて理論的検討を行い，一定の提言も行うという研究手法によるものであった。そして，それは，8割程度の目標を達成することができた。

目標達成の柱として，4点を挙げることができる。第1に，2004年に企業の社会的責任（CSR）とコンプライアンス・プログラムについて国内の実態調

査を世界で初めて実施し，その分析結果を踏まえて，企業関係者を集めての国内シンポジウム（2004 年）と海外（特にアメリカとドイツ）の研究者・実務家を集めての国際シンポジウム（2005 年）を開催したこと，第 2 に，刑事規制に焦点を当てた企業法制度の海外調査（2006 年～2007 年）を実施して，コンプライアンスの先進国アメリカをはじめ，イギリス，ドイツ，フランス，イタリア，デンマーク，スウェーデン，オランダ，オーストラリアの現状を把握したこと[3]，第 3 に，2010 年に 2 度目の企業コンプライアンスの現状調査を実施し，それを踏まえて国内シンポジウムを開催して分析結果について最終報告書をまとめたこと[4]，第 4 に，この第 2 次調査の成果（中間報告）をドイツで報告して公表した[5]ほか，ドイツのマックス・プランク外国・国際刑法研究所と連携してドイツのコンプライアンスの現状と課題について同研究所に実態調査をしていただいたこと，また，イタリアと中国でもこれについて調査をしていただいたこと，さらに，アメリカ，イギリスおよびオーストラリアでも現状分析をしていただいたこと，である[6]。これらを通じて，グローバル化が進む日本企業において，ここ 5～6 年，企業コンプライアンスと CSR がうまく棲み分けながら相当程度定着していることが確認できる。独占禁止法改正（特に課徴金増額，リニエンシー制度導入），金融商品取引法の誕生等，法整備もかなり進んだこともあろうが，企業の法務部等を中心に，コンプライアンスの意義が会社経営にとっていかに重要であるか，が自覚され，積極的かつ主体的な取組みがなされていることが確認できる。

　他方，残された 2 割の課題として，第 1 に，2011 年 3 月 11 日に発生した東日本大震災の影響で予定していた国際シンポジウムを実施できなかったため，コンプライアンスに関する海外との厳密な比較検討ができなかったこと，第 2 に，調査対象企業が東証一部上場企業に限定されたため，中小企業の実態把握がなおできていないこと，第 3 に，企業犯罪に対する刑事制裁を含む新たな制裁システムの具体的提言を十分に呈示しえていないこと，が挙げられる。

　3　そこで，本章では，残された課題の一環として，特にドイツの近時の企業犯罪に対する刑事法の取組みの動向を比較法的観点から取り上げ，検討することにしたい。なぜなら，ドイツでは，最近，企業犯罪に関する議論が

かつてないほどに盛り上がりつつあるからであり，私自身，企業コンプライアンスと刑法の問題についてドイツの学者と深く関わることができたからである。日本では，企業不祥事ないし企業犯罪は減少傾向にあるとはいえ，目に余る不祥事や犯罪は今なお発生している。変動の激しいグローバル社会において企業が安定した持続的経営を維持するには，コンプライアンスのさらなる定着と深化が不可欠であることを再認識して，今後も研究を続ける必要がある。上記プロジェクトが丁度終った今，われわれの共同研究を共に苦労して推進してきた曽根威彦教授と田口守一教授の古稀祝賀記念論文集に寄稿するには，企業犯罪ないし企業刑法と刑事コンプライアンス（criminal compliance）をテーマとして取り上げるのが相応しいのではないか，と考え，謹んで両教授に本章を献じたい。以下，まず，ドイツにおける企業犯罪と刑事コンプライアンスをめぐる近時の具体例の動向を概観し，つぎに，ドイツにおける企業犯罪と刑事コンプライアンスをめぐる近時の新たな議論状況を分析する。

2 ドイツにおける企業コンプライアンスと 刑法をめぐる近時の具体例の動向

1 20世紀末までの議論

ドイツでは，経済刑法に関する議論が20世紀初頭からあり，経済統制において刑法が重要な役割を果たすべきだという観点から，行政刑法の延長として経済刑法の問題が相当に研究されてきた[7]。第2次世界大戦後も，経済刑法の研究は，とりわけ1980年代にクラウス・ティーデマンの研究をはじめとして相当に発展していった[8]。しかし，議論は，あくまで「経済刑法」の枠に止まっていた。「ドイツにおいては，従来，コーポレート・ガバナンスをめぐる議論は必ずしも活発ではなかったといわれる。その理由として，機関投資家の動きが活発ではなかったことなどとともに，業務執行を担う取締役会（Vorstand）と監督機能に特化した監査役会（Aufsichtsrat）との2層システムがうまく機能していたことがあげられてきた」[9]との指摘があるように，20世紀の段階ではコーポレート・ガバナンスを意識した「企業刑法」という視点

190　第 2 部　企業のコンプライアンス・プログラムと刑事規制

に至らなかった，と言えよう。

　その背景となる法規制として，刑法や会社法のほかに，ドイツに固有の秩
序違反法（Gesetz über Ordnungswidrigkeiten：OwiG）があることに注目しておく
必要がある[10]。秩序違反法は，1952 年に成立したものであるが，その後数次
の改正を経てはいるものの，その法的性質は行政法規であり，法的効果は過
料（Geldbuße）である。ドイツ刑法典には，法人一般を犯罪行為主体として規
定した条文は存在しない。したがって，企業の違法行為が秩序違反行為（秩序
違反法 30 条ないし 130 条）であるのかそれとも犯罪であるのかは，重要なテー
マとなる。しかも，「秩序違反法の法体系の特色は，実体規範と手続規範が同
一の法律に規定されていることである」[11]。20 世紀には，ドイツにおいて企
業犯罪と法人処罰をめぐる議論は，それほど活発ではなかった，と言えよう。

　もっとも，ドイツでは，1990 年の皮革用スプレー事件連邦通常裁判所判決
（BGHSt 37, 106）が企業関係的な考察方法を展開しており，企業上層部の刑事
責任性を企業の経営首脳という地位から導き出すことによって処罰されるべ
きか否か，が真摯な問題として認められるようになった点に留意しておく必
要がある[12]。しかし，この議論は，あくまで個人としての企業幹部の刑事過
失責任をいかにして基礎づけうるか，という枠内での議論であった。したがっ
て，企業犯罪と刑事コンプライアンスをめぐる議論は，その時点ではまだ登
場していなかったのである。

2　21 世紀の新たな議論の展開の契機としてのマンネスマン事件

　しかし，経済活動ないし企業活動のグローバル化に伴い，ドイツで新たな
議論の展開を見せるのは 20 世紀末からであり，特に 21 世紀に入ってからで
ある。大きな転機となったのは，アメリカのエンロン事件，アーサー・アン
ダーセン事件，ワールドコム事件，イタリアのパルマラット事件，そしてド
イツのマンネスマン事件[13]，21 世紀のシーメンス事件等である。これらの事
件を契機として，企業コンプライアンスの問題がドイツでも意識され始めた。
ここでは，ドイツの 2 つの代表的事件を概観しておこう。

　まず，マンネスマン事件（Mannesmann Fall）とは，2000 年にイギリスの携帯
電話会社ボーダフォン社によるドイツのマンネスマン社に対する敵対的買収

に際して，マンネスマン社の社長および取締役，さらには前社長で監査役会会長である者らに支払われた高額の功労金・退職金（社長に対して1,600万ユーロ，ほか4名の取締役に対して計400万ユーロを超える金額，監査役会会長に対して300万ユーロ）をめぐる背任罪（ドイツ刑法266条）およびその従犯の成否が争われた事件である[14]。第1審のデュッセルドルフ地方裁判所は，2004年7月22日，社長に対する上記特別報酬は二重報酬であるほか，監査役会会長（前社長）に対する報酬も株式法87条1項第1文違反であることを認めつつ，背任罪（刑法266条1項）については，重大な義務違反がなく，また回避不可能な禁止の錯誤（刑法17条）でもある，として無罪を言い渡した（LG Dusseldorf, Urteil vom 22. 7. 2004 = NJW 2004, 3275）。ところが，連邦通常裁判所は，2005年12月21日，第1審判決を破棄し，デュッセルドルフ地方裁判所に差し戻した（BGH-Urteil vom 21. 12. 2005 = NJW 2006, 522）。同判決によれば，上記被告人らは，株主総会の決議によって功労金を支払ったものでもないので，背任罪に規定する財産管理義務に違反し，それによって支払われた功労金の額だけ会社に不利益を与えた，という。また，恣意的な功労金の供与の明らかな義務違反に照らすと，禁止の錯誤は回避可能であった，という。その後，2006年11月29日，弁護側と検察側が580万ユーロの支払いと引換えに訴訟手続の中止で合意した[15]。これをデュッセルドルフ地方裁判所も認めたため，被告人らの刑事責任は不明確なまま本件に幕が引かれた。しかし，本件により，ドイツにおいてコーポレート・ガバナンスおよび企業コンプライアンスと刑事責任の関係が強く意識されはじめた。

3　刑事コンプライアンス論議の深化の契機としてのシーメンス事件

　さらに，21世紀のシーメンス事件（Siemens Fall）[16]（以下「シーメンス事件」という。）がこれに拍車をかけた。本件を契機にして，刑事コンプライアンスという問題がドイツにおいても深い関心をもって議論され始めた。

　このシーメンス事件とは，2006年に発覚したドイツの大手企業シーメンス社の1,000億円を超える不正支出事件であり，具体的には，海外での受注獲得を狙った贈賄とそれに伴う脱税事件である。シーメンスは，世界中約190か国で活動をしていたが，2007年に至るまで，賄賂を公的機関および取引企

業に支払うのが長年の慣行となっていた。腐敗防止は，ドイツ刑法典第26章「競争に対する罪」（298条〜302条）および第30章「公職における犯罪行為」（331条〜358条）に規定されているのみならず，1997年に腐敗防止法（Gesetz zur Bekämpfung der Korruption = KorrBekG）も制定されるなど，ドイツが長年に亘り取り組んできた課題だけに，そして，1998年のEU贈収賄法（EU-Bestechungsgesetz）により贈収賄の構成要件が他のEU国家の公務員にも適用されることになっていたのに加え，1998年には国際贈収賄法（Internationale Bestechungsgesetz = IntBe-stG）が成立して世界レベルで公務員にも適用されることになっていたがゆえに，「優良企業」シーメンス社のこの事件は，国内外に大きな衝撃を与えた。しかも，同社のコンプライアンス・プログラムは，当時のモデルと目され，われわれも，2005年11月12日に早稲田大学国際会議場で開催した国際シンポジウム「企業の法的責任とコンプライアンス・プログラム――コンプライアンスの国際規準と日本の企業法制――」において，シーメンス社の副社長であったアルプレヒト・シェーファー（Albrecht Schäfer）氏を招いて，同社のコンプライアンス・プログラムを参考にして共により良いコンプライアンス体制を作ることを模索しただけに[17]，私自身も衝撃を受けた。結局，アメリカのエンロン事件の場合と同様，シーメンスのように形式的にコンプライアンス・プログラムが整っていても企業の不祥事は防止できないことが判明したのである。

　シーメンス事件連邦通常裁判所判決（BGH St 52, 323（Siemens/Enel）, Urteil des 2. Strafenats vom 29. 8. 2008）では，中間管理職の被告人について，イタリアのEnel社との取引交渉における贈賄罪（刑法299条2項および3項）に関しては，行為当時のこの規定が国内の行為に限定されていたため無罪とされたが（その後，同条3項が設けられて現在は処罰可能），背任罪（刑法266条）の方は認定された[18]。連邦通常裁判所は，企業の内部規則がすでに犯行時に賄賂目的での裏帳簿作成を禁じていたことを挙げ，この内部規則から，この裏帳簿の維持はコンツェルン首脳の理解を得ておらず，したがって義務違反であり，背任罪の客観的構成要件を充足する，と認定した。本判決によって初めてコンプライアンス規定への関連づけがなされたが，これは，中間管理職だった被告人にとって減軽事情ではなく，加重事情であった。また，会社の取締役および

監督課構成員に対して過料決定を下し，秩序違反法130条および30条が併科された。すなわち，一方で，監督義務違反を理由に，取締役および監督課構成員に対して過料決定を下し，他方で，電気通信部門での賄賂を理由にシーメンス社自体に対して2億100万ユーロの過料を科した。その内訳は，本来の過料が100万ユーロであり，残りの2億ユーロは，利益剥奪（秩序違反法17条4項）のためのものであった[19]。

　以上のように，シーメンス事件は，ドイツ国内法の問題にとどまらず，アメリカ等でも法的制裁が加えられるなど，企業犯罪・不祥事が国境を越える性格を有するようになったことを世界中に示す結果となったのである。しかし，クーレンが指摘するように[20]，何よりもドイツにおいて刑事コンプライアンスに関する関心が刑法学者の間で高まったことは，理論的にも実践的にも重要である。

3　ドイツにおける刑事コンプライアンスをめぐる近時の議論状況

1　ドイツにおける企業不祥事に対する制裁制度

　ここで，ドイツにおける企業犯罪ないし企業不祥事に対する制裁制度について確認をしておこう。ドイツでは，法人処罰を刑法典で正面から認める規定はない。

　まず，刑法典で最も使われるのは，背任罪（266条1項）である。背任罪は，「法律，官庁の委任若しくは法律行為により行為者に与えられた，他人の財産を処分し若しくは他の者を義務づける権限を乱用し，又は，法律，官庁の委任，法律行為若しくは信任関係に基づいて行為者に負担させられる，他の者の財産上の利益を守る義務に違反し，これにより，その財産上の利益を守る義務に違反し，これにより，その財産上の利益を保護すべき者に損害を与えた者は，5年以下の自由刑又は罰金に処する。」[21]，と規定する。この規定は，上述のシーメンス事件をはじめ，近年の企業犯罪において威力を発揮している。

　この背任罪の規定をめぐっては，とりわけ経済刑法という領域での適用に

際してかねてよりその不明確さが指摘されていたが[22]，2010 年 6 月 23 日に
ドイツの連邦憲法裁判所で憲法判断が示された（Beschluss des Bundesverfas-
sungsgerichts vom 23. Juni 2010；BverfGE 126, 170）。とりわけ「乱用（Missbrauch）」
および「信任違反（Treubruch）」という構成要件が基本法 103 条 2 項（「ある行
為は，その行為がなされる前に，その可罰性が法律で定められていた場合にのみ，これを
処罰することができる。」）[23]に違反しないか，が争点であったが，連邦憲法裁判
所は，この規定は必ずしも不明確ではなく合憲である，という決定を下した。
日本でも，おそらく同じ問題が存在するのではないか，と思われる。いずれ
にせよ，トーマス・レナウが背任罪の広範な適用に警鐘を鳴らして指摘する
ように，「取り入れられるべき民法または経済法による関連する一般条項の
あらゆる不確実性において，義務違反的な取引が，背任法上の意味において
少なくとも与えられているのは，経営者が委託された財産を浪費する場合で
ある」[24]といったような限定を加えるべきであろう。

　つぎに，前述のように，刑法典第 26 章「競争に対する罪」（298 条～302 条）
および第 30 章「公職における犯罪行為」（331 条～358 条），さらには腐敗防止
法がある。特に刑法 298 条（入札における競争を制限する談合）および 299 条（取
引交渉における贈収賄）は重要であるが，紙数の関係で，詳細は割愛する。

　さらに，ドイツ特有の秩序違反法 30 条（法人および人的結合体に対する過料規
定）および 130 条（監督義務に関する規定）が重要である[25]。なぜなら，刑法典で
正面から法人処罰規定を設けていないドイツでは，厳密には行政法であると
はいえ，実質的には秩序違反法のこれらの規定が法人処罰を代替ないし補完
している，と考えられているからである。「秩序違反法は刑法の小さな兄弟で
あり，『小さい刑法』なのである。秩序違反法においては，すでに憲法上の準
則に基づいて，原則的には，刑法と同様の要件が妥当する」[26]，と言われる所
以である。しかし，マルク・エンゲルハルトは，次のように指摘する。すな
わち，「ドイツでは秩序違反法 30 条に基づいて毎年 2,000 件から 4,000 件の
間の過料が科されている。過料の 90% 以上が 5,000 ユーロ未満となってい
る。過料は 2 つの部分から成っている。その 1 つは懲罰的な部分で，最大限
で 100 万ユーロに限定されている。もう 1 つは利益剥奪の部分であり，これ
には上限がない。たとえば，Siemens 事件においては，2 億 100 万ユーロの過

料が科せられた。このうち 100 万ユーロは懲罰であり，2 億ユーロが利益剥奪のための道具であり，真正な制裁となるのはごく制限されたものとなる。このことは，特に，実務上制裁の額が低く，おびただしい事例に対してほとんど十分ではない最高額 100 万ユーロが科せられているということから推測できる。過料は，企業の異なった財政力を算入することなく，手工業の企業も世界規模のコンツェルンと同様に扱っているという限りにおいて，柔軟性を欠いている。これにより，明らかに認められる懲罰効果が得られないことがしばしばある」[27]，と。ここに，企業犯罪に対する秩序違反法の意義と課題を的確に看取することができる。

2 21 世紀の新たな議論の展開を目指すズィーバーの見解

さて，ドイツにおいて企業コンプライアンスと刑法について初めて本格的に問題提起をしたのは，ウルリッヒ・ズィーバーである。ズィーバーは，2005 年の早稲田大学での企業コンプライアンスに関する国際シンポジウムでこの問題に関心を持ち，その後，詳細な論文を公表した[28]。その中でズィーバーは，現行企業刑法におけるコンプライアンス・プログラムについて分析・検討している。

ズィーバーによれば，コンプライアンス・プログラムの内容について，「社内規則においては，一定の手続によって実現されるべき目標および価値が定義されている。その目標においては，とりわけ，腐敗，資金洗浄，テロ資金の調達，競争犯罪（大部分はカルテル協定），賃借対照表犯罪，脱税，インサイダー取引，環境犯罪，および企業秘密の漏洩といった犯罪の阻止が主として重要である。企業による犯罪および企業に対する犯罪の阻止という目標によって，多くの異なる価値が保護される。しかしながら，これらの価値は，コンプライアンス・プログラムにおいて，法律上の刑罰規定によるよりも厚い保護を受けている」，と述べ，「企業の経済価値の一般的な保護」との関係に言及する[29]。そして，ティーデマンの経済刑法における法益論（社会倫理による経済倫理の「活性化（Belebung）」を法益論に取り入れる見解）にヒントを得て，「コンプライアンス・プログラムは，——個々の事案において必ず互いに競合する——企業所有者，重要な職にある社員，およびその他の従業員の目標設

定と同様，企業の領域における利益だけを捉えているわけではない。むしろ頻繁に取り入れられているのは，――一部は対立し，一部は一致する――取引相手および第三者（とりわけ消費者）の利益ならびに社会的利益（例えば，環境の領域におけるもの）である」[30]，と説く。さらに，「目標および保護領域のこうした多様さのため，結果として，様々な企業のコンプライアンス・プログラムおよびその他の保護のための構想は内容的に非常に異なっている。例えば，保護の対象を考慮すれば，株式会社法161条の透明性の要求を充たそうとするドイツの株式会社の規定，従業員による外国の公務員の贈収賄を阻止しようとする多国籍企業の基準，またはわいせつなコンテンツの流布に際して青少年保護の規定を遵守しようとしているインターネット企業のガイドラインの間に，共通点はほとんど存在しない」[31]，とも説く。かくして，「企業が，コーポレート・ガバナンスの明瞭な規定により株価を高めたか，企業の社会的責任に関するプログラムにおいて幼稚園に出資したか，または，そのガイドラインによって合目的性を決定する企業目標を〔社内ルールへ〕転換したか，といった点が企業犯罪や企業刑法の問題にとって本質的な役割を果たしえないということは，明らかであろう」として，「それゆえ，企業犯罪の統制や企業刑法にとって，確かに，このコーポレート・コードは，企業における新たな統制システムの一般的な観点のもとでは興味を引くものではあるものの，刑法上重要なコンプライアンス・プログラムの内容は，上述の経営学上の調査に依拠することでは決定されえない」，と断言し，「むしろ，ここで関心のある問題にとっては，企業犯罪を防止しうるプログラム要素のみが重要である」[32]，と結論づける。

　それでは，ズィーバーは，「企業犯罪を防止しうるプログラム要素」をどのように組み立てようとするのか。ここで，「インターネットで公表されているコンプライアンス・プログラム，企業犯罪を予防するための関係文献，および，そのような措置を実施するための法律上の規定といったものを分析すると，企業による犯罪および企業に対する犯罪を阻止しうるコンプライアンス・プログラムの構造要素を，以下のように系統立てることができる」[33]として，ズィーバーは，6点を挙げる。

①「考慮すべき企業価値および企業目標の定義および伝達，企業における相応する特有のリスクの分析，ならびに，ここから導かれる，企業およびその従業員にとって守るべき規則および手続の決定および公表」。

②「企業犯罪を阻止する際に定義された目標，価値および手続に関する最高経営幹部レベルの責任の根拠づけ。適切な専門化された企業部門（コンプライアンス部門）の創設に伴う中間経営陣レベルの責任の確立，ならびに，企業の従業員の啓蒙および教育」。

③「犯罪を発見し解明するための情報システムの創出，特に人的・物的な内部統制，報告義務，匿名による情報を受け取るための『情報提供者システム』，（コンプライアンス部門や，場合によっては国家機関が関与して）解明すべき嫌疑のある事案，および（企業の業績に関する直接的な情報の流れとともに）嫌疑のある事案の調査結果に関する届出手段の確定，ならびに，そのときどきのコンプライアンス・プログラムの日常的な適合およびさらなる発展」。

④「外部監査官（Kontrolleur）の設置，およびコンプライアンス・プログラムの個別的な要素およびプログラムの外部的評価を考慮する監査」。

⑤「濫用に制裁を加えるための内部措置の創設」。

⑥「上述の措置の実施およびさらなる展開を効果的に促進する構造の創設」[34]。

　そのうえで，「コンプライアンス・プログラムのこれらの犯罪予防的な要素が，その他の要素によってどれくらい補充されるべきか，法的な保障に基づいてどれくらい限定されるべきか，ということは，経営上，犯罪学上および刑法上の研究において，——領域特有的におよび企業特有的にも——決定，評価されなければならない」として，「企業犯罪の防止に関するコンプライアンス・プログラムの内容が，そのときどきの企業，およびその活動領域に強く依存することから，次いで，該当する企業におけるプログラムの発起人は，犯罪予防の独自の構想を練るための十分な個別の自由行動の余地をもたねばならない」，と説き，「その際，適切な措置の有効性にとっては，とりわけ，企業犯罪を防止するための，企業内部の規定システムと国家的なシステムとの協働（Zusammenwirken）も重要である」点を指摘する[35]。

　以上のズィーバーの指摘は，コンプライアンス・プログラムの柔軟性とダイナミズム，さらには多角的視点を内包しているだけに，重要な示唆を含んでいる。このことは，刑事コンプライアンスを考えるうえで考慮すべき点である。以上の基本的視点を踏まえて，ズィーバーは，現行企業刑法における

コンプライアンス・プログラムについて，a）企業の従業員の刑法上の個人責任，およびb）秩序違反法上の企業の責任について，掘り下げて検討を加える。前者は，主に刑法13条の不作為犯として保障人的義務に基づく監督義務違反により刑事責任を問う余地があり，後者は，前述の秩序違反法30条および130条に基づく過料による責任である[36]。とりわけ後者について，ティーデマンの「団体に対する過料の根拠としての組織的責任」という組織責任モデル（1988年）[37]を入念に検討し，「秩序違反法130条で言及された義務は，指導的な立場にある者の関連行為として，団体に対して過料を課するために役立つのであり，この義務の侵害はまさに，まぎれもなく法人およびその他の団体の独自の（組織）義務の侵害である，とするのである。それゆえ，企業の罰金，および団体の『責任』を根拠づける非難に関する独自の『実質的な根拠』は，ティーデマンによれば，従業員の違法行為にではなく，規範に合致した態度をとることについて，企業の必要不可欠な準備の懈怠（いわゆる事前責任）にある」として，秩序違反法30条における量刑に際しての「組織の欠陥という実質的な処罰根拠」に着眼し，コンプライアンス・プログラムとの結び付きを考える[38]。かくして，ズィーバーは，「ひとつは，1人または複数人の企業の構成員によって，実際に管轄領域内で行われた具体的に侵害する行為から明らかになる。もうひとつは，指導的な立場にある者の，企業に帰属されうる可罰的な行為をも含めて，組織の欠陥から生じる，団体の本来の『責任』から明らかになる。その際に，企業の構成員の具体的な関連行為という主張は，とりわけ，不適切な組織により責任を問われる企業の責任を限定する。しかし，企業には秩序違反法130条ではなく，秩序違反法30条により一定の指導的な立場にある者の不法が帰属されうる」，と説き，「その結果，――企業のある従業員の犯罪行為と併せて――とりわけ，企業の組織的義務の侵害も，過料法上の責任根拠の重点となるとすれば，この組織義務の充足を保障するコンプライアンス措置には，根本的な意義がある。かくして，コンプライアンス措置の充足は，企業への犯罪行為の帰属について決定する中心的な法的基準となるのである」[39]，と主張するのである。

　以上の分析および論理展開は，秩序違反法の解釈論上かなり説得力がある。問題は，この主張が刑事コンプライアンス一般の議論とどのように結び付く

か, である。ズィーバーは, ここでも, a) 個人的責任に関するコンプライア
ンス・プログラムの重要性と b) 企業の責任に関するコンプライアンス・プ
ログラムの重要性に分けて論じる。

　a) の個人的責任との関係については, 故意犯と過失犯に分けて論じる。「自
然人の個人的責任に関して, コンプライアンス・プログラムは, 故意犯の領
域における企業に対する犯罪の場合には, 特殊な事実形成においてのみ役割
を果たすにすぎない。コンプライアンス規定が, （例えば, 投機的行為のような場
合の）許されたリスクを定義したり, （不当利得の場合に）よりわずかの贈り物を
なおも許されたかたちで引き受ける規模を定義したりするのであれば, 以上
のことは, とりわけ, 了解ないし承諾の観点に当てはまる。最も重要な適
用事例は, ここでは背任［の事例］であり, そこでは, 法益保持者の意思に反
する取引や, 法益保持者の利益に反する取引が前提とされ, それゆえ, 背任
の場合には, コンプライアンス措置の様々な形式が, いかなる範囲で法的に
効力を有するかが, 個々具体的な事例において決定されうる」[40]。確かに, 背
任罪においては, コンプライアンス・プログラムは解釈において参照に値す
るものと言えよう。

　しかし, むしろ重要なのは, 過失犯の領域にある。ズィーバーは, 次のよ
うに述べる。「コンプライアンス規定は, さらにまた, 過失犯の領域でも影響
を及ぼす。過失犯にとって中心的な注意義務違反は——しばしば, 『過ぎ去っ
た経験』としての法律外の規定に基づいて——, 行為者の態度が, 客観的に
要求される注意深い態度から逸脱したという点から基礎づけられる。それゆ
え, 自己の雇用者に対して, 従業者に要求される注意深さの基準は, 企業の
方針によって共に決定されうる。団体や多くの企業のコンプライアンス・ガ
イドラインは, さらに, ——企業外からの犯罪［類型］の場合にも—— 一般的
な取引慣行を決定するにあたって重要となりうるのであり, また, 当該方針
の適用領域で, 通例では許されたリスクを具体的に記述しうるのである。そ
こでは, 過失犯の可罰性に関するコンプライアンス・ガイドラインの重要性
は, 当該規定には, 注意義務違反が予定されているだけでなく, 相応の予防
措置による侵害回避は, 差し迫った危険の認識に決定的に依拠しているため,
構成要件実現の予見可能性もさらに問題とされているというのであれば, よ

りはっきりする。それゆえ，コンプライアンス・ガイドラインに基づいて危険回避の必要性が満たされるかぎり，特殊状況が，個別事例で危険の予見可能性を示唆しない場合には，このことは，構成要件実現の予見可能性を欠くことをしばしば許容するのである。その時々の注意義務が第三者の法益を保護するのであれば，潜在的な関係者が諸規定の発展の中で適切に示されることによって，企業プログラムの相応の効果が向上するのである。過失犯に関するコンプライアンス・プログラムのこのような帰結は，私的な規制システムが，ここで『実務による規範設定』をもって国家的な規制内容を決定づける場合に，とりわけ体系論上の観点において興味深いものである。コンプライアンス・プログラムは，それゆえ，取引の余地を定義づけるチャンス，および——刑法上の効果をも用いて——犯罪を助長するグレーゾーンを回避するチャンスを企業に与えているのである」[41]。この主張は，過失犯における刑事コンプライアンスの意義をよく表している。とりわけ新過失論に立脚するのであれば，なおさらそう言える。しかし，旧過失論に立脚しても，「コンプライアンス・プログラムというものは，……企業の従業員の責任を限界づける要素として作用しうる」[42]点は，認めざるをえないであろう。

　b）の企業の責任との関係については，「秩序違反法 30 条による企業の責任について，コンプライアンス・プログラムは，さしあたり，構成要件から要求される従業員の個人的可罰性と，特に秩序違反法 130 条に基づく監督義務を排除するかぎりで重要である。秩序違反法 30 条は，そこで規定される指導的立場にある者の犯罪を，簡単な要件で（例えば，組織責任というような要件で）企業に帰属させるのであるから，秩序違反法 130 条を引き合いに出さずに，秩序違反法 30 条の直接適用を許容する重要な職にある従業員の故意による法律違反が生じた場合には，完全なコンプライアンス・プログラムでさえ，構成要件レベルでは，企業には役に立たない」[43]，と説く。しかし，ここで，過料の量定との関係に着眼し，「企業に対する過料について，コンプライアンス・プログラムの［有する］さらなる意義は，制裁の量定（*Sanktionsbemessung*）の領域で考慮されるのであり，それについて，通説は——秩序違反法 30 条の指示はないものの——秩序違反法 17 条 3 項の諸原則を合目的的に考慮する。過料に関する量定の基礎は，秩序違反法 17 条によって，秩序違反および正犯

に向けられる非難という意義を有する」[44]，と説いている点が注目される。これは，アメリカの量刑ガイドラインを考慮した考えであるが，特に「企業に対する制裁の基礎を，その固有の組織過失に見いだすのであれば，適切なコンプライアンス措置は，従業員の重大な違反行為があった場合にも，制裁の量定を軽くするという影響を与えうる」[45]とする点は，過料が純粋な刑罰ではないだけに，コンプライアンス・プログラムをこのようなレベルで考慮するのは，妥当な方向である。

　最後に，ズィーバーは，コンプライアンス・プログラムと犯罪予防との関係について，次のように述べる。第1に，犯罪予防に対するコンプライアンス・プログラムの適性について，犯罪学的知見を踏まえて，「経済犯罪に関する犯罪学上の研究は，企業犯罪については，まず，従業員の態度に対し，企業特有の影響が決定的であることを証明している。重要なことは，とりわけ，倫理的な価値や企業の組織文化，および，企業水準について，コンプライアンス措置に鑑み，企業内部で調整を行うことである。規範違反は，特に，規範意識の低下の風潮によって，規範違反の軽減措置に向けて企業内部で無害化の技術を駆使することによって，また，『革新的な解決』を発見するように従業員を駆り立てることによって，また，不法行為遂行のチャンスを与えることによって，促進される。コンプライアンス・プログラムによって目指される，企業価値の信頼に足る調整は，それによって，企業犯罪の防止にとって高い重要性を有するのである」[46]，と説く。私自身も，かねてからこの考えに賛同している。第2に，自主規制および共同規制の観点から，「純粋な刑法的解決に対して，コンプライアンス・プログラムの比較的適切な有効性にとって本質的な基礎は，上ですでに強調した，自主規制および共同規制のシステムという特徴に根差しており，コンプライアンス・プログラムをこのシステムの中に含めている。このコンセプトの下では，国家的統制は，ヒエラルキー調整的な法定立および法執行によってはさほど多くは行われず，むしろ，『穏やかな』行為への影響を通じて行われる」[47]，と説く。この自主規制という視点も，実に重要であり，私見の方向性と軌を一にする。コンプライアンスは，本来は可能なかぎり自発的に順守されるべきものだからである。第3に，特殊な犯罪予防内容として，「特定の価値，および当該企業のコンプライアン

202　第2部　企業のコンプライアンス・プログラムと刑事規制

ス・プログラムについて，当該企業の経営陣レベルに責任を義務づけ，かつ，規範づけすること」の重要性を説く。「なぜなら，企業の経営陣レベルに直接作用することは，組織工学的な観点の下では，企業の政策の影響にとって，最も有効な手段だからである」[48]，と。企業コンプライアンスの実効性を確保するには，この視点も重要である。もちろん，第4に，ズィーバーが指摘するように，コンプライアンス・プログラムの事実上の限界も自覚しておかなければならない。そして，それを克服するためには，「みせかけのプログラムや濫用を発見する」システム，すなわち，「国家による統制システムに一定の情報を自由に使用させることができるような，民間による統制システムと国家による統制システムとの連結を作り出すこと」も重要であろう[49]。第5に，法的限界も，同時に自覚する必要がある。「さしあたり，企業の従業員による技術的な監視に関する人権上の限界がこれに当てはまるが，この限界は，ドイツ法では，従業員の個人的諸権利のみからもたらされるのではなく，経営体組織法の関連規定からももたらされる。企業内部の制裁システムに対して従業員を守ることもまた重要である」[50]。

　かくして，ズィーバーは，以上の基本的視点を具体的に呈示して，コンプライアンス措置の法的義務づけの重要性を説きつつ，企業刑法における奨励構造について，「特別な法的コンプライアンスの義務づけと並んで，企業に対してコンプライアンス措置の創設を奨励しつつも，しかし，企業にその導入や設置の際に必要な自由領域を残しておくという一般的な措置が可能である」[51]，と結論づける。このズィーバーモデルを具現化すべく，冒頭で述べた，われわれ早稲田大学とマックス・プランク外国・国際刑法研究所との連携によるドイツのコンプライアンスの現状と課題について実態調査もなされ，報告書にまとめられた[52]。本章では，紙数の関係で割愛するが，別途取り上げて検討したい。以上で概観したズィーバーの見解は，現時点でのドイツにおける刑事コンプライアンスに関するひとつの到達点を示している。

3　21世紀の新たな議論の展開を目指すその他の見解

　その他の見解を簡潔に概観しておこう。まず，マルク・エンゲルハルトは，ズィーバーと連携して，さらにそれを発展させるべく，浩瀚なモノグラフィー

を刊行した[53]。それは、ドイツ法とアメリカ法を比較検討した本格的なものであり、アメリカのコンプライアンス・プログラム制度の影響を多分に受けている。ここでは、簡潔にその主張を取り上げるに止めたい。

エンゲルハルトは、ズィーバーとは異なり、かなり割り切って、コンプライアンスは単純に現行の法規制の遵守を意味し、したがって刑法および秩序違反法との関連では、刑法および秩序違反法の規制の遵守を意味する、と理解している。そして、この法遵守を確保するための措置をコンプライアンス措置と呼び、複数のコンプライアンス措置が組織的に統合された場合をコンプライアンス・プログラムと呼ぶ[54]。後者の点は妥当だとしても、コンプライアンスを単純に現行の法規制の遵守と割り切るのは、問題と思われる。アメリカでも、そう単純な内容ではなく、企業倫理等のソフトローもその中に含まれているのである。この点に関するかぎり、ズィーバーの理解の方が妥当である、と解する。

さて、エンゲルハルトは、コンプライアンスの効果に重きを置く。すなわち、「コンプライアンス・プログラムは、企業従業員の遵法的態度を強化するという目的をもたなければなら」ず、「同時に、法違反を助長する要因を最小限に抑えなければならない」[55]、と強調する。このような視点から、エンゲルハルトは、アメリカ法のコンプライアンス制度および実態について膨大な分析を行い[56]、構成要件的責任、制裁の問題、手続法上の観点からドイツ法との比較検討を行い[57]、アメリカの制度を可能な範囲でドイツに導入すべきだ、と主張する。とはいえ、法人処罰を前提とするアメリカと刑法および秩序違反法で対応するドイツでは、法制度の差異は歴然としている。そこで、エンゲルハルトは、秩序違反法を刑法と行政法との間の第三の道と位置づけ、いわば「小さな刑法」として、憲法上の準則に基づいて、原則として刑法と同様の要件が妥当すると考え、特に秩序違反法 30 条は企業が犯罪を犯した場合に過料を科すことができる、と理解し、「ドイツにおいて刑法と秩序違反法という 2 つの領域を創設することは、アメリカ合衆国と比べて、細分化できるという大きな長所をもっている。これによって、立法者は憲法上の比例原則の観点から段階づけをすることができる。特別に保護に値する法益は、刑法上の保護に服し、あまり強力ではない保護は、秩序違反法を通して行うこ

とが可能である」[58)]，と説く。これは，重要な指摘である。

　ところが，ドイツではあまりこの長所が活用されていないとして，エンゲルハルトは，「コンプライアンス・プログラムが最も大きな意義をもつのは，それが，従業員の行為の構成要件に影響をもつ場合である。たとえば，過失の枠内における注意義務違反の決定の場合がこれにあたるかもしれない」，と論理を展開し，「それが満足のできる状態であるかどうか」を重視しつつ，従業員の行為を糸口とすることと，企業は自ら事前の対策を取ることによってどの範囲において責任を免れるか，という検討に移る[59)]。前者については，特定の従業員の具体的行為を証明することが困難だという批判があるが，エンゲルハルトは，この問題を過大評価すべきでなく，ここ数年の事件処理をみても個々の従業員の行為が証明されないケースはシーメンス事件を含めて存在しない，と反論し，後者については，「コンプライアンス・プログラムがあることで，糸口となる行為について責任を負わせることを遮断して，企業の責任が存在しないとするのか，あるいはそうでないかのいずれかである」という立場を採りつつ，スイスの 2003 年の立法を評価し，この方法の完全に有利な点は，これによって企業の特別な責任（従業員の犯罪行為を予防し，これを発見するという責任）が規制されるということである，と説く。そして，「このように帰責を阻却するということは，企業にとって，コストのかかるコンプライアンス・プログラムを確立するための実質的な誘因となる。しかし，このような帰責阻却の要件は，現実に効果のあるコンプライアンス・プログラムが存在することでなければならない。効果が完全に保証されていない限りは，企業は完全に責任を負う」，とも述べる[60)]。

　引き続き，エンゲルハルトは，企業に対する制裁について検討を加え，ドイツの過料制度とアメリカの罰金制度の比較を行い，量刑ガイドラインと連動するアメリカの罰金制度と並んで保護観察制度を導入すべきだ，と説く[61)]。すなわち，「金銭による制裁と並んで勧められるのは，アメリカ法と同様に保護観察刑に賭けてみることである。特に，コンプライアンス・プログラムの作成を刑として定めるアプローチは，検討に値する。このような措置によって，犯罪行為者を改善する可能性が得られる。企業において反則行為（Deliktsbegehung）を促進してきた要素は，これによって排除することができるの

である。このような改善は，自然人と比較して現実的な選択肢である」[62]，と主張するのである。この主張こそ，エンゲルハルトの真骨頂といえるし，検討に値する提唱である。

最後に，エンゲルハルトは，訴訟法的観点について，手続終了の問題と企業および従業員に対する手続法上の保護の標準についても論じ，ここでもコンプライアンス・プログラムを有効活用できる，と説くが，紙数の関係で詳細は割愛する[63]。

以上のように，エンゲルハルトの主張は，アメリカ法の詳細な分析に基づいてその有効活用可能なコンプライアンス・プログラムをドイツにおいても活用しようとするものであり，今後ドイツにおいても支持者を増やすのではないか，と思われる。

つぎに，トーマス・レナウは，エンゲルハルトとは異なり，自主規制を念頭に置きつつ，効果的な犯罪予防的コンプライアンス・プログラムを模索する。そして，コンプライアンスによる免責効果（Entlastungseffekte）をまず第1に挙げ，企業が「最善の実務（best Practice）」を志向すれば，グレーゾーンにおいても処罰されないための理性的担保になる[64]，と説く。第2に，コンプライアンスによる可罰性のリスクを生み出すという加重効果（Belastungs-effekte）も指摘する[65]。これは，適正なコンプライアンスを作っておかなければ，義務違反認定の際に不利益になる，ということを意味する。第3に，コンプライアンスと自主規制との関係で，内部調査の重要性を説く[66]。もちろん，この問題は，自己負罪拒否特権の問題とも深く関わるので，それを捜査にどのように活用すべきか，については慎重な判断が必要であろうが，適正なコンプライアンス体制を作っていれば，内部調査もうまく機能するので，企業にとっても従業員個人にとってもそれが有利に機能することも考えられる。したがって，レナウの主張は，全体として私見と共通点が多い。

最後に，ローター・クーレンの主張を取り上げておこう。クーレンは，シーメンス事件等を分析しつつドイツのコンプライアンス体制を概観し，企業に関連した行為を理由に自然人が処罰されうることと並んで，ドイツでも，企

業自体への制裁賦課がますます意味を増してきているという認識に立ちつつも，たとえ企業に刑罰を科すことができないとしても，秩序違反法30条は，犯罪または秩序違反があった場合，企業の義務に違反しまたは企業に利益があったとされるときは，企業に対して過料を科すことを認めている点を再評価する[67]。クーレンは，秩序違反法130条を，犯罪と企業を連結する事実として監督義務違反を考える際の「刑事コンプライアンスの中心規範」であると特徴づける。これによれば，企業オーナーまたは企業役員（秩序違反法9条）として必要な監督措置を怠った者は，業務に関連して違反行為が行われ，その違反行為が，もし相応な監督が行われていれば阻止されまたは著しく困難になったであろうときに，秩序違反行為を行ったことになる，と説く。その前提として，クーレンによれば，ドイツ法は，「準刑法的性質をもつ」企業責任（Unternehmenshaftung）を現在すでに認めている，という基本認識がある。したがって，法人処罰規定を新たに設けることには消極的である[68]。クーレンの主張は，レナウと共に，ドイツの典型的な思考をよく表しているように思われる。

4　結　語

　以上，ドイツにおける刑事コンプライアンスについて分析してきたが，ドイツにおいても刑事コンプライアンスの重要性が刑法学者の間でもかなり認識されつつあることがわかる[69]。今後は，われわれが行った実態調査[70]を踏まえて，ドイツ刑法学と連携を図りつつ，刑事コンプライアンスの議論を理論的・実践的に深化させる努力を継続することが肝要である。

> 1) 詳細については，甲斐克則＝田口守一編『企業活動と刑事規制の国際動向』（2008・信山社），樋口亮介『法人処罰と刑法理論』（2009・東京大学出版会）参照。
> 2) 日本で最も強く法人処罰を主張するのは，樋口・前出注1）である。同書については，簡潔ながら書評として，甲斐克則・ジュリスト1379号（2009）93頁において論評しておいた［本書第11章］。
> 3) 以上の研究成果として，田口守一＝甲斐克則＝今井猛嘉＝白石賢編『企業犯罪とコンプライアンス・プログラム』（2007・商事法務），甲斐＝田口編・前出注1），甲

斐克則編『企業活動と刑事規制』(2008・日本評論社)，田口守一＝松澤伸＝今井猛嘉
＝細田孝一＝池辺吉博＝甲斐克則『刑法は企業活動に介入すべきか』(2010・成文堂)
がある。

4) 最終報告書として，甲斐克則「日本におけるコンプライアンスの現状と課題——
2010 年度アンケート調査分析結果——」季刊・企業と法創造 9 巻 2 号（2013）97 頁
以下［本書第 12 章］参照。なお，データ表抜きの同内容のものとして，甲斐克則「日
本におけるコンプライアンスの現状と課題——2010 年アンケート調査分析結
果——」商事法務 1975 号（2012）28 頁以下参照。本調査は，2010 年 11 月から 12 月
にかけて郵送方式で行い，2,496 社（東証第一部上場企業）に質問票を送付して，
448 社から回答を得たものである（回収率 17.95％）。また，アンケート全体および
調査結果の単純集計については，甲斐克則ほか「早稲田大学 GCOE シンポジウム：
コンプライアンスの現状と課題——企業コンプライアンスと法規制のゆくえ」企業
と法創造 33 号（2012）95 頁以下，特に 144 頁以下参照。

5) *Katsunori Kai*, Unternehmenstätigkeit und Strafrechtliche Sanktion—Ein
Vergleich der Corporate Complience in Japan und Deutschland—, in Harald Baum
(Hrsg.), Deutschland und Japan : Zwei Ökonomien im rechtlichen Dialog.
Symposium im Rahmen des Jubiläums „150 Jahre Freundschaft Japan—Deutsch-
land", 2012, Carl Heymanns Verlag, SS. 85-105. これは，2011 年 10 月 21 日と 22 日
にドイツのハンブルク市にあるマックス・プランク外国・国際私法研究所で開催さ
れた日独友好 150 周年記念シンポジウムで報告したものである。私と同じセッショ
ンでは，ハンブルクのブチェリウス・ロースクール（Bucerius Law School）のトー
マス・レナウ（*Thomas Rönnau*）教授が報告され，共に議論をした。Vgl. *Thomas
Rönnau*, Corporate Compliance und Strafrecht in Deutschland, in Baum（Hrsg.）, a.a.
O., SS. 107-127.

6) これらは，すでに，英語版で，Materials for the Comparative Study on Compli-
ance Programs of Corporations and Their Legal Effects, Vol. 1（2012），Vol. 2（2013）
としてまとめられており，Vol. 2 がドイツと日本の報告書を収め，Vol. 1 がそれ以外
の国の報告書を収めている。［6 か国全報告書の邦訳は，甲斐克則＝田口守一編『刑
事コンプライアンスの国際動向』(2015・信山社) 165 頁以下に収められているので
参照されたい。］

7) 詳細については，神山敏雄「経済犯罪行為と秩序違反行為の限界㈠㈡(三・完)——
ドイツの法制度・学説・判例を中心に——」刑法雑誌 24 巻 2 号（1981）1 頁以下，
26 巻 2 号（1984）94 頁以下，27 巻 1 号（1986）21 頁以下，今村暢好「ドイツにおけ
る犯罪行為と秩序違反行為との混合構成要件」法学研究論集 28 号（2008）17 頁以
下，辻本淳史「ドイツにおける刑罰と過料の構造と差異(1)～(4・完)」早稲田大学法
研論集 138 号（2011）125 頁以下，139 号（2011）148 頁以下，140 号（2011）241 頁
以下，141 号（2012）349 頁以下参照。また，ドイツにおける経済刑法（EU も含む）
の関連法の詳細な分析として，*Hans Achenbach*, Das Strafrecht als Mittel der
Wirtschaftlenkung, ZStW 119（2007），Heft 4, S. 789ff. があり，その邦訳として，ハン

ス・アッヘンバッハ（甲斐克則（監訳）：辻本淳史＝伊藤嘉亮（訳））「経済統制手段としての刑法」季刊・企業と法創造5巻1号（2009）156頁以下がある。

8) Vgl. *Klaus Tiedemann*, Wirtschaftsstrafrecht und Wirtschaftskriminalität I. Allgemeiner Teil, 1985 ; *ders.*, Wirtschaftsstrafrecht und Wirtschaftskriminalität II. Besonderer Teil, 1985. なお，クラウス・ティーデマン（西原春夫＝宮澤浩一監訳）『ドイツおよびECにおける経済犯罪と経済刑法』（1990・成文堂）参照

9) 神例康博「ドイツにおける企業活動の適正ルール形成のための法制度——特に制裁システムの現状」甲斐＝田口編・前出注1）107頁。

10) ドイツの秩序違反法の概要については，田口守一「ドイツにおける企業犯罪と秩序違反法」甲斐＝田口編・前出注1）157頁以下，辻本・前出注7）「(1)」129頁以下参照。

11) 田口・前出注10）160頁。

12) 皮革スプレー事件判決の詳細については，岩間康夫「刑法上の製造物責任と先行行為に基づく保障人的義務——近時のドイツにおける判例及び学説から——」愛媛法学会雑誌18巻4号（1992）41頁以下〔岩間康夫『製造物責任と不作為犯論』（2010・成文堂）所収〕，松宮孝明「ドイツにおける『管理・監督責任』論」中山研一＝米田泰邦編著『火災と刑事責任——管理者の過失処罰を中心に——』（1993・成文堂）190頁以下〔松宮孝明『過失犯論の現代的課題』（2004・成文堂）20頁以下所収〕，ヴァルター・ペロン（高橋則夫訳）「ドイツにおける製造物責任——ドイツ連邦通常裁判所『皮革用スプレー判決』をめぐって——」比較法（東洋大学）31号（1994）1頁以下，北川佳世子「製造物責任をめぐる刑法上の問題点——ドイツ連邦通常裁判所の皮革用スプレー判決をめぐる議論を手掛かりに——」早稲田法学71巻2号（1996）171頁以下等参照。なお，第1審判決について，vgl. *Joachim Schmidt-Salzer* (Hrsg.), Entscheidungssammlung Produkthaftung : Strafrecht mit Urteilsanmerkungen und einer Einleitung, 1992, IV. 3. 22.

13) これらの事件については，甲斐＝田口編・前出注1）所収の諸論文参照。

14) マンネスマン事件の詳細については，正井章筰「企業買収における経営者への功労金の支払い——マンネスマン訴訟に見るドイツのコーポレート・ガバナンスと刑事司法制度——」早稲田法学82巻3号（2007）59頁以下参照。裁判を傍聴された正井教授からは，本件について貴重なお話を伺うことができたことを特記しておきたい。

15) 詳細については，正井・前出注14）92頁以下参照。

16) 21世紀のシーメンス事件の詳細については，*Lothar Kuhlen*, Grundfragen von Compliance und Strafrecht, in Lothar Kuhlen/Hans Kudlich/Íñigo Ortiz de Urbina (Hrsg.), Compliance und Strafrecht, 2013, S. 1ff., insbes. SS. 2-12 が詳しい。また，2013年6月28日に早稲田大学で開催された比較法研究所主催によるローター・クーレン教授の講演（*Lothar Kuhlen*, Compliance und Strafrecht in Deutschland : ローター・クーレン（岡上雅美訳）「ドイツにおけるコンプライアンスと刑法」比較法学47巻3号（2014）165頁以下）でも，詳細を知ることができる〔クーレン教授

第 10 章　ドイツにおける企業犯罪と刑事コンプライアンス　209

からは，その後も複数の文献をいただいたが，本書では反映できなかった。]。なお，本文でことさらに「21 世紀のシーメンス事件」と呼んだのは，かの 1914 年（大正 3 年）の大疑獄事件であるシーメンス事件と異なることを示すためである。なお，21 世紀のシーメンス事件連邦通常裁判所判決は，後述のように複数ある。

17) この国際シンポジウムの記録として，甲斐＝田口編・前出注 1) 331 頁以下参照。特にシェーファー氏のコメント（二本栁誠訳・同書 349 頁以下）は，当時，実に参考になるものであった。

18) なお，シーメンス事件は多岐にわたるが，「独立従業員の労働共同体（Arbeitsgemeinschaft unabhängiger Betriebsangehöriger＝AUB）」の設立に係るその委員の背任幇助の事案については，別途，連邦通常裁判所の判決がある。Vgl. BGH St 55, 228（Siemens/AUB, Urteil vom 13. 9. 2010）. また，フォルクスワーゲン社事件については，vgl. BGH St 54, 148（Urteil vom 17. 19. 2009）.

19) マルク・エンゲルハルト（武藤眞朗訳）「コンプライアンス・プログラムを特に顧慮したドイツおよびアメリカ合衆国における企業の制裁」季刊・企業と法創造 6 巻 1 号（2009）149 頁によれば，シーメンス社は，さらに，3 億 9,500 万ユーロの過料を受け入れたほか，アメリカ合衆国では，4 億 5,000 万ドルの罰金刑と 3 億 5,000 万ドルの証券取引委員会による民事上の制裁を受け入れた。この訳稿は，2009 年 3 月 17 日に早稲田大学グローバル COE《企業法制と法創造》総合研究所刑事法グループ主催の講演会で行われた講演の邦訳である。Vgl. auch *Marc Engelhart*, Sanktionierung von Unternehmen und Compliance. Eine rechtsvergleichende Analyse des Straf- und Ordnungswidrigkeitenrechts in Deutschland und den USA, 2010. S. 2ff. 同書において，シーメンス事件が詳細に分析されている。

20) *Kuhlen*, a.a.O.（Anm. 16）, S. 2ff.

21) 法務資料 461 号『ドイツ刑法典』（2007）164 頁の邦訳による。

22) Vgl. *Thomas Rönnau*, Untreue als Wirtschaftsdelik, ZStW 119（2007）, S. 887ff. 邦訳として，トーマス・レナウ（甲斐克則＝岡部雅人＝辻本淳史訳）「経済犯罪としての背任」季刊・企業と法創造 6 巻 1 号（2009）89 頁以下がある。レナウは，「背任を追加的に経済犯罪に分類することは，……刑法 226 条の解釈に際して，判例において偏在する抽象的危険犯への拡張傾向をさらに促す危険をもたらす」，と指摘する（S. 902）。

23) 訳文は，宮沢俊義編『世界憲法集（第二版）』（1977・岩波書店）208 頁による。

24) *Rönnau*, a.a.O.（Anm. 21）, S. 926.

25) これらの条文の訳については，田口・前出注 10) 164-166 頁参照。

26) エンゲルハルト（武藤訳）・前出注 19) 150 頁。

27) エンゲルハルト（武藤訳）・前出注 19) 152 頁。

28) *Ulrich Sieber*, Comoliance-Programme im Unternehmensstrafrecht. Ein neues Konzept zur Kontrolle von Wirtschaftskriminalität, in Ulrich Sieber u.a.（Hrsg.）, Festschrift für Klaus Tiedemann zum 70. Geburtstag, 2008, S. 449ff. 邦訳として，ウルリッヒ・ズィーバー（甲斐克則＝小野上真也＝萩野貴史訳）「企業刑法におけるコ

210 第2部 企業のコンプライアンス・プログラムと刑事規制

ンプライアンス・プログラム――経済犯の統制のための新構想――」(甲斐克則=田口守一監訳)『21 世紀刑法学への挑戦――グローバル化情報社会とリスク社会の中で――』(2012・成文堂)309 頁以下(初出は,季刊・企業と法創造 6 巻 1 号(2009)120 頁以下)。なお,その元になった早稲田大学での「企業犯罪国際シンポジウム」(2005 年 11 月 15 日)における講演原稿(ウルリッヒ・ズィーバー(田口守一=原田和往=二本栁誠=岡部雅人=萩野貴史=小野上真也訳)「企業犯罪防止のためのコンプライアンス・プログラム――経済犯罪の領域における刑法上の共同規制のための新たな試み――」甲斐・田口編・前出注 1)409 頁以下)をも参照。

29) *Sieber*, a.a.O.(Anm. 28), S. 454f. ズィーバー(甲斐ほか訳)・前出注 28)317-318 頁。

30) *Sieber*, a.a.O.(Anm. 28), S. 455. ズィーバー(甲斐ほか訳)・前出注 28)318-319 頁。

31) *Sieber*, a.a.O.(Anm. 28), S. 455. ズィーバー(甲斐ほか訳)・前出注 28)319 頁。

32) *Sieber*, a.a.O.(Anm. 28), S. 457f. ズィーバー(甲斐ほか訳)・前出注 28)321 頁。

33) *Sieber*, a.a.O.(Anm. 28), S. 458. ズィーバー(甲斐ほか訳)・前出注 28)322 頁。

34) *Sieber*, a.a.O.(Anm. 28), S. 458. ズィーバー(甲斐ほか訳)・前出注 28)322-323 頁。

35) *Sieber*, a.a.O.(Anm. 28), S. 459. ズィーバー(甲斐ほか訳)・前出注 28)323 頁。

36) *Sieber*, a.a.O.(Anm. 28), S. 463ff. ズィーバー(甲斐ほか訳)・前出注 28)329 頁以下。

37) *Klaus Tiedemann*, Die „Bebußung" von Unternehmen nach dem 2. Gesetz zur Bekämpfung der Wirtschaftskriminalität, NJW 1988, 1173.

38) *Sieber*, a.a.O.(Anm. 28), S. 466ff. ズィーバー(甲斐ほか訳)・前出注 28)332 頁以下。

39) *Sieber*, a.a.O.(Anm. 28), S. 468. ズィーバー(甲斐ほか訳)・前出注 28)335 頁。

40) *Sieber*, a.a.O.(Anm. 28), S. 468f. ズィーバー(甲斐ほか訳)・前出注 28)336 頁。なお,引用文中の圏点部分は,原文でイタリック体である(以下同じ)。

41) *Sieber*, a.a.O.(Anm. 28), S. 469f. ズィーバー(甲斐ほか訳)・前出注 28)336-337 頁。

42) *Sieber*, a.a.O.(Anm. 28), S. 471. ズィーバー(甲斐ほか訳)・前出注 28)339 頁。

43) *Sieber*, a.a.O.(Anm. 28), S. 471. ズィーバー(甲斐ほか訳)・前出注 28)339 頁。

44) *Sieber*, a.a.O.(Anm. 28), S. 471. ズィーバー(甲斐ほか訳)・前出注 28)339 頁。

45) *Sieber*, a.a.O.(Anm. 28), S. 471f. ズィーバー(甲斐ほか訳)・前出注 28)340 頁。

46) *Sieber*, a.a.O.(Anm. 28), S. 474. ズィーバー(甲斐ほか訳)・前出注 28)343 頁。

47) *Sieber*, a.a.O.(Anm. 28), S. 475. ズィーバー(甲斐ほか訳)・前出注 28)344-345 頁。

48) *Sieber*, a.a.O.(Anm. 28), S. 476f. ズィーバー(甲斐ほか訳)・前出注 28)347 頁。

49) *Sieber*, a.a.O.(Anm. 28), S. 477f. ズィーバー(甲斐ほか訳)・前出注 28)348 頁。
ズィーバーは,ここで,シーメンス事件を引合いに出し,「この事件は,コンプライアンス・システムが,企業経営者の不十分なサポートによってみせかけのものにな

第 10 章　ドイツにおける企業犯罪と刑事コンプライアンス　　211

るという危険性を明確に示すだけではない。アメリカ証券取引委員会の制裁の脅威
によって圧力を受けた企業により，2007 年に行われた徹底的な腐敗事件の解明は，
さらに，企業内部の措置や協力メカニズムの有効性をも裏づけた」，と指摘している。

50) *Sieber*, a.a.O.（Anm. 28），S. 478. ズィーバー（甲斐ほか訳）・前出注 28）349 頁。

51) *Sieber*, a.a.O.（Anm. 28），S. 481. ズィーバー（甲斐ほか訳）・前出注 28）352 頁。

52) *Ulrich Sieber and Marc Engelhart*, Compliance Programs for the Prevention of Economic Crimes in Germany—An Empirical Survey—, in Criminal Law Group of Waseda Institute for Corporation Law and Society (Ed.), Marerials for the Comparative Study on Compliance Progrms of Corporation and Their Legal Effects, Volume 2, 2013. この報告書には，われわれが行った日本の企業の調査報告書も英文で収められている。See Katsunori Kai, THE CURRENT STATE AND ISSUES OF COMPLIANCE IN JAPAN. RESULTS OF THE ANALYSIS OF THE 2010 SURVEY.

53) *Engelhart*, a.a.O.（Anm. 19）. 本書は，900 頁近い大著である。なお，エンゲルハルト（武藤訳）・前出注 19）は，それをコンパクトにまとめたものであり，有益である。

54) *Engelhart*, a.a.O.（Anm. 19）., S. 40ff., insbes. S. 43f. エンゲルハルト（武藤訳）・前出注 19）149 頁。

55) エンゲルハルト（武藤訳）・前出注 19）149 頁。*Engelhart*, a.a.O.（Anm. 19），S. 44.

56) *Engelhart*, a.a.O.（Anm. 19）., SS. 57-318.

57) *Engelhart*, a.a.O.（Anm. 19）., SS. 319-521, SS. 522-598, SS. 599-729.

58) エンゲルハルト（武藤訳）・前出注 19）150 頁。Vgl. auch *Engelhart*, a.a.O.（Anm. 19），S. 528ff.

59) エンゲルハルト（武藤訳）・前出注 19）150-151 頁。*Engelhart*, a.a.O.（Anm. 19），S. 599ff.

60) エンゲルハルト（武藤訳）・前出注 19）151 頁。*Engelhart*, a.a.O.（Anm. 19），SS. 649ff.

61) エンゲルハルト（武藤訳）・前出注 19）152-154 頁。*Engelhart*, a.a.O.（Anm. 19），S. 695f.

62) エンゲルハルト（武藤訳）・前出注 19）154 頁。*Engelhart*, a.a.O.（Anm. 19），S. 696.

63) *Engelhart*, a.a.O.（Anm. 19），SS. 703-710. エンゲルハルト（武藤訳）・前出注 19）154-155 頁。

64) *Rönnau*, a.a.O.（Anm. 5），S. 114.

65) *Rönnau*, a.a.O.（Anm. 5），S. 116ff.

66) *Rönnau*, a.a.O.（Anm. 5），S. 120ff.

67) *Kuhlen*, a.a.O.（Anm. 16），S. 1ff.

68) *Kuhlen*, a.a.O.S.（Anm. 16），S. 12ff.

69) 本章では取り上げなかった文献として，*Dennis Bock*, Criminal Compliance, 2011 等も刊行されている。

70) 甲斐・前出注 4）の最終報告書参照。

第 11 章
樋口亮介著『法人処罰と刑法理論』

1 はじめに

本書『法人処罰と刑法理論』(有斐閣・2009年)は，著者が2005年2月に東京大学に提出した助手論文『法人処罰と刑法理論(1)～(6・完)』法協123巻3・4号(2006年)，125巻7・10・11・12号(2008年)をもとにその骨子をまとめたものである。原論文の分量を約半分にしてまとめた本書は，原論文のインパクトの強さと質の高さを落とすことなく，読みやすく書かれている。

本書の構成は，第1章「日本法」，第2章「イギリス法」，第3章「アメリカ法」，第4章「ドイツ法」，第5章「スイス法・オーストラリア法」，終章「法人処罰の理論的基礎と具体的要件の構築」，そして「結語」となっており，本書が本格的な比較法的研究に基づいた刑法理論研究であることが一見してわかる。著者の主張の柱は，「法人は肉体も精神も持たない。この単純な命題と，肉体も精神も有する自然人を名宛人として構築されてきた刑法理論がいかなる関係に立つか」，という点を検討課題の中心に置き，「刑法理論を法人にも包括的に適用しようとする英米法と，刑法理論を法人に適用できないとするドイツ法を対照して，刑法理論を法人にも包括的に適用するという基本的思考枠組みを選択すべき」だ，とする点にある(181頁)。

2 日本における法人処罰論

第1章では，法人処罰をめぐる議論の系譜について，美濃部達吉の登場前後における法人の犯罪能力否定説と法人実在説による法人処罰，さらには業務主処罰規定(転嫁罰規定，両罰規定)における代位責任による法人処罰の理論的分析を行い，業務主処罰規定の機能を受皿的構成要件設定機能と呼び，業

214　第2部　企業のコンプライアンス・プログラムと刑事規制

務主処罰規定という条文の存在によって法人処罰が可能となる，という意味でこれを法人処罰規定創設機能と呼んで考察する。そして，受皿的構成要件設定機能と法人処罰規定創設機能は理論的には異質の機能であるにもかかわらず，業務主処罰規定は両者を一括して定めているが，これは代位責任を課すものとの解釈を前提にすれば合理性が認められるものの，「その解釈が廃れた後，両機能が混在して規定されていることで，議論に混乱が生じることになる」（5頁）として，美濃部説を入念に検討し，それを組織モデルの原型として位置づけ，「①法人は肉体も精神も持たないという命題は維持しつつも，②肉体的挙動と心理的要素を捨象できるタイプの犯罪もあると主張することで，法人の性質と刑法の処罰要件の矛盾を解決した」と評価し，「30年後，藤木英雄に組織モデルの基盤を提供することになる」，と説く（7頁～8頁）。この分析は実に興味深く，また，「美濃部の主張した過失推定説は，責任主義の枠内において本条よりも処罰範囲を拡張する受皿的構成要件の適用領域を確保するという巧みな解釈論であった」（11頁）との指摘は重要である。かくして，過失推定説が最高裁判例で採用されていった経緯がよく理解できる。

　他方，美濃部以降の刑法学は，従前の法人実在説同様，自然人たる代表者を媒介として法人は肉体と精神を持つという論理（同一視理論）が有力化したが，著者は，刑法学説が同一視理論の刑法理論上の論拠を示さなかったと指摘し，1970年代に入り，ようやく藤木の「義務違反による組織モデル」が登場したことにより新たな様相を見せたとして，これを評価しつつも，藤木説によれば「義務違反ではない犯罪類型において法人処罰が一切認められないという限界が生じることになる」が，肉体的挙動と心理的要素を要求する故意作為犯（例えば，名誉毀損罪やわいせつ物頒布罪）について，「立法論としてさえ法人処罰が認められないという帰結はいかにも耐え難い」，としてその限界を説く（18頁～19頁）。そして，それを継受してその限界を突破した板倉宏の組織モデル「企業組織体責任論」を分析し，それは「法人による犯罪と社会的に評価できる場合に法人を処罰できるという思考枠組みを採用するものである」，と批判する（22頁）。

　以後，法人処罰論は混迷するが，1990年以降，諸外国の動向の影響もあり，議論が再興したが，著者は，刑法理論の論拠を求めて，同一視理論を検討し

た後，組織モデルを入念に検討し，行為・故意の規範的論拠が法人組織によって充足されているかを判断する議論を支持するとの態度表明をし，さらに，組織過失についても，先行研究である川崎友巳説を多分に意識して検討し，組織過失の判断に際して，コンプライアンス・プログラムだけでなく，実行者の注意義務違反も判断ファクターにしてよい，と説く（42頁～43頁）。

3　樋口理論の位置づけ

以上の問題意識から，同一視理論と組織モデルについて，イギリス法（第2章），アメリカ法（第3章），ドイツ法（第4章），そしてスイス法・オーストラリア法（第5章）について詳細かつ入念な比較法的分析が行われるが，分析視角が鋭くかつ正確な原典解読・分析だけに，著者の力量を感じさせ，読者を惹きつけるものがある。

かくして，比較法的知見を踏まえ，終章では，「イギリス法同様，法人処罰を刑法理論に包摂するという思考枠組みを採用した上で，その包摂方法を論じる」（151頁）が，法人処罰の積極的存在意義として，抑止対象の拡張機能と抑止方法の拡張機能という2つの機能が挙げられている点，そして，同一視理論と組織モデルの対立といった従来の議論の抱える問題を解決すべく（両モデルは法人処罰の理論的基礎の充足形態が異なるにすぎないものとされる），両者を統合して法人処罰の客観面と主観面の理論的構築が目指されている点が注目される。特に，規範的責任論を根拠にして主観的要素（法人の目的，組織故意）について深く言及している点，さらには立法の指針まで呈示している点は，刑法の一般理論のパラダイム転換を迫るものであるだけに，今後各方面に大きなインパクトを与えるであろう。それだけに，問題性を内包しており，多くの研究者が本書との対決を余儀なくされることは必定である。鋭敏かつ骨太の若き優れた刑法学者が誕生したことを喜びつつ，本書を一読することを勧めたい。

第 12 章
日本におけるコンプライアンスの現状と課題
——2010 年アンケート調査分析結果

1　はじめに

　2010 年の秋から年末にかけて，われわれ早稲田大学グローバル COE《企業法制と法創造》研究所刑事法グループは，企業アンケート調査を実施した。実は 6 年前の 2004 年にも同様のアンケートを実施したことがある。今回のアンケート調査の問題意識は，2004 年の調査以後，この 5〜6 年間で，法制度，企業のあり方，コンプライアンス，および企業の社会的責任 (CSR) の内実が随分と変わってきたのではないか，そして，この変化をフォローすることにより，2004 年の調査結果がそのまま今も通用する部分ともはや通用しない部分を分析しておく必要があるのではないか，という学問的関心にあった。もちろん，実践的な課題からしても，今，日本の企業が置かれているコンプライアンスなり CSR は海外と比較してどういう位置にあるのか，ということも正確に把握しておかないと，グローバル社会においておそらく太刀打ちできない状況になるであろうという危機感もあって，このたびアンケート調査を新たに実施した次第である。

　特に独占禁止法の改正 (2005 年) と金融商品取引法の誕生 (2006 年) は，確かに，大きな効果，様々な効果を企業および市場に対して生み出してきた。しかし，このことが企業の現場でどのように受け止められているのか，という評価もしておかなければならない。それから，今回のアンケート調査によって，新たな課題もおそらく浮かび上がるであろう，とも考えた。法制度が変わったからすべてコンプライアンス体制も変わったと言えるか，あるいは良くなったかというと，これはまだわからない。適正な評価をして，そこから一定の課題も抽出しなければならず，そしてその中から (刑事) 法規制のあり方も探っていこうというのが，今回の調査の目的であった。したがって，随

時 2004 年のアンケート調査結果との比較も盛り込みながら，以下，論じていくことにする。

　なお，これまでのわれわれのプロジェクトの成果としては，田口守一ほか編『企業犯罪とコンプライアンス・プログラム』（商事法務・2006 年），甲斐克則＝田口守一編『企業活動と刑事規制の国際動向』（信山社・2008 年），甲斐克則編『企業活動と刑事規制』（日本評論社・2008 年），田口守一ほか著『刑法は企業活動に介入すべきか』（成文堂・2010 年），ウルリッヒ・ズィーバー（甲斐克則＝田口守一監訳）『21 世紀刑法学への挑戦──グローバル化情報社会とリスク社会の中で──』（成文堂・2012 年）がある。本報告では，それらを踏まえて，クロス集計も取り入れながら，今回の調査の結果を分析し，コンプライアンスの現状と今後の課題を明らかにすることとしたい。そして，これは，同時に本プロジェクトが共同で実施してきたドイツ，イタリア，中国，アメリカ合衆国，イギリス，そしてオーストラリアとの比較研究の元になるものでもある。

　なお，本章の本文については，同一題目でほぼ同内容のものを商事法務1975 号（2012 年 9 月 5 日号）28 頁以下に掲載したが，本章は，それに微修正を加え，さらにクロス集計を含む分析結果の図表を取り入れた最終報告書である〔本書に収録するにあたり一部追加微修正した〕。質問票および単純集計結果については，企業と法創造 33 号（2012 年）144 頁以下〔本書〔甲斐克則＝田口守一編『刑事コンプライアンスの国際動向』（信山社・2015 年）〕142 頁以下〕に掲載しているので参照していただきたい。

2　2010 年アンケート調査概要

　今回の調査は，2010 年 11 月から 12 月にかけて郵送方式で行った。2,496 社に質問票を送付して，448 社から回答を得た（回収率 17.95％）。内訳は，別添のアンケート用紙 2 頁に表でまとめているとおり，商業の小売業，商業の卸売業，一般機械，電気機器，化学，建設といった順で，まんべんなくいろいろな業種の企業から回答を得た。非常に貴重なデータであり，協力いただいた企業の方々に謝意を表したい。

全体の配列について述べておくと，2004年に実施したときには，むしろCSRにウエイトがあり，その内容が先に来ていたが，今回は，コンプライアンスについて先に尋ねる順番になっている。質問内容も，今回の方がかなり細かく聞いているところに特徴がある。もちろん，2004年に調査したときと今回とで，どこがどう変わったかを比較するためには，2004年の調査の項目もなければいけないというわけで，一定の重要項目は残している。それから，今回は差し障りのない範囲で自由記載欄を随分活用した。

3 アンケート結果の概要

1 コンプライアンスについて

まず，第Ⅰ部は，ずばり「コンプライアンスについて」と題して尋ねた。

問1は，「コンプライアンスの防止対象事項」である〔図1参照〕。多い順に挙げると，「下請代金の支払遅延」，「守秘義務の徹底」，「欠陥品の製造・販売」，

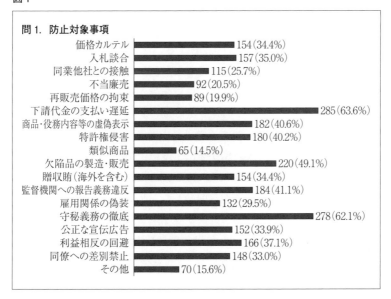

図1

220　第2部　企業のコンプライアンス・プログラムと刑事規制

図2

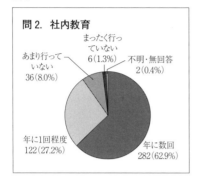

問2．社内教育

図3

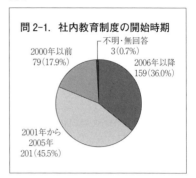

問2-1．社内教育制度の開始時期

「監督機関への報告義務違反」，「商品・役務内容等の虚偽表示」というのがベスト5である。2004年の調査では，「贈収賄」が1番で，2番が「下請代金の支払遅延」，3番が「特許権侵害」，4番が「欠陥品の製造・販売」，5番が「商品・役務内容等の虚偽表示」という順番であった。今回比較してみると，随分順番が変わった。変わっていないのも若干あるが，トップであった贈収賄の順番が大きく変わったことは，おそらくその数が減ったということでもあろうが，企業の努力が看取され，非常に興味深い。

　それから，今回の調査で6番目に挙がっているのが，「利益相反の回避」である。これは，前回まったく項目に挙げていなかったものであるが，今回37.1％とかなり関心が高かったということに，私は個人的に興味を引かれた。以上から，企業内部でかなりいろいろな取組みがなされている，ということが看取できる。

　問2は，「社内教育」についてである。社内教育は随分進んでおり，どの企業も大半が実践している。90.1％が年に1度以上は実施しており，問題がかなり解消されつつある，と思われる〔図2参照〕。社内教育開始時期についても，だいたい「21世紀に入ってから開始した」という企業が多く，2006年以降まで入れると，81.5％になる。コンプライアンスの分野で随分早くから活動している企業は，17.9％が2000年以前から社内教育を実施している。したがって，21世紀に入って社内教育はだいたい一般化している，と考えてよい〔図3参照〕。

図4

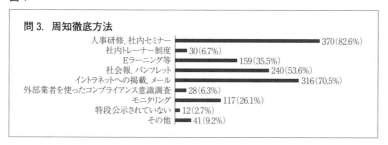

図5

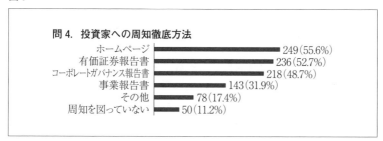

　問3は,「周知徹底方法」である〔図4参照〕。これもかなり定着しており,「人事研修」と「社内セミナー」が82.6%,「イントラネットへの掲載」や「メール」が70.5%,こういうものがかなり定着してきていることが明らかで,これは,4～5年前の2004年の調査と比べても,あまり変化がない。むしろ,ますます充実してきている,と言える。

　問4は,「投資家への周知徹底方法」である〔図5参照〕。実はこの項目は,2004年にはなかった。むしろ,企業内部だけで徹底しても十分ではない,という認識から,今回この項目を設けた次第である。特にこの中で興味深いものとして,「ホームページ」(55.6%)が最も多いのは当然として,2番目に「有価証券報告書」(52.7%),そして注目されるのが3番目に「コーポレートガバナンス報告書」が48.7%を占めている点が挙げられる。半分くらいの会社では「コーポレートガバナンス報告書」の中で投資家に周知しているということ

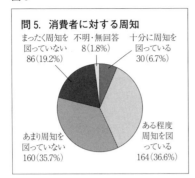
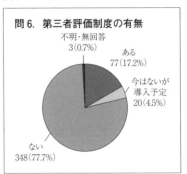

は、注目に値する。したがって、ますます情報開示が進んでいる、と理解できる。

では、「消費者に対する周知方法」についてはどうか、というのが**問5**である〔図6参照〕。今度は逆で、消費者に対しては、「ある程度周知を図っている」というのが36.6％で、「十分に図っている」（6.7％）という回答を入れても、半数に満たないというところである。逆に、「あまり周知を図っていない」（35.7％）あるいは「まったく周知を図っていない」（19.2％）という2つの回答を入れると、むしろ54.9％と半数を超える。したがって、課題がここから浮かび上がってくる。消費者に対してコンプライアンスも含めてきちんと知ってもらうという意味での情報提供をどうするか、ということが1つの課題として残ることが、ここで判明する。

問6は、「第三者評価制度」について、である〔図7参照〕。これも、実は不十分である。大学も含め、いろいろなところで第三者評価制度が導入されてきている。ところが、私は、企業ではもっとこの制度の導入数が多いのではないか、と個人的には期待していたのだが、この数値をみるかぎりでは、そういった「制度がない」という回答が77.7％、「導入予定」が4.5％であるから、現実に「ない」というものが8割を超すということは、意外であった。この原因は、どこにあるのであろうか。第三者評価というのは、やはり企業にはなじまないのかどうなのか。これについては、検討の余地がある。

問7の「違反行為察知・防止システムの有無」については、ほぼ大半の企

業に当たる98.7%が「ある」という回答なので，これ自体は問題ない〔図8参照〕。むしろ問題は，**問7-1**の「相談窓口」である〔図9参照〕。社内でいろいろな不祥事があった場合，どこに相談するか，という質問である。ベスト3を挙げてみると，1番目はコンプライアンス関連部署であり，273社で，61.5%である。これを見るかぎりでも，2004年の調査のときには，まだこういう部門がある会社はそれほど多くなかったので，この5～6年に随分充実した，と言えよう。2番目が社外弁護士で54.1%，これは予測されたところである。その他，法務部とか，コンプライアンス部門の中に法務部があるところもあるし，逆の場合もあるが，とにかく法務部が多い。したがって，企業では，コンプライアンス関連部署と法務部がかなり活動しており，社外弁護士も活動している，と言える。

ところが，社内弁護士についても，実は，私は個人的には大変注目していた。ロー・スクール時代になったので，ロー・スクール修了生が社内弁護士として活躍するのではないかということも，当時議論があったが，わずか4社，0.9%で，1%にも満たないというのは意外であった。せめて10%くらいはあるのではないか，と思っていたので，これは予想外であった。したがって，

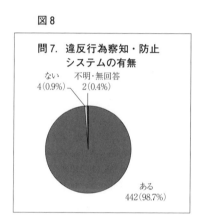

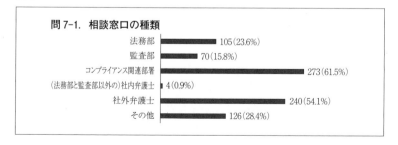

図10 問7-2. 通報システムの設置時期

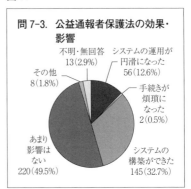

図11 問7-3. 公益通報者保護法の効果・影響

　企業にとって，やはり社内弁護士を雇用するのはあまりプラスにならないのか，ロー・スクールを抱えている大学としては大変気になるところである。今後の動向を注視したい〔2013年あたりから企業内弁護士数は増加しつつある：筆者追記〕。

　問7-2は，「通報システムの設置時期」について尋ねたものである〔図10参照〕。これについては，大半が「今世紀に入ってから」という回答である。厳密に分析すると，「2006年以降」が48.2%で，「2001年から2005年」が46.4%であった。したがって，この10年間というのは，日本の企業にとって，いわゆる不祥事の通報システムがかなり普及した時期であるが，その背景には，言うまでもなく，問7-3にあるとおり，公益通報者保護法の成立・施行がやはり大きな影響を及ぼしている，という事情がある〔図11参照〕。2004年のアンケートのときには，ちょうどこの法律ができたころであり，2006年に施行された。したがって，それと呼応関係あり，「システムの構築ができたのは，やはりこの法律ができたからだ」と回答している企業が多かったというのは，当然と言えば当然の結果であった。

　問題は，それがどのように実施されているか，運用されているか，という点である。これを問うたのが問8であり，74.8%，335社が通報の処理手続をきちんと定めている。したがって，かなりの普及率である〔図12参照〕。しかも問9で「地位に応じた処理手続の有無」という問いを立てたところ，地位

第12章　日本におけるコンプライアンスの現状と課題　225

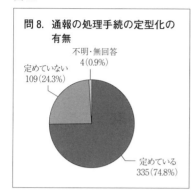

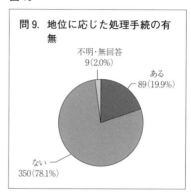

に応じた処理手続を有しているところは少なく（19.9%），逆に「ない」という企業の方が78.1%で，かなり多い結果となった。したがって，総じて企業は，比較的定型的に不祥事を処理していると理解してよい，と思われる〔図13参照〕。

その具体例を**問9-1**で問うたところ，コンプライアンス統括部門，コンプライアンス委員会も含める

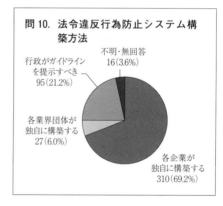

と，コンプライアンス関係部門が中心になっている。ここでも，実践的にコンプライアンス体制が社内でかなり確立していることが窺える。

問10は，法令違反行為防止システム構築方法についての質問である〔図14参照〕。「各企業が独自に構築する」という回答が69.2%であった。これは，「想定外」と言った方が正確かもしれない。むしろ「業界レベルで」とか，もう少し広いレベルで考えるのではないか，と思っていたが，「各企業が独自に構築する」という選択がかなり多い，と感じる。これは，視点を変えれば，各企業の自律性がやはりなお強いということであり，これは良い面にも評価

できる。他方，同業種間での連携はどうなっているか，ということも検討の余地がある。自分の会社だけで限界がある場合には，やはり業種ごとにいろいろルールをつくるなり，あるいは業界外にいろいろサポートを求めるという手もあると思われるが，クロス集計をみても，今回の調査では，むしろ「各企業が独自に構築する」傾向が強く出ているのが特徴だ，と言えよう。しかし，過去 5 年間の行政処分違反をみると，大企業による違反が多く〔**問 23** およびその**クロス集計表**参照〕，各企業に任せきることには限界がある，と言えよう。

問 11 は，コンプライアンス・プログラムの特徴点についての質問である。これは，自由記載の回答であったので，目立ったものを書き抜いてみると，例えば，①会社の経営危機事象（違法行為，災害，事故等）を定め，従業員等の誰もが当該事象を覚知した場合，通報を義務づける制度を運用，②グループ関連会社を含めたコンプライアンス委員会を設置し，定例会を開催，③海外子会社を含め展開，④事業部別の対応，⑤半年毎の教育時の資料もコンプライアンス委員会で作成し，教育管理簿の提出義務づけ，といったように，多様な取組みがなされているようである。したがって，コンプライアンス・プログラムというものも，なお課題もあるとはいえ，かなり実践的な，効力のあるものになりつつある，と思われる。

2 企業の社会的責任（CSR）

さて，第Ⅱ部は，「企業の社会的責任（CSR）」である。これは，2004 年のアンケート調査ではトップの項目として設定していたものであるが，今回は，このように第Ⅱ部に組み入れた。

問 12 は，CSR として重視する項目 3 つ挙げていただいた〔**図 15** 参照〕。その趣旨は，企業として CSR に関心はあるとして，何がいったい会社にとって CSR になると考えているのか，これを知りたかったからである。①「地球環境への負荷軽減」が 420 点，②「事業と密接な関係を有する製品・サービスの安全確保」も 418 点と圧倒的に多く，この 2 つが突出していたことが注目される。②が多かったのは，企業である以上当然のことであるが，①の「地球環境への負荷軽減」は，昨今の環境問題への取組みが企業にもかなり重視されてきているということの表れである，と思われ，これは評価してよいで

第 12 章　日本におけるコンプライアンスの現状と課題　227

図 15

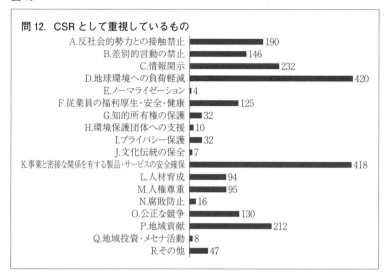

あろう。そのほかでは③「情報開示」が 232 点ということから，これもかなり進んできた，と言えるであろう。それから，④「地域貢献」についても，212 点とかなりの点数があり，また，⑤「反社会的勢力との接触禁止」は，190 点で，おそらく今後もずっと続くことであろうことから，だいたいこういう位置を想定していた。

　ちなみに，2004 年の調査の段階では，CSR のトップ 3 は，1 番目が「企業倫理，法令遵守」，2 番目が「公正な証券取引」，3 番目が「自由・公正・透明な取引・競争」であった。したがって，2010 年の調査と比較すると，CSR についての意識がかなり変化していることが確認できる。2004 年当時は，アンケートを作成するときも，アンケート調査結果をみても，いったいコンプライアンス・プログラムと CSR はどういう関係だろうか，と皆が混沌としている中でイメージだけが先行していた，という印象があった。ところが，今回の調査を通じて，「企業倫理なり法令遵守はコンプライアンス・プログラムの問題であって，CSR はそれとは少し違った意味での企業の社会的責任だ」という自覚がきちんと出ているように思われる。その他，④地域貢献（212 点）

なども，今回の調査では注目される。

問13は，「海外企業とのCSRの照会」の有無を問うたものである〔図16参照〕。これは，2004年にも調査したので，今回も比較してみたいと思い，項目として挙げた。「常に行っている」と「ある程度行っている」の割合が合計で28.8％とそれほど多くはない。これに対して，「あまり行っていない」と「まったく行っていない」を合計すると，67.2％である。したがって，海外取引との関係では，CSRの照会は，業種にもよるであろうが，まだまだ一般化している，とまでは言い難い。

問13-1では，海外企業に対していかなることをCSRの照会項目としているのか，というその中身を問うてみた〔図17参照〕。まずは当然ながら，①「事業と密接な関係を有する製品・サー

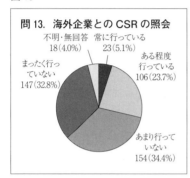

図16

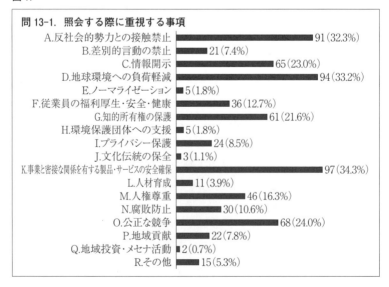

図17

ビスの安全確保」が97点（34.3%）で1番，次いで②「地球環境への負荷軽減」が94点（33.2%）で2番，それから③「反社会勢力との接触禁止」が91点（32.3%）で3番以上がベスト3であった。2004年の調査と比較すると，2004年の調査では，①「環境負荷軽減，省エネ」，②「企業倫理，法令遵守」，③「健康，安全」がベスト3であったので，これも若干変動している，と思われる。

今回の調査では，以上のことを前提に，**問14**では，「CSRの特徴点」について自由記載していただいた。全部を取り上げることはできないが，めぼしいものだけを取り上げてみると，「環境マネジメントシステム」，「環境保全と地域貢献」，「環境経営と環境金融→エコ・ファースト企業」など，環境に関するものが多かった。やはり企業にとっては，長期的な視点でのCSRを自覚している点に特徴がある。したがって，環境という側面が，当然ながら重視されるわけである。それから，地域貢献もかなり多い。地域貢献の中にも，災害復旧――これは大震災の前であったが――，建設業などでも「災害復旧等の地域貢献」を挙げているところもあって，多様化している，と思われる。あるいは「誠実な経営＝ステークホルダーの立場に立った経営」が挙げられていることも，興味深かった。

いずれにせよ，各企業がCSRについて自覚的に「自分の企業として何ができるか」という姿勢で懸命に取り組んでいる点が，今回は強く看取できた。

3 被害経験について

第Ⅲ部は，「被害経験について」である。**問15**「過去5年間の被害経験」については，企業として被害経験のあったところはそれほど多くはなく，わずか26件（5.8%）であった〔図18参照〕。また，**問15-1**「相手の企業」は，国内企業が13件（50.0%），海外企業が7件（25.9%）であった〔図19参照〕。さらに，**問15-2**「法令違反に関与させられそう

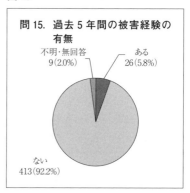

図18

問15．過去5年間の被害経験の有無

不明・無回答 9（2.0%）
ある 26（5.8%）
ない 413（92.2%）

230 第2部 企業のコンプライアンス・プログラムと刑事規制

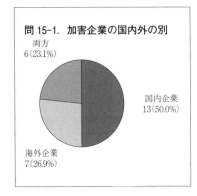

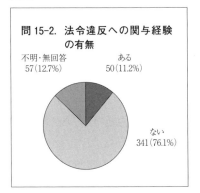

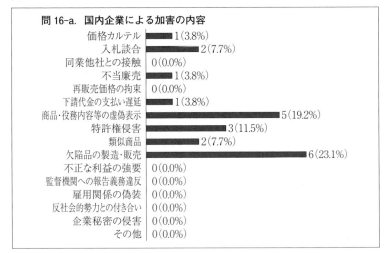

になった経験」がある企業は，50件（11.2％）であった〔図20参照〕。
　その「被害経験の内容」を問うたのが，問16である。加害者が国内企業の場合のベスト3は，1番目が「欠陥品の製造・販売」で6件（23.1％），2番目が「商品・役務内容等の虚偽表示」で5件（19.2％），3番目が「特許権侵害」で3件（11.5％）であった〔図21参照〕。加害者が海外企業の場合には，1番目

第12章 日本におけるコンプライアンスの現状と課題　231

図22

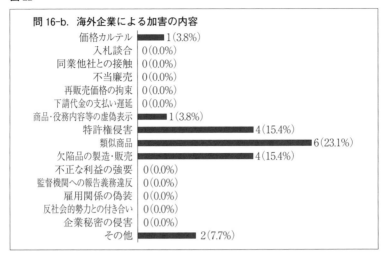

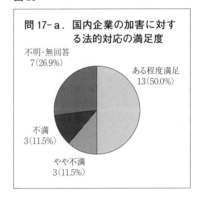

が「類似商品」で6件 (23.1%)、2番目が「特許権侵害」で4件 (14.4%)、3番目が「欠陥品の製造・販売」で4件 (15.4%) ということで、おおむね項目としては似たところがある〔図22参照〕。

ただ、それがトラブルになった場合に法的対応は十分か、ということが問題となる。**問17**は、「被害に遭遇した場合の法的対応の満足度」について尋ねたものである。国内の法的対応では、回答いただいた企業の半分 (50%) に当たる13の企業が「ある程度満足」ということであったが、「やや不満」が3件 (11.5%)、「不満」が3件 (11.5%) と、不満を感じている企業も一定数ある。全体として、法的対応はまだ不十分ではないか、と思われる〔図23参照〕。海外の法的対応になると、「やや不満」が5件 (19.2%)、「不満」が1件 (3.8%)、他方、「ある程度満」が4件 (15.4%)、

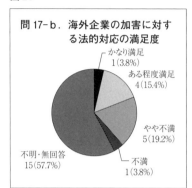
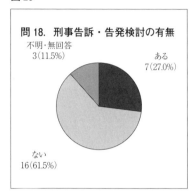

「かなり満足」が1件（3.8%）という具合に拮抗している〔図24参照〕。

問17-1では、「不満の具体例」を自由記載で書いていただいた。10個ほど挙げてみると、「被害者側の立証責任が大きい（国内）」、「訴訟提起の負担（金銭を含む）が大きい（海外）」、「海外の法制度の違い、一部の国の法制度の不透明さ」、「間接的な被害（売上返上・減少）」、「業務停滞に伴う、補填賠償を求めることができない点」、「弁護士費用、訴訟手続の過程で生じる費用（例：米国でのディスカバリー手続対応費用）、執行手続費用が大きく、権利行使しても十分な損害回復困難」、「自国保護主義（中国）」、「司法手続と行政手続の機能・権限分配・手続そのものが不明確（中国）」、「損害賠償は事後救済であり、立証困難で泣寝入りになることあり」、「風評被害の金銭算定が困難」という例が記載されていた。いろいろな国があるので、それぞれの取引慣行や法制度などの違いから取引においてトラブルが発生するが、十分な解決をするのが難しいと感じている企業が多いようである。

問題は、そこから先である。問18では、「被害に遭遇した場合の刑事告訴・告発の検討」について尋ねた〔図25参照〕。刑事法を専門とするわれわれとしては、この点に関心があったわけであるが、意外と企業は動かない傾向があり、何と「告訴・告発を検討しない」が16社（61.5%）であり、「告訴・告発を検討する」の7社（11.5%）を大きく上回った。

これと関連して、問18-1で、「社内の告訴・告発基準の有無」を尋ねたと

第12章　日本におけるコンプライアンスの現状と課題　233

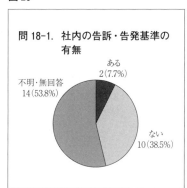

図26

図27

ころ，「不明・無回答」が14社（53.3%）と，なぜか多かったが，理由はわからない〔図26参照〕。また，「ない」と回答した企業10社（38.596）が，「ある」と回答した企業2社（7.7%）を大きく上回った。したがって，被害を受けたのだけれども，どう対応してよいかわからないというのが現状ではないか，と思われる。つまり，もどかしさというか，「被害を受けたことはわかっているけれども，そこから先にさらに進めるには，法制度も不十分だし，手続も不十分で，何か面倒くさいな」という状況があるのかもしれない。

　問18-2「告訴に対する当局の対応」も，「ある程度満足」と回答したのは3社（11.5%）にすぎず，これに対して，「不満」が2社（7.7%），「やや不満」が3社（11.5%）であった〔図27参照〕。また，「不明・無回答」が18社（69.2%）と多いことをどう捉えてよいのか，迷うところであるが，この数値は評価しにくい。要するに，どう対応してよいかわからない，というのが正直なところではないか，と推測する。

　なお，問18-3「不満を感じる具体例」としては，「この種の事案で当局の対応を信用しない」，「対応が遅い（中国，台湾）」，「告訴人から多大な働きかけが必要（台湾）」，「調査能力がない（台湾）」，「手続が不明確（台湾）」，「実質的に機能せず，対応も遅い」といった内容が寄せられている。総じて，近隣諸国も含めて「対応が遅い」ということが指摘できる。あるいは「告訴しても，そこから先，多大なエネルギーが必要だ」とか「調査能力がない」とか「手続

が遅い」ということから，結局，「何かしようとしても当局が機能しない」，ということになるように思われる。これについては，今後，国際的に何らかの働きかけをしないと効果がなく，各企業に委ねたのでは不十分だ，と考えられる。

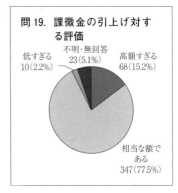
図28

4 制裁制度のあり方について

さて，第Ⅳ部は，「制裁制度のあり方」について問うている。特に2005年の独禁法改正により，課徴金が引き上げられた。これも大変興味深いところであり，各企業がどう受け止めているのか，関心がある。

問19「独禁法改正に伴う課徴金の引上げ」について尋ねたところ，「高額すぎる」と回答した企業が15.2％であったが，「相当な額である」と回答した企業が77.5％もあり，予想以上の支持をしている〔図28参照〕。企業としては高額すぎて厳しいのではないか，と私は予測していたが，かなりの企業が「この程度でよいのではないか」という評価をしていることが判明した。クロス集計をしても，業種・資本金額・従業員数にかかわらず，課徴金額について総じて高い支持をしている。

問19-1でその「理由」を自由記載していただいた。まず，いくつかの肯定的回答をピックアップしておこう。

①「法令順守の徹底の面からも厳罰傾向はある程度やむをえない」，②「欧米と比較すると低すぎるという議論もあるが，抑止力としては十分である」，③「法令順守を最優先とする会社方針（社長言明）は浸透しており，万一違反行為の発生が判明した場合，速やかな申出により減免適用を選択する用意がある」，④「税引き後の当期純利益率の平均を考えると，この課徴金額は，カルテル等の違法行為に手を染めることが割に合わないことを十二分に知らしめるものと言える」，⑤「課徴金が，違反行為をした企業への制裁という意味合いや，不当利得の剥奪という要素があることは理解できるし，例えば，大

企業であれば売上額の10％という課徴金が課されることは，企業にとって大きな金銭的負担となるため，十分制裁という機能を果たす」，⑥「米国，EU等との比較において，わが国の競争法制の国際的ハーモナイゼーションの視点から，ようやく標準的な課徴金レベルに近づけることができたものと評価できる」。

以上のような好意的な評価がある反面,以下のような批判的回答もあった。①「デフレ経済下で利益率の低減が見られる」,②「企業・業種により利益率が異なる」,③「何をもって売上高の10％なのか根拠不明」,④「日本の場合，欧米（特にEU）に比べてカルテル・談合に対する課徴金の額が小さすぎ，経営者が違反を本気で食い止めるインセンティブが起こりにくい（談合で得た利益の方が課徴金額より大きい）」,⑤「利益率と比較して高すぎ，課徴金が会社の生命を絶つ可能性がある」,⑥「課徴金は本来，違反行為によって得られた利益を取り上げようとするものであったが，利益率はそれほど高くない（10％）」，「売上で決めるのではなく，利益で算定すべきではないか」,⑧卸売業の利益率は1％を超えている企業が少ない中で，2％は，いかがなものか」，⑨「抑止効果を求めるにしても過大である」，⑩「独禁法の適用自体が基準不明確」，⑪「企業の存続に影響を及ぼしかねず，金商法と比較しても高額にすぎる感がある」，⑫「カルテル等は厳格に取り締まるべきだが，規制を強化することで企業活動が萎縮する危険もある」，⑬「自社の利益率から判断すると非常に大きく感じる」，⑭「事実上の刑罰とも言えるほどの高額になる事例もあり，裁判を経ないで徴収するのは無理がある」。

以上のように，評価は分かれたが，全体としては，課徴金の引上げに肯定的な回答が多かった一方で，特に利益率に対する批判が多かったように思われる。

問20では，リニエンシー制度について尋ねた〔**図29**参照〕。これには，わ

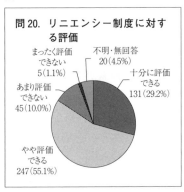

図29

236　第2部　企業のコンプライアンス・プログラムと刑事規制

れわれも随分関心を持ってきた。2004年に調査を実施したとき，ちょうどリ
ニエンシー制度を導入するかどうかという時期であった。その後2005年に
この制度が導入されて以来，いったいどのように定着したのか，大変興味が
あった。課徴金であるから，本来の正式な刑事手続に則った刑事制裁という
わけではなく，正確に言えば，行政制裁・行政手続の範疇であるけれども，
自ら違反したことを通報して課徴金の額を下げてもらう，あるいは免除して
もらうという法制度が，日本の企業風土・企業文化になじむのか，こういう
ことを含めてわれわれは，随分関心を持ってきた。「十分に評価できる」とい
う回答が29.2%，「やや評価できる」という回答が55.1%であった。「やや」
というのがどういう意味合いか，質問の仕方が悪かったのかもしれないが，
「諸手を挙げて良いとは言わないけれども，効果ということで考えたらやむ
をえないので，評価する」ということではないか，と推測する。これは，自
由記載から看取される。なお，「あまり評価できない」は10.0%，「まったく
評価できない」は1.1%であるから，総じて84.3%が評価しており，11.1%
の批判的回答を大きく上回っている。クロス集計をしても，業種・資本金額・
従業員数にかかわらず，リニエンシー制度について80%以上の高い支持を得
ている。

　問20-1でその「理由」を自由記載形式で問うている。これは，今回，この
アンケートの目玉の1つでもあったが，自由記載欄に挙がった意見を，肯定
的回答，否定的回答，そして課題呈示，の3つに分けてみよう。結構熱心に
書いていただいた。私も今回，自由記載欄をボロボロになるまで読み尽くし
たが，このように丁重に回答していただいて本当にありがたい，と思ってい
る。

　まず，肯定的回答として以下のものが挙げられる。①「法律の本来の意義
とズレがある気がするが，1つの試みとして，実態を把握する意味では評価
できる」，②「現実に制度導入によって結果が出ている」，③「抑止効果を期
待でき，独禁法の性格からしても内部通報的措置はある程度必要」，④「日本
社会に適するか，という問題はあったが，実績は上がっている」（複数），⑤
「カルテル等の防止・公正な競争の確保に役立つ」（複数），⑥「法の下の平等
に反する面はあるが，違法行為を減らすための一手法・インセンティブとし

て評価できる」(複数)，⑦「不正の隠蔽が困難になり，抑止効果が高まっている」(多数)，⑧「コンプライアンス意識の発露として有用」，⑨「経済的損失を軽減でき，事業活動を継続でき，協力により事件の早期解決もでき，隠蔽体質がなくなる」。

　つぎに，批判的回答として以下のものが挙げられた。①「違法行為の当事者が，他社（業界）を巻き込んでおきながら，いち早くリニエンシーを行い，マッチポンプ的に罪を免れるようなことが起きる」，②「リニエンシー手続をしなかったことで株主代表訴訟が提起されている会社があるが，本末転倒」，③「日本の企業風土には時期尚早」，④「告発者を促し，真相解明のために有効な手段と考えるが，節操のない世の中になる」，⑤「社長がリニエンシーを拒否すれば申告できない」，⑥「金額免除は企業による『やり逃げ』を助長しかねない」(複数)，⑦「減額基準の根拠が不明」，⑧「談合において主導的役割を果たした大企業が真っ先に減免を受けられるのは，本来の法の趣旨ではない」，⑨「2番目以降の減額は公取の手間を省くためのものではないか」。

　さらに，課題を呈示する回答として以下の3点が挙げられた。①「制度の濫用の懸念があり，公取のガイドラインの一層の明確化が望まれる」，②「改善点として，⑴首謀者にもリニエンシーを認めている点，⑵1番通報者と2番通報者との差異が大きく，実質的に不公平である点，が挙げられる」，③「リニエンシー制度の周辺手続の整備（弁護士秘匿特権や申請人保護制度等）が国際基準から見て不十分であり，国際カルテル事業においては，米国・EUとの比較上，多額の損害賠償につながる証拠法上のリスクがあり，今後の改善課題である」。

　以上のように，正直な感想がこの自由記載欄に出ているのではないか，と思われる。「日本の企業には時期尚早ではないか」という意見も一定数あったが，全体としては，よい効果が上がっている部分もある。リニエンシー制度の本来の目的を達成するためには，ただ単にこの制度を駆引きのために使うのではなく，やはり再発防止との関係から，早く原因を解明して対策を練るという点にウエイトを置いた方がよいということではないか，と推測する。なお，「制度の濫用の懸念もあるので，やむをえないけれども公取のガイドラインをもっと明確にしてくれ」という意見もあったように，公正取引委員会

図30

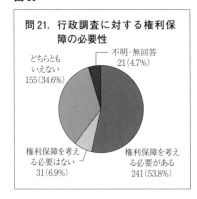

問21. 行政調査に対する権利保障の必要性
- 不明・無回答 21 (4.7%)
- どちらともいえない 155 (34.6%)
- 権利保障を考える必要はない 31 (6.9%)
- 権利保障を考える必要がある 241 (53.8%)

の側がこれをどう受け止めるか，これも興味深いところである。また，「リニエンシー制度の周辺手続の整備」であるが，これは専門的観点から大変興味深い意見であり，「弁護士秘匿特権や申請人保護制度というものも考えないと国際基準から見るとやはり不十分ではないか。特に国際カルテル事業においては，米国やEUと比較すると，多額の損害賠償につながる証拠法上のリスクがあるので，今後，こういうものをクリアしないといけない」と私も思う。これは，大変貴重な指摘である。業種にもよるとは思われるが，国際レベルでこれがどうなっているか，今後の検討課題である。

それから，**問21**は，これと関係するが，「行政調査に対する権利保障」についての問いである〔図30参照〕。刑事手続ではないとはいえ，行政調査においてもやはり権利保障が必要ではないか，ということを問う趣旨である。これについては，「権利保障を考える必要がある」と回答した企業が53.8%あった。これは，「考える必要がない」という回答 (6.9%) と比べると，圧倒的に多く，それだけ問題意識がはっきりしてきている。クロス集計をしてみると，「権利保障を考える必要がある」と回答した企業のうち，0-1000人規模の企業が42.6%であり，資本金が0-50億円規模の企業が43.7%と，予想以上に小規模の企業に賛同者が多いのが注目される〔図31参照〕。おそらく，調査に伴うリスクがより大きいことを実感するからであろう。

5　法的処分に係る経験について

第Ⅴ部は，「法的処分に係る経験について」問うものである。これも，刑事法的観点から，われわれの関心が高いところである。

問22は，「法令違反行為の自主公表の基準」について尋ねたものである〔図32参照〕。基準がある，と回答した企業が45.5%であるが，50.4%がまだ決め

第12章 日本におけるコンプライアンスの現状と課題　239

図31
問21．行政調査に対する権利保障の必要性の評価

従業員数クロス
　回答数

回答	0-1000人	1000-5000人	5000-10000人	10000人-	Total
権利保障を考える必要がある	86	103	27	24	240
どちらともいえない	78	62	6	8	154
考える必要はない	19	10	2	0	31
Total	183	175	35	32	425

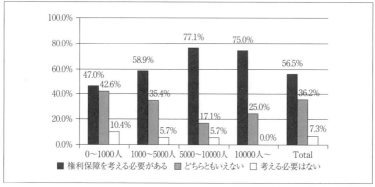

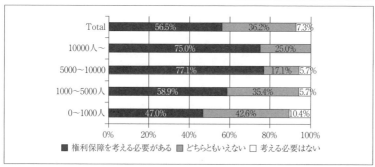

資本金クロス
　回答数

回答	0-50億円	50-100億円	100-500億円	500-1000億円	1000億円-	Total
権利保障を考える必要がある	70	45	75	21	29	240
どちらともいえない	66	29	48	5	7	155
考える必要はない	15	5	11	0	0	31
Total	151	79	134	26	36	426

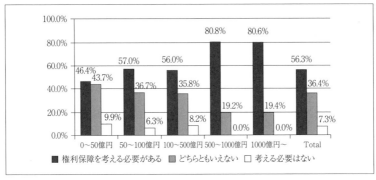

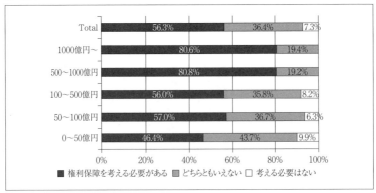

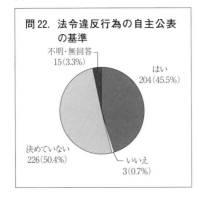

図32

ていない，ということである。これも，ジレンマに陥るところであるが，やはり何らかの対応を迫られるのではないか，と思われる。不利益なものについても情報開示をしていくということが，過剰な制裁を取り込まないという意味でも，逆に企業が率先して認めると効果が上がるという考えも一方ではあるので，それとの関係が今後の課題ではないか，と思われる。クロス集計で特徴を拾うと，電気・ガス業が75％，

第 12 章 日本におけるコンプライアンスの現状と課題　241

図 33
問 22. 法令違反行為の自主公表の基準
業種クロス
　回答数

回答	製造	建設	商業	不動産	運輸情報通信	電気ガス	サービス	金融保険	Total
はい	95	16	41	3	14	6	8	18	201
いいえ	3	0	0	0	0	0	0	0	3
決めていない	131	15	37	4	17	2	8	10	224
Total	229	31	78	7	31	8	16	28	428

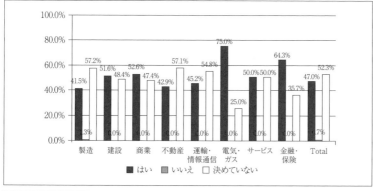

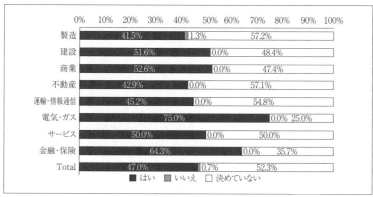

金融・保険業が 64.3% となっている。おそらく一定の基準に基づいて法令違反を積極的に自主公表し，信頼回復に早く務める姿勢があるものと推測する〔図 33 参照〕。

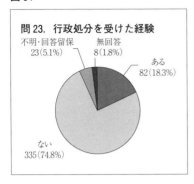

図34

問22-1は、それとの関係で、「公表・開示基準をどのように意思決定しているのか」を自由記載形式で尋ねたものである。多くの企業が、やはり取締役会を挙げている。この中には、コンプライアンス委員会とか管理本部を経たうえで最終的には取締役会が決めるところが多いようである。また、緊急時には社長が決裁をする企業もある。その他、開示委員会、社内基準、危機管理委員会、コンプライアンス委員会も挙がっている。興味深いのは、「東証上場基準」を挙げている企業がかなりあったことである。これが示す課題は何かというと、今回、われわれが調査したのは、2004年の場合と同じく東証の第一部上場企業が中心であったことから、それ以外の中小の企業になると、逆にこの基準が適用されなくなる、ということでもあるので、広く企業にコンプライアンスなり一連の法令違反の防止を要求する場合には、東証の上場基準だけでよいかどうか、検討の余地がある、ということである。したがって、もう少し一般化して何かインパクトのある基準が設定できるか、ということが課題として浮かび上がったように思われる。その他、「外部設置のホットライン」なども以前に比べると活用されているようである。

なお、「違反」といっても、さまざまなレベルがあり、一方で、行政処分をすべて開示している会社もあったが、他方で、重大なものに限定している会社もあった。したがって、今後は、会社の自主判断ではあろうが、どの程度公表すれば納得してもらえるのか、という点の詰めが必要だと思われる。

さて、問23は、「2006年以降の行政処分経験」を尋ねたが、「ある」という企業が18.3%であった〔図34参照〕。したがって、今回の調査対象は優良企業が多かったためか、「ない」という企業が74.8%とほとんどであった。

問23-1では、行政処分を受けた経験が「ある」と回答した企業に、「行政処分内容」を自由記載方式で尋ねた。法令名だけでまとめてみると、やはり独禁法違反による排除措置命令・課徴金納付命令が29件とトップであった。

続いて，建設業法違反7件，下請法違反4件，欧州競争法違反3件，競争法違反2件，景表法違反による排除勧告2件，さらには，貨物自動車運送事業法違反，外為法違反，個人情報保護法違反，宅地建物取引業法65条違反，保険業法違反，有価証券法違反，ガス事業法保安規定違反，金融商品取引法違反，労災法違反，関税法違反，安全衛生法違反が，それぞれ1件であった。

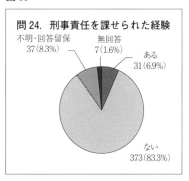

図35

問24．刑事責任を課せられた経験
不明・回答留保 37 (8.3%)
無回答 7 (1.6%)
ある 31 (6.9%)
ない 373 (83.3%)

こうしてみると，独禁法は，企業に対してやはり有力な規制根拠となる法律になっているということが一目瞭然である。

問24は，「刑事責任を課された経験」を尋ねたものである〔図35参照〕。刑事法グループとしては，当然ながら，これについても大変関心が深かったわけであるが，刑事責任を課せられた経験が「ある」という企業はわずか6.9%で，「ない」という企業は83.3%であった。やはり今回協力していただいた企業は，全体としては優良企業が多かった，ということであろう。

それでは，いかなる処分内容であったか，「刑事処分の内容」を自由記載方式で尋ねたのが，問24-1である。数少ない貴重な経験なので，列挙してみると，入札談合罪（独禁法違反）5件，交通事故2件，窃盗罪2件，詐欺罪2件，横領罪2件，ほかは，業務上過失傷害罪（ガス漏れ事故），競売入札妨害罪，あっせん利得処罰法違反，外為法違反，食品衛生法違反，政治資金規正法違反，贈賄罪，談合罪（刑法96条の6第2項），水質汚濁防止法違反，関税法違反，道路交通法違反がそれぞれ1件であった。やはり予測どおり，独禁法違反，特に入札談合罪が目立つ。回答したもともとの数値が少ないので件数が多いとは言えないが，その中でも独禁法違反の入札談合罪が目立つ。あとは，企業組織に起因する犯罪と従業員の個別事情に起因する犯罪に分かれる。

問24-2は，「懲戒処分決定の段階」について尋ねたものである〔図36参照〕。換言すると，「従業員等が何か違反をした場合，どのような懲戒処分手続になっていますか」という問いを立てた次第である。企業の法務部の方は，こ

244　第2部　企業のコンプライアンス・プログラムと刑事規制

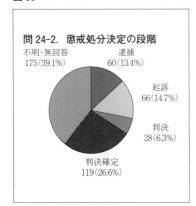
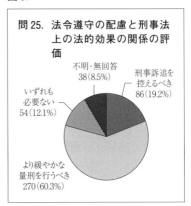

の点に関心が深い，と思いと思われる。これは，回答が分かれた。「逮捕の段階」が13.4％，「起訴の段階」が14.7％，「判決の段階」が6.3％，「判決確定の段階」が26.6％であった。ということは，企業としては，不祥事を行った従業員に対して懲戒処分をする際に，できるだけ公的な判断，特に司法の判断を待つ傾向が強いということが，調査から看取できる。もちろん，そうでないと，不利益処分を課すわけであるから，より慎重にならざるをえないことは明らかであるが，逆に言うと，司法判断というものがそれだけ重みを増すということを，司法関係者は受け止めなければならないのではなかろうか。

　問25は，「法令遵守の配慮と刑事法上の法的効果の関係の評価」についての質問である〔図37参照〕。「刑事訴追を控えるべきだ」という企業が19％に対して，「より緩やかな量刑を行うべきだ」という企業が61％という結果であった。法令遵守をしなかったがためにどういう結果になるかということを考えた場合，緩やかな量刑を望む企業が61％もあったのは，予想以上に多かったように思われる。この原因は，実は企業の方もいろいろ錯綜しておられる部分があるからではないか。これは，刑罰の種類にもよるかもしれない。

　クロス集計をしてみると，「刑事訴追を控えるべきだ」という企業のうち，10000人以上の規模の企業が42.9％で最も多く，5000-10000人規模の企業が28.6％。1000-5000人規模の企業が24.1％，0-1000人規模の企業が13.1％で

あった。資本金の規模でみても，1000億円以上の規模の企業が47.1％で最も多く，以下，500-1000億円の規模の企業が44.0％，100-500億円の規模の企業が21.4％，0-50億円の規模の企業が15.4％，50-100億円規模の企業が11.8％であった。この結果，大企業ほど「刑事訴追を控えるべきだ」という姿勢が鮮明である。なお，業種別では，電気・ガス業が33.3％，言論・情報通信が31.3％であった。

　これに対して，「より緩やかな量刑を行うべきだ」という企業のうち，0-1000人の規模の企業が68.9％で最も多く，以下，5000-10000人の規模の企業が68.6％，1000-5000人規模の企業が64.8％，最も少ないのが10000人以上の規模の企業で53.6％であった。この傾向は，資本金規模で比較してもほぼ同様である〔**図38**参照〕。

　以上のことは，例えば，行政制裁としての課徴金と対比してみるとわかりやすい。**問26**は，「課徴金等の加重に対する評価」について尋ねたものである〔**図39**参照〕。これについて，「かなり効果がある」と回答した企業が22％，「ある程度効果がある」と回答した企業が69％で，これらを合わせると90％を超える割合になる。したがって，むしろ課徴金という制度の方が効果があるというふうにも読める。クロス集計を元に比較してみると，従業員規模や資本金規模，さらには業種間では大きな開きはない〔**図40**参照〕。

　他方，それと関連して「企業に対する刑事制裁のあり方」を**問27**で尋ねたところ，「罰金刑だけでよい」と回答した企業が41.3％であった〔**図41**参照〕。罰金刑は，現行法でも存在する。ところが，それ以外の刑事制裁として，「企業名の公表」，「企業の保護観察」，「企業の入札からの排除」等を導入したらどうか，という回答が実は51.8％と半数以上に上ったというのが，刑法学者としては大変興味を引かれたところである。なぜなら，逆に言うと，現在の刑事制裁システムには満足していない企業が半数以上ある，と推測できるからである。ただ単に罰金を科すというレベルでは，先ほどの課徴金と比べると，要はお金の問題であるから，同じであるが，それよりも効き目があるのは，やはり「企業名の公表」といったような制裁ではないか，という推測もつく。

　クロス集計をすると，「罰金刑だけでよい」と回答した企業のうち，10000

図38
問25. 法令遵守の配慮と刑事法上の法的効果の関係の評価

業種クロス
　回答数

回答	製造	建設	商業	不動産	運輸情報通信	電気ガス	サービス	金融保険	Total
刑事訴追を控えるべき	42	8	14	1	10	2	2	5	84
より緩やかな量刑を行うべき	149	17	50	5	21	4	9	12	267
いずれも必要ない	27	5	10	3	1	0	2	6	54
Total	218	30	74	9	32	6	13	23	405

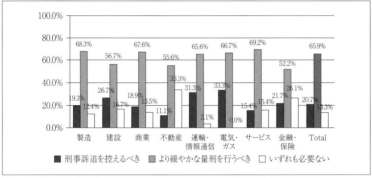

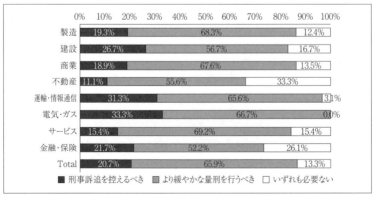

第12章　日本におけるコンプライアンスの現状と課題　247

資本金クロス
　回答数

回答	0-50億円	50-100億円	100-500億円	500-1000億円	1000億円-	Total
刑事訴追を控えるべき	23	9	27	11	16	86
より緩やかな量刑を行うべき	107	53	81	14	15	270
いずれも必要ない	19	14	18	0	3	54
Total	149	76	126	25	34	410

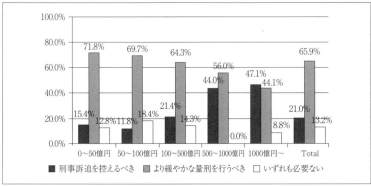

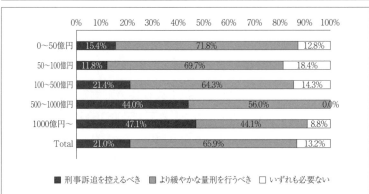

従業員クロス
　回答数

回答	0-1000人	1000-5000人	5000-10000人	10000人-	Total
刑事訴追を控えるべき	24	39	10	12	85
より緩やかな量刑を行うべき	126	105	24	15	270
いずれも必要ない	33	18	1	1	53
Total	183	162	35	28	408

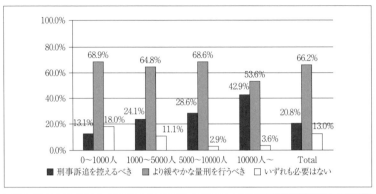

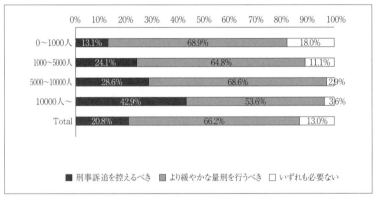

図39

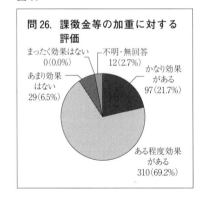

人以上の規模の企業が65.5%で最も多く、以下、5000-10000人の規模の企業が60.0%、0-1000人規模の企業が40.9%、1000-5000人規模の企業が40.6%であった〔図42参照〕。資本金規模でみても、若干の順位の変動はあれ、概ね同じ傾向にある。これに対して、新たな刑事制裁が必要か、という点では、1000人規模の企業が59.4%と最も多く、以下、0-1000人規模の企業が

第 12 章　日本におけるコンプライアンスの現状と課題　249

図 40
問 26. 課徴金等の加重に対する評価
従業員数クロス
　回答数

回答	0-1000 人	1000-5000 人	5000-10000 人	10000 人-	Total
かなり効果がある	36	45	8	8	97
ある程度効果がある	140	121	25	22	308
あまり効果はない	16	10	2	1	29
全く効果はない	0	0	0	0	0
Total	192	176	35	31	434

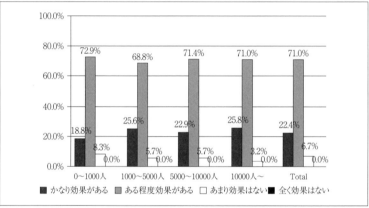

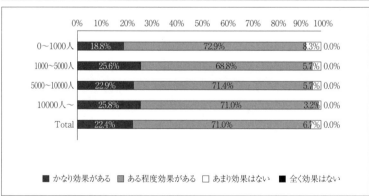

250　第2部　企業のコンプライアンス・プログラムと刑事規制

資本金クロス
　回答数

回答	0-50億円	50-100億円	100-500億円	500-1000億円	1000億円-	Total
かなり効果がある	33	15	35	4	10	97
ある程度効果がある	110	65	89	23	22	309
あまり効果はない	15	1	9	1	3	29
全く効果はない	0	0	0	0	0	0
Total	158	81	133	28	35	435

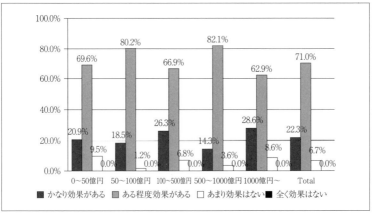

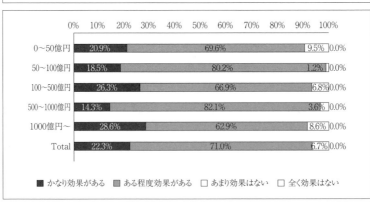

第12章 日本におけるコンプライアンスの現状と課題

業種クロス
　回答数

回答	製造	建設	商業	不動産	運輸情報通信	電気ガス	サービス	金融保険	Total
かなり効果がある	56	9	10	1	8	0	3	10	97
ある程度効果がある	160	19	65	7	22	5	12	16	306
あまり効果はない	15	4	2	1	2	2	1	1	28
全く効果はない	0	0	0	0	0	0	0	0	0
Total	231	32	77	9	32	7	16	27	431

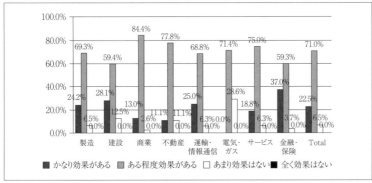

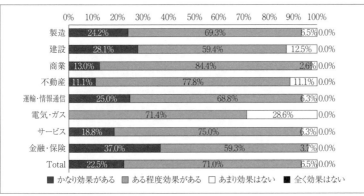

図41

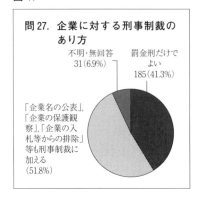

59.1%，5000-10000人規模の企業が40.0%，10000人以上の規模の企業は34.5%であった。資本金の規模でみても，50-100億円規模の企業が60.8%，100-500億円規模の企業が60.6%，0-50億円規模の企業が58.7%，そして1000億円以上の規模の企業は30.3%であった。このことから，大企業ほど，金銭に余力があるためか，罰金で済ませたいという傾向があり，規模が小さいほど新たな別の刑事制裁を希望する傾向があるように思われる。しかし，このような実態をみると，罰金刑だけで十分かは疑問があり，企業名の公表やプロベーション等，何らかの新たな刑事制裁を考える必要があるように思われる。

　問27-1は，「その他の制裁・企業犯罪類型創設」について自由記載方式で尋ねたものである。「強制解散等，社会から退場させる仕組み」，「親告罪の排除」，「企業名の公表」，「入札からの排除」，「ネット犯罪」，「マスコミの無責任な報道の規制」という提言が記載されていた。もちろん，表現の自由，報道の自由との関係が出てくるという問題も含んでいるので，慎重な検討を要する部分もある。

　さて，**問28**は，「行政制裁と刑事制裁の抑止効の比較」について尋ねたものである〔図43参照〕。先ほどの罰金と課徴金の関係に関する問題意識がここにつながっているわけである。多くの企業（65.4%）が「課徴金の方が効果がある」，と回答しており，「罰金の方が効果がある」，という回答（25.7%）の倍以上あり，課徴金の方に軍配を上げている。おそらく，これは，課徴金の方が金額が大きいという事情もあるのであろう。それから，罰金については刑事制裁であることから，逆に企業としては「有罪」というレッテルを貼られるラベリング効果を恐れているということもあるのかもしれない。クロス集計を分析すると，「課徴金の方が効果がある」と回答した企業のうち，10000人以上の規模の企業が80.0%を占めており，業種別では電気・ガス業が100%

第12章 日本におけるコンプライアンスの現状と課題　253

図42
問27. 企業に対する刑事制裁のあり方

従業員数クロス

回答	0-1000人	1000-5000人	5000-10000人	10000人-	Total
罰金刑だけでよい	76	67	21	19	183
刑事制裁が必要	110	98	14	10	232
Total	186	165	35	29	415

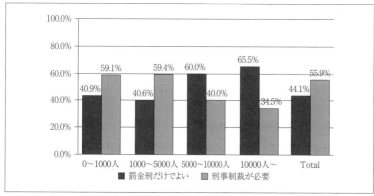

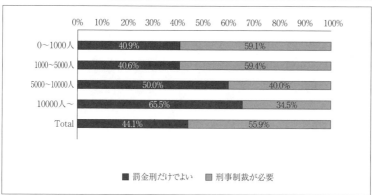

資本金クロス
　回答数

回答	0-50億円	50-100億円	100-500億円	500-1000億円	1000億円-	Total
罰金刑だけでよい	62	31	50	19	23	185
刑事制裁が必要	88	48	77	9	10	232
Total	150	79	127	28	33	417

254　第2部　企業のコンプライアンス・プログラムと刑事規制

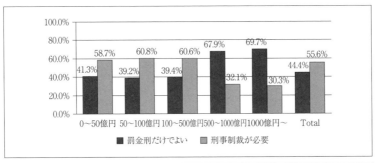

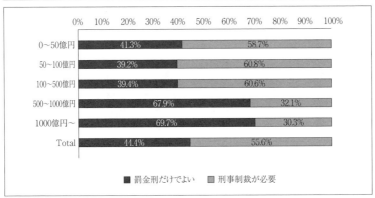

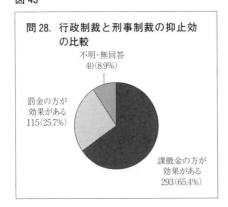

図43

と突出している。この効果の比較は大変難しいものがあり，今後の検討課題である〔**図44**参照〕。

問29は，「法人処罰のあり方」について尋ねた〔**図45**参照〕。これも，われわれ刑法学者としては大変関心があるところで，刑法学でもずっと議論が続いているところである。ヨーロッパやアメリカをはじめ，先進国で法人処罰を一般に肯定する国が増えてきた。ドイツのように，秩序違反法という法

図 44
問 28. 行政制裁・刑事制裁の別と抑止効の関係に対する評価

従業員数クロス
回答数

回答	0-1000人	1000-5000人	5000-10000人	10000人-	Total
課徴金の方が効果がある	132	117	23	20	292
罰金の方が効果がある	52	46	12	5	115
Total	184	163	35	25	407

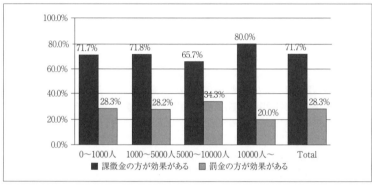

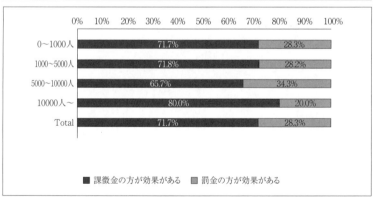

業種クロス
回答数

回答	製造	建設	商業	不動産	運輸情報通信	電気ガス	サービス	金融保険	Total
課徴金の方が効果がある	157	26	50	4	17	6	13	18	291
罰金の方が効果がある	62	4	24	5	13	0	1	4	113
Total	219	30	74	9	30	6	14	22	404

256　第2部　企業のコンプライアンス・プログラムと刑事規制

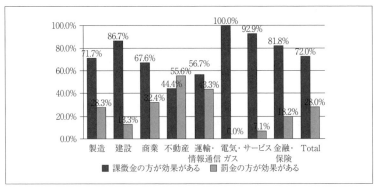

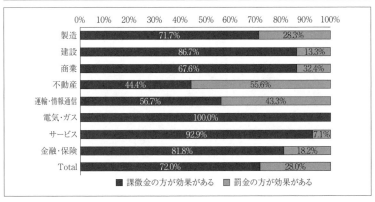

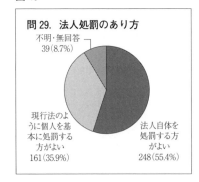

図 45

律で対応している国もあるが，多くの先進国では，法人が犯罪行為一般を行いうるということで，法人の犯罪能力を一般に認めて刑法典の中に組み入れている国もあるし，イタリアのように「企業刑法」という新たな法律を独自に設けている国もある。日本は今後どうなるのか，「今後のゆくえ」を探ることは，重要なテーマになる。今回の調査によると，回答企業の 55.4％ が「法人自体を処罰する方がよい」と回答し，

35.9％が「現行法のように個人を基本に処罰する方がよい」と回答している。したがって，半数以上の企業が「法人を処罰してもよい」という考えをもっていることになる。クロス集計をすると，「法人自体を処罰する方がよい」と回答した企業のうち，0-1000人規模の企業が65.4％と最も多く，以下，5000-10000人規模の企業が62.9％，1000-5000人規模の企業が59.9％であり，10000人以上の規模の企業は32.1％にとどまった。これは，資本金の規模でみてもほぼ同様の傾向があり，ここから，大企業ほど法人処罰の導入に消極的であり，規模が小さいほどこれに積極的であることがわかる。業種別では，不動産業が88.9％で最も高く，以下，電気・ガス業85.7％，サービス業78.6％と続く〔**図46**参照〕。

　かりにそうであっても，課題は，この法人処罰の中に何を盛り込むか，ということであろう。前述の罰金と課徴金の関係を考えると，法人を処罰するとして罰金だけで済むかというと，罰金よりは課徴金の方が効果がある，ということということなので，それとの整合性をどう捉えるのか，これも，今回のアンケートで浮き彫りになってきた。したがって，新たな制度を設けて，「企業名の公表」とか，その他，新たな類型を設けるのか，検討を要する。

6　その他（自由記載）

　最後が，「その他（自由記載）」であり，自由記載欄に相当の意見が寄せられた。これも全部挙げることはできないが，まず，複数挙がったものを中心にまとめてみると，以下のとおりである。

　①「営業職に対するコンプライアンス教育において，どこまで研修を施せばよいか」（3件）。つまり，コンプライアンス教育が大事であることはわかるけれども，何をどこまで実施すればよいかということに悩んでいる企業もあった。また，②「中小企業においても，コンプライアンスの重要性を啓発し，法による統制も必要」という意見（2件），③「些細なコンプライアンス違反についてどのように対処すべきか，悩ましい」という意見（2件），④「コンプライアンスという概念が単なる法令順守という狭い範囲で社内外で捉えられがちだが，法令も含めた広く社会の要請に応えることが本来的意味」という意見（2件）もあった。

258 第2部 企業のコンプライアンス・プログラムと刑事規制

図 46
問 29. 法人処罰のあり方

従業員数クロス
回答数

回答	0-1000 人	1000-5000 人	5000-10000 人	10000 人-	Total
法人自体を処罰する方がよい	119	97	22	9	247
現行法のように個人を基本に処罰する方がよい	63	65	13	19	160
Total	182	162	35	28	407

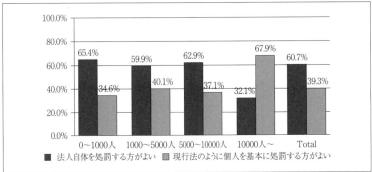

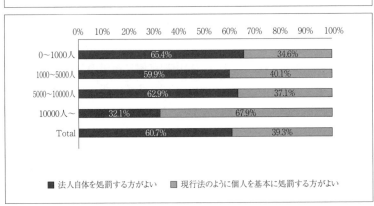

第 12 章　日本におけるコンプライアンスの現状と課題

資本金クロス
回答数

回答	0-50億円	50-100億円	100-500億円	500-1000億円	1000億円-	Total
法人自体を処罰する方がよい	99	50	72	17	10	248
現行法のように個人を基本に処罰する方がよい	52	26	51	10	22	161
Total	151	76	123	27	32	409

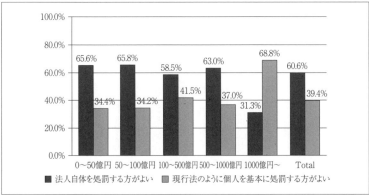

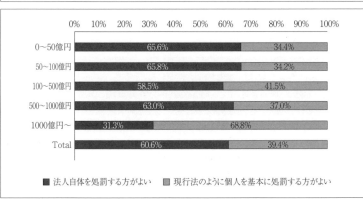

業種クロス
　回答数

回答	製造	建設	商業	不動産	運輸情報通信	電気ガス	サービス	金融保険	Total
法人自体を処罰する方がよい	125	20	47	8	17	6	11	12	246
現行法のように個人を基本に処罰する方がよい	93	8	28	1	13	1	3	12	159
Total	218	28	75	9	30	7	14	24	405

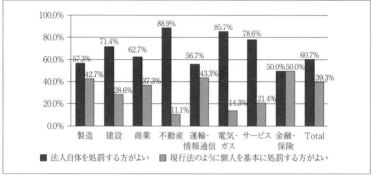

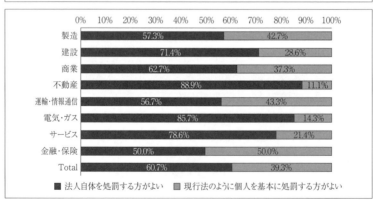

つぎに，単発的ながら，積極的意見としては，「日頃より社員全員の意識啓発，モチベーションの維持と健康管理が大切」，「日弁連や業界団体を通して，さらなる啓蒙活動推進を望む」，「会社法の中で取締役就任の際にコンプライアンス違反をしないよう誓約書提出を義務付ける」，「日本企業の競争力アップ，海外投資家からの投資増加のため，コンプライアンス重視はますます求められる」，「コンプライアンス向上のためには，ステークホルダーの期待，支持，圧力，評価といった活動を通じて企業の基礎的要件として取り込まれるべきだ」，「コンプライアンスの評価については企業毎の特性に合わせて企業毎に自律的に制度設計すべきという原則からは，単に表面上の規律を厳しく定めるのではなく個々の企業固有の事情に照らしその実効性と妥当性から判断すべきだ」という意見が注目される。

他方，消極的な意見として，「社内教育をしても内部統制の効果は限定的なので，あまり過大な期待をしない方がよい」，「企業に対する要求レベルが高まり続ける一方で，企業を構成する個人の意識向上には限界がある」，「『コンプライアンス』という言葉が，その定義について社会的コンセンサスが得られる前に流行してしまったため，社内でも，『何だかわからないけどコンプライアンスの問題』と捉えられる事例が多い」，「制裁をむやみに重くすることで活力が低下する」という意見が参考になる。また，「日本企業のコンプライアンス，特にカルテル・談合の領域は，経営幹部・従業員とも建前と本音（業界の共存秩序のためにはやむをえない必要悪）の乖離がいまだに大きく，人事面でも，後者を優先する会社が多い」という意見も傾聴に値する。

それ以外の意見をみてみると，結局は，社内教育等を通じて個人の意識啓発，意識を高めるということが大事で，コンプライアンスあるいは法規制ということばかりを強調しすぎても，不祥事問題をすべて解決することにはならない，と考えている企業も多いことがわかる。そういう意味では，自由記載欄の意見は，本音を書いていただいただけに大変参考になる。何でもかんでも「ルール，コンプライアンス」ということになると，萎縮効果をもたらすということも指摘されているので，「いったいこの状況でどういうコンプライアンスが重要なのか」ということを見極めることも，今後の課題と言える。

4 コンプライアンスの課題

　以上の分析から今回の調査の総括をしてみよう。第1に，2004年のアンケート結果と比較すると，コンプライアンスとCSR，それから公益通報者保護法は相当定着してきた，と言える。以前は議論が混同していたものも，その後うまく切り分けられて，それぞれ企業自身もコンプライアンスの意義とCSRの意義をしっかりと受け止めて，各企業で努力していることが看取できる。

　第2に，特に，コンプライアンスという概念が単なる法令遵守という狭い範囲で捉えられる傾向にあるが，そうではない点も再確認すべきである。コンプライアンスというのは，法令違反ももちろん含むけれども，広く社会の要請に応えること，要するに広い意味での企業倫理というものも入るのだ，ということを自覚する必要がある。ごく最近のいろいろな不祥事などをみても，そういうふうに捉えているかどうか，なお企業間でギャップがある，と思われる。あるいは中小企業にこれをどのように理解してもらうか，ということなども含めて，課題はある程度浮かび上がったように思われる。それから，コンプライアンスの具体的内容については，業種や規模によりなお理解に差があるということも判明した。これは，自由記載欄からも看取できたし，クロス集計でもそういう傾向が一部看取できる。これをどのように解消していくかも，重要な課題である。

　第3に，リニエンシー制度については評価が分かれている。好意的評価がやや多いとはいえ，今後これを維持するのか，それとも少し修正するのか，この動向に注目する必要がある。

　第4に，法規制・法的制裁については，一方で課徴金の効果に期待しながらも，他方で法人処罰を望むというように，企業自身でもなお動揺が見られるところがある。この点については刑法学者の間でも意見が分かれるところであり，幅広い観点から今後も議論を継続して，いかなる制裁が有効かということを，刑事制裁の限界も含めて議論する必要がある。特に刑事制裁のあり方については，現行法の枠組みを維持するのか，思い切って法人処罰の方

向へいくのか，重要な課題となっている。

　第5に，国際レベルでどのようにハーモナイゼーションを進めていくか，という点も重要な課題である。実はわれわれも，本来は2011年9月にこのテーマで国際シンポジウムを行う予定であったが，東日本大震災とその後の一連の原発事故問題などもあり，やむなく中止になった。しかし，国際調査は実施しているので，それらを踏まえて国際レベルでもなお検討していきたい［本書第13章参照］。

第 13 章
刑事コンプライアンスの国際比較と
今後の展望

1 序

　企業のコンプライアンスを刑事法的観点から国際比較をすべく，われわれ
は，早稲田大学グローバル COE「企業と法創造研究所」の刑事法グループの
研究活動の一環として，海外調査を依頼して実施した[1]。対象国は，ドイツ，
イタリア，イギリス，オーストラリア，アメリカ合衆国，そして中国であっ
たが，法制度が異なる（中国では経済システムも異なる）にもかかわらず，それぞ
れの国で企業コンプライアンスを何らかの形で刑法と連動させる動きがある
ことを確認することができた。そして，それぞれの国の調査から，今後の日
本における議論を展開するうえで参考にすべき点が少なからずあることも確
認できた。本章では，とりわけ刑事実体法（刑法）の観点から，それぞれの国
から寄せられた調査報告書の概略と特徴を抽出し，若干の比較分析を行い，
今後を展望することにする。

2 ドイツ

　1　日本の経済犯罪に相当する逸脱行為への制裁は，ドイツでは，刑法お
よび秩序違反法 (Ordnungswidrigkeitengesetz＝OwiG)[2]が担う。特に重要なのは，
後者である。周知のように，ドイツでは，法人自体に対する刑事責任は一般
に否定されている。これに対して，秩序違反法 30 条は，法人の代表権ある機
関やその構成員，包括的代理権者，経営において管理的立場にある支配人な
どが，犯罪または秩序違反行為を行い，それにより法人の義務に違反するか，
または，法人が利益を獲得し，もしくは獲得しようとした場合に，法人に対

し，行われた犯罪行為が故意の場合は100万ユーロ以下，過失の場合は50万ユーロ以下の過料（Geldbuße）を課することができる旨を規定しているのである[3]。

2　企業が策定すべきコンプライアンス・プログラムに関する法律上の規定は，多くない[4]。このような事情もあってか，われわれの調査の時点でコンプライアンス・プログラムを策定している企業の割合は，ドイツでも増加しつつあるとはいえ，同じく調査を行ったイタリアや日本に比べて相対的に低く，回答企業の概ね3分の2にとどまる。さらに，その内容も，汚職行為の防止を挙げる回答が最も多く，他の項目と有意な差を看取することができる。ドイツの報告書によれば，このような動向は，コンプライアンス・プログラムの導入の契機がシーメンス汚職事件[5]に端を発していること[6]と関連している，と分析されている。同様の傾向は，捜査対象となった事件の重要性[7]にもあらわれており，汚職防止を特に重視するというドイツにおけるコンプライアンス・プログラムの特徴をそこに看取することができる。もっとも，コンプライアンス・プログラムの内容は，必ずしも従業員に刑法および秩序違反法等の遵守のみを求めるものではなく，多くの企業において営業上の倫理の遵守も内容としていること[8]に注目する必要がある。

また，課題としては，従業員による違反行為が行われた場合の手続や制裁内容がコンプライアンス・プログラムに含まれていないことが挙げられている。特に制裁については，個別案件ごとの対応がとられているのが現状である。

3　さらに，報告書では，コンプライアンス・プログラムが有効なものであるかどうか，について調査・分析が行われている。企業は，現在のコンプライアンス・プログラムは概ね有効（10段階で平均6.9の評価）としているが，一方で，プログラムの具体的内容を規制する法規の導入を期待しており[9]，改善の余地が残されていることが示されている。また，このような法規制について，どのような規制内容であれば企業にインセンティブを与えることができるか，という点について，単に制裁を伴わない法的義務づけが行われた場合と，刑事制裁や民事上の責任追及が伴う場合とでは，企業による有効性の評価に有意な差が生じていること[10]から，法規制により企業にコンプライ

アンス・プログラムの導入を促すためには，企業に対する適切な制裁（特に刑事制裁の有効性が強調されている。），または，免責などの恩典を伴う規制を行うべきことが示唆されている[11]。

3　イタリア

1　イタリアでは，一般に法人処罰は憲法上否定されているものと解されている。一方では，人的非難可能性が法人には存在せず，他方で，仮に機関の行為を理由として法人の刑事責任を肯定するとすれば，他人の行為を理由として処罰されることになり，「刑事責任は個人に属する（personale）[12]。」と規定するイタリア共和国憲法 27 条 1 項に違反する，と考えられているからである[13]。もっとも，刑法典に法人の責任を肯定するかのように読める規定は存在する。刑法 197 条は，法人の代表者等が可罰的な行為を行った場合，行為を行った自然人が罰金または科料の支払い能力がないときに限り，法人が罰金または科料の支払いの義務を負わされることを規定している。しかし，これは，法人は直接の刑事罰を受けるのではなく，補償者して罰金・科料の支払いを義務づけられるのであり，法人処罰を規定したものではない，とされている。

2　このような法状況に変化をもたらしたのが，「イタリア企業刑法」とも呼ばれる「法人，会社，社団及び法人格なき社団の行政責任の規律」に関する 2001 年 6 月 8 日の委任立法令[14]231 号（以下「本法」という。）である[15]。本法は，一定の従業員が企業の為に犯罪を行った場合に，金銭制裁や許認可の停止などの禁止制裁，不正に受けた利益の剥奪，判決の公示，会社の強制管理を内容とした制裁を課すことを可能とする（5 条[16]）。同法は，企業に対する金銭制裁（sanzione pecuniaria）をも法効果とするので，法人処罰とも接近しよう。しかし，イタリア刑法典上，（自然人に科される）金銭刑は，罰金（multa：刑法 17条 1 項。犯罪について科される。）および科料（ammenda 違警罪について科される。刑法 17 条 2 項）のみが規定されており，本法は，少なくとも用語上ではこれらの刑事罰とは区別された制裁を予定[17]しており，法人処罰を肯定したものと理解しえない余地はある。もっとも，本法が予定する制裁を基礎づける企業の責

任の性質については，刑事責任と見るか，行政不法行為責任と見るか，争いがあるところである[18]。

3　本法においてさらに注目すべきは，その6条および7条において，コンプライアンス・プログラムを策定し，かつ，有効に機能させていたことを企業の免責事由として規定している点である[19]。このほかにも，従業員による犯罪が行われた後でも，被害塡補などと共に，コンプライアンス体制を敷くことで制裁を免れることを可能とする規定（17条 b 号）もある。このことから，コンプライアンス・プログラムの策定と有効な実施は，実利的な面からも，企業にとって重要な意義を有している，といえよう。

イタリアの報告書によれば，このような法状況を背景に，本法を契機として，コンプライアンス・プログラムを導入・改善した企業が多いことが示されている[20]。そして，90％の企業で，同法が要求する水準（6条2項参照[21]）を超えた倫理規定などを含むコンプライアンス体制を構築したようである。その結果として，本法は，企業の倫理的気風を向上させることに効果があったことが指摘されている[22]。

4　イギリス

1　イギリスの報告書[23]（以下「本報告書」という。）は，「概略」，「捜査機関と訴追機関」，「裁判官及び陪審員」，「統計的な動向」，「法制上の展開」，「その他の救済手段」，「結語」から成り，英国における企業関連犯罪の実態とそれに対する法的取組みを明らかにする。このうち，実体刑法の立場からは，以下の内容が注目される。

2　まず，企業関連犯罪の全貌とそれが英国経済に及ぼす影響ははっきりしない，とされる。本報告書からは，企業関連犯罪を管轄する多種多様な捜査・訴追当局が複雑に混在している現状も，その一因であることが読み取れる[24]。

3　つぎに，企業関連犯罪に関する3つの法改正である。なお，イギリスでは，会社も，コモン・ロー上および制定法上の犯罪の主体となりうる。

第1は，2007年法人過失致死罪・殺人罪法（Corporate Manslaughter and

Homicide Act 2007) である[25]。同法は，コモン・ロー上の犯罪である重過失致死罪を法人との関係で廃止した。その一方で，同法では，法人その他類似の組織の業務を管理しまたは組織化する行為の態様が，人の死亡をもたらし，当該組織が死亡者に対して負う関連する注意義務の重大な違反に相当する場合には，法人過失致死罪に問われる。ただし，高い地位にある職員が業務を管理しまたは組織化する行為の態様が，当該違反行為の重要不可欠な要素となっている場合に限られる。法人過失致死罪に問われた組織は，罰金刑に処されるほか，矯正命令（組織に対して，組織の方針，体制および運営における労働安全衛生上の不備のうち違反の兆候が認められる事項の是正に向けた具体的措置を命じる。）および公告命令（組織に対して，犯罪により有罪判決を受けた旨，犯罪の具体的な内容，課された罰金の額および矯正命令の内容を一定の方式で公告することを命じる。）の対象となりうる。両命令は，効果的な再発防止という観点から注目される。

　第2は，2006年詐欺法（Fraud Act 2006）である[26]。従来，イギリス刑事法には「詐欺」という具体的な犯罪類型がなく，窃盗，欺罔による財物・サービスの取得といった様々な犯罪類型により起訴されていた。これに対し，同法は，虚偽表示，情報の非開示，地位の濫用の各態様による一般的な詐欺罪を規定するほか，新たな犯罪類型として，不誠実な態様による便益の取得，詐欺目的で用いられる物の所持，製造および供給，非法人の事業者に適用される詐欺的取引を導入した。同法によれば，会社が犯罪を行った場合には，その会社だけでなく，会社において一定の役割を果たしており，かつ，会社による犯罪行為の実行の当事者であった者，例えば，取締役やマネージャーについても，あわせて訴追することができる。

　第3は，2010年贈収賄防止法である[27]。同法は，汚職に関する制定法上・コモン・ロー上の犯罪をすべて廃止する一方で，外国公務員に関する「能動的」犯罪や，賄賂提供を防止しなかった罪という，法人の刑事責任に関する法規定に対する重要な例外などを導入した。会社は，代理人がその会社の「意思の主導者」である場合には，その代理人による贈賄行為について責任を負うが，会社がそのような行為を防止すべく適切な手続を整備していた場合には，例外とされる。法人の「上級役員」も，会社による犯罪行為の実行に同意しまたはそれを黙認していた場合には，個人的に責任を負う。民法も，贈

270 第2部 企業のコンプライアンス・プログラムと刑事規制

収賄行為を思いとどまらせる強力な手段であることを念頭に入れておくことが重要である。賄賂の収受は，信認義務違反となる。また，イングランド法上，雇用者は，従業員に対して，不正な利益を会社に戻すよう命じる権利がある。

4 最後に，その他の救済手段として，取締役の資格停止（Directors Disqualification）と没収命令（Confiscation Orders）が紹介されている[28]。

取締役の資格停止は，会社犯罪で有罪判決を受けた者について，その都度裁判所の許可を得ないで，会社取締役への就任や，「方法を問わず直接的又は間接的に会社の設立又は経営に関与又は参加すること」などを禁止するものである。もっとも，何が「経営への関与」に当たるかは，いまだ明らかでないとされる。

取締役資格停止命令への違反は，それ自体犯罪である。また，その違反者は，所定の期間中に発生した一切の会社債務について個人的に弁済責任（民事責任）を負わされうる。

なお，2001年，資格停止確約書（Disqualification undertaking：裁判所命令に代わる，裁判所に差し入れる法的拘束力ある約束）制度が導入された[29]。この制度は，取締役の面子を軽減する点で，資格停止命令より望ましい，とされる。これにより，資格停止件数は24％（資格停止確約書による件数は，内57％）増加した[30]。

没収命令については，取締役資格停止命令への違反により生じた利益をどのように計算するべきか，という論点が生じた。

5 以上，イギリスの報告書は，企業関連犯罪を防止するために，法人過失致死罪や，取締役の資格停止と没収命令という救済手段のような様々な制度・対策を導入してきたイギリス刑法の現状を，それにより生じた新たな問題を含めて浮き彫りにするものであり，示唆に富む。

5 オーストラリア

1 オーストラリア報告書（以下「本報告書」という。）は，「序論」，《パート1》「取締役及び監査役の職務及び義務」，「職務及び義務を負う主体は誰か」，「制裁」，「*JAMES HARDIE*事件判決」，《パート2》「経営悪化取引の回避—取締

役の義務」,「監査役の義務」,《パート3》「規制機関」,《パート4》「企業の社会的責任」,《パート5》「『企業文化』の概念を通じて法人に刑事責任を帰すること」,「コンプライアンス・プログラム」,「結語」から成り,オーストラリアにおけるコーポレートガバナンスの最近の展開を詳細に明らかにするほか,企業の社会的責任や,「企業文化」の概念とコンプライアンス・プログラムについても概観する[31]。このうち,実体刑法の立場からは,以下の内容が注目される。

2 まず,制裁,特に民事制裁の利用である。オーストラリアでは,会社の取締役その他の役員は,法律上様々な義務を負わされる。そうした義務に関する法規定の多くは,民事的な制裁規定であり,法人が民事制裁規定に違反した場合には,オーストラリア証券投資委員会 (ASIC) が民事裁判所に提訴できる仕組みが採られている。実務上,取締役が刑事責任を負わされるケースはあまりなく,むしろ,罰金や資格停止命令といった民事制裁を課されるのが通常である,とされる[32]。

(民事上の) 罰金については,オーストラリア証券投資委員会 (ASIC) が,20万ドル以下の支払命令を裁判所に申し立てることができる[33]。なお,(民事上の) 罰金は,刑事上の罰金と同様に,違反により生じた損失または利益の額を基準とするのではなく,違反の重大性を勘案して決定されるとされるが,この点については,両罰金の区別という観点から,さらに検討が必要であろう。

また,取締役の資格停止については,裁判所が,ASIC の申立てに応じ,一定の者の会社経営の資格を,適切と認める期間 (20年以下),停止する命令を下すことができる。資格停止命令は,かなり頻繁に利用されている,という。そして,資格停止が個人に及ぼす経済的影響は深刻である,とされる[34]。なぜなら,資格停止を受けた者は,直ちに取締役の地位を失うため,職務経歴,評判,収入能力を実際に傷つけられるからである。

これに対し,刑事責任については,2001年連邦会社法184条が,不誠実な職務遂行懈怠等について,会社の取締役その他の役員に関する犯罪成立要件を規定する[35]。なお,2009年のカルテル関連規定の改正により,初めて刑事罰が導入され,関与した自然人は,10年以下の禁錮刑または22万ドル以下の罰金刑に処せられることになった。また,2010年会社法改正法により,会

社によるインサイダー取引規定および市場操縦規定の違反に対する刑事制裁が大幅に強化され，45,000刑罰単位（495万ドル），得た利益もしくは免れた損失の3倍に相当する金額，または該当期間中の法人の売上額の10％に相当する金額のうち最も高い金額が罰金の上限となった。

3　つぎに，企業活動の主な規制機関の取組みである。具体的には，ASIC，オーストラリア証券取引所（ASX），オーストラリア健全性規制庁（APRA），オーストラリア競争・消費者委員会（ACCC）が紹介されている[36]。以下では，前二者を取り上げる。

ASICは，会社法その他の法令に基づいて，義務違反および経営悪化取引について調査し，民事訴訟・刑事訴訟を提起する権限を有するが，本報告書は，2009年から2010年のASICの実績を詳しく紹介する。それによれば，ASICは，連邦公訴局長官（CDPP）と協働して23件の刑事訴訟を行った。22名が有罪判決を受けた。その内訳は，禁錮刑12名，執行猶予・罰金刑11名である。また，ASICは，さらに30件の民事訴訟を行い，2億8700万ドル以上の損害賠償，費用償還および罰金を得た。資格停止については，ASICの提訴により，90名の取締役が資格停止を受けた。その内訳は，3年以下46名，3年〜5年40名，5年〜10年3名，10年超1名である。また，同年度にASICが得た有罪判決により，さらに22名が当然に会社経営資格を停止された。なお，資格停止を受けた取締役の合計は320名である。

さらに，ASIC（とACCC）は，民事的命令の申立てや行政的措置に代えて，「強制執行力ある確約書」を受理することもできる。これは，迅速な賠償やコンプライアンス体制の強化につながる，とされる。

これに対し，ASXは，政府機関でも規制主体でもなく，民間の営利会社であるが，ASX原則を公表し，それに従わない上場会社について，"if not, why not?"（「やらないなら，理由を説明せよ。」）というユニークなアプローチを採っている。この報告実務は，強固であるが柔軟性に富んだガバナンス開示制度を提供するものとされる。ASX原則は，多くの非上場企業も利用している，という。

4　最後に，「企業文化」の概念とコンプライアンス・プログラムである[37]。これらは，法人の刑事責任に関連する。

オーストラリアでは，2001年12月，法人に刑事責任を問うための明示的な制定法規が1995年刑法に導入された。刑法12.3条[38]1項では，該当する犯罪の成立要件として責任的要素（意図，認識または未必の故意）の立証が必要とされる場合で，法人が「当該犯罪の実行を明示的または黙示的に承認または許容した」場合には，その要素は法人に帰せられる。この承認・許容は，同条2項によれば，当該犯罪の実行を指示し，奨励し，認容または主導する「企業文化」があったことが証明される場合，当該犯罪の防止に向けた所定の法令コンプライアンスを義務づけるような「企業文化」を創出し，これを維持していないことが証明される場合にも認められる。

こうした規定は，会社の正式書類上はコンプライアンスが義務づけられているように見えても，実際にはコンプライアンスに違反する行為が期待されていたようなケースを捉えることを狙った趣旨であり，注目に値する，と指摘されている。もっとも，刑法12.3条が適用された公表判例は，これまで1件もない。しかし，連邦裁判所は，会社のコンプライアンス文化に大きな比重を置いてきたという見方もあり，量刑の判断要素として「企業文化」に言及する判例などが紹介されている[39]。

5　以上，オーストラリアの報告書は，民事罰金，取締役の資格停止，強制執行力ある確約書，法人の刑事責任，ASIC，ASXその他の様々な規制機関による取組みを通じて，コーポレートガバナンスの強化を目指すオーストラリアの現状が浮き彫りするものであり，示唆に富む。

6　アメリカ合衆国

1　アメリカ合衆国の報告書（以下「本報告書」という。）は，序文のほか，「反トラスト法違反行為」，「外国における契約を確実にするための賄賂」，「企業行動規範は何を規定しているか？」，「量刑ガイドライン」，「TYSON CORPORATION：事例研究」，「サーベンス・オクスリー法」，「訴追者による見方」，「ドッド・フランク規制改革法」，「結論」「補遺A」，「補遺B」，「補遺C」から成り，アメリカ合衆国の企業行動規範について多角的に明らかにする[40]。このうち，実体刑法の立場からは，以下の内容が注目される。

274　第2部　企業のコンプライアンス・プログラムと刑事規制

2　まず，アメリカ合衆国では，近時，企業行動規範の数が激増しているとされる。その主な背景には，従業員の職務上の違反行為があった場合でも，洗練された企業行動規範を定め，それについて従業員に献身的な啓発をしていた企業は，より寛容な処置（起訴猶予，刑罰制裁の軽減，民事制裁金の軽減）を受ける，と見込まれることがある。かくして，企業行動規範は，仮に従業員が「違法行為に従事するな。」という明確な命令を受けていたとしても，ひとたび従業員が法律違反の業務を行えば，企業は刑法上の行為をなしたとして有罪となりうる，と宣言する合衆国裁判所が提示した「代位責任理論[41]」を骨抜きにする経済界の試みを代弁するものと評価されている[42]。

では，その企業行動規範は，どのような事項を規定しているのか。アメリカ合衆国の大企業 500 社に対する企業法律事務所 Fried Frank の調査によれば，企業行動規範が規定する事項は，利益相反（97%），贈答品（87%），秘密情報の悪用（83%），海外における汚職への関与（83%），政治献金（79%），インサイダー取引（73%），反トラスト法違反行為（64%），労働関係（27%），その他（29%），である[43]。その一方で，企業行動規範において利益相反の注目度はかなり低い，という見方もある。特に，非産業系の会社は，伝統的に，会社を直接的に侵害する行為の排除を強調してきた，とされる。この点は，わが国の調査結果とも比較検討する価値があろう。

なお，企業行動規範については，自社が企業行動規範に定めた任意の基準が，法律上企業に課せられた義務よりも高度の基準であっても，それに違反した場合，虚偽広告・契約違反であるとして責任を問われることがある，とされ，NIKE 事件がその実例として詳しく紹介されている[44]。また，この NIKE 事件は，企業が CSR を企業行動規範の中に組み入れることを思いとどまらせるおそれを作り出した，という見方も紹介されており，興味深い。

3　つぎに，量刑ガイドラインである[45]。報告書によれば，1991 年に組織の量刑に関する合衆国量刑委員会ガイドラインが導入され，最も重要な減軽要素として「法律違反を回避し，探知する」プログラムの存在が挙げられた[46]。また，同委員会は，十分なコンプライアンス・プログラムを構築する努力に関して，「7 つのステップ」を定めたが（補遺 A）[47]，これらの文言は，訴追上・裁判上の判断にとって柔軟で上手な取扱い方法を提供するものであったとさ

第13章　刑事コンプライアンスの国際比較と今後の展望　　275

れる。その後，2004年に，同刑委員会は，量刑ガイドラインの射程を拡張し，「倫理およびコンプライアンスに関するプログラム」と名称変更し，修正を加えた（補遺B）[48]。新量刑ガイドラインは，例えば，法令遵守に向けた努力の促進とそれに従うに見合うインセンティブ条項を推進した。

　なお，硬直的なガイドラインは，適切な刑罰判断を阻害するとして，多くの判事を憤慨させたようであるが，*United States v. Booker* 判決（2004年）は，量刑ガイドラインを強制的なものではなく，助言的なものとした。こうして，司法の広範な柔軟性により，企業は包括的な企業行動規範の進展と導入から利益を得られるようになった，とされる[49]。

　4　以上，アメリカ合衆国の報告書は，同国における企業行動規範とそれに関連する諸課題を浮き彫りにするとともに，量刑ガイドラインとコンプライアンス・プログラムについても詳しく紹介するものであり，示唆に富む。

7　中　国

　1　中国における法人処罰は，組織体犯罪（単位犯罪）という概念が担っている[50]。中華人民共和国刑法30条は「会社，企業，事業体，機関又は団体が，社会に危害を及ぼす行為を行った場合において，その行為が法律に組織体犯罪として規定されているときは，刑事責任を負わなければならない。[51]」とし，同31条は，企業等の組織体に罰金を科し，直接の責任を負う組織体の指導者（主管者）を処罰する旨を規定する。このように組織体の刑事責任を正面から認める以上，組織体の刑事責任を招来するような行為の防止が問題になるように思われるが，かねてから指摘されているように，中国におけるコンプライアンス体制の整備は十分ではなく[52]，中国の報告書でのアンケート調査でも，法令違反を防止する為の社内教育制度等の設置割合は50%強にとどまる[53]。もっとも，回答者の所属企業が刑事処分を受けたとの回答は1.6%にとどまっている[54]ことから，企業犯罪の現状はさほど深刻ではなく，企業犯罪を抑止する法制度が有効である，と分析されている。しかし，アンケート調査からは，企業に対する刑事責任の追及については，資格刑の不存在や刑事訴訟に被害企業が関与できないこと，罰金額が低額に過ぎるなど，いくつ

かの点で企業が満足していないことが示されていて[55]，問題点も指摘されており，報告書では，このような問題に対し，資格刑として，営業内容の制限，営業区域の制限，取引相手の制限などの導入，罰金刑を得られた収益との比率で科す制度などの提言が行われている。このほか，違法行為が行われた場合，民事責任の追及や行政制裁が行われることが考えられるが，アンケート調査からは，前者については49％[56]，後者については，58％[57]の回答者が現状について満足していない，と回答しており，企業の意識としては不十分な制度であることが示されている。それぞれの理由について回答が多かった項目は，民事責任の追及に関しては，訴訟コストや権利実現に時間が掛かること[58]，行政処分・調停について，処分までの過程が複雑であること[59]など，共通して，手続に関わる項目である。このような手続に対する不満は，刑事責任の追及にも見られるものである[60]（現行の刑事制裁に満足しない理由として最も回答が多かった項目は，処罰実現過程の複雑さである。）。もっとも，刑事法システムに対する不満は，民事責任の追及や行政処分・調停に対する不満よりも相対的に少なく，42％にとどまる[61]。

　2　中国の動向として特に注目に値するのは，一部の地域で推進されている先進的取組みである。中国の法制度については，コンプライアンス・プログラムを整備することにインセンティブが少ないことが指摘されているが[62]，煙台市の「企業の社会的責任の考査・評価」の取組みは，これを打開するものである。従来，政府による企業の監督管理は納税額や輸出量などの経済的な指標を基準としてきたが，この新たな取組みは，これらに加えて，法令遵守の内部管理システムの構築を含む企業の社会的責任の履行状況を企業評価[63]の対象とするものである。報告書によれば，従来，政府は企業がもたらした諸問題を後始末することが主であったが，このような新しい取組みによって，企業の違法行為がもたらす社会の対立を初期段階で解決することが可能となり，紛争解決のコストも低減した[64]，とされる。

　3　企業の社会的責任として，現在，特に重要な問題は，環境保護への取組みであろう。報告書も，企業誠信の構築，労働環境の保全などと並んで環境問題についても企業の社会的責任として取り上げている。しかし，ここで社会的責任として取り上げられている問題は，基本的には競争法制・知財法

制や労働法制（会社法も含む。），環境保護法制の遵守であり，日本では，コンプ
ライアンス・プログラムの一内容とされるべき問題であろう。報告書では，
それぞれ現状の問題状況が示されているが，これらを顧みるとき，コンプラ
イアンス・プログラムが有効に機能しているかについては，いささかの疑問
を禁じえない[65]。

8 結　語──刑事コンプライアンスの国際比較と今後の展望：企業刑法構築へ向けて

　以上，6カ国の企業コンプライアンスと刑法に関する調査報告書の概略を
述べてきたが，最後に，若干の比較分析をしておきたい。

　第1に，①法人処罰を刑法典で正面から認めているイギリス，オーストラ
リア，アメリカ合衆国，および中国，②特殊立法形式で法人の行政法的刑事
制裁を認めているイタリア，そして，③法人に対して行政罰（過料）という制
裁で対応しているドイツ，という具合に，前提となる法制度が大きく3つに
分かれる点を指摘しておきたい。日本の現状は，あえて言えば，法人処罰を
刑法典で正面から認めていない点でドイツに近いが，日本の両罰規定の制度
は独自のものであり，必ずしもドイツの秩序違反法と同じではない。ドイツ
でも，近時，法人処罰を正面から認めるべきだ，という見解も根強く主張さ
れているが，それにもかかわらず，なお秩序違反法を堅持している背景をド
イツの報告書からしっかり理解する必要がある。また，比較法的にみて，イ
タリア法は，「企業刑法」という名称にもかかわらず，行政法とミックスされ
た独自の性格を有しており，それが報告書でも表れていることがわかる。イ
タリアの制度には，もっと注目してよいように思われる。さらに，法人処罰
を正面から認めているとしても，英米法域圏内であっても，イギリスとオー
ストラリアとアメリカでは，内容は微妙に異なっていることは，興味深い。
特にオーストラリアは，イギリスとはやや一線を画して独自の制度を形成し
つつある。中国の立法形式も，当然ながら，他国とは異なる側面がある。い
かなる制裁が妥当か，日本でも議論が始まっているが，比較法的知見を活用
して議論を進化させていく必要がある。

278　第2部　企業のコンプライアンス・プログラムと刑事規制

　第2に，以上の相違はあるとしても，いずれの国も（日本も含む。），企業犯罪への対応策として，企業コンプライアンスを重視して，それと連動させて制裁を考えている点で共通しているものがあることを指摘することができる[66]。しかし，企業コンプライアンスの内実は，必ずしも同じものではなく，社会に深く定着している国（イギリス，オーストラリア，アメリカ）と，まだ定着途上である国（ドイツ，イタリア，中国）とで，刑法上の取扱いも多少の差異があるように思われる。すなわち，形式上，コンプライアンス体制を導入したといっても，それが真に社会に定着していなければ，重大なコンプライアンス違反が企業犯罪として顕在化するのであり，それは，まさに企業コンプライアンスが機能していないことを示すことになるのである。ドイツのシーメンス事件は，そのことを如実に示すものである。中国も，経済発展が急速であったため，企業コンプライアンスの本来の意義がまだ十分に理解されていない側面があるように思われる。日本も例外ではなく，コンプライアンス整備の「優等生」と目されていた企業で近年相次いで会計不祥事，検査不祥事等が発覚して，社会的信用がぐらついている。その度に会社の幹部は，「再発防止に向けて法令順守を徹底したい。」と頭を下げつつ常套句のように謝罪会見を行う。しかし，そのような対応では，すでに限界が来ている。したがって，企業法ないし刑法という視点だけでなく，企業の自律的責任という意味での企業倫理とも連動させた対応を考えておかなければ，企業コンプライアンスは機能しないであろう[67]。

　第3に，国際比較調査を通じて，21世紀になり，グローバル社会おいては，企業コンプライアンスは，国境を越えて共に議論していかなければ対応に限界がある，ということを実感した。もちろん，第2の点で指摘したように，国内での各企業および各国の内部でのコンプライアンス体制を引き続き確立していく必要があるが，国境を越えて取引が頻繁になされている現状に鑑みると，実態を踏まえた適正なルール作りを各方面と共働して模索して行っていく必要があることを痛感する。

　企業コンプライアンスを刑事法の観点から国際比較調査をした例は，世界で初めてと思われる。本来ならば，さらに徹底して分析・検討を行うべきであるが，現時点では，これが限界である。日本における調査・分析[68]では，日

第 13 章　刑事コンプライアンスの国際比較と今後の展望　279

本の現状がよく示されているので，比較参照することを読者には勧めたい。
なお，この問題は，刑事手続との関連性も深いものがあるので，刑事手続の
観点からの比較分析[69]も併せて参照すると，全体がより正確に理解できるで
あろう。

　第4に，今後の展望として，従来は「経済刑法」の枠組みで議論されてき
た問題を，コンプライアンス・プログラムないし刑事コンプライアンスをも
射程に入れた企業活動のメカニズムに焦点を当てた「企業刑法」の枠組みで
検討する必要がある，と考える[70]。本書では，その方向性しか打ち出せてい
ないが，今後の研究でそれを試みたい。

1）詳細については，甲斐克則＝田口守一編『刑事コンプライアンスの国際動
　向』（信山社・2015 年）第Ⅲ部「海外6か国の報告書」165 頁以下参照。なお，
　本章は，同書の第Ⅰ部「総括編」の第1章「企業コンプライアンスと刑法を
　めぐる国際動向の比較分析」（甲斐克則＝芥川正洋＝福山好典執筆）5-20 頁
　を改題し，若干の加筆修正を施したものである。
2）秩序違反法に関する邦語による近時の文献として，さしあたり田口守一「ド
　イツにおける企業犯罪と秩序違反法」甲斐克則＝田口守一編『企業活動と刑
　事規制の国際動向』（信山社・2008 年）157 頁以下がある（特に 164-168 頁参
　照）。
3）ドイツの報告書（2013 年2月20日付）であるウルリッヒ・ズィーバー＝マ
　ルク・エンゲルハルト（早稲田大学 GCOE 刑事法グループ訳）「ドイツの経
　済犯罪の防止のためのコンプライアンス・プログラム——実証的研究」甲斐
　＝田口編・前掲注（1）167 頁以下では，その金額の分布についても触れられ
　ている（181 頁（図4））が，多くの事案では 1,000 ユーロ以下の低額にとど
　まっている。
4）例えば，証券取引法（WpHG）33 条1項（「証券業者は，……次の各号に掲
　げる事項を義務として履行しなければならない。1号 適切な規定を置き，資
　金を確保し，手続きを整備することで証券業者が自ら，及びその従業員が本
　法の定める義務を果たす体勢を確保すること。特に一時的でない実効性ある
　コンプライアンスの機能を，その責務を外部に依存する必要のない形で組織
　化しなければならない。」（小宮靖毅訳「有価証券取引法」日本証券経済研究
　所編『新外国証券関係法令集 ドイツ』（2009 年）64 頁に拠った），株式法
　（AktG）91 条2項（「取締役会は，会社の存続を脅かす展開を早く認識できる
　ようにするために，適切な措置を講じ，特に監視制度を設けなければならな
　い。」（早川勝訳「＜資料＞1965 年ドイツ株式会社法（邦訳）」同志社法学 63
　巻6号（2012 年）200 頁以下に拠った））がある。

280　第2部　企業のコンプライアンス・プログラムと刑事規制

5) ドイツのシーメンス社が数十年間にわたり，裏帳簿から外国公務員などに対して賄賂を支払うなど，不正な会計処理が明るみになった事件であり，アメリカおよびドイツで多額の罰金，民事制裁金などが科（課）せられた。詳細については，さしあたり，石川和洋「シーメンス贈賄事件について」JMC JOURNAL 57巻10号（2009年）24頁以下参照。ドイツの企業犯罪と刑事コンプライアンスの動向の詳細については，甲斐克則「ドイツにおける企業犯罪と刑事コンプライアンス」『曽根威彦先生＝田口守一先生古稀祝賀論文集［下巻］』（成文堂・2014年）289頁以下〔本書第10章〕参照。

6) このことは，シーメンス汚職事件が発覚した2006年以降にコンプライアンス・プログラムを導入する企業が急増したこと（ズイーバー＝エンゲルハルト・前掲注（3）229頁（**図53**））からも裏付けられる。

7) ズイーバー＝エンゲルハルト・前掲注（3）223頁（**図44**）参照。

8) ズイーバー＝エンゲルハルト・前掲注（3）203頁（**図18**）参照。

9) ズイーバー＝エンゲルハルト・前掲注（3）237頁（**図63**）参照。

10) ズイーバー＝エンゲルハルト・前掲注（3）235頁（**図61**）参照。

11) この点については，ローター・クーレン（岡上雅美訳）「ドイツにおけるコンプライアンスと刑法」比較法学47巻3号（2014年）183-184頁をも参照。

12) 訳文については，初宿正典＝辻村みよ子編『新解説世界憲法集 第4版』（2017年）141頁〔田近肇訳〕に拠った。「一身専属的である」（初宿正典＝辻村みよ子編『新解説世界憲法集 第2版』（2010年）130頁〔井口文男訳〕）などの翻訳例もある。

13) 邦語の文献として，ジュリオ・デシモーネ（松生光正訳）「イタリア刑法における団体の刑事責任の諸問題」姫路法学20号（1996年）51頁。

14) 議会の委任に基づいた政府の立法権限による立法であり，法律と同様の効力を有する（イタリア共和国憲法76条，87条5項）。

15) 本法については，アッティリオ・ニスコ（甲斐克則＝福山好典訳）「イタリア刑法における法人の責任」早稲田法学90巻1号（2014年）85頁以下〔本書巻末の資料3〕，吉中信人「イタリア刑法における企業犯罪の法的規制」広島法学34巻3号（2011年）192頁以下に詳しい。本章の記述も，これによるところが多い。また，本法の翻訳についても，これらに依拠した。

16) 第5条　企業の責任

1．企業は以下の者が企業の利益又は便宜のために行われた犯罪によって責任を負う。

　a）企業の代表者，管理，指導の職務を担おう者，又は財政上及び機能上の自立性を備えた組織的統一体たる役割を担う者，並びに，事実上企業の管理統制に従事する者

　b）前号に規定する内容の一つについて指導又は監督を任せられた者

2．前項に掲げられた者が，自分自身又は第三者の利益において行為した場合は，企業は責任を負わない。

第 13 章　刑事コンプライアンスの国際比較と今後の展望　281

17）用語の訳は，法務大臣官房司法法制調査部編『イタリア刑法典』（1978 年）に拠った。

18）この点については，吉中・前掲注（15）187 頁以下，森下忠『諸外国の汚職防止法制』（2013 年，成文堂）236 頁以下参照。なお，本報告書は，これを刑事責任と解している。

19）第 6 条　幹部役員と企業の組織規範
1．犯罪が前条 1 項に掲げる者によって行われた場合，企業が以下の立証を行うときは責任を負わない。
　a）経営機関が，事実の遂行前に，行われた犯罪と同種の犯罪を予防するのに適した組織及び管理規範を採用し，有効に実施していたこと。
　b）規範の機能を監督し，それを最新のものに改訂することを遵守する任務が，率先性と統制において自律的権能を備えた企業の一つの組織体に委ねられていたこと。
　c）行為者が，詐欺的手段によって組織・管理規範を回避しながら犯罪を遂行したこと。
　d）b）号に規定される組織体において，監督が懈怠されたり不十分であったりしなかったこと。
2．委任された権能の範囲及び犯罪遂行のリスクに関して，前項 a）号に規定される規範は，以下の要請を満たさなければならない。
　a）犯罪が行われうる範囲の活動を明らかにすること。
　b）犯罪予防に関する企業の決定の形成及び施行を策定するための特別の手続きを規定すること。
　c）犯罪遂行を阻止するに適した財政的資源の管理様式を明らかにすること。
　d）規範の機能と遵守を監督するために選ばれた組織体に対し，情報提供を行う義務を規定すること。
　e）規範に示された方策の遵守義務違反を制裁するために適した懲戒制度を導入すること。

第 7 条　ほかの管理職役員と企業の組織規範
1．5 条 1 項 b）号に規定された場合において，指導又は監督義務違反によって犯罪遂行が可能になったときは，企業は責任を負う。
2．いずれの場合において，犯罪遂行前に企業が，行われた犯罪と同種の犯罪を予防するに適した組織，管理及び統制の規範を採用し，有効に実施していたときは，指導又は監督義務違反は排除される。

20）マウロ・カテナッチ＝マルタ・アゴスティーニ＝ジュリア・ファロティーコ＝ステファーノ・マンティーニ＝フェデリコ・メログラーノ（早稲田大学 GCOE 刑事法グループ訳）「イタリアにおける経済犯罪防止に向けたコンプライアンス・プログラム」甲斐＝田口編・前掲注（1）411 頁以下参照。

21）前掲注（15）掲載の諸文献参照。

282　第 2 部　企業のコンプライアンス・プログラムと刑事規制

22）カテナッチほか・前掲注（20）450 頁。

23）マーク・ワトソン-ガンディ（早稲田大学 GCOE 刑事法グループ訳）「英国における企業関連犯罪」甲斐＝田口編・前掲注（1）383 頁以下参照。

24）ガンディ・前掲注（23）384 頁以下参照。

25）ガンディ・前掲注（23）399 頁以下参照。なお，今井猛嘉「イギリスにおける法人処罰」甲斐＝田口編・前掲注（2）69 頁以下参照。

26）ガンディ・前掲注（23）400 頁以下参照。

27）ガンディ・前掲注（23）404 頁以下参照。

28）ガンディ・前掲注（23）406 頁以下参照。

29）ガンディ・前掲注（23）407-408 頁以下参照。

30）ガンディ・前掲注（23）407 頁。

31）松浦華子（早稲田大学 GCOE 刑事法グループ訳）「オーストラリアにおけるコーポレートガバナンスの最近の展開」甲斐＝田口編・前掲注（1）457 頁以下参照。なお，オーストラリアの状況については，甲斐克則「オーストラリアにおける企業活動の規制システム」甲斐＝田口編・前掲注（2）255 頁以下をも参照。

32）松浦・前掲注（31）465 頁。

33）松浦・前掲注（31）465 頁。

34）松浦・前掲注（31）466 頁。

35）松浦・前掲注（31）469-470 頁。

36）松浦・前掲注（31）482 頁以下。

37）松浦・前掲注（31）504 頁以下。

38）条文の邦訳として，樋口亮介「オーストラリアの法人処罰」甲斐＝田口編・前掲注（2）251 頁以下。

39）松浦・前掲注（31）507-508 頁

40）ヘンリー・ポンテル＝ギルバート・ガイス（早稲田大学 GCOE 刑事法グループ訳）「アメリカ合衆国における企業行動規範」甲斐＝田口編・前掲注（1）511 頁以下参照。なお，アメリカの状況については，川崎友巳「アメリカ合衆国における企業犯罪の実態と企業犯罪への刑法上の対応」甲斐＝田口編・前掲注（2）5 頁以下をも参照。

41）この点を含め，アメリカ合衆国の法人処罰論については，川崎友巳『企業の刑事責任』（成文堂・2004 年）156 頁以下参照。

42）ポンテル＝ガイス・前掲注（40）512 頁。

43）ポンテル＝ガイス・前掲注（40）516 頁。

44）ポンテル＝ガイス・前掲注（40）528 頁。

45）これについては，川崎・前掲注（41）386 頁以下参照。

46）ポンテル＝ガイス・前掲注（40）517 頁。

47）ポンテル＝ガイス・前掲注（40）530 頁以下。

48）ポンテル＝ガイス・前掲注（40）533 頁以下。

第13章 刑事コンプライアンスの国際比較と今後の展望　283

49) ポンテル＝ガイス・前掲注（40）518頁。

50) 単位犯罪の全体像について，馮軍「新刑法における単位犯罪」西原春夫編『日中比較経済犯罪』（成文堂・2004年）190頁以下参照。

51) 条文訳は，甲斐克則＝劉建利編訳『中華人民共和国刑法』（成文堂・2011年）に拠った。

52) 金紅花「中国における企業のコンプライアンス経営(2)」法学論叢163巻1号（2008年）104頁，116頁。

53) 中国社会科学院法学研究所（早稲田大学GCOE刑事法グループ訳）「中国企業の社会的責任と法令順守」甲斐＝田口編・前掲注（1）291頁（図）14参照。

54) 中国社会科学院法学研究所・前掲注（53）379頁（**図39**）参照。もっともこれに対し，他者の法令違反によって損害を被ったことがあるとの回答は24％あった（中国社会科学院法学研究所・前掲注（53）376頁（**図29**）参照。

55) 中国社会科学院法学研究所・前掲注（53）378頁（**図35**）および（**図36**）参照。

56) 中国社会科学院法学研究所・前掲注（53）376頁（**図31**）参照。

57) 中国社会科学院法学研究所・前掲注（53）377頁（**図33**）参照。

58) 中国社会科学院法学研究所・前掲注（53）377頁（**図32**）参照。

59) 中国社会科学院法学研究所・前掲注（53）377頁（**図34**）参照。

60) 中国社会科学院法学研究所・前掲注（53）378頁（**図37**）参照。

61) 中国社会科学院法学研究所・前掲注（53）377頁（**図33**）参照。

62) 金紅花「中国における企業のコンプライアンス経営（3・完）」法学論叢163巻2号（2008年）158頁

63) 中国の報告書では，コンプライアンスは企業の社会的責任の一内容として位置づけられている。

64) 中国社会科学院法学研究所・前掲注（53）333頁。

65) 問題状況の詳細については，中国社会科学院法学研究所・前掲注（53）の報告書全体を参照されたい。

66) 甲斐＝田口編・前掲注（1）165頁以下の各国報告書全体参照。

67) この点について，本書第Ⅲ部「資料」3に収めたハロー・オットー「企業の取引行為の倫理，法的枠組，および刑事制裁」は参考になる。

68) 甲斐克則「日本におけるコンプライアンスの現状と課題——2010年アンケート調査分析結果」本書第Ⅱ部第12章参照。

69) 田口守一＝原田和往＝松田正照「企業コンプライアンスと制裁手続をめぐる諸問題」甲斐＝田口編・前掲注（1）21頁以下参照。

70) 最新の経済刑法研究の到達点とも言えるのは，芝原邦爾＝古田佑紀＝佐伯仁志編著『経済刑法——理論と実務』（商事法務・2017年）であり，刑事コンプライアンスの実践的意義を自覚させるものとして，甲斐＝田口編・前掲注（1）および注（2）のほか，木目田裕＝佐伯仁志編『実務に効く・企業犯罪と

コンプライアンス　判例精選』ジュリスト増刊（有斐閣・2016 年）がある。なお，佐久間修『刑法からみた企業法務——会社法・金融商品取引法の諸論点』（中央経済社・2017 年）も重要文献であり，是非参照されたい。また，実務的観点を多分に盛り込んだ文献として，郷原信郎『企業法とコンプライアンス——"法令遵守"から"社会的要請への適応"へ——（第 3 版）』（東洋経済新報社・2017 年）がある。

第 3 部

資　　料

1　ハロー・オットー「企業における安全確保義務違反の刑事責任」

I　いわゆる事業主責任

　組織化された権力機構の利用による間接正犯についての基本的な判決において，連邦通常裁判所は，この構造を，国家の組織構造においてのみならず，「経営者もしくは事業類似の組織構造」の場合にも当てはまるものとみなす，ということを明らかにした[1]。尊敬すべき被祝賀者のフリードリッヒ‐クリスチャン・シュレーダー（*Friedlich-Christian Schroeder*）は，その判決に対する評釈の中で，連邦通常裁判所が基礎に据えた基準が，同裁判所によって持ち出された，国家，経営者もしくは事業類似の組織構造および命令ヒエラルキーを越えた拡張を迫ったのだ，と主張した[2]。シュレーダーは，それによって，国家の組織化された権力機構を越えた構造の拡張に鑑みて，彼が連邦通常裁判所の見解にまったく賛同している，ということを明らかにしたのである。この見解は，学説においては，一部には共有されており，また一部にはその見解に異議も唱えられている[3]。──しかしながら，そのことは，これ以上追求されるべきことではない。なぜなら，ここでは，間接正犯の構造の，ことによると異なる根拠づけもしくは限界づけが問題なのではなく，むしろ企業所有者および・または事業主[4]も，その企業および・または事業において活動している人の可罰的な行動様式によって与えられる第三者の被害に対して，刑法上答責的でありうる，という点での事実上の合意が問題だからである。つまり，この問題における事実上の合意は，学説および判例において，見た目以上にかなり先行しており[5]，また，その合意は，業務に関する部下の犯罪行為の防止のための保障人としての事業主の責任の拒否[6]によっても，決して疑問視されていないのである。しかしながら，重要な保障人義務の限界お

288　第3部 資　料

および根拠づけは，これが，危険源（Gefahrenquelle）に関する支配による保障者責任（Garantenhaftung）に基礎づけられている場合には，修正され，かつ変更される。しかし，そのことは，同時に，企業で活動している人々の犯罪行為に対する刑事責任が，より大きなシステム連関において設定される，という長所をも有している。このような組込みは，事業主の妥当な責任を基礎づける共通の関心事に役立ちうるにすぎない。なぜなら，周知の定評ある見解と結び付くことによって，伝統的な解決可能性は，「事業主責任（Geschäftsherrenhaftung）」およびその限界，ならびに水平および垂直に組織的に区分される企業における各名宛人の問題性の解決のために，実り豊かなものとされうるであろうからである。

Ⅱ　危険源および日常取引上の安全配慮義務の監視に由来する責任

1　日常取引上の安全配慮義務および安全確保義務

　自己の支配領域において，高められた危険（Gefahr）の源を根拠づけ，持続させ，もしくは維持する者の，民法上一般に認められている日常取引上の安全配慮義務（Verkehrssicherungspflichten）[7]に広範に一致するのは，刑法においては，危険領域（Gefahrenbereich）の支配による保障人義務（Garantenpflicht），すなわち，固有の支配領域内の危険源の監視に対する保障人義務であるが，これらの危険は，固有の関与がなくても生じたかもしれないのである[8]。そのかぎりで意見が一致している日常取引上の安全配慮義務，および危険源の支配による保障人義務は，ここでは，安全確保義務（*Sicherungspflichten*）として把握されるべきである。というのは，民法における日常取引上の安全配慮義務という概念が，この領域をかなり越えて拡大されてきているからであり，また，部分的には，一般的に人間の共同生活の領域に対する義務の特徴づけのために必要とされているからであり，その義務によって，人々の法益が同胞による危殆化に対して保護されるべきだからである[9]。この義務の地位の基盤は，その支配領域において，そこから第三者の法益に対する危険が発生しうる事態が現実化し，もしくはそのような事実が存在する者に対して，抽

象的に危険な支配領域を制御し，かつ危険可能性が具体化されてそこから他者の法益に対する損害が発生することを阻止するよう義務づけることである。この義務づけの根拠は，各々の日常取引上の参加者が，以下のことを当てにしなければならない，ということから導かれる。すなわち，一定の危険な支配領域または他者の判断に委ねられているかもしくはそこから他者に影響を及ぼされる限られた空間において処分権限を行使する者は，この領域から生じる危険を支配している，ということがそれである。危険源の支配の見返りは，いわばその危険源を支配していることに対する義務である。なぜなら，危険源に作用する可能性を何ら有しない部外者は，――他者を排除する――危険源の支配を有する者が，第三者に対して危険源から危険が生じないようにこの義務を確保している，ということを当てにすることができなければならないからである[10]。

　公共または限定された公衆による使用のために定められている施設に対する人の責任から出発しつつ[11]，今日では一般的に，その義務が，危険領域の支配から，「状態，機械，施設，動物，または設備によって，この領域の内または外で生じうる」危険を支配することへと帰着する，ということが認められている[12]。しかし，この意味における危険領域は，経済的な企業もそうであり，しかも，機械または施設の操業，一定の原材料およびその他の材料の使用，もしくは危険な物質の放出から生じうる危険のみに関してそうである，というわけではないのである。諸々の危険は，ここでは特別な態様で，企業活動に由来しうる。日常取引上の安全配慮義務は，企業から生じるあらゆる危険の支配に向けられている。それは，この義務が，事業用地，事業建築物，生産過程，事業の施設，ないし事業に属するその他の物の性質に由来するかどうか，もしくは企業構成員の，合法または違法な行動様式によって引き起こされるかどうかとは無関係に，そうである[13]。

a）事業に関連する危険に限定すること

　いずれにせよ，責任が「危険源となる事業 (Gefahrenherd Betrieb)」[14]から流れ出る危険だけに限定されうるかぎりでは，危険源たる「事業」支配に基づく負責による責任は，限定する必要がある。企業の従業員の行為，特にその事業活動と関連がなく，事業における仕事の際にのみ犯される犯罪行為は，

290 第3部 資 料

その支配領域から生じる危険を監視し，かつ除去する義務を根拠にすることによっては，保障人に分類されない。しかし，問題なのは，いかにして，この「事業関連性（Betriebsbezogenheit）」を実質的に確定することができるか，ということである[15]。

aa）第1に目安となるのは，事業構成員が，ある犯罪行為を「自己に割り当てられた任務の遂行中に犯す」かどうか[16]，あるいはその犯罪行為が自己の事業活動と「内部的に直接的関連」があるかどうか，もしくはこの事業活動の機会に際してのみ犯されるにすぎないかどうか[17]，ということである。——しかしながら，事業の従業員が意識的に自己の業務上の義務の位置について無視しているか，もしくは，確かに自己の職務上の任務の外に危険があるが，事業上のプロセスの経過の中に根拠を有する場合には，この関係は，まさに犯罪行為を捕捉しない[18]。

bb）また，従業員が企業の利益のために行動するか，それとも自己の利益のために行動するか，ということによる区別も[19]，さらに先へは進まない。なぜなら，たとえ行為者が事業経過上の自己の利益から危険を根拠づける影響を受けたとしても，そのことは，——保護されるべき第三者の観点からは——その危険がその事業に由来するものである，ということを何ら変えるものではないからである[20]。それゆえ，企業の利益のために行った行為に限定することは，狭すぎるのである。

cc）シャル（Schall）は，事業関連性を，「部下が，その犯罪行為を，——危険な事業上の対象物の利用がなくても——事業においてその活動をその部下に要求する事実的および法的な作用可能性の利用に際して犯したかどうか」，によって決定しようとする[21]。しかし，そのことによって，限界が再び拡張されすぎている，と言えよう。なぜなら，自己の事実上の可能性を，例えば，銀行または貯蓄銀行の顧客コンサルタントとして，顧客を詐欺的なピラミッドゲームに参加するよう説得するために利用している者もまた，その活動を自己に要求する事実的作用可能性を存分に利用しているからである。それにもかかわらず，この場合には，——保護を要する第三者のためであっても——，事業に関連する態度が問題にならないということは明白である，と言ってよいであろう。

dd）最後に，事業の任務および目的との内的連関という要件による限定が試みられている。しかしながら，この内的連関は，——シャルが適切にも断言しているように[22]——事業の営業活動がまさに他者の財産の世話にある場合に，それによれば顧客に対して行われた詐欺が職務に関連する犯罪行為としてしか分類されえないのでは，あまりに狭すぎる。

ee）事業との内的連関を目安とすることは，まったくもって正当であると思われる。しかし，この内的連関は，主観的なものではなく，行為者の視点から，事業におけるその活動によって行為者に与えられている作用可能性に限定するか，もしくは事業の任務および目的に縮小するか，いずれかによるべきである。むしろ重要なのは，事業の任務および目的の実現から，あるいはまた——第三者の視点から——事業経過から生じる内的連関である。これらのことが，事業の規則どおりの経過において第三者に対する危険を根拠づけ，もしくは注意義務違反によるかまたは意識的に危険創出（Gefahrenbegründung）のために濫用されるかどうかは，第三者が事業経過に起因する危険によって脅かされているように見えることに関して重要ではない。

b）出荷された製造物に対する責任

危険領域の支配という要件は，事業の空間的および組織的に支配された領域に業務計画の責任を限定している。それゆえ，危険な製造物が企業によって流通に置かれるかぎりでは，その事業に由来する危険を回避する義務は，この製造物の出荷を阻止する義務をも含んでいる。しかしながら，このような製造物がすでに出荷されて，独立した販売企業に届いている場合には，それらの製造物は，製造業者の支配下にはない。買い手の掌中にあるこれらの製造物の所在や，なされていない警告等に対する，場合によっては生じうる責任は，危険領域の支配による保障義務の違反によってはもはや基礎づけられえない。ここでは，むしろ，先行する危険な作為による責任が開けているのである[23]。

2　安全確保責任の担い手

a）企業所有者

ある企業の業務から第三者の法益に対する危険が生じる場合，企業所有者

は，業務上の潜在的危険性が第三者の法益侵害においては現実化されていなくても，そのことに対して責任がある。企業所有者は，第三者の法益侵害が回避されるか，危険が法的に耐えられる程度に減少されるように，事業の危険な設備，施設およびその他の効果との接触および交流を構想し，組織することに対して，第一義的に責任を有する者である。この義務は，コントロール下にある企業特有の危険を有することに向けられている組織のみならず，監督措置による組織的な措置の信頼性の持続的な統制を，場合によっては安全確保措置の掌握をも含んでいる。企業所有者は，これらの措置に対して責任がある。なぜなら，企業所有者は，危険源に支配力を行使しているからであり，危険に対処する組織的な措置を自由に行使できるからである[24]。この意味における企業所有者は，企業を監督する者，すなわち事業遂行機関である。なぜなら，組織化および監督を通して，業務およびその業務と結び付けられた危険に作用を及ぼしうるからである。——個々の自然人が事業遂行を任されている場合には——たとえその自然人が，自己の事業を遂行する地位について，彼の側ではこの会社の事業遂行を任されている他の会社において，この地位を間接的にしか占めていないにしても——，この自然人は，事業に関連する安全確保義務の名宛人である。

b）企業所有者もしくは機関としての委員会

ドイツの会社法および株式会社法は，多人数の役員がいる場合，本来の全体責任を前提としている。例えば，株式会社法78条2項1文，同法82条1項，有限会社法35条2項2文，同法37条2項1文，組合法25条1号1文を参照されたい。一般責任および全権の原則によれば，役員は，企業の支配領域において起きることに対して責任を有している[25]。それゆえ，役員は，第三者が被害に遭わないよう，自己によって管理されている企業の内部で安全確保義務が果たされることについて責任を有しているのである。

c）リスク調査およびリスクマネジメント

安全確保義務の遂行は，まず，効果的なリスク調査（Risikoermittlung）の組織化を前提とする。企業の業務において発生し，予期されうる危険源については，まず，潜在的危険性を確認することを同定すべきであり，そしてさらに，この危険の現実化を阻止し，あるいはその危険の現実化の可能性を，残

余リスク（Restrisiko）が法的にも耐えられるほどに最小限に抑えるべく適切な措置を施すべきである[26]。そのことは，企業の監督機関は，教育された適切な人材の使用に関する選択義務（*Auswahlpflichten*）を有している，ということを意味している。監督機関は，組織化義務（*Organisationspflichten*）およびとりわけ調整義務（*Koordinationspflichten*）を有している。それによって，企業の業務に際して動員された従業員は，適切な指示，十分な情報，および適切な労働手段に基づいて，必要な安全確保の要求を満たすことができる。そのことは，企業の組織化計画を必要とし，その開発は，最後の惹起者の直接の作為義務，中間に挿入された首脳部の監督義務（Leitungspflichten）および検査義務（Kontrollpflichten）を超えて，上層部の経営陣の組織化義務にまで供される[27]。

　典型的な事業経過の組織化に加えて，監督機関には，適切な監視措置および検査措置によって，組織化の遵守およびその円滑な進行を確保する義務がある。

　それゆえ，企業において安全確保に関する任務を任される者の良心的な選択も，この者を監視する義務から解放されない。必要なのは，新たに採用された従業員がまず集中的に監視されることである。なぜなら，そうすることによってはじめて，その者が業務上の要求に合致しているかどうか，が信頼をもって評価されるからである。しかし，その者がすでに資格を有しかつ義務を認識していることが判明した場合であっても，監督が不必要であることにはならない[28]。「必要なのは，少なくとも，それが一方で従業員によって検査として知覚され，他方で，かなりの蓋然性をもって場合によってはありうる違反を暴くのに適切であるほどに，従業員の業務のかなりの部分を把握している統制である[29]」。このことは，個々の監視措置が，確かに，性質および程度に応じて，個々のありうる被害原因に依存していることを意味している。しかし，監視義務および検査義務は，ときどき業務経過が監視され，もしくは情報が入手されるだけでは不十分である。むしろ，従業員および事業経過は，規則的に統制されるべきである。その場合には，もちろん，無作為抽出検査で十分である。というのは，継続的検査は，従業員の投入の免責機能を高めるであろうからである[30]。注意すべきは，業務の道具と技術的設備とが

294　第3部 資　　料

法律上の規定と一致しているか，もしくは法律上の規定が遵守されうるほど
に形成されている，ということである[31]。監視義務は，損害を与える出来事
が生じたか，無作為抽出検査において不都合が発見された場合にはじめて用
いられるわけではない。監視義務は，むしろ，不都合が最初から阻止される
ように形成されるべきである[32]。しかしながら，すでに不都合が起きている
場合，または特別な事情から不都合が起こりうる危険が根拠づけられている
場合には，高められた監視措置および検査措置が必要である[33]。

　検査義務の遂行に際して，安全確保の要求に応じられないことが判明して
いる場合には，欠点を排除すること，すなわち，介入義務（*Eingriffspflicht*）
が，――強化された検査義務に加えて――その義務を根拠づける[34]。そのこ
とは，事業に対する責任者に持続的に安全に関する事業経過について報告
し[35]，また，それによって重大な介入可能性をその責任者に開く，機能する
監督システムを前提とする。例えば，安全確保責任者が，現場で，常に第三
者の違反において現実化されうる危険を認識している場合，および事業領域
に対する責任者が欠点の排除を拒否する場合には，適切な措置について決定
しうるために，監督のレベルで経過について情報を知らされることが保障さ
れていなければならない。

Ⅲ　安全確保義務の委任による責任の区分および個別化

　組織化義務，監督義務および検査義務による安全確保の保障に対する包括
的な責任は，企業内部における義務の分配（管轄原理（Ressortprinzip））および
委任（権限の委譲（Delegation））によって修正される。

1　管轄分配：管轄権限に基づく責任

　複数人の役員会において，個別的な責任の範囲が分配されている場合，責
任は，原則的にその都度の管轄権限に従って定まる。株式会社法77条1項2
文による同法に従ったこのような責任の分配および管轄権限の分配は，経済
企業においては通例であり，かつ刑法上危惧する必要のないものである[36]。
なぜなら，取締役会の一般的な責任が消滅するとか，もしくは取締役会の特

定の構成員に対して拘束力をもって委任されることは，決してないからである。内部的な管轄権限分配がなされているにもかかわらず，取締役会の各々の構成員が取締役会のすべての義務を考慮して作為義務を負うということ，しかし内部的経営分割から，相応の措置がその任務領域に含まれているその者に対して特別な義務の地位が生じるということ，このことは，依然として妥当する。内部的経営分割は，責任からの解放をもたらすものではなく，取締役会の各々の構成員において，一次的な作為義務の修正，そしてそれゆえに責任の質的変更に至るのである[37]。

　経営分野の内部的分配にもかかわらず，作為義務は，各々の組織構成員にとって依然として基本的に拘束力を有する。しかしながら，内部的経営分割から，経営指揮の相応の措置がその任務領域に含まれているその者に対して特別な作為義務が生じるが，一方で，経営分配計画に従えば管轄権限を持たない構成員には，監視義務（Aufsictspflicht）および検査義務が課せられる。

　いずれにせよ，この監視義務および検査義務は，その都度の他の構成員の活動の相互の包括的な抑制という義務を課するわけではない。なぜなら，管轄分配は，任務設定の集中によって，取締役会の各々の構成員の免責を目指しているからである。それゆえ，監視義務および検査義務は，法的義務に合致した態度をとっている者は原則として他者の合義務的態度を信頼してもよい[38]，という信頼の原則（Vertrauensgrundsatz）によって修正されているのである。

　この原則によって，共同責任において諸々の事態の分業が実現可能となるのである。なぜなら，各人は，自己に分配された責任を，他者も同様にその義務を果たしている，ということを信頼して引き受けることができるからである[39]。しかしながら，合義務的な他者の態度に対する信頼が，認識可能なほどに正当化できない場合，すなわち，具体的な状況如何で管理および再検査をする動機が与えられている場合には，その信頼は終了する。それによれば，信頼を妨げるのは，他者による義務違反の危険を暗示する「特別な事情」[40]，すなわち，「高度の疑念が涌かざるをえなかった」[44]ほどに非常に明白であるかもしくは「明白らしい（offensichtlich）」[43]という「外部的兆候」[41]ないし「手がかり」[42]である。

かくして，取締役会のその他の構成員は，正当にも以下のことを信頼することができる。すなわち，管轄権限を有する組織は，「特別な事情」が「管轄─役員会」の適格性および信頼性に対して疑念を抱く具体的な誘因の根拠とならない場合には，自己の任務を規則どおりに果たしている[45]，と。このような理由から，取締役会のその他の構成員は，彼らが他の組織の任務の範囲に属する一定の監視措置に自ら取り組まなくても，義務に違反した態度を取っているわけではないのである[46]。裏を返せば，そのことから，取締役会の関係構成員は，取締役会の他の構成員が彼に分配された任務を自覚しているということを期待することができない，ということになる。しかしながら，取締役会のある構成員が，取締役会の他の構成員の任務の範囲に属する命令もしくは監視措置を認識しているか，または特別な事情，動機，もしくは手がかりに基づいて認識しなければならないとするならば，十分な範囲における固有の責任が再び基礎づけられる[47]。内部的経営分割にもかかわらず，取締役会のその他の構成員は，規範の名宛人であり，依然として安全確保義務を負う[48]。それゆえ，彼らは，特別な状況に基づいて義務違反の可能性を認識している場合には，可能なことおよび期待可能なことという枠組において，特別な責任を有する組織における反対表象（Gegenvorstellung）によるにせよ，他の組織の知見もしくは自己の判断によるにせよ，その企業に課されている義務に従うように，配慮しなければならないのである[49]。

いずれにせよ，問題なのは，安全確保についての危険性の回避もしくは減少が，複数人の共同上の行為によってしか実現できない場合，期待可能などのような措置を採ることができるか，である。なぜなら，そのかぎりでは，具体的な名宛人の個々の権限が欠けているからである。ここには，当該決定が合意によってではなく，組織の多数によってなされるやいなや，多数決（Majorisierung）という問題が発生する。連邦通常裁判所の皮革スプレー判決[50]の諸原則によれば，規範の名宛人のうち誰も，他者の協力が得られずに失敗した場合に，防禦申立（Verteidigungsvorbringen）によって，相応の監視措置を指示する努力まで必要とはされない。規範の名宛人は，むしろ，必要かつ彼に期待可能な措置を実現しようと試みていなければならないのである。──単なる棄権，もしくは異議を唱える投票は，新たな危険な措置を根拠づける

ことが問題となる場合には，それで十分である。なぜなら，決議に協力しなかった，それどころかそれに反対をした当事者は，答責的ではありえないからである[51]。

重大な侵害に第三者が脅かされているような危険源の除去が問題となる場合にも，これらの原則が妥当するか否かについて，皮革スプレー判決を援用することはできない。刑法の一般原則——刑法 323c 条による救助義務——によると，事情によっては，第三者の身体および生命に対する具体的な危険の防衛が，委員会の多数決で頓挫した場合には，官庁を介入させる義務が基礎づけられる[52]。しかし，この場合は，一般的な義務が問題となるのであって，企業の地位において基礎づけられた義務が問題となるのではない。

2 安全確保義務の企業内部での権限委譲

企業内部での安全確保義務の履行は，経営組織によってのみ直接的に可能になるのでもなく，また，組織の計画が，すべての下位決定の担い手を，正確に確定された明確な態度規範へと拘束するわけでもない。下位決定の担い手もまた，決定権限を付与されなければならないのである[53]。決定権限の委譲は，それゆえに，必要である。

企業内部での幾重もの潜在的危険性は，——分散化した組織形態に応じて——下位の部およびさらなる危険源部門へと区分されうる。かくして，安全確保義務の履行に際しての行為責任は，他者へと委譲されるが，このことは，安全性確保の責任の委譲者の解放になるわけではない。権限の委譲にもかかわらず，委譲者は，依然として責任を有したままなのである。しかし，このことは，再びその性格を変化させる。一次的な作為義務は，選択義務，情報提供義務，管理義務，監視義務となり，そして——権限委譲者の側で義務違反が認識できる場合には——介入義務にもなりうる[54]。

その義務を委譲された者による，人員の選択，情報提供，検査および監視に際しての必要な注意に関する諸原則は，民法において広範に展開されてきた。しかし，これらの原則は，そのまま刑法に転用できるわけではない。民法上の第三者の損害回避のための取引の安全配慮義務違反による損害賠償の要件は，履行能力，損害の分配，および能率の分配という観点からの特別な

298 第3部 資 料

考慮の下で展開されてきたのである。刑法の保護目的は，民法のこの保護目的とは著しく異なる。それゆえ，損害の賠償を志向する民法の負責原理は，刑法上の責任を決定するために，そのまま援用できるわけではない[55]。ここでは，独自の刑法上の考慮が必要である。この出発点とならなければならないのは，企業と結合して，企業の機能から生じる，特別な危険源が管理下になければならない，ということであり，その結果，第三者への侵害が問題となる，ということである。しかしながら，安全確保義務の委譲は，潜在的危険性の支配へと向けられた管理とは矛盾しない。一次的な作為義務は，委譲された者が今や作為義務の担い手になっているという結論とともに委譲されるのである。委譲された者においては，再び安全確保義務の転換が生じている。彼の下に選択義務および検査義務がまだ存在している場合には[56]，——第三者の法益保護という観点から見ると——安全確保の水準のいかなる低下も生じていない。一次的な安全確保義務を保障する保護法益の安全確保は，委譲によって低下されてならないのである[57]。

　管理の遂行は，個人によって，もしくは——大企業においてはこれ以外実行不可能である——処理化プロセス（Operationalisierungsprozesse）によって行われうる。しかし，この場合には，企業内部の組織化によるにせよ，情報提供義務が課されている企業外部の専門家の組織化によるにせよ，処理化プロセスの管理もまた必要である。そのかぎりでは，管理システムによる個人的な管理は，管轄権限ある企業の範囲においても生じる[58]。しかし，安全性を確保するために必要な情報の流れは，組織上のものであり，それゆえ，リ・ス・ク・マ・ネ・ジ・メ・ン・トに対する検査もまた同様に保障される。機能的な企業の組織化が，リスクマネジメントの管理を保障するならば，本来的に一次的な責任を有する者の負責についても，彼が機能的組織化，適切な選択，および機能的検査によって自己の安全確保義務を果たすということが妥当する。本来的に一次的な責任を有する者は，「特別な動機」——「特別な事情」，「特別な兆候」もしくは「特別な根拠」——を承認したか，あるいは承認せざるをえなかったかぎりで，安全確保義務に違反するということを信頼してもよい。ここでもまた，信頼の原則は有効であるが，その原則的な限定もまた有効である。

3　独立した第三者への安全確保義務の委譲

　企業の安全確保義務（作為義務）の履行は，指示に拘束されていない第三者にも委譲することができる。その場合，この第1次的な安全確保義務は，第三者に負わされるのであるが，企業の取締役会には，委譲責任（Delegations-verantwortung）が依然として残っている。機能的な管理権限および組織化権限は，安全確保義務の企業内部での委譲の場合と同じく，構造上のものである。安全確保義務が規則どおりに果たされるということは，保障されうる[59]。委譲された第三者は，十分に資格がありかつ信用のおける者でなければならず[60]，また，第三者の活動は，適切に審査されねばならず，そして委譲された第三者がその義務に従わない場合には，命令権限（Anweisungsbefugnisse）および介入権限（Eingriffsbefugnisse）によって危険を回避することができる，という配慮がなされていなければならない。

　この要件が充たされるならば，本来的に第1次的な安全確保義務を負う者は，権限に応じて，委譲された第三者が，彼に委譲された義務を規則どおりに果たしている，ということについて信頼されることになる[61]。しかしながら，「特別な事情」，「特別な根拠」もしくは類似の兆候が，その第三者に置かれた信頼が正当化されない，ということを示しているならば，本来的に第1次的な義務を負う者は，介入義務を負うのである[62]。

Ⅳ　第三者の製造物の引取りに際しての安全確保義務

　企業の取締役会は，その企業の製造物の安全確保について責任を有している。したがって，第三者の製造物の引取りに際しては，まずは，引取人がその製造物に対して責任を負うのと同程度に，第三者がその製造物の安全確保について責任を負う。欠陥のある製造物を引き渡すことによって第三者がこの義務に有責に違反し，その製造物の使用によって他者が侵害されれば，この義務違反は，――主観的要件が存在するかぎりで――製造物の品質について責任を有する者の刑事責任を基礎づける。

　しかしながら，請負企業の取締役会の刑事責任は，上記のことによっても排除されない。取締役会の刑法上の地位は，むしろ安全確保義務を独立した

300　第3部　資　料

第三者へと委譲した場合の立場に一致する。引渡し企業の製造業者責任は，権限を備えた企業の安全確保責任という立場について負わされるのではなく，行為責任を修正するのである。引き渡された製造物について，安全性基準の遵守を保障する選択義務，組織化義務および検査義務は，彼らの地位に負わされているのである。その際，詳細は，様々な安全確保状況に従って細分化すべきである。

1　設　計

普及した需要の多い製造物を入手している場合，この製造物の使用に伴う経験がすでに存在しているならば，設計に関する特別な審査は必要ない。しかし，いずれにせよ，具体的な事案における製造物の使用が，この事案における使用について製造物の適性に疑念を呈するような特殊性を示しているのか否か，については，審査しなければならない。同様もしくはそれに匹敵する製造物の使用を監視することで得られた諸々の経験は，審査において用いられるべきである。

特にその企業のために設計された新製品が問題となっているか，もしくは根本的な新設計が問題となっているならば，その設計は，知識を有する専門家たちによって，安全な使用についての適性について審査されなければならない。この審査は，設計の指示が正しいかどうか，設計の指示が，安全確保の要求に鑑みて納得のいくものかどうか，そして従来企業における使用によって得られた経験によれば，選択された設計が，必要な安全性を保障しているかどうか，という管理を含んでいる。製造物の具体的な使用についての特別な要件は，設計を審査する際に考慮されるべきであり，そして——必要とあれば——テストによって証明されるべきである。

2　指　示

普及した需要の多い製造物の場合，検査義務は，指示（Instruktion）との関係では，設計の審査における検査義務に相応する。他の根拠が存在しないかぎり，製造物に通常結び付けられる要件に対する指示をしておけば，それで十分なものとして評価される。しかし，製造物の具体的な使用の特殊性が，

これ以上に，もしくは他の指示を必要とするものであるのかどうかについては，再び審査をしなければならない。

特別な設計が問題となっているか，もしくは新製品が問題となっているかぎりでは，目的とされた使用およびこの使用の特別な関係を考慮して，指示の正確な審査が要求される。企業における従来の使用から得られた諸々の経験は，これらの経験が利用可能なかぎりで，他の領域からの製品の利用に伴う経験上の諸々の経験と同程度に考慮されなければならない。

3　製　造

製造物が欠陥なく製造されたかどうか，という問題を審査する際にもまた，具体的な事情が，検査の強度（Intensität）を決定する。

異議を唱えることなく行われてきた長期にわたる取引関係のある製造業者の，市場に流通した需要の多い製造物が問題となっている場合には，原則として製造企業の監査，珍しい品の視認検査，および大量製造物の抜取り検査で十分である。もちろん，過去に，弱点および欠陥源が現れていたならば，その製品は，まさにこの危険源を考慮して，直接検査されなければならない。複雑な製造物の場合は，常に精確な検査もしくはその他の試験的使用が必要である。このことは，特に従来の使用条件が変更された場合に妥当する。

市場に流通していないか，もしくは新たに設計された製造物の場合，製造物の品質は，機能的・技術的な基準の変更が，製造物の計画された使用の要求に照応しているか否か，に従って審査されなければならない。この審査にとっては，単なる抜取り検査は，十分とはいえず，むしろ，その検査が製造に伴って，いまだ実施されていないかぎりで，製造物の原型（Prototyp）が精確な審査を受けなければならない。使用目的およびこれまでに得られた諸々の経験は，審査において取り入れられるべきであり，機能的検査が不可欠である。他方で，製造物は，——それが，特別な，もしくは従前より信頼の置けない企業の条件下に組み入れることになるかぎりで——この特別な条件に関連してその適格性が審査されなければならず，そして実際にテストで確認されなければならない。

302 第3部 資　料

4　製造物の監視

　製造物の監視から，さらなる安全確保義務が生じうる。この製造物を使用する場合もしくは特別な条件下で使用する場合にはじめて判明する，もしくは判明しうる製造物の欠損および欠陥から，必然的な帰結が導かれる。事実に即して危険性を減少させるようこの知見を投入しうるためには，文書システムおよび情報提供システムを整備すべきであり，そのシステムの内部で，具体的な危殆化もしくは侵害が発生する前に，検査設備に相応の知見が入ってきて，そして危険な展開に起因する帰結が導かれうる，ということが保障されるのである。情報提供義務および介入可能性は，組織的に保障されていなければならない。

　製造物の監視に起因する諸々の経験は，製造物の監視が安全性確保に関する事態を明らかにした場合に，製造物の整備およびさらなる使用に際して考慮されうるだけでなく，さらなる発展に関して設計上の帰結を導きうる。

　独自の経験もしくは利用可能となった他人の経験から特定の製造物を使用すると，第三者の身体および生命に対する具体的な危険が起こりうる，ということが明らかになった場合には，この手がかりを究明しなければならない。その際に，具体的な危険状況が認識されれば，これは即座に除去されなければならない。

　抽象的と思われるより高度の安全性基準に到達するという可能性のみが示されているにすぎないならば，確固とした行動準則は何ら示されえない。というのは，製造物を変更する効率と製造物を変更することの期待可能性とは，抽象的な基準によっては一致しないからである。

5　他者の欠陥製造物へと還元されるべき，第三者への損害に対する刑事責任を考慮した帰結

　ある製造物の生産者は，その製造物の安全確保について責任を有する。この義務に有責に違反し，そして欠陥の有る製造物の使用が第三者への損害に至るならば，責任者は，製造物の品質について——主観的要件が存在するかぎりで——相当な刑罰規範に従った責任を負う。この場合，引渡し企業の責任者は，刑事責任について，以下のことが妥当する。すなわち，入念な検査

にもかかわらず欠陥が認識できなかったならば，責任はなくなる。規則どおりの，そして義務に従った検査をしていればその欠陥を明らかにしたであろうならば，引渡し企業の責任者の責任が，提供企業の責任と並んで問題となる。

V 官庁もしくは国家機関による安全確保の任務の保持

1 公法上設置された監視機関および検査機関と当該企業との関係

　官庁，技術査察団体等による設計の検査，もしくは用具および設備の審査は，当該企業の取締役会を，その安全確保責任から解放しない。しかしながら，当該企業の取締役会は，法律上ないし行政法上指示され実行された監視および・または検査を，法律上ないし行政法上の枠組において信頼してもよい。それゆえ，決定的なのは，具体的な事案における，その都度の法律上ないし行政法上の安全確保義務であり，その結果，国家の基準の範囲および意義に関する一般的なルールは，企業の取締役会の安全確保義務に関しては，存在しえない。

2 具体的事案における公法上の監視措置および検査措置：鉄道監督官
(Eisenbahnaufsichtsamt = EBA)

　鉄道監督官（EBA）は，あらゆる許可官庁，計画確認官庁および監督官庁として，国家による規制を必要とする安全性確保のあらゆる問題に対して権限を有している。EBA の責任の範囲および義務の地位は，法律によって，特に連邦鉄道交通法によって指示された任務から詳細に出てくる[63]。EBA は，特に鉄道レールの計画確認官庁として，レール車両の検査に際しては，認可官庁として，また鉄道交通企業および鉄道インフラ企業に対しては監督官庁として，安全確保義務を負っている。EBA は，計画された線路，製造されたレール車両および設備もしくは車両に関わる企業が，安全性の要件を充たしていない場合には，レール車両に対する計画確認決定を発布せず，そしてレール車両の引取りをしなくてもよく，そして監督活動を強化しなければならない[64]。それにもかかわらず，労働者派遣法（Arbeitnehmer-Entsendegesetz = AEG）

304　第3部　資　料

4条1項第1文によって要求される安全性確保の保障という枠組において，EBAは鉄道企業の一部とはならないのである。鉄道企業は，鉄道設備の安全性に対する一次的な責任から解放されることは決してないのである。しかし，企業がEBAの指図に従うか，もしくは潜在的危険性の事情に即した検査を信頼した場合には，違法な態度への非難が彼らに対してなされることはない。しかしながら，このことは，2つの条件においてのみ妥当する。

　まず第1に，検査の実情がEBAに委ねられており，そのような検査が可能であり，かつまた実施されたかぎりでのみ，実態に即した検査への信頼は，有効である[65]。それゆえ，鉄道企業が，進行している物体もしくはインフラの検査によれば具体的に使用されたときに予測されるリスクを含んでいなかったと認識している場合，その企業は，この検査を再検査すべきであり，信頼の保護を形成することはできない。この場合にも，「特別な事情」，「特別な兆候」もしくは「特別な根拠」により，官庁による検査はあまり包括的でないかもしくは十分でないことが示され，起こりうる過誤の源もしくは欠陥が発見されかつ排除されなかったことが示される場合と同様のことが妥当する。——例えば，複数の車両の検査が実施される場合，一連の車両の最初の車両に対してはEBAによって製造方法への許可が行われるが，後の車両に対しては一般的に，基準に合致していることの証明書が作成されるのである。かくして，鉄道企業による個々の車両の安全検査は，余分なものとはならない。とりわけ，車両の特別な使用によって条件づけられる安全性確保の諸要件は，自主的に検査すべきなのである。

　EBAが一定の責任の範囲を引き下げ，以前に行われていた安全性の検査がもはや実施されていない場合にもまた，鉄道企業の安全性確保の責任は減少しない。十分な安全性確保の責任は，いまやEBAによる検査に基づく信頼の保護が妥当しえない鉄道企業に課されているのである。

　第2は，鉄道企業が，EBAによる根拠ある安全基準が法的諸要件に合致していると信頼しうることである。

　最後に，しかし，具体的な危険状況に鑑みると，EBAによる検査が存在しているのか否か，という問題とは別に，これらの危険状況は，即座に取り除かれねばならない。EBAによる許可は，法律上および行政法上のリスクを防

止および軽減するための基準が必要とされている場合，鉄道企業における一定の残余リスクが法によって承認されているということへの信頼構成要件を基礎づける。特定の出来事が——法的に認容可能な——抽象的な残余の危険性に拘束されるだけでなく，第三者の法益に対する具体的な危険性を基礎づけもすることが実証されるならば，この「残余リスク」は，なお法的に認容可能であるとは評価されない。鉄道企業の場合，具体的な危険状況があれば，認可を受けることができず，そしてすでにそのような理由から，認可もしくは検査は，具体的な危険状況の根拠づけが許可されうる，とは解釈されない。危険性は，現実化しうる前に除去されるべきである。鉄道企業の現存する優位な専門的知識のかぎりで，即座の安全性確保の措置が必要なのである。

Ⅵ　結　語

1　企業の事業主は，企業に由来する危険性に起因する損害を第三者に現実化させないことについて責任を負う。企業の領域におけるこの危険性の具体的な原因は，取るに足りないものである。企業の敷地，企業の建物，生産過程もしくは製造過程，企業において使用されている機械もしくは物質の性質が原因となりうる。しかし，相応の危険性は，企業に属する可罰的な態度によってもまた基礎づけられ，それゆえ事業の経過は，第三者に対する危険性になる。事業主は，この危険性を回避し，もしくは阻止する義務を負う。このことが義務違反で生じなくても，事業主は，保障人として結果について責任を負う。

2　事業上の安全確保義務の遂行は，管轄に応じて分配され，かつ委譲もされうる。しかし，事業主は，これをもって自己の義務の地位から解放されないが，この内容が変化することはある。

3　事業主は，法的権限に基づいて，国家もしくは国家の特定の機関による安全確保義務の遂行を信頼することができる。しかし，この状況においてもまた，事業主が自己の義務保障人から完全に解放されることはない。

---

1) BGHSt 40, 218, 236.

306   第3部 資　料

2) *Schroeder*, JR1995, 179.

3) 例えば, *Ambos*, GA1998, 239f.；*Bosch*, Organisationsverschulden in Unternehmen, 2002, S. 215ff.；*Bottke*, Täterschaft und Gestaltungsherrschaft, 1992, S. 73；*Heine*, Die strafrechtliche Verantwortlichkeit von Unternehmen, 1995, S. 104；*Joecks*, MK, Bd. 1, 2003, § 25Rn. 131f.；*Küpper*, GA1998, 525；*Merkel*, ZStW107 (1995), 555f.；*Murmann*, GA1996, 278ff.；*Otto*, Jura2001, 759；*ders.*, Grundkurs Strafrecht, A.T., 7. Aufl. 2004, § 21Rn. 92；*Renzikowski*, Restriktiver Täterbegriff und fahrlässige Beteiligung, 1997, S. 90ff.；*Rotsch*, NStZ1998, 493f.；*ders.*, wistra1999, 327；*Roxin*, Täterschaft und Tatherrschaft, 7. Aufl. 2000, 682f.；*ders.*, BGH-FG, Bd. Ⅳ, 2000, S. 671；*Schünemann*, BGH-FG, Bd. Ⅳ, 2000, S. 631；*Schulz*, JuS 1997, 113 参照。──連邦通常裁判所の見解に従うものとして, *Hefendehl*, GA2004, 577ff., 580；*Kühl*, Strafrecht, A.T., 5. Aufl. 2005, § 20Rn. 73b（限定的）；*Kuhlen*, BGH-FG, Bd. Ⅳ, 2000, S. 671；*Ransiek*, Unternehmensstrafrecht, 1996, S. 48f.；*Schild*, Täterschaft als Tatherrschaft, 1994, S. 23 がある。

4) 企業所有者（Betriebsinhaber）および事業主（Geschäftsherr）ならびに企業（Unternehmen）および事業（Betrieb）という概念は, ここでは同義のものとして用いられている。

5) これについては, *Schall*, Rudolphi-FS, 2004, S. 267.

6) この保障人的地位は, とりわけ *Bosch*, Organisationsverschulden, S. 146ff.；*Brammsen*, in：Amelung (Hrsg.), Individuelle Verantwortung und Beteiligungsverhältnisse bei Straftaten in bürokratischen Organisationen des Staates, der Wirtschaft und der Gesellschaft, 2000, S. 123ff.；*v. Freier*, Kritik der Verbandstrafe, 1998, S. 277；*Heine*, Verantwortlichkeit, S. 116ff.；*Hsü*, Garantenstellung des Betriebsinhabers zur Verhinderung strafbarer Handlungen seiner Angestellten?, 1986, S. 241ff.；*Köhler*, Strafrecht, A.T., 1997, S. 223f.；*Neudecker*, Die strafrechtliche Verantwortlichkeit der Mitglieder von Kollegialorganen, 1995, S. 83ff.；*Otto*, Jura 1998, 413；*Ransiek*, Unternehmensstrafrecht, S. 33f., 36, 45；*Renzikowski*, Täterbegriff, S. 14. ──この保障人的地位は, とりわけ *Bottke*, Haftung aus Nichtverhutung von Straftaten Untergebener in Wirtschaftsunternehmen de lege lata, 1994, S. 25ff.；*Göhler*, Dreher-FS, 1977, S. 621；*Rogall*, ZStW 98 (1986), 617f.；*Stree* in：Schönke/Schröder, StGB 26. Aufl. 2001, § 13 Rn. 52；*Schünemann*, Unternehmenskriminaltät und Strafrecht, 1979, S. 62ff., 101ff.；*ders.*, wistr 1982, 43 によって肯定されている。

7) これについては, BGHZ 5, 378, 380f.；14, 83, 85；34, 206, 209；60, 54, 55；103, 338, 340

8) この詳細については, *Jescheck*, LK, 11. Aufl. 1992ff., § 13 Rn. 35.

9) この詳細については, *Alexander*, Die strafrechtliche Verantwortlichkeit für die Wahrung der Verkehrssicherungspflichten in Unternehmen, 2005, S. 12f.；*Raab*, JuS 2002, 1043.

1 ハロー・オットー「企業における安全確保義務違反の刑事責任」 307

10) この詳細については，*Alexander*, Verantwortlichkeit, S. 14ff.；*Bosch*, Organisationsverschulden, S. 189；*Brammsen*, Die Entstehungsvoraussetzungen der Garantenpflichten, 1986, S. 235ff.；*Freund*, Erfolgsdelikt und Unterlassen, 1992, S. 168f., 177；*Gimbernat Ordeig*, Roxin-FS, 2001, S. 661ff.；*Heine*, Verantwortlichkeit, S. 119；*Jescheck/Weigend*, Strafrecht, A.T., 5. Aufl, 1996, §59 Ⅳ 4 b；*Kühl*, A.T., §18 Rn. 106；*Otto*, Hirsch-FS, 1999, S. 296 f.；*ders.*, Grundkurs Strafrecht, A.T., §9 Rn. 85；*Roxin*, Strafrecht, A.T.Ⅱ, 2003, §32 Rn. 110；*Rudolphi*, SK-StGB, §13 Rn. 26ff.；*Schall*, Rudlphi-FS, S. 277；*Schönke/Schröder/Stree*, §13 Rn. 43ff.；*Seelmann*, NK, 2. Aufl., 122ff.；*Stratenwerth/Kuhlen*, Strafrecht, A.T.Ⅰ, 5. Aufl. 2004, §13 Rn. 43ff.；*Tröndle/Fischer*, StGB, 52. Aufl. 2004, §12 Rn. 13；*Weber*, Oehler-FS, 1985, S. 86；*Wessels/Beulke*, Strafrecht, A.T., 34. Aufl. 2004, Rn. 723.

11) これについては，RGZ 54, 59；*Grünewald*, Zivilrechtlich begrundete Garantenpflichten im Strafrecht?, 2001, S. 31.

12) *Jescheck*, LK, §13 Rn. 35.

13) また，*Alexander*, Verantwortlichkeit, S. 25f.；*Bosch*, Organisationsverschulden, S. 189；*Bottke*, Haftung, S. 31；*Jakobs*, Strafrecht, A.T., 2. Aufl. 1991, 29/36, *Ransiek*, Unternehmensstrafrecht, S. 35f.；*Roxin*, A.T.Ⅱ, §32 Rn. 137；*Schall*, Rudolphi-FS, S. 277f.；*Stratenwerth/Kuhlen*, A.T.Ⅰ, §13 Rn. 48 をも参照。

14) *Schall*, Rudlphi-FS, S. 279ff.

15) この詳細については，*Schall*, Rudolphi-FS, S. 280ff.

16) *Roxin*, A.T.Ⅱ, §32 Rn. 141.

17) *Landscheidt*, Zur Problematik der Garantenpflichten aus verantwortlicher Stellung in bestimmten Räumlichkeiten, 1985, S. 115f.

18) これについてはまた，*Schall*, Rudlphi-FS, S. 281.

19) これについては，*Bottke*, Haftung, S. 68f.；*Schünemann*, Unternehmenskriminalität, S. 106；*ders.*, wistra 1982, 45.

20) これについてはまた，*Schall*, Rudolphi-FS, S. 282.

21) *Schall*, Rudolphi-FS, S. 282.

22) *Schall*, Rudolphi-FS, S. 281.

23) この詳細の典拠については，*Otto*, Hirsch-FS, S. 298ff.

24) この詳細については，BGH wistra 2002, 219, 220；*Bosch*, Organisationsverschulden, S. 189；*Göhler*, Dreher-FS, S. 620f.；*Heine*, Verantwortlichkeit, S. 118ff.；*Jescheck*, LK, §13 Rn. 45；*Otto*, Hirsch-FS, S. 294；*Rudolphi*, SK, §13 Rn. 28, 35a；*Schünemann*, Unternehmenskriminaltät, S. 95ff. *Thiemann*, Aufsichtspflichtverletzung in Betrieben und Unternehmen, 1976, S. 15；*Walter*, Die Pflichten des Geschäftsherrn im Strafrecht, 2000, S. 8ff., 14ff.

25) 企業の業務遂行（Geschäftsleitung）の一般責任および全権についての基本的文献として，*Alexander*, Verantwortlichkeit, S. 118ff. およびそこに掲載されたその他の文献；*Bosch*, Organisationsverschulden, S. 372ff.；*Eidam*, Unternehmen und Strafe,

308　第3部　資　料

2. Aufl. 2001, S. 247f.；*Martens*, Fleck-FS, 1988, S. 193f.；*Schmidt-Salzer*, NJW 1990, 2967f., 2970；*ders.*, BB 1992, 1869；*Schneider*, DB 1993, 1911ff.；*Walter*, Pflichten, S. 145 がある。

26）企業の業務遂行機関の選択義務，組織化義務，調整義務，および検査義務についての基本的文献として，*Alexander*, Verantwortlichkeit, S. 200ff.；*Eidam*, Unternehmen, S. 229ff.；*Heine*, Verantwortlichkeit, S. 129ff.；*Schmidt-Salzer*, NJW 1990, 2968；*Schünemann*, Unternehmenskriminalität, S. 95ff.；*Walter*, Pflichten, S. 144ff. がある。

27）*Alexander*, Verantwortlichkeit, S. 211ff.；*Eidam*, Unternehmen, S. 229.

28）これについてはまた，BayObLG NJW 2002, 766.

29）BayObLG NJW 2002, 766, 767.

30）こ れ に つ い て は，BGHSt 25, 158, 163；OLG Koblenz ZLR 1989, 711；OLG Oldenburg Nds Rpfl. 1967, 209；*Alexander*, Verantwortlichkeit, S. 204ff.；*Dannecker*, Fahrlässigkeit in formalen Organisationen, in：Amelung (Hrsg), Individuelle Verantwortung... (Fn. 6), S. 225；*Schünemann*, Meurer-GedS, 2002, S. 52.

31）これについてはまた，*Brenner*, DriZ 1975, 75；*Demuth/Schneider*, BB 1970, 648 をも参照。

32）OLG Stuttgart NJW 1977, 1410 参照。

33）これについては，BGHSt 19, 286, 288f.；OLG Karlsruhe NJW 1977, 1930f.；OLG Koblenz VRS 50, 54；KG VRS 70, 29；*Alexander*, Verantwortlichkeit, S. 209f.；*Brenner*, DriZ 1975, 75.

34）これについては，*Alexander*, Verantwortlichkeit, S. 209ff. およびそこに掲載された文献。

35）また，*Schmidt*, in：*Müller-Gugenberger/Bieneck*, Wirtschaftsstrafrecht, 3. Aufl. 2000, § 30 Rn. 94ff. をも参照。

36）これについては，BayObLG wistra 1993, 236, 238；OLG Düsseldorf NstZ-RR 2002, 178；*Alexander*, Verantwortichkeit, S. 119ff.；*Schmidt-Salzer*, NJW 1990, 2970；*Schneider*, DB 1993, 1912 参照。

37）これについては，BGHSt 31, 264, 277；37, 106, 123ff.；BGH（Z）ZIP 1996, 2017, 2019 f.；OLG Düsseldorf NStZ-RR 2002, 178；*Alexander*, Verantwortlichkeit, S. 141 f.；*Göhler*, wistra 1991, 208；*Otto*, Jura 1998, 414；*Schall*, Probleme der Zurechnung von Umweltdelikten in Betrieben, in：Deutsche Wiedervereinigung, Bd. Ⅲ, hrsg. v. Schünemann, 1996, S. 114 f.；*Schmidt-Salzer*, NJW 1990, 2970；Schneider, DB 1993, 1912；*Walter*, Pflichten, S. 136 参照。

38）この詳細については，*Alexander*, Verantwortlichkeit, S. 127ff.

39）この詳細については，OLG Düsseldorf NStz-RR 2002, 178；*Duttge*, Zur Bestimmtheit des Handlungsunwerts von Fahrlässigkeitsdelikten, 2001, S. 468ff.；*Lackner/ Kühl*, StGB, 25. Aufl. 2004, § 15 Rn. 40；*Roxin*, Strafrecht, A.T. Ⅰ, 4. Aufl. 2006, § 24 Rn. 22ff.；*Walter*, Pflichten, S. 135ff. ──この原則の射程範囲に対して批判的なもの

1　ハロー・オットー「企業における安全確保義務違反の刑事責任」　309

として，*Bosch*, Organisationsvershulden, S. 380ff. がある。

40）これについては，BGHSt 3, 91, 96；6, 282, 286；BGH NJW 1980, 649, 650；OLG Hamm NJW 1983, 2456, 2457.

41）BGHSt 19, 152, 155.

42）これについては，OLG Stuttgart JR 1997, 517, 518.

43）OLG Hamm NJW 1969, 2211, 2212.

44）RGSt 64, 370, 371；BGHSt 19, 286, 290；OLG Karlsruhe NJW 1981, 1054.

45）これについては，OLG Düsseldorf NStZ-RR 2002, 178；*Schmidt-Salzer*, NJW 1988, 1940；*Walter*, Pflichten, S. 139.

46）これについてはまた，BGHSt 37, 106, 123ff.；BayObLg NJW 1974, 1341；OLG Koblenz VRS 39, 118；*Göhler*, wistra 1991, 207；*Otto*, Jura 1998, 414；*Schünemann*, Unternehmenskriminalität, S. 143；*ders.*, LK, 11. Aufl. 1992ff., §14 Rn. 52 をも参照。

47）これについてはまた，BGHSt 37, 106, 123ff.；OLG Hamm NJW 1971, 817；OLG Koblenz GewArch 1987, 242.

48）また，BGHSt 37, 106, 123ff.；OLG Hamm NJW 1971, 817；OLG Koblenz GewArch 1987, 242 をも参照。

49）これについてはまた，*Alexander*, Verantwortlichkeit, S. 138ff.；*Neudecker*, Die strafrechtliche Verantwortlichkeit der Mitglieder von Kollegialorganen, 1995, S. 23ff., 58ff., 166ff.；*Otto*, Jura 1998, 414；*Ransiek*, Unternehmensstrafrecht, 1996, S. 61ff.；*Schluchter*, Salger-FS, 1995, S. 153ff. をも参照。

50）BGHSt 37, 106, 131f. また，前出 BGHSt 9, 203, 216 をも参照。

51）この詳細については，*Alexander*, Verantwortlichkeit, S. 158ff.；*Knauer*, Die Kollegialentscheidung im Strafrecht, 2001, S. 207；*Neudecker*, Verantwortlichkeit, S. 256ff.；Weißer, Kausalitäts-und Täterschaftsprobleme bei der strafrechtlichen Würdigung pflichtwidriger Kollegialentscheidungen, 1996, S. 74ff., 130ff., 136, 172ff.

52）この詳細については，*Alexander*, Verantwortlichkeit, S. 164ff.；*Eidam*, Unternehmen, S. 626；*Knauer*, Kollegialentscheidung, S. 70f.；*Otto*, WiB 1995, 934；*Ransiek*, Unternehmensstrafrecht, S. 76；*Schall*, Probleme, S. 116. 企業内部の義務違反については，連邦通常裁判所は，一定の事情の下で，原則的に，訴えを退けなかった。これについては，BGH StV 2002, 137, 141.――問題性の社会法的議論については，*Fleischer*, BB 2004, 2650 およびそこに掲載された文献；*Vetter*, DB 2004, 2652ff. およびそこに掲載された文献参照。

53）また，*Eidam*, Unternehmen, S. 244 をも参照。

54）また，OLG Karlsruhe NStZ-RR 2005, 367 をも参照。――この詳細については，*Alexander*, Verantwortlichkeit, S. 217ff.；*Eidam*, Unternehmen, S. 243f.；*Heine*, Verantwortlichkeit, S. 121ff.；*Schmidt-Salzer*, NJW 1988, 1941.

55）これについてはまた，BGHSt 37, 106, 115；*Bosch*, Organisationsverschulden, S. 190f. をも参照。

56）これについての基本的な文献として，OLG Karlsruhe NJW 1977, 1930；*Alexand-*

310 第3部 資　料

er, Verantwortlichkeit, S. 200ff.；*Freund*, Erfolgsdelikt und Unterlassen, S. 188f.；
Heine, Verantwortlichkeit, S. 124f.；*Otto*, Jura 1998, 414；*Schmidt-Salzer*, NJW 1988,
1941；*Schumann*, Strafrechtliches Handlungsunrecht und das Prinzip der Selbst-
verantwortung des Anderen, 1986, S. 23f.；Walter, Pflichten, S. 135f. がある。

57）これについてはまた，*Alexander*, Verantwortlichkeit, S. 198 f.；*Frisch*, Tatbes-
tandsmäßiges Verhalten und Zurechnung des Erfolgs, 1988, S. 209；*Walter*,
Pflichten, S. 135f.

58）これについては，*Heine*, Verantwortlichkeit, S. 124.；*Schneider*, GmbHG-FS, 1992,
S. 486；*Schünemann*, Unternehmenskriminalität, S. 107.

59）これについては，*Alexander*, Verantwortlichkeit, S. 313f.；*Schmidt-Salzer*, NJW
1988, 1942.

60）これについては，判例のうち，BGH bei *Schmidt-Salzer*, Entscheidungssamm-
lung Produkthaftung, Bl. Ⅳ, 1982, 1. 12；OLG Frankfurt NJW 1974, 285；OLG
Hamm NJW 1969, 2211；OLG Karlsruhe NJW 1977, 1930；OLG Stuttgart NJW 1984,
2897 がある。

61）これについてはまた，OLG Frankfurt NJW 1974, 285；*Alexander*, Verantwort-
lichkeit, S. 314f；*Schmidt-Salzer*, NJW 1988, 1942；*Schönke/Schröder/Sternberg-
Lieben*, §15 Rn. 223.

62）また，OLG Karlsruhe NJW 1977, 1930；OLG Stuttgart NJW 1984, 2897 をも参照。

63）これについては，*Hoppe/Schmidt/Busch/Schieferdecker*, Sicherheitsverantwor-
tung im Eisenbahnwesen, 2002, S. 54ff.

64）*Hoppe/Schmidt/Busch/Schieferdecker*, Sicherheitsverantwortung, S. 297.

65）これについてはまた，*Heine*, Verantwortlichkeit, S. 126ff.

［原題は，*Harro Otto*, Die strafrechtliche Verantwortung für die Verletzung von
Sicherungspflichten in Unternehmen（in Festschrift für Friedrich-Christian Schroed-
er zum 70. Geburtstag, 2006, SS. 339-356）である。訳文中，圏点部分は，原文ではイタ
リック体である。］

2 ハロー・オットー「企業の取引行為の倫理，法的枠組，および刑事制裁」

I 企業の取引行為と金融危機

1 社会的行動の根本的諸問題

　刑法解釈学および刑事訴訟についてのフォルカー・クライ（*Volker Krey*）の学問的研究は，一般的に知られている。ところが，尊敬する被献呈者が多くの聴聞会および委員会において刑事政策上の問題提起についても取り組んできたことは，あまり知られていない。この取組みは，とりわけ「暴力の阻止および克服のための独立の政府委員会」において行われた。その委員会で，われわれは，1988 年から 1989 年まで，クリスチャン・キュール（*Kristian Kühl*）と一緒に，ある下部委員会を構成した。その下部委員会においては，自己責任で形成すべき市民の自由領域の限界，限界づけをする法的規制の正統性，という社会的行動の根本的問題性が，詳細な議論の対象であったが，また，実態に即した刑事制裁の投入も，議論の対象であった。

　それゆえ，この問題性について論究することは，現在の金融危機に直面し，これに目を向けるならば，当時の議論と否応なく連続しているのである。なぜなら，ここでの問題においては，［金融］危機の原因に関する公的な議論が，単に市場の機能不全および国家の機能不全というスローガンのもとに誘導されるだけでは済まされなくなるからである。とりわけ，取引を行う者（「禿鷹銀行（gieriger Banker）」）に責任意識が欠如していること，ならびに，法的枠組規制およびその施行が欠如していることが嘆かれ，刑事制裁が求められるのである。

　もっとも，自由活動領域とそのテーマ選択だけでは，本稿が上梓されるときには願わくはすでに収束しているであろう現在の金融危機を解決するため

312　第3部 資　　料

の具体的な解決策を提言することに相反する。むしろ，ここで重要視すべき
ことは，現在の危機の克服に関する議論を実態に即したものとし，将来の危
機が生じることへの注意を喚起し，それを克服するために活用できる手段を
運用するために，企業の取引領域における様々な社会的規制システムの可能
性と必要性を明確にすることなのである。なぜなら，現在の金融危機，およ
びそれに由来する一般的経済危機が去ったとしても，そのことによって，金
融危機の問題点が解決されたとか，結局のところ運命に委ねるしかないと
いった妄想にふける者は誰1人いないだろうからである。

2　現在の金融危機が将来において現実化する可能性

　アメリカ合衆国の経済学者であるハイマン・フィリップ・ミンスキー
(*Hyman Philip Minsky*) は，すでに20世紀後半において，経済システムの不安
定性は経済システムそれ自体の中で発生する，という仮説を提起した。経済
は，戦争，災害，もしくはその他の混乱によって不安定になるのではなく，
その経済システム固有の性質によって不安定になる，というのである[1]。ミ
ンスキーの理論の核心には，企業，銀行，および家計からの融資がある。ミ
ンスキーは，この場合の様々なリスクに応じて，3種類の異なる金融を区別
する。

　　　いわゆる「ヘッジ金融 (Hedge Financing)」。——この安全な形態の融資が行われる
　　のは，債務者が融資を受けるときに，見込まれる投資利益が，その元本および利子の
　　支払いについて十分な場合である。

　　　いわゆる「投機的金融 (Speculative Financing)」。——この金融にあっては，投資利
　　益は，利子の支払いには見合うけれども，信用それ自体の返済には見合わない。それ
　　ゆえ，その債務者は，信用供与期間が終了する際に，義務を履行するために財産的価
　　値を売却するか，それとも，他方で，返済に相当する再融資を見つけださなければな
　　らず，それゆえに，流動的金融市場を頼りにすることとなる。ミンスキーの見解によ
　　れば，とりわけ，銀行およびその他の金融機関がそのような融資を行う。

　　　いわゆる「ポンジ金融 (Ponzi-Finacing)」。これは，20世紀のアメリカ合衆国におけ
　　るネズミ講 (Schneeballsystem) の考案者であるチャールズ・ポンジ (*Charles Ponzi*)

にちなんで名づけられた。──この融資形態にあっては，利子も元本も，見込まれる投資利益から回収することができない。しかし，その債務者は，自己の投資価値が上昇し，──ことによるとあるかもしれない再融資という事情次第で──事後に，投資の取得金から自己の債務を返済することができる，ということを当てにする。

　市場関係者が，投機的金融，または「ポンジ金融」を利用すればするほど，金融システムがより不安定になることは，明白である。──しかし，ミンスキーは，この危険性を金融システム自体に備わっているものと考える。ミンスキーは，自身の研究に基づいて，金融機構は，好景気の進展の中で，ますます第2および第3の種類の融資を活用するようになる，ということから出発する。経済力が向上すると共に，利子および配当への期待，そしてそれゆえに資産価値の価格が高騰することとなる。配当が大きくなることを目の当たりにすると，関係者は，大きな見込みのある資産価値を得るために，再度の，新たな資本を調達するために，より大きな負債を負うことに駆られる。期待された配当が現実のものになると，それだけいっそう大きな配当への期待が高まり，ますますリスクのある投機がせき立てられることとなる。投機的金融および「ポンジ金融」の債務者の数も，それに応じて大きくなる。配当が，常に高まり続ける期待を突然下回った途端に，重要な資産価値の価格は下落し，「ポンジ金融」は瓦解する。銀行が信用供与を制限し，流動性が喪失し，そして，投機的金融もまた瓦解する。資産価値の価格崩壊，過剰な緊縮または銀行固有の融資上の問題による信用の枯渇，および投資の後退は，相互に，文字どおり強制的に条件づけし合う。「不安定な金融システムは，現実の経済を道ずれに奈落の底へと導くのである」[2]。

　経験から学び，いつも自由に使えるすべての情報に基づいて将来の出来事を予測し，それから，この認識の地平で決断する経済人（homo oeconomicus）への期待をこの状況下で保持し続けるのは，現実的でない。一方においては，考えうるすべての選択肢を認識し，適格に評価するが，他方においては──「行動経済学（Verhaltens-Ökonomie）」（Behavioral Economics）[3]および「プロスペクト理論（Neue Erwartungstheorie）」（Prospect Theory）[4]が証明しようとしていることだが──人間は，決断する状況下においては，それほど厳密に合理的

には振る舞うことができず，いわゆるヒューリスティクス（Heuristiken：発見的方法論）に立ち帰らざるをえない。人間は，単純で粗雑なルールに基づいて決断するのである。人間は，決断するにあたり，その問題の見かけの影響を受け，自己の知識と能力を過大評価し，一度得られた意見にかたくなに固執し，それゆえ，一度承認した立場を放棄したがらないものである。人間は，過去の過ちを是認してはならないがために，利益を見積もるよりも損失を惧れ，それゆえ，捕捉可能な利益を知覚しない。結局のところ，前もって前提されるものなどは1度たりとも合理的であった試しはないのである。昨日良いと思われたものは，明日にはお粗末なものとはなりえない，という期待をもって，未来に投影される。――投資家は，まさしく，このように振る舞う者の典型である。なぜなら，例えば，過去に成功を収めた国債のきまり文句は，この成功を誇示するからである。確かに，過去の成功が何ら未来への保障になるものではないという教えは，存在しないわけではない。しかし，――この背後にある考えが問題であるのだが――保障などではなく，根拠のある成功への見込みこそが，過去の上に基礎づけられなければならないのである。

　もっとも，ミンスキーは，金融バブルがはじけた後に希望が失われるとは見ていなかった。むしろ，彼が出発点としたのは，確かに，中央銀行と政府による介入はバブルの崩壊を阻止できないが，しかし，バブル崩壊の効果を緩和することはできる，ということであった。そのような介入は，大胆な公定歩合の引下げ，保証，および，さらなる「型破りの措置（unkonventionelle Maßnahmen）」を踏まえて，バブル崩壊を緩和できるのであり，その中で，企業の収益が安定し，投資への信用供与が自由に行われ，そして，金融システムが，安定的で公開的な信用を供与されるのである。しかしながら，このような介入は，結果に影響を与えざるをえない。なぜなら，中央銀行および政府は，この活動によって，新たなインフレーション的景気を生み出し，それによって，最近10年間の危機の循環への反省が示すような，新たな危機に対するより細密な地盤を築きあげるからである。1980年代半ば，日本銀行が，金利引下げによって，円高および貿易収支の重大な不均衡に対処したとき，この対策は，株式および不動産市場の急騰，および危険なバブル形成に帰着した。このバブルの崩壊後，日本銀行による金利引下げは，東南アジアへの

資本輸出に拍車をかけ，当該資本輸出は，東南アジアでの投機を生ぜしめた。1997年・1998年のアジア危機によって解き放たれた流動性は，伝統的な金融市場に再び流れ込み，新たな経済的病巣の前提を作り出した。2000年にアジア危機が終息し，2001年9月11日のテロリズムが実行された後になると，アメリカの発券銀行（連邦準備制度）は，利率を2000年末の6.5パーセントから，2003年6月には1パーセントに引き下げた。

　低利の信用供与が投資と消費とを刺激するものとされていた。この計画は，完全に成功した。廉価な貨幣がアメリカの抵当権市場（Hypothekenmarkt）へ流れ込んだ。そして，その結果——これについては，すぐにII以下で述べる——が，現在の金融危機だったのである。

　この悪夢のような危機を打破することができるかどうか，ということの可否および程度は，他の学問における多様な考察の対象である。——本稿で重要であるのは，危機的状況を阻止する十分な解決策を早期に発見できるということは，経験上，ほとんど説得力がないように見える，ということのみである。その危機が次の危機への出発点となるということは現実的である，と思われるのである。

II　現下の金融危機の原因と展開

1　現下の危機

「新経済バブル（New-Economie-Blase）」の発生，および2001年9月11日のテロリズムの実行の後に，アメリカ中央銀行は，各銀行に低利の金銭を供与した。各銀行は，この金銭によって，企業買収，消費者信用，またとりわけ住宅の購入に融資をした。このことは，アメリカ市民の一戸建ての購入を促進するという政策の指針と完全に対応していたし，当然ながら不動産価格を高騰させた。一戸建ての所有者は，すぐにもまったく新しい融資を受けられると見込んでいたし，その間に，自己の家屋の価格の上昇を担保に融資を受け，得られた現金を現実消費につぎ込んだ。従来妥当していた真っ当な抵当権市場の融資の原則は時代遅れである，と思われた。というのも，家屋の価格の絶え間ない上昇が，あたかも信用の安全性を保障するように思われたた

め，伝統的な融資要件，すなわち，十分な自己資本，安定した労働環境，または保障された収入というものが重要でない，と考えられたからである。しかし，十分な安全性を備えた抵当権設定者（Hypothekenschuldner）の数は，非常に限られているため，抵当権取引（Hypothekenge-schäft）は，次第に，「サブプライム市場（Subprime-Markt）」，すなわち，支払い能力の劣る顧客の抵当権付消費貸借のための市場に転じることとなった。そのリスクは，急騰する戸建価格によって清算できる，と考えられていた。かくして，その信用供与の手数料が弁済期に達した信用ブローカーにとって，まったく新しい取引分野が開かれた。タクシードライバー，イチゴ農園者，および窓清掃人が一戸建ての所有者となった。例えば，50万ドルの抵当権を負担し，しかも，とりわけ，アメリカ合衆国においては，抵当権付き債務について，抵当権設定者は，人的に責任を負うのではなく，ただ，担保に供された土地の限度でのみ責任を負うたのである。利息の計算すらもなされないことがしばしばであった。

　銀行の信用貸付高は，恐ろしいまでに増大し，特に，高騰する住居価格を通して，家屋所有者が，継続的に追加的な担保貸付枠を受けてさえいたのである。信用貸付を受けた者は，今や，消費目的のために，多かれ少なかれ，よく考えもせずに申出を受け，受領をした。自動車，テレビ，洗濯機などに融資がなされた。——同時に，クレジットカード会社も，同様の拡大路線を促進した。

　もちろん，強烈な信用供与の爆発と，それによって創出されたリスクとは，信用供与への歯止めを働かせるものと思われた。というのも，信用供与の爆発によって，信用供与への一定の比率を保たなければならない銀行の自己資本に負荷がかかるからである。しかしながら，高額な自己資本は，高額な自己資本配当率（Eigenkapitalrendite）に関する事業報告に，そしてそれゆえに利潤を生む諸々の経済活動に関する事業報告に直面することとなる。——ここで必要とされる自由取引の領域だと思われていたのは，信用供与を保証し，それを束ねて，他の金融企業に売り渡し，また，他の企業がしばしば新しく束ねる道を開くということであった。その譲受け会社は，一部には——決まって——3カ月払いの短期金銭債権の譲受けを通して，諸々の商品販売に融資をしていたので，その金融は3カ月ごとに再融資されなければならなかった。

信用保証は，高度に複雑化した金融手段となった。この金融手段は，格付け機関（Rating-Agentur）によって評価され，優良な格付けを受けたけれども，その機関はただ個別事例についてのみ評価をしていたにすぎず，システム上のリスクを度外視していた。——当該機関は，多くの場合，これらの「有価証券」に，リスクの発生に応じて3段階の格付けをしていたため，それらの格付け機関は，このような証券のリスクをまったく理解していなかったという推測が根拠づけられるのであり，一部には，支払い額が，望みどおりの肯定的な格付けと直結して取り決められた，とも言われている[5]。

クレジットカード会社もまた，土地不動産ブローカーと同じく，同様の拡大路線を推し進めた。これらの信用供与もまた，保証され，束ねられ，目的会社および投資会社に売却され，格付け会社によって最高の評価を受けた。——安全性は，ほとんど問題とされなかったのである。

それらの証券は世界中に流通し，買い手，すなわち，銀行，保険会社，ファンド，およびその他の投資家が，魅力的な利回りおよび良好な格付けを目の当たりにして，喜んでそれらの証券を取得した。当該証券のリスクに対する分析は，公には行われなかった。その条件が無数の点で詳細な約款で定められていた当該証券の大きなリスクは，隠蔽されたままであるか，または過小評価されていた。その当時に当該証券に関する注意深い検討がなされていたならば，その保有が，譲受け企業に対する現在のリスクを直ちに意味する非常に投機的な証券が扱われているという認識にすぐさま立ち至ったであろう。

2 「構造化された金融手段」の構築とリスク

おびただしい数の詳細に区分される様々な証券のディテールを別とすれば，ひとつの仮設事例で概略を記すことができる，多くの証券の以下のような基本構造が読み取れる[6]。

アメリカ合衆国で，ある銀行が，一戸建て所有者に5,000ドルのサブプライム抵当信用供与（Subprime-Hypothekenkredite）をしたのである。その有価証券残高は，5億ドルに上った。この証券残高は，25分割されて，いろいろな年金生活者に譲渡された。

その構造の核心，すなわち，有価証券残高の信用の欠如は，持ち分に応じて，1つ1つの分割証券に分配されるわけではない。むしろ，すべての損失が襲いかかるのは，まずもって，1人，1,000万ドルの額に上る最も不運な分割証券のみである。このような高度の損失のリスクの見返りとして，これらの分割証券は，きわめて高い利息によって埋め合わせされるのである。万が一，最も不運な分割証券が処分されたとすれば，その次に不運な高額の分割証券が，——続けざまに——さらなる損失を被らなければならない。そのため，比較的高額な分割証券は，——どのみち長くは続かないが——損失に対して保護される。格付け機関は，これらの高額の分割証券が，有価証券残高全体の約60パーセントから80パーセントに上る，と見ていた。そのため，本来的にしばしば，最高の安全性のためのトリプルA（AAA）を承認した。

投資家は，「AAA」の証券に強く引きつけられたため，投資銀行は，より一層，審査手続にのめり込んだ。そのうえ，様々な有価証券残高の12の「BBB」の分割証券は，再び束ねられた。リスクを分散させるために，しばしば，そのクレジットカードによる信用供与，もしくはその自動車ローン（Autodarlehen）が基になっている「BBB」の分割証券が混ぜ込まれさえしたのである。この新たな有価証券もまた，分割された。そうすることによって，いま1度，「高い価値のある」「AAA」および「AA」の分割証券が生まれたのである。

この構造は，すでに，異常な誘惑に駆られていた。しかし，それに加えて，これらの証券の多くが，いわゆる「引き金（Trigger）」になったことによって，この構造は，より肥大化したのである[7]。

例えば，値の低い特定の分割証券の市場価値が限界を下回った場合には，「AAA」の分割証券の保有者は，自己の分割証券を有利に償却するための手の込んだ支払いの抜け道（Zahlungsströme）の一切のものを利用するか，——または，土台となる信用有価証券残高を自助売却する権利を取得するのである。その際に生じる損失は，下級の分割証券によって引き受けられる。そうすることによって，上級の分割証券は，さらなる価値損失に対して保護されるのである。

そもそも，金融の素人が，そのリスクをだいたいにおいて把握するためには，以下のことが必要である。すなわち，2008年11月の「スタンダード・アンド・プアーズ（Standard and Poor's）」という格付け機関の研究の再現にみられるように，あからさまな博打が行われるリスクを個別具体的に示すことである[8]。そこでは，仮想有価証券（hypothetisches Wertpapier）に係る複数の分割

証券の純益が，様々な仮定の下で展開する。

S＆Pの初期の格付け	シナリオ1	シナリオ2	シナリオ3	シナリオ4	シナリオ5	シナリオ6
損失率/月 損失高	5%/12 20%	10%/18 25%	15%/24 30%	20%/30 35%	25%/36 40%	50%/24 50%
AAA	77,63	78,01	78,41	78,52	80,30	69,09
AA＋	78,89	78,76	77,21	75,76	8,85	2,35
AA	79,09	78,96	77,42	7,81	6,03	1,64
AA－	79,38	79,26	56,34	5,52	4,02	1,06
A	80,57	79,12	4,56	2,85	1,82	0,54
BBB＋	84,13	9,90	2,31	1,11	0,41	0,37
BBB－	86,09	1,78	0,53	0,41	0,41	0,39
BB＋	41,79	0,50	0,41	0,41	0,41	0,39
BB－	0,78	0,41	0,41	0,41	0,41	0,39

個々の過程とその帰結は，以下のとおりである。

シナリオ1において措定されるのは，直近の12カ月において，信用供与量の5パーセントが損失をもたらし，その損失は，平均して20パーセントの額になる。すなわち，すべての費用を差し引いて，信用供与者は，信用貸付の80パーセントを回収する，ということである。その研究が示しているのは，その仮定の比較的小さな変化が，莫大な損失に帰着するということである。例えば，「AA＋」の分割証券は，シナリオ4の下では，なお，75,76パーセントの計算上の純益を有しているが，シナリオ5においては，なんと，8,85パーセントの価値を有するにすぎないのである。同様に，その他の分割証券の価値もまた石ころのように急激に下落するのである。

3 リスクの現実化

金融市場を根本的に批判するときには，この分野における帰結は，事後的に可能なリスク評価においては，もはや，完全に表現することはできなかった。

このことは，特異なほどの貨幣供給が止んだときに明らかになった。なぜなら，アメリカ合衆国の連邦準備銀行が，そのブームとインフレーションとをコントロールに服せしめるために，拡大的貨幣政策を放棄し，2004年から

320　第3部　資　料

2006年の間に利息を引き上げたからである。多くの一戸建て所有者は，もはや支払い義務を履行することができなかった。信用供与は地に堕ちた。銀行は，担保権行使と強制執行によって対応し，それとともに，不幸に満ちたデフレ・スパイラルへと歩みを進めた。アメリカ合衆国の不動産市場のバブルは崩壊し，サブプライム証券は紙屑である，と見なされた。

　その証券のリスクは名を付しがたいものであったため，投資家は，この証券の購入から手を引いた。デフレは，この状況下では何らの購買意欲ももたらさなかった。かくして，深刻な有価証券市場は，流動性を失うか，または，もはやまったく機能することがなくなり，抵当権によって保障された証券の市場それ自体の下で進行したのである。この証券市場における価格低下とゴミ屑化は，銀行の貸借対照表上の貸方記入として首を絞め上げた。このことによって記入された損失は，銀行の自己資本を減少させた。このサブプライム証券の譲受けを目的として設立された目的会社 (Zweckgesellschaft) は，もはやこの証券に融資するのに必要な短期貸付金を供給することができなかった。目的会社は破産し，目的会社を保証する銀行を道連れにする恐れをもたらした。銀行は，実務上，自己資本準備金 (Eigenkapitalreserve) を決して切り崩さないため，新たな自己資本を組み入れるか，または資産を売却することによって，帳簿上の損失に対応しなければならなかった。しかし，本当のところは，資産を売却し続けるしかなかった。というのも，市場の危機に直面して，新たな自己資本を調達することはほとんど不可能だったからである。これらの資産のさらなる売却は，投機的な空売りを誘発し，市場および価格における下降に拍車をかけた。2008年9月のリーマン・ブラザーズ (Lehman Brothers) という投資銀行の破産によって驚愕するほど強まった，個々の銀行の支払い能力への疑いは，インターバンク市場 (Interbankenmärkte) を崩壊させた。中央銀行と政府は，国際的に，総額1,000億ドルの価値によって銀行を支えなければならなかった。かくして，銀行制度は崩壊を免れた。それにもかかわらず，自己の流動資産を巡る銀行の配慮によって，信用供与，および安い値の付いた資産の購入への銀行の意欲は低下した[9]。企業は，投資財への融資のための信用を欠いていた。消費は低迷した。

　この危機は，ヘッジ・ファンドとプライベート・エクィティー会社 (Private-

Equity-Gsellschaft）にあっては少しも稀ではない次のような実務によって強められた。すなわち，支払いの超過によって，その自己資本ベースが切り崩された被買収企業だけに負わされた信用供与によって企業買収に融資をする，という活動である。

　大惨事の規模は，目下のところ正確にはわかっていない。国際通貨基金（internationale Währungsfond［IWF＝IMF］）が出発点とするのは，銀行と保険会社が，総額4兆ドルもの「不良有価証券（giftigs Wertpapier）」が山をなす世界で放浪することとなった，という点である。しかも，アメリカ合衆国の消費者金融業界の債権によって安全ではなくなった有価証券に由来する損失は，2009年末までに，3兆1,000億ドルに達しうるかもしれないのであり，他方，ヨーロッパおよびアジアの保証付き債権からの損失は，9,000億ドルに上ることが懸念されている。これまでのところ，銀行および保険会社は，この取引によって1兆3,000億ドルに上る損失を計上した[10]。

Ⅲ　責任の割当て

1　市場または国家の機能不全

　金融危機が現実経済にとってもきわめて重要であることが認識されてから，この惨状は誰の責任か，という公の論争が燃え上がった。金融危機は銀行のせいであるとして，市場に責任あり，とする者もいれば，国家——アメリカ合衆国の発券銀行——が水門を開き，それから，——個々の州の監督官庁が——自己の監督義務を十分に果たさなかったとして，国家に責任あり，とする者もいた。この状況において市場の肩を持った者は，半ば犯罪的な境遇を強いられるか，または，市場経済の発展も社会的市場経済の発展も無視した，アダム・スミス（*Adam Smith*）の古くさい信奉者である，と断じられた。

　ａ）グローバルな責任の割当は原則としてこれ以上論じられないという事実はさて措き，市場の機能不全に対する非難は，いずれにせよ，以下のかぎりでは正当である。すなわち，情報と価格についてのすべての利用可能な情報を有するならば，市場それ自体が必要な均衡を発見し，かつ保障するということ，すなわち「市場は常に正しい」ということを述べる，いわゆる効率

322　第3部　資　料

的市場のテーゼに市場が反しているかぎりにおいて，である。——しかし，このような見解は，決して社会的市場経済の基盤でなく，社会的市場経済の精神的創始者たちが依拠したアダム・スミスもまた，この見解に賛成するものとして引き合いに出すことはできないのである。

　　b）アダム・スミスが，自己の利益を，共同善の経済的，政策的および文化的発展の原動力および機動力である，と見なした点は正しい。そのかぎりで，アダム・スミスは，何人も自己の欲望を追及することによって産業，商業およびそれらの拡大のための基盤を作り出している，というバーナード・マンデウィル（Bernard Mandevill）の思想に連なるものであった。しかし，バーナード・マンデウィルとは異なり，アダム・スミスは，過度の自己利益を信用せず，エゴイズム（privates Laster）が公共的利益のための基盤である，というバーナード・マンデウィルの命題[11]を決して共有しなかった。すなわち，スミスの見解によれば，十分にコントロールを効かせる防護柵によって規律づけられている場合にのみ，私的利益は公共の利益によって包摂されるのである。すなわち，(1)道徳的規範を見いだし，それを遵守することを助ける同情および「公平無私の監視人（unparteiischer Beobachter）」，(2)人間が自由意思によって同意し，これに従う倫理による自然的規則，(3)監視人たる国家が強制力によって貫徹する実定法規，および(4)発展的な競争と対抗，である[12]。

　　c）この構想は，正当にも，現代および将来の市場経済の支柱である，と考えられている。なぜなら，この構想は，道徳的および自己答責的に行動するように個人の自由を基礎づけ，自律させ，その際に，自由意思に基づく貫徹可能な規制がこれらの発展をコントロールし，限界づけるからである。このコントロールが機能不全を来たし，自己の利益が個人の利益のためだけに歪曲される場合には，自己の利益と共同体の利益とを固く結び付ける作用の点で，市場もまた機能不全を起こすのである。その点までは，法以外の規制が，この本末転倒に向けられるのである。

　　d）現在の金融危機および経済危機を生ぜしめた諸要因，すなわち，過剰な信用供与の実務，ゼロ金利政策，格付けおよび保障の実務，ならびに博打的な構造を有する金融手段，すなわち，デリバティブおよび有価証書（Zertifikate）に鑑みるならば，市場の機能不全か，それとも国家の機能不全か，と

いう二者択一によって責任問題は把握できない，ということが明らかになる。

アメリカ合衆国では，政策的に望まれた，多数の住民のための不動産の所有，およびインフレ気味の貨幣が，危機の発端を成した。その後の展開は，国家の側での規制緩和および市場の側での金融の革新への傾向性によって特徴づけられる。革新的な金融商品は，適切な法的枠組条件なしに，ひとつの「真っ暗闇の洞窟 (schwarzes Loch)」へと展開し，その洞窟の中で，甚大な価値が浪費された。取引の量に向けられること多くして，売却または購入された商品の質に向けられることのより少ない証券を通した，市場関与者の取引がさらなる儲けを生んだことが，うねりを上げる航跡を「真っ暗闇の洞窟」の方へ導いた。——この状況下で，世界規模の責任を割り当てることは，ふさわしくない。確かに，金融市場で活動したすべての者が，機能不全について非難されなければならない。しかし，世界規模での責任の割当ては，具体的に関与した個人を教導して，1人1人の人的責任を自ずから大げさに知らしめるにすぎない。それゆえ，非難可能な過ちは，未だ明らかではないのである。

2　倫理的欠陥

a）経済および企業の倫理

企業および企業のために責任をもって行為する者は自己の行為についてどのような倫理的要求を充足すべきか，という問いに取り組む経済倫理の部分領域としての企業倫理は，30 年来，公的議論，数多くの委員会，会議，ゼミナール，労働組合，経済研究，および学説の中心テーマである。諸々の定期刊行物は，明らかにこのテーマに関係している。

これらの努力とは正反対に，——いずれにせよ，公的な主張においては——企業の決定に倫理的原則を定着させていない。なぜなら，企業のために責任をもって行為する者の倫理的イメージは，公的にはひどくお粗末なものであり，固有の主張においても決してすばらしいものではないからである。

確かに，2008 年 11 月に公表された代表的な男女世論調査においては，質問された者の 22 パーセントが，受け入れることはできるにせよ，最も気に入らない知人は誰か，という問いに「銀行員」と答えた（よりいかがわしいもとして扱いを受けたのは，前科者（25 パーセント）および売春婦（28 パーセント）のみであっ

た）[13]とき，ここでは，かなりの規模で，とりわけ政治の側からもメディアにおいても広められた——ほめられたものではないが——銀行は「貪欲」であるとの中傷は，鎮静化されていた。しかし，経済における最高経営者を独自に自律的に選任することもまた，確かに，決して同じ光景ではなく，まったくもって多種多様な光景をもたらすのであって，その光景において，倫理は，一般的なものとして承認された原則的な最大限の努力であるとは見なされないのである。

　ドイツの数百の大企業の取締役会会長，監査役会会長，および取締役の下で，アイデンティティ財団（Idenntity Foundation）の助成によって実施された代表的調査（repräsentative Erhebung）の状況からすると[14]，3分の1の最高経営者しか，道徳は経済において一般的に重大な役割を果たすということを出発点としていないことが明らかになっている。他の3分の1は，ドイツの取締役会のレベルでの道徳の地位をアンビバレントである，と評価しており，残りの3分の1の意見は，道徳上の問題が実務においてきわめて低く評価されている，ということを示している。注意深い者は皆，道徳は何ら経済に属するものでなく，それどころか反対のことを考えている。すなわち，経済は，不道徳性の最小限のものを要求する，ということである。——個別的に取り上げてみよう。「経済性が要求されている場合には，人は，『非道徳な手段』にも訴えなければならない」。——「実を言うと，道徳は存在しない。道徳は現在せず，したがって，われわれは，この度，危機に瀕して長期にわたり何が生じているか，ということを冷静に見ることとなろう」。——「人は，結局のところ，成果に即して評価される。人は，たとえ道徳を尊重しても生きてはいけないのである」。

　他方，倫理的な取引行為を願わしいと思うだけではなく，常日頃，自分自身の主張に従ってそれを幅広く実践している，諮問に携わる最高経営者が3分の1存していることも常である。彼らは，自己自身を倫理的問題において首尾一貫したものと考えており，非道徳的な活動は取引行為者だけでなく，企業をも腐敗させるということを根底に据えている。すなわち，「取引行為者らは，道徳的に洗練されていなければ，決して善き商人たりえない。善き商人たりえない者は，短期的な取引行為を行ってはいるが，長期的な視野を欠

いているのである」。

　この場合には，もちろん，まずもって，「道徳的な振舞の構造（moralische Verhaltensstrukturen）」の問いは一般には立てられないのではないか，そして，企業関連的な特殊化を必要とするのではないか，という問題性が生じる。正当にも，1979 年に，ヴィーデマン（Wiedemann）は，次のことを確証した。すなわち，「南北の対話（Nord-Sud-Dialog）を支援すること，薬物依存の青少年を再社会化させること，絵画の蒐集に投資すること，もしくは成金的な贅沢品の生産を中止すること」は，大企業の任務たりえない，と[15]。この領域における関与は，イメージを良くし，また喜ばしい価値を有するかもしれないが，経済企業の中心的な任務および正しい指導指針としては，企業の行き過ぎが問題視され，反対に理想的なさらなる発展を見ないのではなかろうか。――しかし，このこととは関係なく，そのアンビバレントな形象はまた，この場合に，会社の倫理的実在性が反射していないかどうか，という問題をも指し示すのである。――しかし，このことについては，これ以上論究せずにおこう。明確にされるべきなのは，むしろ，まずもって，倫理と経済との関係，活気あふれる理論的論争の対象，および大いに論争のある理論であるべきである。

b）経済倫理

　経済倫理[16]の代表的なものは，経済取引の枠組的条件付け（Rahmenbedingungen）を道徳的な考慮および決定に関する体系的な秩序である，と考えている。この見解によれば，倫理は，アピール，同意および固有の道徳的動機を通して補充されるのではない。なぜなら，今日の会社において，人間が規範に従うのは，ただ，そのことについて利益を期待しうる場合のみだからである。この意味における利益は，経済的性質のみならず，健康，安寧，生活の喜び等でもある。それゆえ，事情によっては[17]，自己の利益に反する行為を要求する倫理的動機づけは，取引条件にあっては，それが規制の働き，法律，国家的基準などによって定められているのと同様に，「経営することの競技ルール（Spielregeln des Wirtschaftens）」を決しなければならない[18]。それゆえに，その枠組条件の刺激的効果は，行為者の個人的な行為が社会的に望まれている状態に至るように形成されなければならない。それゆえ，経済倫理の任務は，取引する人々のために，自由意思によって，および部分的にはそれ

326 第3部 資　料

に反する利益のために取引するという刺激的効果を広めるように形成されな
ければならない，と言われているのである。すなわち，「ボールさばきにおけ
る効率的なるもの (Effizienz in den Spielzügen)，活動を規制する道徳 (Moral in die
Spielregeln)」[19]である。

　確かに，この理論で，その中心的重要性を力説するのは，法的規制および
制度によって形成された枠組秩序である。しかしまた，この観点によって結
論づけられるのは，経済および収益のために利益を引き出すという点で，企
業に道徳的義務づけをすることなのである[20]。「最高経営責任者 (Topmanager)
は，その企業の従業員である。最高経営責任者が，自己の株主に平穏に使え
ているかぎりでは，彼は自己の職責を果たしている。最高経営責任者は，そ
の報酬として――きわめて――多額の収入を得るのである」[21]。

　この考えは，まずもって，法的安定性に大きく貢献するものである。なぜ
なら，その法的枠組を制限している者自身が，法によって，次のことを引き
合いに出すからである。すなわち，事後的にその規則が誤っていたことが明
らかにされたとしても，その者は正しく振る舞ったということである。それ
にもかかわらず，法的枠組秩序において，企業倫理を参照するならば，その
問題性は汲み尽くされてはいない。なぜなら，この参照指示は，企業上の取
引についての危険性を隠蔽し，しかも固有の責任に基づく企業上の取引につ
いてのそれをも隠蔽するからである。

　固有の責任に基づいた行為，新たな道を歩むこと，イノベーションは，もっ
ぱら，行動の自由，すなわち，複数の選択肢間での選択の可能性を前提とす
る。この判断においては，単に，善良な人という「会社の倫理的な手本(ethisches
Vorbild der Gesellschaft)」が要求されるのではなく，責任意識をもって行動する
企業家（der verantwortungsbewusst handelnde Unternehmer）が要求されているの
である。この領域から，倫理的な考慮が締め出され，または実定的規則に限
定されるとすれば，企業家は，規則遵守に身を委ねられることとなる。経済
および社会の領域における責任を意識した振舞を可能にするがゆえにはじめ
て効果的となる固有の責任における行動の自由領域の充足は，国家による規
則のために窮屈にされる。国家による規則は，社会的に耐えがたいものであ
ると感じられる態度方法に向けられ，指針を与えるだけでなく，結局のとこ

ろ，行動領域を予防的に限界づけるのではなかろうか。それゆえ，固有の責任に基づいた判断がさらに可能的であるべきであり，かつ可能ならしめられる場合には，法的規則は，それが必要であるところでのみ適切なのであり，それが可能であるところで適切になるのではないのである。固有の責任に基づいた行動領域を擁護することは，単に，法的規則と内部統制のみを遂行することではなく，この場合には，正しいか誤っているか，という問いが，しかも倫理的な意味において重要となるのである。この場合には，もちろん，倫理学一般に訴えることが重要なのではなく，企業に特有な倫理のそれが重要なのである。

c) 統合的経済倫理

経済倫理によって倫理的な視角を限界づけることに直接に結び付いているのが，ペーター・ウルリッヒ（*Peter Ulrich*）によって根拠づけられた統合的経済倫理(integrative Wirtschaftsethik)である[22]。ウルリッヒは，ホーマン（*Homann*）の命題を，「経済的枠組決定論（ökonomischer Rahmendeterminisums)」であると批判し，利益の最大化の最大（Gewinnmaximierungsmaxime）それ自体を問題とする。ウルリッヒは，これに対して，あらゆる企業の活動を正統性の留保（Legitimationsvorbehalt）に服せしめている「倫理の優位」を仮定する。統合的命題の特徴的なメルクマールに含まれるものとして，ウルリッヒは，この意味において，経済倫理を，自由な人間の良く整序された社会へ市場経済を「洗練して（zivilisierenden)」埋め込むことという政策的倫理のひとつとして理解している[23]。ウルリッヒは，統合的経済倫理の使命を次の点に認めている。すなわち，(1)経済的合理性という構想に対する批判を行うこと，(2)社会経済的合理性と称さている経済的理性という規制的で論証により基礎づけられた理念を熟せしめること，(3)社会における道徳の地位を確定し，そこでこの社会経済的合理性が実務に導入されるべきこと[24]，である。

統合的経済倫理にとっては，次のことが重要である。すなわち，経済の理性的倫理と同じくらいに経済倫理を明確化し，かつ，それゆえの統合的経済倫理の命題を構想し，どのようにして，その多元的な統合的経済倫理が諸命題によって限界づけられるか，ということを，理性的倫理のパースペクティブから，きわめて簡潔に把握すること，である[25]。

328 第3部 資 料

d) ガバナンス倫理

ヨーゼフ・ヴィーラント（*Josef Wieland*）は，彼自らが展開したガバナンス倫理（*Governance Ethik*）によって，ひとつの事実上類似の関心事を追いかけている[26]。しかし，ヴィーラントは，「倫理の優位」に反対している。なぜなら，倫理または経済学の優位は，ごく小さな企業戦略に至るにすぎないからである。ヴィーラントは，機能において様々に多角化した近代的な会社は，原則として，経済における道徳を実際に有効ならしめることは困難であるということを出発点とする。このことは，経済にも影響を及ぼす。しかし，この問題性は，経済的帝国主義（ökonomischer Imperialismus）（経済的倫理学）でも，経済システムの道徳化（統合的倫理学）でもなく，ガバナンスの構造上の意思疎通，すなわち，経済的な処置によってのみ制禦されるべきである。「その際に，ガバナンスが意味するのは，経済的および会社上の処置を展開するための制禦構造（Steuerungsstruktur）または制禦マトリクス（Steuerungsmatrix）である」[27]。——経済倫理的信念は，経済的処置の指導，制禦およびコントロールの一部でなければならず，したがって，常に，いわゆるガバナンス構造の一部なのである。信念，制度および組織的な諸条件が共働してはじめて，経済生活において道徳的な価値を実現することができるのである[28]。それゆえ，道徳は，まさに特殊なガバナンスの枠組（Gavernance-Regime）によってのみ作動させられるひとつの個別的な手段にすぎないのである[29]。

e) 経済倫理および倫理上の原理に関する理論

決してその議論枠組をいまだ十分に提供してはいない前述の経済倫理および企業倫理に関する理論にとって重要なのは，経済に対する倫理の関係を明確化することであって，倫理的な原理および要求を顧みて何かを主張することではない。しかし，様々な理論が経済活動についての倫理の重要性を自明なこととして前提としていることは，重要である。それゆえ，倫理の重要性は次の点にある。すなわち，倫理が，企業倫理において倫理と経済とを結合し，それによって同時に，一般的な徳の要求（Tugendforderung）に由来する倫理的要求の結節点を抽出し，焦点を合わせるための理論的基盤を発展させることである。

重要なのは，経済的な視点の下で倫理的な問題提起および要求を認識し，

統合することである。──この過程の発端は，実務においては完全に証明することができる。なぜなら，それらを獲得することが根拠を有するかはさて措き，利益のための責任を超えた責任が一貫して要求され，かくして，企業の責任がはじめから広く定義される場合に，倫理は経済において有効となるからである。このとき，企業の社会的責任 (CSR)，コーポレート・ガバナンス (CG)，コーポレート・シチズンシップ (CC) ならびに責任原理 (Verantwortungsprinzip) および持続的な経営の原理 (Prinzip nachhaltigen Wirtschaftens) が挙げられなければならないのである。

f）指導的な倫理原理としての企業の責任

aa）欧州理事会は，企業の社会的責任を「企業活動およびステーク・ホルダーとの相互関係において，自由意思に基づいて社会的な重大事および環境の重大事を全うする基盤として企業に奉仕する構想である」[30]，と定義する。それゆえ，企業の社会的責任において重きをなすのは，経済，労働法および人権上の基準であるが，一部には，その他の社会的集団に対する道徳的な義務づけでもあるのである。

bb）企業の社会的責任は，あたかも内在的にコーポレート・ガバナンスによって補完される。コーポレート・ガバナンスは，良心的で責任を意識した企業経営を包含し，それゆえ，マネジメント上の過誤を回避するという目標設定によって，とりわけ，指導的な機関の機能様態，それら機関の協働および，当該機関の振舞に対するコントロールに関係する[31]。

cc）労働者，顧客および取引先を超えた企業の社会参加は，「企業の市民的参加」の中で，コーポレート・シチズンシップという表現を見いだした。欧州理事会は，これを，「企業，および企業の地域的および世界的な環境」[32]である，と理解している。それは，ここ数年来，次の点で明々白々な展開を見ている。すなわち，多くの企業が，幼稚園，学校，または病院のような公共の施設を金銭および財産上の寄付によって助成し，名誉職的な活動をしている従業員を支援し，無償のサービスおよび器具を用立てており，その数を増している，という点である[33]。

dd）最終的に，この3つの構想は，経済的および社会的な企業活動の領域における法的なハンディキャップを埋め合わせる。これらの構想は，そのか

330　第3部 資 料

ぎりで，一方において，経済および倫理の相互の関係を全体として構築する。
他方において，社会的重大事および環境的重大事への専心は，倫理的な芽を
摘むことをも意味する。というのも，これらの重大事は，同時に，メディア
および強力な利益団体によって主張されており，それゆえに，きわめて強力
なコントロールに服しているからである。この点についての実例が，1995年
の「ブレント・スパー（Brent Spar）」という石油プラントの廃棄処理である。
その石油プラントを大西洋に海底処分しようとしたところ，グリーン・ピー
スやその他の環境団体，ならびにマスメディアによるスクープによって妨害
を受け，彼らの意を受けて地上で解体処理された。しかし，その解体処理は，
環境に対してより一層大きな負担をかけたのである。抗議を受けた企業，ロ
イヤル・ダッチ・シェル公開有限会社は，最初のうちはこのこと〔解体処理
による環境への負荷〕を主張していたが，ボイコットの呼掛けの影響に屈し
た。

　このことは，社会的および経済的重大事を考慮に入れることに反するもの
でも，法的枠組を逸脱するものでもないが，しかし，これらの構想の体系内
在的な限界を指し示しているのである。

　ee）この枠組を突破し，または，少なくとも一般化することによって拡張
するためのひとつの試みは，「誠実な商人（Ehrbarer Kaufmann）」という，公的
議論においてしばしば顧みられる指導形象を想起することにある[34]。この指
導形象に歴史的に関係づけられているのは，自己の取引先と深い信用ある関
係を構築するために商人の役に立つ諸々の特徴である。すなわち，誠実，倹
約，政治的および経済的先見の明，克己，秩序，節度，勤勉，および謙虚さ
である。今日では，これら一身的な諸要素は，上品，名誉，信用，および責
任によって装いを新たにしている。それは，その欠如が，銀行間の交流にお
いても非難され，目下の金融危機の進行に備わっている要因である，と結論
づけられたものであるが，しかし，1968年以降の数十年において，いわゆる
第2次的な美徳(Sekundärtugend)であるとして批判に晒されてきた，そういっ
た美徳である。「第2次的な美徳」を褒め称えるヘルムート・シュミット
(*Helmut Schmidt*) の発言を，1982年7月15日のシュテルン紙 (*Stern*) のインタ
ビューの中で公にしたオスカル・ラフォンタイネ (*Oskar Lafontaine*) の次のよ

うな見解もまた，非常に極端であり特徴的である。すなわち，「ヘルムート・シュミットは，義務感，計算能力，支配能力，規範能力について大いに語っている。このことは第2次的な美徳であり，まったくもって適格に語られている。かくして，強制収容所をも運営できるのである」，という見解である。

ff) その見解は，これ以上問いただすべきではない，むしろ，次のような問いが立てられなければならない。すなわち，そもそも，第1次的な美徳と第2次的な美徳との間に意味のある区別ができるのか，という問いである。なぜなら，実務上，その指導形象に重大なるものが大いに認められるべきだとしても，見込みのある具体的な行為の最大限としては広きに失することが明らかだからである。具体化が要求される。

この途における本質的としか言いようのない第1歩が，2008年7月6日版の「ドイツ・コーポレート・ガバナンス・コーデックス（Deutscher Corporate Governance Kodex）」である。このコーデックスは，その序文において，善良で責任感のある企業経営に関する国際的および国民的に承認された基準に関係するものである，とはっきりと述べている。

gg) しかし，指導形象としての根本的意義は，持続的な経営の原理に帰する。この原理は，環境保護から出発して，そうこうするうちに3つの柱の上に打ち建てられた。その中で，経済活動の経済的，生態学的および社会的観点を顧慮することが要求されているのである[35]。ここでもまた，具体化することが必要不可欠である。なぜなら，重要なのは，経済的，生態学的および社会的観点そのものではなく，所有者の利益，労働者の利益，消費者の利益，社会的および空間的な環境の利益を平和的な態様で順応させること，ならびに，未来志向的な企業経営を発展させ，維持することだからである。このことは，一貫して倫理的な関心事である。確かに――そして，このことは，その他の事柄のためにも顧慮されなければならないのであるが――，これらの目標は，道徳のためだけの訴えによって拘束されなければならないわけではない。この場合には，まずもって，法的枠組秩序が要求され，それから，制度化された方向づけのひな型（Orientierungsmuster）が現実化されなければならず，その後にはじめて，個人的な行為心情によって，行為の自由裁量（Handlungsspielräume）が充足されうるのである。要するに，倫理的原理として

332　第3部　資　料

の持続性は，法的，制度的，そしてまた個人的な目標基準において記銘され，絶えざる遂行の下でコントロールされなければならないのである。この枠組の中で，倫理的心情が維持される一方で，社会侵害的または社会的に許容しえない態度方法が，法的対策によって服せしめられうるし，服せしめられなければならない。──欠陥のある法的枠組は，倫理的原則によって包括的には修正できない。しかし，法的および制度的枠組は，企業上の行為の自由領域を認容し，自己答責的な行為を前提とするかまたは要求する場合には，倫理的な原則によって許容可能な仕方で充足されうるのである。

g）金融危機における倫理的に誤った態度

金融危機を振り返ってみると，倫理的に誤った態度は，頑強に否認されてはならない。すなわち，市場が価値の低い通貨によって溢れかえっていたことが，すでに危険だったのである。しかし，次のような抵当権の委任実務は，──ただちには違法とは言えない以上──倫理的に責任はなかった。すなわち，もはや十分にカバーされず，その安定性が期待の増加に基づいている実務である。その現実化が必然的に企業それ自体を破壊せざるをえないリスクの基礎づけは，いわゆる目的会社におけるリスクが，自己資本既定を潜脱することによって，企業の利益を保護する要求に大きく矛盾することとなった。同様のことは，無数の〔証券の〕譲受けの融資についても当てはまる。その際，購入価格は譲受け企業の負担となり，他方でまた，その譲受けのための信用供与は，譲受け会社の株式によって担保されたため，双方の企業の以後の展開は，株式相場の過剰の中で依存しあうものとなった。──枚挙にいとまがない。当該事例からして明らかである。

3　法的欠陥

目下の金融危機の輪郭が明るみになったとき，ドイツ銀行頭取にして国際金融協会（Institute of International Finance）（IIF）の専門部会代表たるヨーゼフ・アッカーマン（*Josef Ackermann*）によって掲げられた見通しは，次のようなものであった。──すなわち，「われわれは，われわれの家をわれわれ自身で掃除し，これを立法者に委ねることのないようあらゆる手を打つつもりである」。「われわれには，迅速かつ独力にその問題を処理する能力がある」[36]，と

いう見通しである——これは，まずは幅広い支持を得た。それにもかかわらず，国際金融市場の法的規制の変更が必要であり，かくして，この惨状が繰り返されないようにせよ，という見解が主張された。——しかし，現在議論されている改革の企ては，一部の領域においては，関与者によって金融市場を改善することが重要であるという希望についてほとんど勢いを失わせた。このことが当てはまるのは，例えば，取引所取引税を導入せよ[37]，とか，取締役の報酬について税制上の配慮を削減せよ[38]，とか，もしくは，2009 年にはすべてのコンツェルンによる利益配当の支払いを差し控えよ[39]，という提議についてである。これらの「改革の提議」の背後に，金融危機から生じた意図，他方でまた，この危機を克服しようとする意図が見え隠れすることは明らかである。——しかし，ある危機を阻止できないとしても，よりよく克服しようとするならば，規則は是非とも必要である。

アメリカ合衆国における価値のない貨幣政策と抵当権の委託に関する実務は別として，ドイツにおいてのみならず，いわゆる構造化された金融手段を形成し，取得し，そして売却することに関して，金融監督は役に立たないことが判明した。無数の私的家屋所有者への金銭債権を束ね，無謀なリスク規制を伴う証券を供給し，かつ市場に持ち込むという考えは，はじめから，真っ当な銀行経営業務を行ううえでは正しくなかったのである。投資銀行および目的会社によってこのように束ねられた，そして新たに束ねられた分配は，その「革新的な金融商品」にまったくもって博打的な掛金の性質を付与した。かくして，目的会社，すなわち，銀行がその会社によって自己資本既定をすり抜けつつも，これらの会社に全範囲の責を負わせることを意識していたはずの会社に，これらの証券を譲渡することが，すでに，監査法上許されざることだったのではあるまいか。——その取引の規模が，すでにスキャンダルである。なぜなら，最終的に，これらの会社は，約 1 兆 US ドルを抵当権によって担保されていた証券で保有していたからである[40]。

この場合，「サブプライム抵当固定証券 (Subprime Mortgage-Baked Securities)」のみが問題なのではない，ということを前提とするにしても，金融危機の展開は，やはり，この配当が驚くほどの高値であった，ということを示している。格付け機関がこれらの証券に積極的な評価を与えていたことは，痛々し

いものである，と言わざるをえないということにとどまるものではなく，格付け機関の判断も，その任務に関して正当な金融監督を果たしていなかったのである。最後に，配慮義務違反の態度によるさらなる害悪は，3カ月の期限付きの短期金銭債権を譲り受けることによって数十億に上る「革新的金融商品」に融資をしたことである。その金銭債権は，3カ月ごとに再融資されなければならなかった。換言すれば，短期的に融資された有価証券を長期的なものとして譲り受けなければならなかったのである。そのような期限の変更は，銀行にとってもはや許容しえないリスクを意味した。このことは，銀行員の一般的意識に上ることとなった。同様に，ヘッジ・ファンドへの信用供与に対するコントロールが機能しなくなり，かくして，ヘッジ・ファンドは，一部には杜撰な企業承継に融資するに至った。銀行内部のリスク・マネジメントが今そこにある脅威となっているリスクを認識するのに明らかに不適切であったことは，この分野において銀行のリスク・マネジメントとコントロールを大幅に改善する必要があることを示している。——持続的な経済に関する企業の利益は，大きく侵害され，その企業の未来は，さながら賭博で失敗したようなものになった。

　ここで明るみにされた欠陥もまた，もはや，自由意思の合致，道徳的アピール，もしくは道徳的な価値および義務づけの意識によって克服することはできない。この場合には，立法が必要とされる。銀行および金融市場の監督は早急に改善を必要とし，銀行の自己資本規定は改革を必要とし，計算システムもまた，さながら「風雨に耐える (Schlechtwetterfest)」ものとされなければならないのである。格付け機関は，厳重にコントロールされなければならない。銀行および金融市場全体の制度上のリスクは，監視とコントロールを，しかも，国家によるコントロールだけではなく，国際的な監視とコントロールをも必要としている。一方において，確かに，改革の試みを早急かつ一般的に目に見えるように実現することに固執することはできない[41]が，他方において，次のことが顧慮されなければならない。すなわち，その対応策は，現在のところ欠陥があるように見受けられる諸々の指示であり，この醜態が繰り返されることを阻止できるのだろうか，否，新たな危機が発生することにはまったく無力ではなかろうか，ということである。

その後，運命の分かれ道（verhängnisvolle Weichenstellung）のように働いたのが，マネージャーおよび経営者に支払われるボーナス制度であった。この取引上の，しかし，持続的な性質の取引上の産物ではない制度がとられていたかぎりで，ボーナスは，必然的にコントロールのきかないものとなった。なぜなら，ボーナスは，途方もないことの表れ以外の何ものでもなかったからである。ここで〔ボーナスの〕総額が問題となったことは，「ウォール・ストリート・ジャーナル」のひとつの記事によって明かされている。その記事の中で，破産寸前のバンク・オブ・アメリカ（Bank of America）を介した引受によってのみ保証できたメリル・リンチ投資銀行の銀行員のボーナスが取り上げられた[42]。

> それゆえ，メリル・リンチ銀行の指導的な銀行員である Andrea Orcel は，2008 年に株式と現金を合わせて 3 億 3,800 万ドルを受け取った。昨年，借入および原料取引（Anleihe-und Rohstoffhandel）を担当していた David Sobotka は，自己の部門で，メリル・リンチ銀行に，数十億の損失をもたらしたにもかかわらず，1,300 万ドルを受け取った。メリル・リンチ銀行の 11 人の最高経営者は，指導に係る追加的な報酬として1,000 万ドル以上を受け取った，と言われている。それ以外の 149 人の銀行員は，少なくとも，300 万ドルを得た。最高額の報酬を得た銀行員には，2 億 900 万ドルが与えられた。——これは，前年よりも 800 万ドル多い。2008 年，メリル・リンチ銀行は，抵当証券の多額の決済によって，ちょうど 280 億ドルの損失を計上した。メリル・リンチ銀行のボーナスの支払いは，Andrew Cuomo ニューヨーク検察庁検察官による捜査の対象となっている。Cuomo は，どのようにして，ボーナスの決定が下されたのか，そして，メリル・リンチ銀行とバンク・オブ・アメリカが，引受に際して，株主に情報を提供していたのか否か，を取り調べている。これまでのところ，メリル・リンチ銀行が，全体として，36 億ドルをボーナスとして支払ったということが判明している。この点について，700 人が，100 万ドル以上を受け取った，とされている。

以上のような莫大な額，およびその額を「手に入れる」方法の下では，次のことは驚くに値しない。すなわち，自身の取引によって自身の銀行を破産させ，そのことによって銀行が国家の助力なくしては存続できないようにした，ボーナスを得た指導者および経営者たちが，このボーナスを請求できたこと，である。なぜなら，そのボーナスは，彼らに，契約上保証されていた

336　第3部　資　料

からである。そのような制度は，持続的な経済を通して企業の利益を確保することと調和しえない。目下のところ，持続的な企業の発展をボーナスと機械主義的な株式計画に調和させることに向けられた包括的な法的枠組が望まれなければならないのである[43]。

　金融制度および経済に対するさらなる現存の危険性は，——その法的および経済的問題性において最高度に複雑な——先物取引，特に，無担保の空売りの中に存在する。一方において，安全な取引としての先物取引が有意義で必要不可欠であるということは，完全に正しいことであるが，他方において，この取引の発展は，先物取引が取引所の潜在的な意味の変化，すなわちカジノに至る，ということを示している。

　例えば，石油の先物取引は1998年以降高騰し，小麦粉のオプションの取引所取引が5倍になり，2004年には，いわゆるノン・コマース（Non-Commercial），すなわち，原料の消費またはストックに係る利益とは無縁の投機者等が150億ドルを市場に投資していたが，4年後にはすでに3,000億ドルを市場に注いだ[44]。後に，そのような展開は，「市場を安定化させる要因」として讃えられなかっただけでなく，この取引の価格を歪める危険として認識されていた，という。——当時，注意しなければならなかった原料価格の高騰，特に，原油価格の高騰が，現実取引とは無縁の買付人（nicht kommerzielle Käufer）が再三再四の強気の価格高騰を当てにして市場に火をつけることに基づくものであることは明らかである[45]。このことは，「経済騰貴という繊細な樹木」を危殆化するだけでなく，もはや，現実経済ではなく，それ自体で増殖していく「架空取引」に基盤を持つ原料価格に至る。というのも，取引可能な原料は，自由に増やせるものではないからである。このことが，まさに，この先物取引を，まじめで安全な取引から区別しているのである。——生産者と消費者のリスクを引き受けるであろうという理由でもって，投資家は，原料市場の機能にとって本質的である[46]，と主張することは，その問題性を無視している。投資家は，リスクを創出し，先の金融および経済危機の基盤を用意したのである。今では，国際的な先物取引所の監督官庁も，このことを認識している[47]。

　同じことは，有価証券，特に，株式のいわゆる無担保の空売りにも妥当する。無担保の空売りの特徴は，売却時に，売手が，有価証券の所有権も，所

有権移転請求権も獲得していなかった，ということにある。——この売渡しは，相場変動にひとつの役割を果たすだけでなく，特に，真正または虚偽のインサイダー情報をめぐって特別な意義を有する。売手にとって，値上がりの傾向のみが重要性を有するということは，このような背景の下では正しいが，社会侵害的である。この場合——基礎的な分析によれば——，立法者が問われているのである。しかし，立法者が，先の金融および経済危機に予防的に立ち向かおうとするならば，彼は，市場の神秘（Markt-Mystizismen）によって油断させられるべきではなかったであろう。なぜなら，「寄生的な取引を禁止するならば，人は市場の精神を害することはない。取引と貿易は，投機的な架空取引の構造を助長せずともきわめて良好に機能する」からである[48]。

4　刑事制裁の欠陥

a）刑事法上の捜査手続

　目下の金融危機と関係のある資本の壊滅の広がりとその関与者が，とりわけ，公的に設立された銀行をこの惨状に晒したことにより，「義務違反的な資本の壊滅は，犯罪行為である」[49]，という指摘がなされており，司法に対して，この惨状も刑法によって処理すべきである，という要求が声高になされている。

　今のところ，HRE（Hypo Real Estate）の元取締役に対する捜査手続が，インサイダー取引，虚偽記載（株式法 400 条），貸借対照表虚偽記載（商法 331 条），および背任（刑法 266 条）の嫌疑に基づいて進められている。捜査手続は，——新聞報道によれば——さらに，KfW，IKB，WestLB，HSH-Nordbank，およびSachsen LB の現および元取締役に対して開始された[50]。——捜査の状況は，いまだ知られていないが，著しい時間を要するであろうことを予測しなければならない。——それゆえ，今のところは，この点について批判するためには，いかなる誘因も生じていない。

b）「過失による背任」という構成要件

　これに反して，背任の犯罪構成要件をより厳格に記述せよ，という要求について判断することは，批判されている。というのも，その当時の「銀行経営者の懈怠を証明する」ことは法律上きわめて困難である，とされているか

338 第3部 資 料

らである⁵¹⁾。有責な銀行経営者を刑法266条の背任によって処罰することが，通常の場合，主観的構成要件の点で挫折するであろうことは，正当である。なぜなら，ここで責任を追及される者は，その恒常的な利潤追求の活動を経験，または捏造するオイフォリー（Euphorie）および確信を抱いており，銀行の財産に対する具体的な危険性を意識しないために，故意に基づいて行為した，とは言えないからである。しかし，そのような場合であっても，会社法上の配慮義務違反は，一目瞭然であるから，民事的な負責は必ず問題となる。これに反して，この場合に，過失による背任の構成要件が，予防的に作用したであろうか否か，ということは疑わしく，個々の特別な事情に基づいて，企業活動を，一般に，刑罰の嫌疑（Strafverdacht）に服せしめうる過失による財産犯を導入することは，刑事政策的に疑問が残る。

c）立法論上の原則的要件

他方，ヘルムート・シュミット元連邦首相による提言は，立法論として，特定の態度方法に刑罰を科すことを狙いとしている。彼が，刑法的に保障された禁止を要求するのは，⑴固有の貸借対照表（および損益計算書）外での金融制度に関するすべての営業，⑵認可された証券取引所で許容されておらず，相場を付されていないデリバティブおよび金融証書を伴う金融制度に関する取引，⑶金融制度を介した即刻の有価証券および金融手段の売却，⑷金融投資および金融信用供与の利益を受けた，法律上制禦および監督を受けずに存続している企業および人々，である⁵²⁾。

リューダーセン（*Lüderssen*）は，すぐさま，これらの要求に反論した。リューダーセンは，ここで提案された刑罰法規を，明確性に違反する考えであると断じ，個別の活動を通した重大な法益侵害，ならびに，民法に対する刑法の補充性についての必要な証明に注意を喚起し，この場合には，すでに，民法上の規制によって弊害に対処しうる，とする。リューダーセンは，「経済行政法上の巧みなコントロールが得られるなら，それだけ，刑法上のコントロールは必要なくなるであろう」⁵³⁾，と結論づける。

経済行政法上の「巧みな」コントロールが看取されるならば，この考えは，原則として賛同しうるものである。しかしながら，大なり小なり最もありそうなコントロールが，専門法的であると思われるかぎりで，当該コントロー

ルは，すべての市場関係者の行動の自由領域を制限するのであり，刑事上の未遂犯の基礎となるものにとどまらない，ということに注意しなければならない。しかし，事実，そうであるとされているならば，犯罪的な活動を防止するための——刑法上のものでもある——措置が，より一層の市場改革のために目指されることとなる。だが，この点をさて措くとすれば，ヘルムート・シュミットの要求に対するリューダーセンの意見は，少なくとも部分的には正当であるように思われる。

aa）免税措置（Steueroasen）は，まさしく，財務大臣の目の上の瘤である。しかし，同時に，免税措置は，警告でもある。すなわち，租税の螺子（Steuerschraube）は，いつ何時も，何らの影響もせずに，締められたためしがない，という警告である[54]。それゆえ，法律上，免税措置を受けている企業および人々の利益になる金融貯蓄および金融信用供与を犯罪化することは，適切とは思われない。とりわけ，本稿で重きをなす点についてそうである。なぜなら，免税措置は，その金融危機と何の関係もないからである。

bb）認可された有価証券市場で許容されておらず，相場を付されていない金融デリバティブおよび金融証書の取引を場合によって禁止することも，民事および行政法上の対策によって，十分確実に果たすことができるのではなかろうか。

cc）有価証券および金融手段を即時に売り渡すことの禁止は，必要不可欠な取引所の改革の核心に向けられており，それゆえに，取引所は，賭博場に堕することを免れている。当該取引の価格調整機能に関するオブラートに包まれた美辞麗句にもかかわらず，同時に社会寄生的でもある態度方法を禁止することは，否定されてはならない。ここで求められるのは，いかなる場合に刑法上の措置がはじめから排除されるべきでないか，ということについての分析と立法上の対策の必要性である。

dd）固有の貸借対照表（および損益計算書）外での取引の禁止にあっても，刑法上の結論は，原則的に排除されるべきではなかろう。事実，銀行の自己資本規定は，すでに，企業を危殆化する信用供与とリスクの負責を排除すべきである，という禁止を意味している。いわゆる目的会社の設立は，この禁止を潜脱することであり，それゆえに，この禁止は，破滅的な現実的リスクを

340　第3部　資　料

創出することに対する強制的な障壁として，何ら姿を現わさなかったのである。

IV　結　語

　自己答責的な行為裁量を役立てること，および，市場関係者の態度についての法的な枠組の方向づけを確定することが妥当である場合には，経済活動にあっても，まさしく，社会倫理的な基準が重要となる。しかし，人間の態度の美徳に，一般的に注意を喚起する場合には，その基準は依然として拘束力を持たない。企業倫理は，持続的な経営として，企業に関連づけて定義できる。持続的な経営の原理は，具体化され，制度化され，法的枠組条件においても確立されなければならない。当該原理は，まずもって，市場関係者と市場秩序との間の相互的な作用を包有することができる。社会的に許容できない態度方法が行われた場合，この態度方法は，民法および行政法上の規制によって対処されなければならない。しかし，刑法上の制裁もまた，この枠組から排除されるわけではない。刑事制裁は，社会倫理，ならびに民法上および行政法上の対策によっては十分に抑制することができない社会侵害的な態度方法への適切な反作用である。これを超えて経済を制禦するためには，刑事制裁は，過剰であり，不適切である[55]。――私が考えるに，本稿の結論は，本稿を捧げるべき被献呈者に是認せられるであろう。すなわち，被献呈者は，常に，刑法の必要性に賛同し，刑法の肥大化に反対してきたのである。

---

1) これについては，*Minsky*, Stabilizing an Unstable Economy, Yale University Press, 1986.

2) *Lindner*, „Minsky und die Krisen des Kapitalismus" in : ZEIT-ONLINE-Herdentrieb.

3) これについては，*Camerer/Loewenstein/Rabin* (Hrsg.), Advances in Behavioral Economics, 2003 ; *Rabin*, Psychology and Economics, in : Journal of Economic Literature, 36 (1998), 11ff.

4) これについては，*Kahnemann/Tvesky*, Prospect Theorie : Analysis of Decision under Risk, in : Econometrica 47 (1979), 263ff. ; *Tvesky/Kahnemann*, Advances in Prospect Theorie : Cumulativ Representation of Uncertainty, in : *Kahnemann/*

2 ハロー・オットー「企業の取引行為の倫理，法的枠組，および刑事制裁」 341

Tvesky (Hrsg.), Choices, Values and Frames, Cambridge University Press, 2000, S. 44.

5) これについては，2009 年 9 月 4 日付のフランクフルター・アルゲマイネ紙の「裁判所が格付け機関に対する訴えを許容 (Richterin lässt Klagen gegen Ratingagenturen zu)」の記事 (FAZ v.4.9.2009, Nr. 205 S. 23)；*Sinn*, Kasino-Kapitalismus, 2009, S. 144ff.

6) 2009 年 2 月 25 日付のフランクフルター・アルゲマイネ紙の「構造化された金銭債務は当時ほとんど評価できなかった (Strukturierte Anleihen sind derzeit kaum zu bewerten)」との記事 (FAZ v.25.2.2009, Nr. 47, S. 20) から引用。

7) この点については，*Markus Ernst*, ein Kreditderivatespezialist der Bank Unicredit, 前出注 6) と同じ出典。

8) 前出注 6) と同じ出典。

9) 連邦経済技術大臣に学問的な素養がある，と報道されているかぎりでは有益なのかもしれない。2009 年 1 月 23 日，「金融危機における銀行統治のために (Zur Bankenregulierung in der Finanzkrise)」

10) 2009 年 4 月 8 日付のフランクフルター・アルゲマイネ紙「不良証券 4 兆ドルに上る危険 (Bis 4 Billionen Dollar Giftpapiere befürchtet)」という記事 (FAZ v.8.4.2009, Nr. 83, S. 11；2009 年 4 月 22 日付のフランクフルター・アルゲマイネ紙「通貨基金，信用制限に警告 (Währungsfonds warnt vor Kreditklemme)」(FAZ v 22.4.2009, Nr. 93, S. 23)。

11) *Bernard Mandeville*, Die Bienenfabel oder private Laster und öffentliche Vorteile („The Fable of the Bees：or, Private Vices Publik benefits", 1. Ausgabe 1714).

12) *Adam Smith*, Theorie der ethischen Gefuhle, hrsgeg. von W. Eckstein, 2004, S. 1ff., 243ff., 127ff.；*ders.*, Wohlstand der Nationen, hrsgeg. von H.C. Recktenwald, 11. Aufl. 2005, S. 311ff.──これらの要約として，：*Recktenwald*, in：Starbatty (Hrsg.), Klassiker des ökonomischen Denkens Ⅰ, 1989, S. 139ff.；*ders.*, Würdigung des Werkes, in：*Adam Smith*, Wohlstand, S. XLI, LIX.

13) *Armbruster*, „Billionen Dollar, keine Tränen", フランクフルター・アルゲマイネ紙 2009 年 2 月 13 日付 (FAZ v.13.2.2009), Nr. 37, S. 31.

14) *Buß*, „Man überlebt nicht, wenn man die Moral hoch hält", in：FAZ v.26.2.2008, Nr. 48, S. 14.

15) *Wiedemann*, Rechtethische Maßstäbe im Unternehmens-. und Gesellschaftsrecht, Kölner Universitätsreden, Band 55, 1979, S. 28.

16) ドイツ語圏における主要な論者は，カール・ホーマン (*Karl Hohmann*) である。これについては，*Hohmann*, Rationalität und Demokratie, 1988；*Hohmann/Blome-Drees*, Wirtschafts- und Unternehmensethhik, 1992.

17) *Homann/Lütge*, Einführung in die Wirtschaftsethik, 2004, S. 19f.

18) *Homann/Lütge*, S. 30.

19) *Homann/Blome-Drees*, Wirtschaftsethik, S. 35.

342 第3部 資 料

20) 周知のように，ミルトン・フリードマンによって確証されたところである。*Milton Friedmann*, The Social Responsibility of Business is to Increase its Profits, in：Beauchamp/Bowie（Hrsg.), Ethical Theorie and Business, 1979, S. 51-56.

21) *Hank*, „Unsere Vorbilder," in：FAS v.2.3.2008, Nr. 9, S. 37.

22) これについては，*Ulrich*, Integrative Wirtschaftsethik：Grundlagen einer lebensdienlichen Ökonomie, 1. Aufl. 1997, 4. Aufl. 2008；*ders.*, Der entzauberte Markt：Eine wirtschafts-ethische Orientierung, 2002；*ders.*, Zivilisierte Marktwirtschat：Eine wirtschaftsethische Orientierung, 2005.

23) *Ulrich*, Wirtschaftsethik, 4. Aufl., S. 22.

24) これについては，*Karmasin/Litschka*, Wirtschaftsethik—Theorien, Strategien, Trends, 2008, S. 103f.

25) *Ulrich*, Wirtschaftsethik, 4. Aufl., S. 17f.

26) *Wieland*, Die Ethik der Governance, 1999.

27) *Wieland*, Ethik, S. 7.

28) *Wieland*, Normativität der Governance, 2005, S. 27.

29) これについては，*Panther*, Governanceethik als Wirtschaftsethik. Versuch des Weiterdenkens in kritischer Absicht, in：Wieland（Hrsg.), Governanceethik im Diskurs, 2004, S. 101ff., 107.

30) *Europäische Kommission*, Europaische Rahmenbedingungen für die soziale Verantwortung der Unternehmen, Grünbuch, 2001, S. 8. ——これについては，*Bassen/Justrum/Meyer*, zfwk 6（2005), 232ff.；*Bethin/Vandendende*, Corporate Social Responsibility（CSR）in Europa, in：Enquete-Kommission „Zukunft des bürgerschaftlichen Engagements" des 14. Deutschen Bundestags（Hrsg.), Bürgerschaftliches Element von Unternehmen, 2003, S. 195ff.

31) *Baums*, Bericht der Regierungskommission Corporate Social Responsibility：Unternehmensführung, Unternehmenskontrolle, Modernisierung des Aktienrechts, 2001, S. 20. ——これについては，2008年6月に編纂されたドイツ・コーポレート・ガバナンス・コーデックス（Deutsdcher Corporate Governance Kodex)。

32) *Europäische Kommission*, Rahmenbedingungen, S. 28.

33) *Heidbrink*, Marktwirtschaft und Moral, Working Papers des Center for Responsibility Research, 1（2007), S. 3.

34) *Rat der Evangelische Kirche in Deutschland*, Unternehmerisches Handeln in evangelischer Perspektive. —Eine Denkschrift. —2008. —Allgemein zur Diskussion：FAZ v.26.1.2009 Nr. 21, S. 12：Leitbild „Ehrbarer Kaufmann"；FAZ v.19.2009, Nr. 242, S. 14：„Gegen die Rendite zieht die Moral den Kürzeren".

35) *Cran/Matten*, Business Ethics, 2004, S. 24f 参照；これについては，*Clasen*, Bildung im Licht von Beschäftigung und Wachstum, 2009, S. 61f；*Malik*, Wirksam Unternehmensaufsicht, 1997, S. 96ff もある。

36) 「銀行が行為ガイドライン集を提案（Banken schlagen Verhaltenskodex vor)」in：

FAZ v.10.4.2008, Nr. 84, S. 11；これについては，シェーファー（*Schäfer*）「銀行の陰
（„Schatten auf den Banken")」in：FAZ v.12.4.2008, Nr. 86, S. 12.

37) シェーファー（*Schäfer*）＝シュミーゼ（*Schmiese*）引用の，シュタインマイヤー
（*Steinmeier*）外務大臣およびシュタインブリュック（*Steinbrück*）連邦財務大臣「金
融危機から政策資本を切る（„Politisches Kapital aus der Finanzkrise schalagen")」
in：FAZ v.28.2.2009, Nr. 50, S. 2.

38) 前出注37）。

39) パウル（*Paul*）引用のシュタインブリュック連邦財務大臣「利益配当など生温い
（„Dividende wird zum Südenbock")」in：FAZ v.7.3.2009, Nr. 56, S. 11.

40) これについては，連邦経済科学技術大臣の経済諮問機関の報告書，2009 年 1 月 23
日の「金融危機における銀行規制のために（„Zur Bankenregulierung in der Fi-
nanzkrise")」。

41) これに相応するのが 2009 年 4 月 2 日の G20 首脳会合による世界金融危機に関す
る声明および提言である。シュルツ「新たな金融構築への苦難の道」（*Schulz*, „Ein
steiniger Weg zu einer neuen Finanzarchitektur")in：FAZ. 31.3.2009, Nr. 76, S.
14；「G20 首脳会合，ロンドンで『新たな金融構築』で合意（„Die G-20 einigen sich in
London auf eine neue „Finanzarchitektur")」in：FAZ 3.4.2009, Nr. 79, S. 2；シュル
ツ「貧しい者には金を，国には規制を」（*Schulz*, „Geld für die Armen, Regeln für
Reichen")in FAZ v.3.4.2009, Nr. 79, S. 3. 2009 年 9 月 25 日のピッツバーグでの世
界金融危機に関する G20 首脳会合による追加生命については，「新たな金融構築，
形作り（„Die neue Finanzarchitektur nimmt Gestalt an")」FAZ v.26.9.2009, Nr. 224,
S. 11 参照。

42) 「ボーナスの支払（„Bonuszahlungen")」in：FAZ v.5.3.2009, Nr. 54, S.22 参照。──
全体として，新バンク・オブ・アメリカは，政府から 1750 億ドルの支援を受けてい
たのに，2008 年，その銀行員に約 330 億ドルのボーナスを支払っていたのである。
「バンク・オブ・アメリカ，危機にもかかわらずボーナス支払い（„Amerikas Banken
zahlten trotz Krise Milliarden")」in：FAZ v.1.8.2009, Nr. 176, S. 11 参照。

43) 2009 年 3 月 11 日に連邦政府によって決議された，経営者（Managergehältern）
の活動に対する規制については，「政府，経営者に対する規制を決議（„Regierung
beschließt Regeln für Managergehälter")」in：FAZ v.12.3.2009, Nr. 60, S. 13 参照。
G20 首脳会合の構想については，「G20 首脳会合，ロンドンで，新たな『金融構築』
で一致（„Die G-20 einigen sich in London auf eine neue "Finanzarchitektu")」in：
FAZ v.3.4.2009, Nr. 79, S. 2 参照。銀行実務における展開および──遺憾ながら──
困難な改革については，レール「左のカバン，右のカバン，そして後ろの」（*Löhr*,
„Linke Tasche, rechte Tasche und zrück")in：FAZ v.28.3.2009, Nr. 74, S. 11；「銀行
員のボーナス禁止（„Schonzeit für Banker-Boni")」in：FAZ v.14.8.2009, Nr. 187, S.
11；「新たな金融構築が具体化（„Die neue Finanzarchitektur nimmt Gestalt an")」
in：FAZ v.26.9.2009, Nr. 224, S. 11.

44) これについては，*Schnaus/Böschen/Esterhazy/Henry/Welpt*, „Es lebe die Speku-

344 第3部 資 料

lation", in：Wirtschaftswoche 50/2008, S. 129, 132f.

45）これについては、シュトッケル「投機家，原料で博打」（*Stocker, „Spekulanten Spielen Mit Rohstoffen"*）in：WaS v. 24.5.2009, Nr. 21, S. 45；ブラウンベルガ―「金融投資，原料価格を煽る」（*Braunberger, „Finanzinvestoren treiben Rohstoffpreise"*）in：FAZ v.8.6.2009, Nr. 130, S. 18；「ガスプロムのチーフ，投機に苦言（„Gasprom-Chef wettert gegen Spekulanten"）」in：FAZ v.12.6.2009, Nr. 133, S. 11；「投機家が石油価格を高騰させる（„Spekulanten treiben den Ölpreis"）」in：FAZ v.13.6. Nr. 134, S. 19；「金融投資，原料価格の高騰を当てにする（„Finanzinvestoren setzen auf steigende Rohstoffpreise"）」in：FAZ v.8.7.2009, Nr. 155, S. 17；「投機が原料価格を高騰させる（„Spekulationen treiben Rohstoffpreise"）」in：FAZ v.21.10.2009, Nr. 244, S. 19.

46）これについては、「金融投資，原料価格を投機させる（„Finanzinvestoren setzen auf steigende Rohstoffpreise"）」in：FAZ v.8.7.2009, Nr. 155, S. 17.

47）これについては、「商品先物取引委員会，石油投資家を非難（„Aufsichtsbehörde CFTC attackiert Öl-Spekulanten"）」in：FAZ v.29.7.2009, Nr. 173, S. 18.

48）マルクス「他で流通するその貨幣」（*Marx, „Das Geld anderer Leute"*）in：FAS v. 7.12.2008, Nr. 49, S. 15――規制の提言――およびコントロールの試みは、国際的な証券取引監督官庁，すなわち証券監督者国際機構（IOSCO）によって提案されている。「空売りはコントロールされるべきである（„Leerverkäufe sollen kontrolliert warden"）」in：FAZ v.25.3.2009, Nr. 71 S. 21 参照。――今や，アメリカ合衆国の取引所監視委員会であるアメリカ証券取引委員会（SEC）は，無担保の空売りを禁止した。「SEC，規制を強化（„SEC verschärft Regeln"）」in：FAZ v.29.7.2009, Nr. 173, S. 17.

49）ニーダー・ザクセン州のクリスティアン・ヴュルフ（*Christian Wullf*）のインタビュー。これについては、「連邦，監査役会の規模を縮小へ（„Union will Größe der Aufsichtsräte beschränken"）」in：FAZ v.3.3.2009, Nr. 52, S. 11.

50）前出注 49）。

51）*Eike Hallitzky*, Bankexperte der Grünen im Bayersche Landtag. これについては、シュテルン「法と道徳の間」（*Stern, „Zwischen Recht und Moral"*）in：Nordbayerischer Kurier vom 27.2.2009, S. 5.

52）Die Zeit vom 15. 1. 2009, Nv. 4, S. 20 参照。

53）手始めとして，*Klaus Lüderssen*, „Warnung vor neuem Finanzstrafrecht", in：FAZ v.19.1.2009, Nr. 15, S. 2. ――根本的には，*Klaus Lüderssen*, „Finanzmarktkrise, Risikomanagement und Strafrecht", StV 2009, 486ff.

54）そのかぎりで，G20 首脳会合が，2009 年 4 月 2 日の世界恐慌会議で，あまりにも早急に次のことを合意したことは，あまり望ましい兆しではない。すなわち，「協力的でない国家」における投資に関する脱税を防止する一方で，銀行および金融市場セクターのコントロールと監督のために，一般的な意思表明を行う，ということである。これについては、「G20 首脳会合，ロンドンで新たな『金融構築』で一致（„Die

2　ハロー・オットー「企業の取引行為の倫理，法的枠組，および刑事制裁」　345

G-20 einigen sich in London auf eine neue „Finanzarchitektu")」in：FAZ v.3.4.2009,
Nr. 79, S. 2；シュルツ「貧しい者には金を，国には規制を」(*Schulz,* „Geld für die
Armen, Regeln für Reichen") in FAZ v.3.4.2009, Nr. 79, S. 3.
55) これについての詳細は，*Lüderssen,* FS Amelung, 2008, S. 73ff., 80.

［原題は，*Harro Otto,* Ethik, rechtlicher Rahmen und strafrechtliche Sanktionen beim
unternehmerischen Handeln (in Festschrift für Volker Krey zum 70. Geburtstag, 2010,
SS. 375-405) である。訳文中，圏点部分は，原文ではイタリック体である。］

3 アッティリオ・ニスコ「イタリア法における法人の責任」

イタリアでは，2001年，犯罪の結果としての法人の責任（Verantwortlichkeit juristischer Personen）に関する法律が施行された。この法律は，解釈論上の諸問題のみならず，多数の実務的諸問題をも投げかけるものである。本稿は，この規制の重点を述べたうえで，「企業犯罪（corporate crime）」に関するイタリアの立法者の戦略について一般的な評価を加え，そして私自身の解決策を提言するものである。

I 序

1 2001年委任立法令（decreto legislativo）第231号

2001年委任立法令第231号[1]（以下「本法」という。）は，犯罪の結果としての法人の責任を導入した[2]。しかしながら，どのような形式の責任がそこで問題となっているのかについて，争いがないわけではない。本法は，欧州連合の財政的利益の保護と汚職の撲滅を目標とする一連の国際的対策を実施するものであった[3]。これらの対策の実施は，法人に対する制裁体系を採用する契機とはなったが，この法人制裁体系は，そうした国際的な起源を持った目標に左右されることなく発展を遂げてきた。刑法典の外部にあるこの制裁体系は，独自の規定を置いており，この制裁体系と——狭義の——刑法体系との関係は，今日まで解明されていない。以下では，この制裁体系を詳しく取り上げる。

2 イタリア法における「法人に犯罪能力なし」というドグマ

法人の責任の一形式を採用したことは，イタリアにひとつの転換をもたらした[4]。「法人に犯罪能力なし（societas delinquere non potest）」という原理は，イタリア刑法にしっかりと根づいていた[5]。この常套的な理論的異議のほかに，

法人の刑事責任 (strafrechtliche Verantwortlichkeit) の採用には，イタリア憲法上の障害があった（現在もある）。すなわち，イタリア憲法 27 条 1 項は，刑事責任は人的なものである，と規定する。法人が，行為を実行する自然人とは異なる主体であることを出発点に据えるなら，その処罰は，憲法 27 条に違反するように見える[6]。言うまでもなく，この推論の基礎には，特定の刑事責任観があるのみならず，特定の法人観が存在する[7]。しかしながら，この 2 つの視座について，ここで掘り下げる余裕はない。すでに 1970 年代に，学説は，「法人に犯罪能力なし」という原理を，有意義な刑事政策がもはや支払うことのできない「対価」と考えた[8]。1990 年代に，一部の学説は，とりわけ法人にも適用しうる効率的な行政制裁を通じて，人的な刑事責任という憲法命令に違反せずに経済犯罪を撲滅することを主張した[9]。

3　2001 年法の解決

　2001 年法は，特別な解決策を採った。一方で，立法者は，法人処罰の採用を促す刑事政策的な必要性，特に，集団的組織が刑法上保護された法益に対する危険源になる場合に，当該集団それ自体に制裁を賦課する必要性に留意した。しかしながら，他方で，立法者は，法人に対する刑事制裁の許容性という理論的問題には取り組まなかった。本法は，そうした憲法違反を回避するために，法人の責任を「行政法上のもの」と特徴づけた[10]。しかしながら，立法理由書[11]には，実際には刑事責任と行政責任の中間にある「第 3 類型」(tertium genus) であるところの特別な形式の行政責任が問題になっている，と記載されている[12]。この特殊な責任は，犯罪構成要件の実現を前提とするものであり，当該犯罪構成要件の行為者としての自然人が有罪判決を下されるのと同一の刑事手続において究明される。立法理由書によれば，法人は，刑事手続の諸々の保障を受けられなければならない。なぜなら，法定された制裁は，欧州人権条約 6 条所定のいわゆる「刑事上の罪 (matière pènale)」に当たるからである[13]。

　これらの理由から，本法は，自然人に関わる若干の典型的な刑法上の保障——とりわけ罪刑法定主義 (Gesetzlichkeitsprinzip) および責任主義 (Schuldprinzip)——の適用を法人にまで拡大した。この責任の特徴は，——立法理由

書によれば——「予防効率（präventive Effizienz）」と「最高の保障（höchste Garantie）」の両立である[14]。この両立は，帰属基準——第Ⅱ章でこれを分析する——の具体化に反映される。しかし，それが未解決のままにしている疑問や問題——第Ⅲ章でこれを説明する——がある。

Ⅱ　規定の説明

1　範　囲

以下では，まず，法人の責任の範囲，それゆえ，どのような集団，どのような犯罪，そして，どのような行為者がこの規律の対象になるか，という問題を取り上げる。

a）法人の範囲

本法は，「法人，会社，社団および法人格なき社団」，ならびに，a）国および「地方公共団体」（例えば，州，県および市町村），b）公法上の「非営利」団体，c）その活動が「憲法上の関連性（verfassungsrechtliche Relevanz）」を示す団体を除くすべての団体を対象とする[15]。これらの概念は，行政法において定義されている。しかしながら，「憲法上の関連性」という文言は，いまだ漠然としている。これは，その機能が憲法規範に接点を見いだすあらゆる団体を指すとも言えるし，はたまた，明示的に憲法により言及されている団体（例えば，政党および労働組合）のみを指す，とも言える[16]。この問題は，学説上も判例上も解決されていない。しかしながら，前者の見解は，広きに失するように思われる。なぜなら，憲法規範との結び付きは，ほとんどすべての活動に見いだすことできるからである。後者の見解によれば，例えば，医療保健業では，私立病院に責任を負わせることはできなくなるであろう[17]。

b）「前提となる犯罪構成要件」の概念

法人の責任の前提は，犯罪構成要件が充足されることである[18]。法人の責任は，法律上の一覧表に掲げられた構成要件［の充足］の結果としてのみ予定される。この構成要件は，「前提となる構成要件（vorausgesetzter Tatbestand）」と呼ばれる。当初，この一覧表は，国またはその他の公法上の団体に損害を加える詐欺，公的補助金の取得のための詐欺，贈賄罪を含む少数の構成要件

に限定されていた。時が経つにつれて，構成要件の数は増加した。今日，この一覧表は，会社関係罰則，資金洗浄，市場濫用，コンピュータ犯罪，テロリズム，奴隷的拘束，人身売買，児童ポルノ，女子割礼[19]，国境を越える犯罪を掲げている[20]。2008年3月以降にようやく，この一覧表は，過失犯をも掲げるに至っている。すなわち，労働の保護および安全のための規定の違反に関連する過失致死傷である[21]。2009年7月には，（犯罪組織およびマフィアの）組織犯罪もまた，「前提となる犯罪」の一覧表に挿入された[22]。奇妙であるが，環境刑法（Umweltstrafrecht）は，いまだ一覧表に入れられていない。すでに様々な草案がこれについて議論してきたにもかかわらず，入れられていないのである[23]。看取しうるのは，法人の犯罪化が経済刑法（Wirtschaftsstrafrecht）[24]の外部で行われていることである。立法者は，いわゆる「前提となる構成要件」を徐々に拡大する傾向を示している。法人に対する制裁は，最近のほとんどすべての改正において，自然人に対する刑罰の——いわば——「感嘆符（Ausrufezeichen）」である。

c)「前提となる構成要件」の行為者としての自然人

法人の責任のその他の前提は，当該構成要件が，法人の内部またはその部課の内部において管理者，代表者または掌理者の地位にある自然人により実現されることである。この範囲には，事実上であれ法人に対する管理・統制を行う自然人が含まれる[25]。この自然人は，「上級の地位にある者」[26]と特徴づけられる。この者は，「上司（Vorgesetze）」と呼ぶことができる。さらに，法人の責任は，上司の指揮監督下にある自然人により実行された犯罪を通じて生じる[27]。こうした行為者は，「部下（Untergeordnete）」と呼ぶことができる[28]。自然人が行為者として特定されない場合でも，法人の責任は認定することができる[29]。この原理を通じて，本法は，いわゆる「組織化された無責任（organisierte Unverantwortlichkeit）」[30]への対策を用意しようとする。しかしながら，この仮定は，これまで実務上適用されたことがない。

2 帰属基準

本法は，「前提となる構成要件」を法人に帰属するために2つの基準を定める。「関心（Interesse）」または「利益（Vorteil）」と「組織モデル（Organisationsmodelle)」である。両基準について，以下で簡潔に取り上げる。

a）「関心」または「利益」

　第1に，行為が法人の「関心」の範囲内で，または「利益」のために実行されることが必要である。「関心」という文言は，前提となる構成要件の背後に秘められている目的を意味する。「前提となる構成要件」の行為者が，当該犯罪を通じて法人を利する目標を持っていた場合，この前提が存在する。これに対し，「利益」は，法人が当該犯罪を通じて取得した客観的な利益を意味し，行為者の目標は無関係である[31]。過失犯が挿入された後，これらの基準が過失犯と両立しうるか，が問題になっている。目標の追求は，過失の構造に適合しないように思われる[32]。そのうえ，労働の保護および安全のための規定に違反する過失致死傷の構成要件の場合，「利益」という基準もまた，困難に遭遇するであろう。なぜなら，従業員の致死傷は，企業にとって何ら客観的な利益ではないからである[33]。

b）「組織モデル」

　⑴　概　念

　第2の帰属基準は，「組織モデル」の不備である。「組織モデル」という文言は，行為が——上記の要件の下で——実行されるリスクを低減しうる適切な組織的対策を意味する。組織モデルの採用を懈怠することは，それ自体で制裁を賦課されるわけではない。しかしながら，行為が実行された場合，法人は，以下のことを通じて責任を負う。すなわち，a）その法人が組織的対策を採用してこなかったこと，b）その法人が現行の組織的対策を効果的に実施してこなかったこと，c）その法人が現行の組織的対策を十分に監督する用意をしてこなかったこと，である[34]。組織モデルの有効性についての統制任務を果たすために，一定規模の法人は，組織モデルの達成を担当し，当該モデルの遵守を監視する統制機関を任命しなければならない[35]。

　⑵　内　容

　組織モデルの内容の具体化には，様々な源泉が役に立つ。3つの源泉に区別しうる。第1の源泉は，法律上の指示である。本法は，組織モデルの最小限の内容を規定している。それによれば，組織モデルは，1）犯罪リスクが存在する活動および部課を特定し，2）犯罪を実行させないために，意思決定が

352　第3部　資　料

下され実施されるべき経営上の手続を予定し，3) 犯罪を実行するために資産を利用されないような資産管理方法を特定し，4) 統制機関に関する通報義務を予定し，5) 採用された組織的対策からの逸脱があった場合に制裁を賦課するために懲戒制度を採用するもの，とされる[36]。

　第2の源泉は，民間団体のいわゆるガイドライン (*Guideline*) である。本法は，特定の業種（例えば，工業，銀行業，保険業など）を代表する団体が，各業種の法人が組織モデルを実施するための雛形として利用しうるガイドラインを公表する可能性を予定している[37]。このガイドラインは，1) 各業種に関連するリスク・マネジメントに関する勧告，2) 統制機関，特にその構造とその構成員の独立性に関する勧告，3) 法人が作成すべき倫理規程に関する勧告，4) 組織モデルを構成する規則への違反を理由とする制裁と，組織内部における当該違反の通報の基準に関する勧告を含む。こうしたガイドラインは，司法省に報告し，もしあれば，それについて所見を表明してもらうことができる[38]。しかしながら，この公的手法は，決して，報告されたガイドラインの「品質保証」として認められるものではない。こうした「公認された」ガイドラインに依拠する組織モデルを，それ自体で「適切」と評価することはできない。その一方で，ガイドラインに依拠しない組織モデルもまた，適切で有効なことがありうるのである[39]。

　具体化のための最後の源泉は，組織それ自身である。組織モデルの内容は，各法人により規定される。結局，各法人の管理者は，組織の具体的なあり様を観察し，必要な改善策を実施することが一番可能な立場にある[40]。この多段階構成を通じて，いわゆる「規制された自主規制 (regulierte Selbstregulierung)」[41]の形式として捉えうる民間-国の協力が実現されるのである。

　(3)　理論上の位置づけと機能方法

　組織モデルによって，立法者は，コンプライアンス・プログラム (Compliance-Programme) に関する北米の経験を，組織過失 (Organisationsverschulden)[42]という理論上のアイデアと調和させようとしてきた。「組織モデル」は，イタリア法において，「コンプライアンス・プログラム (*compliance program*)」[43]の同義語になってきた[44]。しかしながら，アメリカ法とは異なり，イタリア法のコンプライアンス・プログラムは，帰属に用いられるものであり，もっぱら

量刑に用いられるものではない[45]。この規定の基本思想は，ひとつには，制裁で単に威嚇するだけでは，企業犯罪を撲滅するには不十分であり，企業組織に影響を及ぼせない，というものであり，もうひとつには，制裁を賦課するには，企業にふさわしい特別な形式の責任（シュルト）が必要とされる，というものである。これにより，立法者は，効率性と保障を計画どおりに両立させることができる。

帰属基準として，組織モデルは，二様に機能する。犯罪行為が「上司」により実行された場合，法人は，組織モデルの存在，場合によりその適性を立証する責任を負う[46]。そのうえ，法人は，行為者が不正な意図で組織モデルの統制を逃れたことを立証しなければならない[47]。犯罪行為が「部下」により実行された場合，立証責任は，刑事手続の本来の原則に服すべきことになる[48]。それにもかかわらず，判例は，この場合にも，検察に有利になるように立証責任の転換を承認する[49]。

組織モデルは，制裁の量定の際にも意味を持つ。法人が組織モデルを設けていないことが捜査で確認された場合でも，その法人が組織モデルを公判の開始前に採用したときは，その法人は制裁の減軽を受けられる[50]。

3 制 裁

完璧を期するために，制裁について手短に概観する[51]。本法[52]は，4種類の制裁を定める。すなわち，1）金銭制裁，2）事業活動の禁止および場合により終局的な廃業，3）没収，4）有罪判決の公示である。最近の改正で，金銭制裁の多額が引き上げられた。しかしながら，経済的な観点から考えると，これは，立法者が十分に考え抜いた結果であるとは思われない。なぜなら，これは，従業員と株主の利益を少なからず損ないかねないからである[53]。

Ⅲ　重　点

本法は，その施行後——特に「前提となる構成要件」の膨張後——，一連の問題を投げかけてきた。ここでは，3点しか挙げる余裕がない。

354　第3部　資　料

1　責任の性質とその実務上の結果

　第1点は，責任の性質に関わる。本法の施行後，学説は，真の刑事責任が問題になっているのか否か，に答えようしてきた。学説は，様々な見解を主張する[54]。通説は，法人の刑事責任説を支持する。なぜなら，刑事手続を通じて究明され，刑罰類似の措置を通じて制裁を賦課される犯罪行為が背後に控えているからである[55]。この見解は，破棄院 (Kassationshof) の裁判の傍論にも現われている[56]。別の学説にとって，刑事責任は問題になっていない[57]。その論拠は，多種多様であり，ここでそれを詳しく議論する余裕はない。刑事責任の前提および効果と集団とは存在論的に両立不能であることが，この論拠の一部であり，法律上の定義（「行政」責任）は，その証左と考えられている[58]。この学説にとって，組織過失は，決して刑法上の意味での<ruby>責任<rt>シュルト</rt></ruby>ではない[59]。それにもかかわらず本法が合憲であるのは，まさしく，本法が刑事責任を予定していないからであり，しかも，予定してはならないからである[60]。この全体像は，注目に値する。様々な見解があるにもかかわらず，新たな形式の責任を違憲と評価する論者は皆無である。誰もが，新法を，法人処罰というテーマに関する自説の証左と考えているのである[61]。

　この議論では，理論的な精緻さのみが問題となっているわけではない。責任の性質という問題には，実務上の意義がある[62]。例えば，刑事手続において法人に対抗する民事上の当事者という論争的テーマがそれである。被害者には，犯罪を理由に損害賠償を請求するために，刑事手続において法人に対し民事訴訟を提起する権利があるか，が問題になっているのである。これは，——イタリア刑法185条によれば——本来「可罰的行為」がある場合にしか認められない。これが，2001年法に基づき，法人の責任がある場合にも認められるかは，同法により肯定も否定もされていない。この問題については，今日までまったく解明されていないが，その原因は，責任形式の二義性にある[63]。

2　組織モデルの評価における論理的誤り

　第2の問題点は，組織モデルを帰属基準として利用するにあたり紛れ込んでくる誤りに関わる。裁判官は，ある組織モデルについて，それが，実行さ

れた行為を回避するか，少なくともその実現を困難にすることが可能なものであったかを検討する。この方法は，行為が実行された時点に遡って，その組織モデルを評価することを前提とする[64]。さらに，忘れてはならないのは，裁判官は具体的な行為との関係で組織モデルの適性と有効性を評価しなければならず，それゆえ，例えば，前提となる犯罪がインサイダー取引（すなわち，企業の情報構造に関わる犯罪）である場合に，企業の財政構造を調査しても，あまり意味がないことである。まったく同様に，従業員を死亡させた場合に資産の調査をしようとしても，あまり意味がない[65]。

実務では，対照的な傾向が見受けられる。犯罪が実行されたことは，判例にとって，組織モデルが不適切であったことの十分な証拠である[66]。そのうえ，具体的な構成要件の構造を離れて，組織のあらゆる側面が調査され，あらゆる組織的不備が際立たせられる[67]。かくして，組織過失は，集団の「存在」についての責任<ruby>責任<rt>シュルト</rt></ruby>と化す。組織過失は，集団の「行為」についての責任<ruby>責任<rt>シュルト</rt></ruby>ではない[68]。この実務のために，組織モデルを「適切」と評価した裁判例は，これまで1件しかない[69]。

3　個人に対する新たなリスク

第3点は，法人の責任が予期せずして自然人にまで刑事責任を拡大させるリスクに関わる[70]。これは，新法の意図するところではなかった。まったく反対に，法人の責任を採用した目的は，犯罪が特定個人の行為というより不備ある組織の結果のように思われた場合に，自然人——特に企業の管理者——における帰属の困難さを克服することであった[71]。この目的は，組織モデルが，保障人的地位（Garantenstellungen）と評価しうる一連の統制機構を要求するかぎり，的外れである[72]。この保障人的地位は，統制担当者に犯罪回避の懈怠を理由に刑事責任を負わせうるだけの前提を創出してしまうのである。そのうえ，組織過失の枠組は，自然人レベルに転用されつつある。すなわち，この枠組によれば，法人の管理者および統制機関は，犯罪実現のリスク低減に不適切な組織的対策を実施してきたことにより，可罰的になる[73]。

356　第3部　資　料

Ⅳ　私　見

　法人の責任の制度は，イタリアでは，ほとんど実験的に採用された。その
法律上の拡大と具体的な適用は，大きな困難を生じさせてきた。「予防効率」
を「保障」と両立させるべきだとする立法者の主張は，効率優先へと舵を切っ
てきた。本法は，その不明確性——にもかかわらず，ではなく，まさにそれ——
ゆえに，効果的である[74]。すなわち，諸企業およびその代表団体は，不明確な
禁止・命令を具体化すべき立場に置かれることにより，相談役や専門家を通
じて，国と協力しなければならない。裁判官は，自身の立場から，新たな漠
然としたカテゴリーの限界を確定しなければならない。ここでは，2001 年法
の展開を通じて明らかになってきた危険性を素描する。

　議論の出発点は，法人の責任が刑事責任としては構築されなかったことで
ある。本法は，「行政」責任という表現を用いており，この指示は，無視され
てはならない[75]。どれほどこの行政責任の特殊性を強調して，それを第3類
型と理解しようとしても，それが常に「非刑事」責任であることに変わりは
ない。したがって，イタリア刑法総則の規定——特に共犯規定および犯罪の
民法上の効果に関する規定——が適用されるようなことがあってはならな
い。それゆえ，法人の責任の規定の内部にある間隙は，秩序違反法[76]により
埋められなければならない[77]。このように考えても，制裁が自然人の生活へ
の重大な介入を随伴するかぎりで，法人の「非刑事」責任が若干の刑法上の
保障に留意したものでなければならないことは，排除されない。しかし，法
人の「非刑事」責任では，そうした保障に役立たない刑事帰属基準を適用す
る必要はない。

　組織モデルは，この趣旨に理解されなければならない。法人は，真の意味
での責任（シュルト）を体現しえない[78]。法人に対しては，単に組織的欠陥を非難できる
だけである。それゆえ，法人の責任は，責任（シュルト）主義にかなう帰属基準を必要と
せず，単に，「犯罪的な組織の姿勢（kriminelle Verbandsattitüde)」[79]に制裁を賦
課し，場合によりそれを是正するための手段を必要とするにすぎない[80]。組
織モデルは，単にこの手段を意味するにすぎない。組織モデルは，自然人の

責任との類似性を構築するものではない。換言すれば，組織過失は，刑事責任ではないし，そうである必要もないのである。

これに対し，罪刑法定主義は，法人の責任もまた適合しうるし，かつ，適合しなければならない原則である[81]。それゆえ，組織モデルの機能性は，民間団体に面倒で高コストな具体化の任務を強いる一般的な法律上の指示を通じては，実現できない。組織的対策は，若干の懲戒の分野では，法律および命令——後者は公的な監督官庁により発される——により定められよう。例えば，労働刑法（Arbeitstrafrecht）や資本市場刑法（Kapitalmarktstrafrecht）において，あるいは，資金洗浄の場合に，そうである。そこでは，犯罪の実行を回避するために，特別な手法がすでに長い年月をかけて開発されてきた。多くの分野ですでに考慮に入れておかねばならないのは，組織モデルが，個別の組織的義務および対策により補完されなければならず（例えば，金融市場刑法（Finanzmarktstrafrecht）や労働刑法において），その際，法人の責任とは無関係に，企業の一定の組織的対策が予定されていることである。これらの法的源泉と2001年委任立法令第231号とのより良き調和は，追求するに値するものであろう。

組織過失と責任との明確な区別，あるいは法人の「非刑事」責任と自然人の刑事責任との明確な区別は，結局，刑事帰属基準を「汚染」しようとするあらゆる試みに抵抗する助けとなる[82]。確かに，企業の組織的義務は，保障人的義務を根拠づけうるものである。しかし，不作為の可罰性を基礎づける前提は，単なる形式的な義務に汲み尽されるものではないし[83]，法人の責任の帰属基準と同一視できるようなものではない[84]。

V　結　語

法人の責任は，経済犯罪を撲滅するための必要条件であり，それには，新たな概念を採用する必要がある[85]。しかしながら，それは，刑法に「曖昧模糊とした」法的観念[86]——とりわけ，抑止の必要性に応じて，刑法的と評価できたり，行政法的と評価できたりする責任の1形式——を招き入れるものであってはならない。本稿は，このリスクがどの程度イタリアの法秩序に存在

358　第3部　資　　料

するかを明らかにしてきた。しかしながら，新たな集団責任に関する上記の
批判は，刑法の前時代的な思索を蘇らせようとするものではない。反対に，
こうした批判は，犯罪的な団体とその代表者に対する制裁の正当な執行を達
成するべきものなのである。

1) 「法人，会社，社団及び法人格なき社団の行政責任の規律」に関する 2001 年 6 月
8 日の委任立法令。
2) 全体（ドイツ語）については，*Castadldo* wistra 2006, 361ff.；*Giunta*, in：Jahrbuch
für Italientisches Recht 20（2007），195ff.
3) これらの対策については，2000 年法律第 300 号（Gesetz Nr. 300/2000）のタイト
ルを見よ。
4) *De Simone* in：Garuti, Responsabilità degli enti per illeciti amministrativi
dipendenti da reato, 2002, S. 57ff.；*Paliero* in：FS für Tiedemann 2008, S. 504；
Pelissero in：Antolisei/Grosso, Manuale di diritto penale. Leggi complementari, Bd.
Ⅰ, 13. Aufl. 2007, S. 845ff.
5) *Pasculli*, La responsabilità da ≪reato" degli enti collettivi nell' ordinamento
italiano, 2005, S. 19ff. 参照。
6) 全体については，*Alessandri*, Art. 27 comma 1°, in：Branca/Pizzorusso, Com-
mentario della Constituzione 1991, S. 150ff.
7) *Bricola* Rivista italiana di diritto e procedura penale 1970, 951ff. 参照。ドイツの学
説において，このテーマについては，*Jakobs* in：FS für Lüderssen, 2002, S. 559ff.
8) *Bricola*（前出注 7）), S. 951ff.
9) *Paliero* Rivista trimestrale di diritto penale dell'economia 1996, 1173ff.
10) 前出注 1) および本法「第 1 章（Capo Ⅰ）」を見よ。
11) Relazione al Decreto legislativo 8 giugno 2001 n. 231, in：Garuti（前出注 4)), S.
432ff.
12) Relazione al Decreto legislativo（前出注 11)), S. 439ff.
13) Relazione al Decreto legislativo（前出注 11)), S. 444.
14) Relazione al Decreto legislativo（前出注 11)), S. 435.
15) 2001 年委任立法令第 231 号（Decrto legislativo Nr. 231/2001）1 条。
16) これについては，*Sgubbi*, Sanità pubblica e private. Rivista di diritto, economia e
management 2/2008, 11；*Sgubbi/Manes* ius17@unibo.it 1/2009, S. 216ff.
17) *Sgubbi*（前出注 16)), 12.
18) 2001 年委任立法令第 231 号 2 条。
19) 2001 年委任立法令第 231 号 24 条以下。
20) 2006 年法律第 146 号（Gesetz Nr. 146/2006）。これについては，*Astrologo*, Res-
ponsabilità amministrativa delle società e degli enti 3/2006, S. 111ff.

3 アッティリオ・ニスコ「イタリア法における法人の責任」　359

21）2008 年法律第 81 号（Gesetz Nr. 81/2008）。

22）2009 年法律第 94 号（Gesetz Nr. 94/2009）。

23）これについては，*P. Pisani/Insinga*, Responsabilità amministrativa delle società e degli enti 1/2010, S. 109ff.

24）「経済刑法」の概念については，*Tiedemann*, Wirtschaftsstrafrecht AT, 3. Aufl. 2010, S. 15.

25）2001 年委任立法令第 231 号 5 条 1 項 a 号。

26）2001 年委任立法令第 231 号 6 条によれば「Soggetti in posizione apicale」である。

27）2001 年委任立法令第 231 号 5 条 1 項 b 号。

28）2001 年委任立法令第 231 号 7 条によれば「Soggetti sottoposti all'altrui direzione」である。

29）2001 年委任立法令第 231 号 8 条。

30）この概念については，*Heine*, Die strafrechtliche Verantwortlichkeit von Unternehmen, 1995, S. 31ff.；*Schünemann*, Unternehmenskriminalität und Strafrecht, 1979, S. 30ff.

31）Cassazione penale Nr. 3615/2006. このテーマについては，*Astrologo* Indice penale 2003, 649ff.；*Selvaggi*, L'interesse dell'ente collettivo, 2006, S. 11ff.

32）*Aldrovandi* Indice penale 2009, 495ff.；*Ielo*, Responsabilità amministrativa delle società e degli enti 2/2008, S. 57ff.；*Lanzi* in：Curi, Sicurezza nel lavoro 2009, S. 35ff. 参照。

33）*Sgubbi*（前出注 16）），13. トラーニ地方裁判所（Tribunale di Trani）は，2009 年 10 月 26 日の判決で，相当な組織的対策の懈怠は常に法人にとって経済的利益である，なぜなら，その法人は相応の組織的コストをそうした懈怠により節約するからである，という見解に立っている。

34）2001 年委任立法令第 231 号 6 条および 7 条による。

35）2001 年委任立法令第 231 号 6 条 1 項 b 号。この統制機関については，*Alagna* ius17@unibo.it 2/2008, S. 571ff.を見よ。

36）2001 年委任立法令第 231 号 6 条および 7 条。

37）例えば，工業団体（「Confindustria」）のガイドラインである *Confindustria*, Linee guida per la costruzione dei modelli di organizzazione, gestione e controllo ex d. lgs. 231/2001, neue Fassung, 31.3.2008, www.confindustria.it（2010 年 6 月 28 日現在）を見よ。

38）2001 年委任立法令第 231 号 6 条 3 項。

39）*Pelissero*（前出注 4）），S. 873 参照。

40）*Bastia*, in：Palazzo, Societas puniri potest. La responsabilità da reato degli enti collettivi, 2003, S. 48ff. 参照。

41）この概念については，*Pieth* in：FS für Jung, 2007, S. 718.

42）この概念について基本的には，*Tiedemann* NJW 1988, 1172.

43）この概念については，*Sieber* in：FS für Tiedemann, S. 449ff.

360   第 3 部 資　料

44）*Paliero*（前出注 4）），S. 503ff. 参照。

45）これについて詳細は，*Paliero/Piergallini*, Responsabilità amministrativa di società ed enti 3/2006, S. 167ff.

46）2001 年委任立法令第 231 号 6 条 1 項。

47）2001 年委任立法令第 231 号 6 条 1 項 c 号。

48）2001 年委任立法令第 231 号 7 条。

49）Tribunale di Napoli, ordinanza 26.6.2007.

50）2001 年委任立法令第 231 号 12 条 2 項 b 号および 17 条。

51）これについて詳細は，*Pelissero*（前出注 4）），S. 885ff.

52）2001 年委任立法令第 231 号 9 条。

53）*Sgubbi*（前出注 16）），12 参照。金銭制裁の短所については，*Schünemann* in：FS für Tiedemann, S. 439f. をも見よ。

54）詳細は，*Guerrini*, La responsabilità da reato degli enti, 2006, S. 79ff.；*Pasculli*（前出注 5）），S. 136ff.

55）*Donini*, Il volto attuale dell'illecito penale, 2004, S. 45ff.；*Musco* Diritto e giustizia 23/2001, 8 f., 82；*Padovani*, Diritto penale, IX. Aufl. 2008, S. 93；*Paliero* Corriere giuridico 2001, 848ff.

56）Cassazione penale Nr. 3615/2005.

57）*Marinucci* Rivista italiana diritto e procedura penale 2002, 1203ff.；*Romano* Rivista delle società 2002, 404ff.

58）*Ruggiero*, Contributo allo studio della capacità penale, 2007, S. 211.

59）*Alessandri* Rivista trimestrale di diritto penale dell'economia 2002, 54ff.；*Romano*（前出注 57）），404ff.

60）*Romano*（前出注 57）），404ff.

61）*Pulitanò* Rivista italiana di diritto e procedura penale 2002, 418.

62）*Astrologo* Indice penale 2005, 1003ff.；*Guerrini*（前出注 54）），S. 30ff.；*Stortoni/ Tassinari* Indice penale 2006, 8f.

63）イタリアの株式会社の団体（「Assonime」）の経験的調査である *Assonime*, Indagine sull'attuazione del decreto legislativo 231/2001, Mai 2008, S. 5, www.assonime.it（2010 年 7 月 28 日現在）参照。学説においては，*Fondaroli*, ius17@unibo.it 2/2008, 441ff.；*Grosso* Rivista italiana di diritto e procedura penale 2004, 1335ff.

64）*Ielo* in：Palazzo/Paliero, Commentario breve alle leggi penali complementari, 2. Aufl. 2007, S. 2312f. 参照。

65）*Ielo*, ilSole24ore, 3.3.2008, S. 31.

66）*Assonime*（前出注 63）），S. 8；*Sgubbi/Manes*（前出注 16）），S. 231ff.

67）*Ielo* in：Spagnolo, La responsabilità da reato degli enti collettivi, 2006, S. 95 参照。

68）クラウス・ティーデマン（*Klaus Tiedemann*）が提唱した概念ではすでに，行為に関わる「事前過失（Vorverschulden）」が問題になっていた（*Tiedemann* NJW 1988, S. 1173）。*Paliero*（前出注 4）），S. 507 をも見よ。

3 アッティリオ・ニスコ「イタリア法における法人の責任」 361

69) Tribunale di Milano, Entscheidung vom 17.11.2009. ミラノ地方裁判所（Tribunale di Milano）は，2007年9月13日の判決で，ある組織モデルを適切と評価したが，それは，もっぱら制裁の量定に関わるものであった。これについては，*Assonime*（前出注63)), S.7を見よ。

70) この危険は，比較法に証拠を見いだす。スイス刑法については，*Cassani* in：Berthoud, Droit penal des affaires：La responsabilità pènale du fait d'altrui, 2002, S. 68ff.；*Wohlers* in：FS für Riklin, 2007, S. 301 を見よ。

71) *Sgubbi*（前出注16)), 11.

72) *Aldrovandi* Rivista trimestrale di diritto penale dell'economia 2007, 445ff.；*Gargani*, Diritto penale e processo 2002, S. 1065ff. 参照。ドイツにおいては，（傍論であるが）コンプライアンス・オフィサーの保障人的地位を肯定した BGH NJW 2009, 3173 を見よ。

73) *Sgubbi*（前出注16)), 11. 2001年委任立法令第231号以後の組織モデルの懈怠を理由とする管理者の民事責任は，判例によりすでに承認された（Tribunale di Milano, Entscheidung vom 13.2.2008)。

74) 不明確性と「効率性」という新たな概念との関係については，*Sgubbi* Rivista italiana di diritto e procedura penale 2001, 1193ff. の批判的な論評を見よ。

75) *Pulitanò*, in：Trimarchi, Rappresentanza e responsabilità degli enti collettivi, 2007, S. 259ff.；*Stortoni / Tassinari*（前出注62)), S. 10 参照。

76) 1981年法律第689号（Gesetz Nr. 689/1981)。

77) *Pulitanò*（前出注75)), S. 259.

78) *Schünemann*（前出注53)), S. 430ff. およびそこに掲載された文献。

79) この言葉は，*Schünemann*（前出注30)), S. 22f. が用いるものである。

80) 最近では，*Schünemann*（前出注53)), S. 439ff.

81) 罪刑法定主義は，1981年法律第689号1条および2001年委任立法令第231号2条によれば，行政制裁にも妥当する。

82) *Romano* Rivista italiana di diritto e procedura penale 1995, 1037 参照。

83) イタリアの学説においては，*Sgubbi* Responsabilità penale per omesso impediment dell'evento, 1975 という基本的なモノグラフィを見よ。

84) 法人の責任は，組織内部における犯罪構成要件実現のリスク増加に基づくのに対し，自然人の責任は，イタリア法（イタリア刑法40条）によれば，不作為と結果の因果関係の究明を必要とする（この区別については，*Picotti* Rivista trimestrale di diritto penale dell'economia 2007, 663f.)。

85) その具体的な有効性に関する問題は，未解決である。これについて，ドイツでは様々な見解がある。*Bussmann* NStZ 2006, 203ff.；*Hefendehl* ZStW 119 (2007), 816ff.；*Sieber*（前出注43)), S. 473ff.

86) 曖昧模糊とした論理と法的議論との両立不可能性については，*Puppo* Rivista internazionale di filosofia del diritto 2006, 221

362　第3部　資　　料

［原題は，*Attilio Nisco,* Verantwortlichkeit juristischer Personen im italienischen Recht（GA 2010, SS. 525-534）である。訳文中，圏点部分は，原文ではイタリック体である。］

4 ライモ・ラハティ「フィンランドにおける法人の刑事責任の規定について」

1 経済刑法の強化・細分化の1例としての法人の刑事責任の導入

　フィンランドでは，1972年から2003年にかけて刑法の全面改正が実現したが，そこでは，経済刑法が中心部分であった。その全面改正のうち，刑法典各則の若干の規定の検討，ならびに各則の全体的な章立ては，いまだ決着をみていないが，それ以外では，1889年刑法典の再編纂は，2003年に事実上完了することができた[1]。経済刑法規定は，1990年，1995年，そして2003年に3つの法案で改正された。法人の真の刑事可罰性（*echte Kriminalstrafbarkeit*）の形式における刑事責任（strafrechtliche Verantwortung）に関する基本規定は，改正刑法典（GBl. 743/1995）の第9章に見られる。刑法総則に関わる最も重要な諸規定は，2003年に追加された。

　経済刑法の目的，効果および限界は，法人の刑事責任の規定にも影響を及ぼしてきた。改正された経済刑法の目的は，刑法の全面改正の全般的な目的を背景にして捉えることができる。刑法委員会（Strafrechtskomittee）の改正作業に課されてきた最も重要な任務は，何が可罰的であるべきか，そして，個別の犯罪についてどの程度厳格に処罰すべきか，について検討することであった。諸々の行為の可罰性と法定刑を決定するために，あるモデルが呈示された。そのモデルによれば，まず，行為類型の不利益性と非難可能性を判断し，次いで，犯罪化を行ったときに生じる利益と不利益を，その他の規定案と比較しつつ衡量すべきである，とされる。同委員会は，刑法システムを特徴づける効果，すなわち，刑罰威嚇の間接的効果と象徴的意義を強調した。処罰規定により，どれが社会にとって中心的な禁止および命令であるかが明

364　第3部 資 料

らかにされる。刑罰威嚇が存在すること，そしてそれが実務に適用されることを通じて，社会による権威ある不承認が表明され，それにより，市民の法観念と道徳観念の形成に影響が生じる[2]。

　刑法改正のための準備作業は，刑法システムの一般予防効果への，ならびに刑法システムの正統性にとっての正義（Gerechtigkeit）および人道性（Humanität）といった原理の重要性への根拠のある信頼を反映している。犯罪行為とその不利益を減少させるには，犯罪行為の多面的で効果的な撲滅と有効な刑事コントロール・システムが前提となる。刑事コントロール・システムに期待されるのは，要信頼性（Glaubwürdigkeit）と受容可能性（Akzeptierbarkeit）である。換言すれば，このシステムの機能性を信頼し，また，このシステムの正しさと妥当性を信認することができなければならないのである。しかしながら，法定刑ないし個々の刑の重さは，このシステム全体の機能性に影響を及ぼす事情の一部を成すにすぎない。したがって，経済刑法規定を成立させ，その法定刑を従来型の財産犯の法定刑とのバランスをとりながら定めるだけでは，経済犯罪行為の予防とコントロールの追求された有効性が達成されないことは，明らかである。刑法システムの有効性は，刑事手続全体，すなわち，行為者に刑事責任を負わせる職務を担当する様々な官庁（監督官庁，警察庁，検察庁，ならびに裁判所）の活動条件に決定的に左右されるのである。

　それでもなお，刑罰威嚇を備えた処罰規定は，刑法委員会が述べてきたように，経済犯罪行為を撲滅しコントロールするにあたり，固有の重要な役割を果たす。もっとも，刑法改正を完遂するにあたり，他の国々と同様，フィンランドでは，刑法システムが経済活動の濫用をコントロールし統制するのに，もしくは労働安全と環境保護を促進するのに適するか否か，また，刑法には純粋に象徴的な意義しかないのか否か，について活発な批判的議論が行われてきた[3]。

　紛れもない行政上の過料（administratives Bußgeld）――競争法違反については課徴金（Buße）――は，欧州連合の競争法のモデルに従って，競争制限に関する法律（GBl. 480/1992）において利用された。しかしながら，特に競争法と有価証券市場法において EU のモデル提供効果（Vorbildwirkung）を理由に利用されてきた懲罰的な行政制裁が，刑法の全面改正の際に実質上顧慮されず，

それゆえ，経済刑法の領域における刑事罰と比較したうえでの懲罰的な行政制裁の利益と不利益が体系的に検討されなかったことは，フィンランドにおけるひとつの重大な欠陥であった。

2　フィンランドにおける法人の刑事責任について

　法イデオロギー的および国際的な視点から考えて重要な刑法委員会の改正構想（1977年）には，団体の刑事責任の導入に関する提案が含まれていた。すなわち，刑事責任を団体それ自体にも，すなわち法人にも分配できなければならない，というわけである。この構想に従って，1995年，法人の刑事責任が導入された（刑法典第9章：743/1995）[4]。

　法人の活動の際に行われた当該犯罪については，独自の規定が公布されることになった（刑法典第9章1条1項）。こうした犯罪には，当初，贈賄罪（刑法典第16章18条：563/1998），補助金犯罪（刑法典第29章10条），刑法典第30章のビジネス犯罪の大部分（刑法典第30章13条），資金洗浄およびその他の重大な盗品等関与罪（刑法典第33章8条），配給事犯（Rationierungsdelikte）および密輸事犯（刑法典第46章14条）ならびに環境犯罪（刑法典第48章9条）が指定された。この新たな責任形式の必要性は，広義に定義された経済犯罪行為において最も明白である，と考えられたが，この犯罪行為に属する犯罪類型——例えば，脱税事犯，会計事犯，債務者事犯または労働事犯——のすべてが新たな刑事責任の範囲に一緒に含められることはなかった。立法理由書では，刑事政策上の必要性と謙抑主義（Behutsamkeitsprinzip）を衡量することの意義が強調されている。それ以後，法人の刑事責任の領域は，特に欧州連合のルールに基づいて拡大され，この責任形式は，労働保護事犯にも拡張された。

　フィンランドでは，法人の刑事責任に関する法規定が発効して，およそ20年になる。まれにしか会社罰金刑は科されないであろう，という立法理由書で述べられた想定は，特に最初の数年は的中した。当時，刑法典第9章に基づき裁判所で審理された団体責任の事案は，少数にとどまっていた。それには，一部では，検察が，2003年の法律改正まで，刑法典第9章に基づき制裁的な性質を有する訴追に関して十分な裁量の余地を有していた，という事情

が影響を及ぼした。その後，法人が刑事責任を負わされることが多くなっていった。特に，最高裁判所の判例である OGH（KKO）2008：22 および 2009：1 は，これについてのリーディング・ケースになっている。

　実務上の適用が依然としてかなり少ないことのひとつの説明としては，刑法典第9章が批判にさらされやすい象徴的な刑事立法の代表だからである，ということが挙げられる。第1に，当該犯罪類型では，まったく一般的に言って，刑事訴追がかなりまれである。第2に，かなり扱いにくいこの類の規定を適用するには，団体責任の成立が，監督官庁，捜査官署および検察庁の活動の重点分野にならなければならない。そのためには，管轄官庁が新たな責任形式の原理について研修を受けられるように取り計らう必要があろうし，団体責任の前提事情の究明と起訴判断に資源を投資する必要があろう。

　法人の刑事責任［の制度］を謙抑的に利用することは，——団体責任の成立を究明するための活動能力の低さのほかに——その代替的手段の発展からも支持される。刑法委員会は，その報告書の中で，そうした諸々の手段を取り上げており，しかも，その中心的手段として，個人責任［の追及］を実効的なものにすることを取り上げている。会社の刑事責任の導入と並んで，会社の活動の際に行われた犯罪に対する個人の刑事責任を強調し，個人責任の究明を効果的なものにするような規制もまた，発展させるべきである，とされた。同様の立脚点は，その後の規制案でも強調されていた。したがって，法人それ自体に刑事責任を分配することが可能でなければならないが，法人の名義で，および/または法人のために行為した1人または複数の自然人に刑事責任を分配することを可能にする原理もまた，より厳密に構築されなければならない。

　法律の準備作業のこの出発点をさらに具体化することは，適切である。その際，立法による明確化は，十分な措置ではない。望ましい手段は，法人の活動の範囲内で行われる犯罪に関わる責任論を，首尾一貫した適用に向けて，刑法理論的研究によってさらに発展させることである。そのうえ，企業，より一般的には組織の社会的意義が増大するに連れて，組織犯罪/会社犯罪とその規制を研究する必要性が高まってきた。この動向は，福祉国家を特徴づけるような刑法の現代化の1例である。刑法システムは，この変化の中にあっ

ては，統一的な形態のまま維持され続けるのではなく，ある種の細分化が生じるであろう——システムを，法学的な体系的観点の意味で用いるか，それとも社会学的なコントロール・メカニズムの意味で用いるかは，今や重要でない。

　外国の法学説では，これに応じて一段と，刑法上の企業責任および/または会社刑法の諸問題の研究を進めてきた。この考察は，経済刑法と密接に結び付いてきた。なぜなら，一般に，企業活動または営業活動の範囲内で行われる犯罪に目が向けられていたが，そうした犯罪の典型が経済犯罪だからである。注目すべきは，そうした法的分析において，団体責任の要件および制裁と個人責任の要件および制裁が相互にパラレルに検討されてきた，という事情である。フィンランドの議論でも，両方の責任形式は，ひとつの新たな責任体系の相互作用的な構成部分と考えられるべきであり，これらの部分は，パラレルな刑法理論上の思考モデルを基礎に評価することができる。しかも，刑法典第9章を可決するにあたり，これらの不確かな責任形式を体系的に相互に適合させる努力をしなかったにもかかわらず，そうなのである。

　法人の刑事責任の導入に関するスウェーデンの法案（1997年）と比較してみたい。この法案は，成立には至らず，スウェーデンでは，法人について，賦課しうるひとつの制裁として，没収に匹敵する保全処分が決定された。上記の法案によれば，会社罰金刑を科する可能性は，何よりも営業活動の範囲内で行われた犯罪と結び付いており，そうした犯罪については，企業責任（刑事責任の分配）に関する原理に基づいて自然人に有罪判決を下すことができる。この責任の最も重要な原理は，法定されなければならなかったであろうし，あまり重大でない犯罪の場合には，法人に刑事責任を負わせることが第1次的な訴追選択肢になったであろう。

　会社責任と個人責任を調和させるためにスウェーデンで提案されたこうした規制方法は，フィンランドの立法においても改善を意味するであろう。こうした規制方法は，官庁の適用実務を運用しやすくし，また，一貫したものにするであろう。そうした決断は，会社責任に関するフィンランド・モデルと同様の基本的観点からも支持することができるであろう。かくして，法人の刑事責任が，個人の刑事責任に関係する原理と結び付くのであり，これら

の責任形式の間の選択は，これまで以上に明確化されなければならないであろう。

3 企業，協会およびその他の団体における犯罪行為に対する自然人の責任と自然人以外の責任の相互作用について

　法人の刑事責任の導入と同時に，刑法典の改正 (578/1995) にあたり，労働事犯および環境犯罪に関する新たな章，すなわち，刑法典［第47章］7条および第48章7条に個人の刑事責任の分配に関する（すなわち，機関および代表者の責任 (Organ- und Vertreterhaftung) に関する）諸規定が挿入された。この責任形式の要件を検討する際に着目されるのは，法人または法人に匹敵する組織により企業活動またはその他の組織的活動の際に行われた犯罪である。刑事責任の分配は，刑法の古典的な一般理論では，何よりも共犯，不作為責任，および過失に関する諸原則と結び付いている。

　組織の犯罪行為における個人の刑事責任の規制は，——刑法の全面改正を成し遂げた司法省のプロジェクト組織の——刑法プロジェクトにおいて，刑事責任論の最後の問題であった。刑法プロジェクトにより設置された作業グループは，2つの規制案を作成した。終始多数の支持を得た第1案によれば，未遂および共犯に関する章に他人のための行為について規定する一方で，同時に新刑法に不作為の可罰性に関する総則規定を挿入すれば足りる，とされる。第2案によれば，刑法典第47章7条および第48章7条の法規定に相当し，各則規定を広範に代替する法条を刑法典総則に挿入するべきだ，とされる。2003年に刑法典総則の改正に関連して刑法に挿入された法規定（フィンランド刑法典第5章8条）は，以下のとおりである。

　　法人のための行為
　　⑴　会社，財団又はその他の法人の法定機関又は経営陣に属する者，及び，法人の内部において事実上意思決定権を行使し，又は公務上若しくは業務上の関係において若しくは委任に基づいてその他法人のために行為する者は，正犯に妥当する各則構成要件の前提事情を充足しなくても，法人がこの前提事情を充足するかぎり，その活動の範囲内で行われた犯罪行為を理由に処罰することができる。

(2) 犯罪行為が事業者の事業において，又は法人の活動と同視しうるその他の組織的活動の範囲内で行われた場合には，法人の活動の範囲内で行われた犯罪行為に関する第1項の規定を準用する。

(3) 本条の規定は，他に別段の定めがあるかぎり，適用しない[5]。

　以下では，刑事責任の分配およびその規制と結び付いたこれらの法的問題を検討し，その背景を素描したい。この考察では，主に団体の刑事責任と個人の刑事責任の関係，ならびに，それに影響を与える原理の解明を試みる。私は，最高裁判所の判例を手がかりにして，本稿の課題を明らかにしていこうと思う。

　法人の活動の範囲内で行われた犯罪行為の個人の可罰性および共同体の可罰性には，従来型の共犯規定によっても不作為責任に関する理論によっても処理しきれない特性が絡み付いていることがわかる。1995年に法人の真の刑事可罰性に手を着けたことは，このいわゆる企業犯罪において新たな責任形式を承認することを意味した。なぜなら，個人の可罰性は，伝統的に法実務と学説において承認されてきたからである。労働事犯に関する章および環境犯罪に関する章には，個人責任の分配に関する各則規定（刑法典第47章7条および第48章7条）が挿入された。刑法の総則を改める際（2003年），共犯規定に関連して法人のための行為に関する規定（刑法典第5章8条）が挿入された。

　しかしながら，ドイツ刑法（ドイツ刑法典14条）をモデルとするこの新規定（刑法典第5章8条）の問題は，不作為の可罰性および共犯規定に関する新規定から補完的に解釈の手がかりが得られるとしても，この新規定が責任分配の原理ないし基準を十分に定義せずにいる，という点にある。企業活動と結び付いた（経済）犯罪行為は，刑法総則にある規定を挿入することを根拠づけるような，責任の構成に関連する特性を帯びているということが，刑法典第5章8条が公布されたことにより常に承認される。この規定は，常に行為者の範囲を明らかにし，事実上の事業管理者を機関の地位にある経営者と同視する確立した法実務を強化する（OGH 2000：74ならびに2001：80および85-86を見よ。）。

　理論的には，企業犯罪の特性，ならびに，企業犯罪における共同体の刑事

責任と個人の刑事責任との関係が検討されるべきである。現在，法人による委任の範囲で，または法人のために行われた犯罪に対する個人の刑事責任（すなわち，機関または代表者の責任）は，法人の責任とパラレルな状態にある。パラレルに利用可能なこれらの責任形式には，制裁を事実上累積させる危険性がある（OGH 2002：39 を見よ；OGH 2009：1 参照）。検察官が，非常に合目的的な責任形式を刑事訴追で優先するために，非常に大きな裁量の余地を持つことが，訴訟経済上望ましいことか否かも，疑問に思える（デンマークの実務参照）。

欧州統一刑事法典（コルプス・ユリス（Corpus Juris））と欧州犯罪に関する研究プロジェクトで行われた，企業経営者個人の刑事責任の規制に関する提案は，これについて注目すべきモデルを提供しうるものである[6]。

4　法人の刑事責任の帰属構造について

真の刑事可罰性の帰属構造は，フィンランド刑法典の第9章に見られるが，それは完全には明らかではない（添付資料も見よ。）。何よりも，法人は，個人の（例外的な場合には，匿名でも）行為者の行為に基づいて処罰される，と考えられているが，他方で，この規定においては，ある種の集団的な「共同体」責任または帰属可能性を認めることができる。

まず第1に，責任主体については，会社，財団またはその他の法人が挙げられる。犯罪行為に対する制裁としては，共同体の罰金刑のみが問題となる。法人に対して刑事責任を問うことは，これが刑法典の中で各犯罪類型について個別に規定されている場合にのみ可能である。これらの犯罪類型は，典型的には，ビジネス犯罪，助成金犯罪，資金洗浄犯罪および環境犯罪のような経済犯罪である。

第2に，共同体責任にとって基本的な前提事情と見なされているのは，犯罪行為が法人の活動の範囲内で行われることである。しかしながら，このような責任形式は，犯罪が公権力を行使する際に行われた場合には考慮されない。犯罪が法人の活動の範囲内で行われたと見なされるのは，行為者が法人の委任において，もしくは法人のために行為した場合，行為者が法人の経営陣に属している，もしくは法人と雇用上もしくは業務上の関係にある場合，

または，行為者が法人の代表者から受けた委任に基づいて行為した場合である。しかしながら，そのような個人の行為者が突きとめられること，または処罰されることは，必ずしも必要ではない。

第3に，共同体責任は，上記のような（同一視または使用者責任による）共同体責任を前提としている。法定の機関またはその他の法人の経営陣に属する者は，犯罪行為に関与し，または犯罪行為を許容したのでなければならないが，法人の活動の範囲内で，犯罪行為を防止するために必要な注意 (Sorgfalt und Vorsicht) を果たさなかった場合は別である。精油所事件 (OGH 2008 : 33) では，被告人がそのような経営陣に属していたか，つまり，自主的と言えるに足りる重要な議決を株式会社内で行ったか，それとも行わなかったか，が争点となった。

第4に，法人の刑事訴追ならびに処罰は，刑事訴追当局および裁判所の広範な裁量に委ねられている。この規定は，最初の10年間に，下級審において約10件しか扱われなかった，という結果となった。つまり，刑事責任は，主として象徴的な法律規定を表すものであった。処罰に関する裁量の余地を減らす新たな法改正 (61/2003) によって，刑事訴追の件数を増やすことが目的とされ，事実，そのような展開は見られるようになりつつある。

5 機関および代表者の責任に関する規定の特色について

さて，刑事責任の分配について特徴的な性質はどのようなものであろうか，それは，古典的な刑法の諸原則を逸脱するものであったりするのだろうか。この問いに答えるには，構成要件の内容と刑事責任の基本的構想の分析が必要となる。

刑法典第47章7条および第48章8条からは，そのような基本的構想は，ただちには読み取れない。前者の法条の主旨は，次のような1文で表される。すなわち，刑法典第47章で罰せられると規定された雇用者またはその代理人の一定の行為態様について，作為または不作為により自己の義務に違反した者に刑が科される，と。これに応じて，後者の法条では，刑法典第48章で罰せられると規定された一定の行為態様に関して，作為または不作為により

372　第3部　資　料

自己の義務に違反した者は罰せられる，と規定されている。それに加えて，これらの2つの法条は，責任を分配するにあたって顧慮されるべき点，すなわち，当該自然人の地位，その者の任務および権限の種類・範囲，ならびにその他違法状態の発生または継続へのその者の関与についての指摘を含むものである。

それらの規定の目的は，当該規定の理由書から読み取れる。このモデルを提供したのが，またもや確立した法実務に依拠する労働保護法（Arbeitsschutzgesetz）(299/1958) 48条 (27/2987法) 4項であった。環境犯罪に関する章と同様，労働事犯に関する章の理由書の中でも，責任主体を特定するために責任分配を規制することは，企業内またはその他の組織化された活動の中で行われる犯罪行為の場合に必要となる，と述べられている。労働立法は，典型的には，会社の形をとる雇用主および会社内の内部構造と関係があり，他方で，環境保護立法は，生産活動を行う企業に関係する。

これと同様に，労働立法と環境保護立法に効果を及ぼすために公布された処罰規定における命令と禁止は，第1次的に，上記の活動に対し責任を負う者に――そしてより限定的に，そのような活動にあたって行われる個人の作為または不作為に――向けられている。スウェーデンの学説において，企業責任に関する背景となる構想と見られているのは，自然人ないし自然人らが目的にかなった方法で当該活動を経営し，組織し，そして監督することによって，企業者が活動する際に行われる犯罪行為を防止するのに最も高い可能性を有する自然人ないし自然人らに刑事責任を分配する必要性である。かくして，明文上は，企業の経営陣に属する者（ら）に刑事責任を問う可能性が認められており，しかも，自己の直接的行為に対してだけでなく，企業が活動する際に生じるその他の法律違反に対してもそうであり，そうした法律違反の一部は，当該活動の経営，組織化，そして最終的には監督中の怠慢から生じる。これに対応して刑事政策的に根拠づけられる，「真の者 (richtige Personen)」に刑事責任を負わせることの重要性について背景となる構想は，フィンランド刑法典第47章7条および第48章8条の法案準備書からも読み取れる。

刑法上の帰属論の中心的問題として，会社内の刑事責任の帰属に関する原理を，満足のいく形で，従来の個人の刑事責任の一般理論と――何よりも共

犯，不作為，および過失に対する責任と――一致させることができるか，が問題となる。組織犯罪において責任主体を決定する際に，この従来の刑法の帰属論はどの程度修正され，あるいは細分化されるのであろうか。法治国家的な刑法の限界とは，どの点で衝突するのであろうか。

　刑法の近代化は，原則として，（例えば，個人の犯罪行為が問題となるのか，それとも組織の犯罪行為が問題になるのか，に応じて）刑法および刑事訴訟法の独立を一段ともたらしうる。これをむしろ，古典的な刑法と刑事訴訟法を修正した新たな犯罪現象である，と考えることもできよう。とりわけ，この２つの基本的選択肢の間には，例えば，人権規範によって細分化の展開に限界が設定されているため，実に様々な段階を持った相違がある。

　さて，私は，会社における刑事責任の分配について論じる場合，徹底的かつ明確な形で，これに関わる理論が（固有の概念と原理を備えた）独自の理論か，それともそうでないか，について立場決定するのを重要なこととは考えていない。しかしながら，この問題を分析することは適切であろうし，そのような検討を行うことは，例えば，刑事責任を分配するための特別規定の必要性を考えるにあたって意義を有するであろう。

　刑法典第47章7条の法案理由書においては，この法条の中で述べられた点に加えて，処罰規定の適用のその他の一般原理と同様，故意と過失，共犯および不作為責任に関する諸原理も，責任分配に対して重要な影響を有するであろう，という点が確認された。責任分配の判断は，当該犯罪構成要件から読み取れる前提事情に基づくほか，刑事責任の従来の一般原理にも基づいて行われる，と適切にも言えるであろうし，その場合，共犯，不作為責任，および過失に関する理論に特に意義がある。刑法典第5章8条の総則的な責任分配規定，または刑法典第48章7条の各則的な責任分配規定によって，そのような考慮または補足を具体化することができる，と考える。

　刑事責任の一般原則に関するその他の特別な問題もまた，組織犯罪に対する責任追及を考慮すること（つまり，その場合，一見したところ，より多くの責任主体が考えられうる。）と結び付くのであろうか。この問題は，責任分配の典型問題と同視されるものであろうし，この問題に基づいて，責任の根拠の定義・説明を中立的に論じる方がより自然であろう。また，責任を分配するために

374　第3部　資　料

特別な規制は必要なのか，［もし必要だとすれば］どの部分について必要なのか，と問うこともできよう。

　法学説においては，個人の刑事責任が，以前よりも包括的な形で，組織化された（団体）活動の際に行われた法律違反をカバーすべく，個人の刑事責任の原理を修正するという実務上高まりつつある圧力に対して批判の目が向けられている。この批判の中で，論者は，次のように説く。すなわち，古典的な責任原理が粉砕され，さらにその際，個人主義的な犯罪概念と並んで，団体による犯罪行為を段階的に導入することになる，と。これによって，法人の活動の中で行われる犯罪行為の場合において，個人責任を決定する際に，因果関係，正犯行為，および不作為責任といった責任分配のカテゴリーの範囲が拡張されることになる。

　刑法の一般的傾向は，一貫して，刑事責任のための前提事情としての個人の行為の地位を強調し，例えば，犯罪集団の活動への関与に関して責任を拡張することについては慎重な立場を採っている，という点にある。組織犯罪は，国際的な刑事政策において，実効性論拠または予防論拠を参照することによって，刑法上および刑事訴訟法上の立法において変革を要請してきた，最も分かりやすい分野である。しかしながら，刑法典第9章によって支持されている帰属モデルが，様々な解釈のための余地を残しているとしても，法人の刑事責任の導入が，実際には，個人の刑事責任と異なる団体による犯罪行為概念と責任概念を意味するものであったことは，事実である。

　組織犯罪の規制に向けられた批判は，とりわけ，罪刑法定主義，行為刑法原理，および責任原理といった基本原理に関して，刑法の細分化の限界をどこに設定するかについて，ある程度異なる解釈を広く拠りどころとしている。組織的活動の中の法律違反に対する自然人の責任が問題となる場合，罪刑法定主義は，十分な精密さを備えた責任の根拠が（議会によって可決された）法律から明らかになることを前提としている。その一方で，行為刑法原理と責任原理はさらに，その前提となる一方で，正犯または共犯に対し，客観的にも主観的にも，組織の中で行われた法律違反への帰属可能な関与が明示されうることを前提とする。

　かくして，ある個人が（行為に関わりなく）彼の故意または過失によるものと

評価される彼自身の協働なしに，他の者の行為に対して責任を負うことが前提とされる帰属モデルは，行為刑法原理および責任原理とは一致しない，と考える。以上のような事情を考慮して，これらの原理を強調する——例えば，フィンランドのような——国々では，例えば，少なくとも企業の過失と評価されうる監督義務の懈怠を要求しないような企業者の刑事責任に対して否定的な立場が採られている。

6 機関および代表者の責任に関する規定のより詳しい考察

刑法典の全面改正の際には，罪刑法定主義の精神をもって，法人の活動の中で（または，それに匹敵する組織的活動の中で）行われた犯罪行為に対して刑が科されるときに用いられる責任の根拠を具体化し補足する努力が払われてきた。刑法典第5章8条を完成させる際に議題とされた代案は，各則規定によってこれを具体化することへの必要性がどの程度あるかについて，様々な解釈を示している。

刑法典に採用された第5章8条は，広義では「他人のための行為」という見出し以上のことを想起させるが，ドイツ刑法14条をモデルとして，代表者の刑事責任を規制している。本条の目的は，以下の点にある。すなわち，一定の地位または一定の関係にある者だけが，正犯として処罰されうる（いわゆる身分犯）として，処罰規定の正犯構成要件が限定的に解釈されるとする，共犯論上の責任状況の評価を組織犯罪の場合に明らかにし統一することが，それである。法人の活動の中で構成要件を充足する犯罪行為が行われ，限縮的正犯構成要件による処罰規定が法人それ自体にのみ向けられる事案において，新規定は，責任主体としての法人と，法人の法定の代表者，法人の意思決定を行う機関の構成員，あるいはその他に，事実上その法人のために活動している自然人を同列に置いている。

この代表者責任規定の改正の直接的な効果は，実務上最も重要な事案において，犯罪構成要件の中の責任主体の範囲が限定されていないこと，または出発点に忠実に，当該規定の可決前の限定された行為者の範囲が，個別の犯罪構成要件において，もしくは特別規制によって拡張されなかったことに

376 　第3部 資　　料

よって低下している（ここでは例として，会計事犯と債務者事犯，そして労働事犯と環
境保護犯罪を挙げることができる。最後に挙げた犯罪に関しては，その各則規定である刑
法典第47章7条および第48章7条が発効した。）。

　刑法典第5章8条の代表者責任規定は，おそらく，ある程度間接的な影響
を及ぼすものであり，正確に言えば，同条には，法人に対して事実上意思決
定権を行使する者が場合によっては処罰される正犯として挙げられている点
で，そうである。事実上の経営者が責任主体たりうるか，に関して法実務は
揺れ動いており，しかも，特に脱税犯罪の場合がそうである。多くの判例の
中で，脱税犯罪は身分犯と同視され，しかも，行為者の範囲が未確定のまま
の租税詐欺が問題となった場合もそうであり（刑法典第29章1条-3条），その理
由づけとして，租税法上および会社法上の立法において，責任ある立場を定
義する規範が指摘されてきた。その際，刑法上の規範は，当該事案では，法
人のための行為についての責任を分配すべき行為者の範囲を刑法上の規範に
限定していなかったため，身分犯論の類推適用が問題となった。

　もっとも，法実務では，当該規定を改正する直前になって，刑事責任を分
配するにあたり，責任ある立場に関する会社法規範を厳格に尊重するのでは
なく，事実上の経営者または経営者に匹敵する者に対し，正犯として有罪判
決を言い渡す事案が一段と増えてきた。このような観点を支持するためには，
同様の傾向の中で行われた法改正をいくつか指摘することができるが，そこ
では，事実上の経営者を，会社機関の地位にある者，すなわち，当該法律に
おける営業禁止の客体，および破産法における債務者概念と同視している。

　刑法典第5章8条の内容上の弱点は，考えられうる責任主体に刑事責任を
分配するための影響力関係および重要性に関して，これを検討する際に顧慮
されるべき事情についての基準が何もない，という点にある。この検討にあ
たって，当該規定を補うためには，共犯，不作為責任，および過失に関する
一般原理を用いなければならない。不作為および過失の可罰性に関しては，
新刑法典総則中で法律上の定義（刑法典第3章2条および第3章6条）が採用され
ており，とりわけ，前者に掲げられた法律上の定義は，会社における刑事責
任を分配する際にも，注目すべき解釈上の手がかりである。

　例えば，会計事犯，脱税事犯，および債務者事犯の場合，正犯責任にとっ

ては，何よりも，企業または機関の中のいかなる者が，会計および財政行政ならびにそれらと結び付いた義務に対して責任を負うのか，という事情が決定的な意義を有する。そのような責任ある立場に立つ者にとって，積極的作為によって，もしくは不真正不作為犯の形式で，または一部では積極的作為，一部では不作為を通じて当該経済犯罪の構成要件を実現したかどうかは，重要でない。株式会社法の規定上，会社の取締役および事業管理者には，会計および財政行政の合法性に配慮する第 1 次的な義務が課されており，取締役および事業管理者の立場は，不真正不作為犯に匹敵する会社のために行われた犯罪に際しての責任をも根拠づけるものである（刑法典第 3 章 3 条 2 項）。この責任は，取締役および事業管理者の相互合意に基づく分業にかかわらず，維持され続ける（フィンランド OGH 2001：85 を見よ。）。取締役が消極的であっても責任が阻却されるわけではなく，刑法典第 3 章 3 条 2 項の不作為によれば，議決プロセスに参加した者にも責任が分配されうる（フィンランド OGH 2005：27 を見よ。）。帳簿に虚偽の記帳を行った，自営ではなく企業に雇用された会計担当者は，犯罪への関与に対して責任を問われうる。

　比較法的観点からは，欧州連合の詐欺に関する協定（Betrugsübereinkommen）（1995 年 7 月 26 日の欧州評議会の法律行為，95/C 316/03）〔財政的利益の保護に関する協定——訳者〕で規定された，企業経営者の刑事責任に関する 3 条を挙げることができる。同協定 3 条は，第 1 次的な責任主体に関する立法義務について，次のように実にはっきりと述べている。すなわち，加盟国には，企業内で意思決定権を行使する企業経営者またはその他の者に対し，国内法に従い，自己の指示権限に服する者が同協定 1 条で定義された詐欺を行った事案で責任を問うのを可能とするよう要請されている。

　内容的に広範で，その表現からはっきりと述べられている，EU 諸国の立法を調和させるための目的は，EU 圏で起草された，いわゆるコルプス・ユリス草案の中で規定されている。

第 13 条（企業経営者の刑事責任）

　　企業経営者又は企業内で意思決定権若しくは統制権を行使するその他の者は，自己の指示権限に服する他の者によって企業のために行われた，上記（第 1 条から第 8 条）

に掲げられた罪に対して，意識的にその命令を与えた，その違反を放置した，又は，必要な監督を懈怠した場合，刑事責任を負う。

　管轄及び刑事責任の委譲は，それが部分的，的確かつ特別で，企業の活動にとって必要不可欠であった場合で，かつ，権限を委譲された者が，与えられた任務の履行が実際に可能な立場にあったときにのみ，抗弁として有効である。この委譲は，一般的な監督，経営及び人選に関する義務を排除するものではなく，企業内の一般的労務管理のような企業経営にとって典型的な分野とは関係がない。

　欧州統一刑事法典（コルプス・ユリス）草案の規定案理由書の中で，この問題におけるEU諸国の法秩序の内容はかなり異なっている，という点について指摘がなされている。上記のスウェーデンの立法案は，主として，コルプス・ユリス草案の規定案に対応している。刑法典の未遂および共犯に関する章では，フィンランド刑法典第4章8条1項と同様，法人の名義で行われた違反行為に対して，執行を担当する（業務を掌理する）経営陣（*verkställande ledning*）に責任を負わせる法条が採用された，と言えよう。同じく，同法条2項では，法人の活動中に瑕疵ある統制によって責任規定違反が生じた場合は，行為者責任を法人の執行を担当する経営陣に帰属し，3項では，許容される権限と責任の委譲のための前提事情がかなり詳細に規定されている。

　諸外国の立法案では，──経営者概念がかなり広く定義されているが──フィンランドの学説より多少，企業経営者という最も責任ある立場が強調されている。他方で，これらの諸外国の立法案は，内容上，フィンランド刑法典第5章8条，第47章7条および第48章7条よりも具体的かつ明瞭である。上記の点に対応して，法人内で責任ある立場にいる者の範囲は，（機関またはその他の経営陣に属することに基づいて）統一的に定義されるべきであろう。

7　判例 OGH 2008：33 および OGH 2009：1 の分析

　判例 OGH 2008：33 および OGH 2009：1 は，環境犯罪および有価証券犯罪における刑事責任の分配に光を当てている。この2つの事案において，裁判所は，法人の刑事責任と同様，法人の名義で活動する首脳部らの責任をも検討しなければならなかった。

a） OGH 2008：33 （法人の刑事責任，環境犯罪）

　会社の製油所から，その従業員らの過失により，大量の石油が製油所の敷地内で地表へ漏出し，それはさらに海へと達した。従業員らは，過失環境汚染罪により刑が科された。本件では，会社に対して会社罰金刑を科すことが問題となった。

【事案の解説】

　——OGH 2008：33 の事案において，下級審裁判所は，個人責任を問われた従業員らに対し，刑法典第 48 章 4 条に基づいて過失環境汚染罪による有罪判決を下した。第 1 審は，——地位の低い順に——オペレーター A の不作為は著しかったが，それは重大な過失とは評価されない，という立場であった。汚水施設の責任ある管理担当者(B)の過失は，第 1 審によればそれほど著しくはなく，製造責任者 C の過失は，正当にも取るに足りず，同様に生産部長の過失もそれほど著しくはなかった。すでに 2 度，以前にポンプによって石油の移し替えを行った際に，似たような人的過誤によって数 100 リットルの石油が地表へ漏出していたので，石油が海へも達することは，下級審裁判所の見解によれば予見不可能ではなかった。

　——刑事責任の分配に関する総則規定は刑法典第 5 章 8 条にあり，環境犯罪に関する特別規定は刑法典第48章7条にある。刑事責任の分配は，さらに不真正不作為犯を規制する刑法典第 3 章 3 条 2 項により規定されている。

　——刑法典第 48 章 1 条-4 条では，行為者の範囲は制限されていない（例えば，刑法典第 47 章 1 条の労働保護犯罪参照）。したがって，刑法典第 48 章 4 条によれば，——下級審裁判所が OGH 2008：33 の事案で行ったように——ポンプによる石油の移し替えの際にバルブを閉じることを過失により忘れていた最下級従業員である A，つまり，オペレーターに有罪判決を下すことについては，何の支障もない。注意義務の懈怠を本質とするオペレーターの行為は，環境への石油の禁止された放出の直接的な原因であった。しかしながら，刑事責任を分配する際の典型的状況は，次のようなものである。すなわち，当該人物の地位，ならびにその業務および権限の種類・範囲の点について下位の従業員の上司にあたる 1 人または複数人，つまり，何よりも職場長または指導的地位にある従業員および/または経営機関の構成員が責任を問われるので

380　　第3部　資　　料

ある。

——下級審裁判所で有罪判決を下されたすべての者に関しては，より重大な形で環境汚染をもたらした義務の不作為を個別に指摘することができた。事案処理において，これらの者の地位および義務が記述された。トゥルク控訴裁判所（Appellationsgericht Turku）によれば，D および C は，このような損害を回避するために十分にすみやかな措置を取ることを会社内で怠ったことに対し責任があった。他方で，B は，以前の損害を調査し，あるタンクから別のタンクへと石油をポンプで移し替える際の作業手順を変更する機会を事実上有していたのに，これを怠った。さらに，控訴裁判所は，次のような下級審裁判所の補足的な理由づけを確認した。すなわち，C に関しては，中心的な監督部門の機能および準備態勢についての責任が，また，D に関しては，責任関係についていかなる不明瞭なものも存在せず，組織も実際に機能しているという形で，生産と調整する責任がそれぞれ強調された。下級審裁判所によれば，環境犯罪の発生はまさに一定の個別的機能に限定されえたがために，会社組織において過失と責任範囲の不明瞭さが生じたが，重大な過失は生じなかった。

——個人の刑事責任および法人の刑事責任は，パラレルかつ相互に用いられる。それにもかかわらず，法人の有罪判決の免除に関する（Gesetzesblatt 61/2003 における）刑法典第9章4条2項3号に留意すべきである（本号は，制裁の併科への考慮を前提とする。）。

——OGH 2008：33 においては，最高裁判所判例の対象として，——（有罪判決を免除した：刑法典第9章4条を見よ。）下級審裁判所で考えられたこととは異なり——株式会社フォータム・オイル（Fotum Oil Oy）の後継である，株式会社ネステ・オイル（Neste Oil Oyj）が，会社罰金刑を言い渡されるべきかどうか，が問題となることは明らかである。もっとも，すべての審級において，刑法典第9章2条-3条で定められた法人の刑事責任の前提事情は整っていた，という立場であった。

——最高裁判所は，法人の刑事責任の前提事情が整っていたかどうか，を検討し，株式会社ネステ・オイルの反対意見に対して，本件決定が，会社の何名かの従業員らが，彼らによって労働の際に行われた過失環境汚染罪につい

て，法律上拘束力のある形で有罪判決を言い渡されたことには基づきえないことを強調した。最高裁判所は，環境立法に違反する行為が，会社の活動の中で行われた過失環境汚染罪と評価されうるか，について検討した（刑法典第9章3条）。一方で，最高裁判所は，上記の形の環境犯罪の客観的構成要件該当性（刑法典第48章4条）を検討した。他方で，最高裁判所は，過失環境汚染罪が問題となるかどうか，について立場決定し，そして肯定的な結論に達した。なぜなら，何といっても起訴状に記載された損害および損害の危険性は，会社の業務に携わっていた者の過失から生じたからである。

　—上記の点に加えて，最高裁判所は，刑法典第9章2条により，従業員の行為を，トゥルク控訴裁判所が為したのと同様に，会社の活動と同一視しうるかどうか，を検討した。しかしながら，最高裁判所は，——私見によれば驚くべきことに——この点について否定的な結論に達し，DおよびCが，製油所において彼らの活動の範囲内で独立した意思決定権を有していた（彼らは，管理部門の構成員であり，Dは，安全システムの機能の追求および開発を管轄し，Cは，とりわけ環境保護の総合監督義務を負っていた）にもかかわらず，同一視原理の適用を基礎づけたであろう独立した重要な意思決定権を有していなかった，という点を確認した。「同一視」概念は，法律の文言の中では用いられておらず，刑法典第9章2条1項においては，法定の機関またはその他の経営陣に属していることが問題とされている。それにもかかわらず，本件では，刑法典第9章2条に示された会社の過失が認められた。言い換えれば，会社の活動の中で，犯罪を防止するために必要な注意が払われていなかった。すなわち，すでに2度も，以前にポンプによる石油の移し替えの際に同種の損害の危険を惹起した過誤が生じていたにもかかわらず，石油輸送施設には，特別な保全・警報設備が装備されていなかったし，ポンプによる石油の移し替えを行ったオペレーターは，バルブの開放後にその場を立ち去ることが許可されていた。会社は，ポンプによって石油を移し替える際の不注意によって生じた結果が防止されえたであろう十分な措置を怠った。

　—会社罰金刑の有罪判決の検討に際して，最高裁判所は，（Gesetzesblatt 743/1995における：Gesetzesblatt L 61/2003参照）刑法典第9章4条のかつての文言に基づき，犯罪の重大さ，犯罪を通して法人に加えられたその他の結果，およ

382　第3部　資　料

びそのような犯罪を防止するための法人の措置を顧慮されるべき観点に算入した。おびただしい量の石油が地表に達して損害が広範囲にわたったため，当該犯罪を，ただそれだけで重大なものと見なすことができた。さらに，期待可能な費用で効果的な保全システムを構築することができたであろうにもかかわらず，以前にポンプによる石油の移し替えの際に起こった，同様の方法で発生した過誤を無視して，環境保全を労働者の措置に委ね続けていたことを顧慮しなければならなかった。

　—会社は，発生した損害の復旧および補償ならびに新規の環境技術投資のために，約400万ユーロを費やした。事件後，会社は，同種の環境損害を防止するためにさらに17万1000ユーロを費やし，しかもそのうちの4万ユーロは明確に，開いたままのバルブを通して発生しうる損害を防止するためのものであった。しかしながら，最高裁判所は，これらの投資は，会社罰金刑を科すことを考慮する際の減軽事由としては顧慮されえない，という立場であった。

　—要約すると，最高裁判所は，会社の怠慢およびその結果は重大であったという立場であった。他方で，会社罰金刑を科さないことについては，いかなる本質的な理由づけも問題とされなかった。会社罰金刑を算定するための理由づけを述べた後に，最高裁判所は，会社に対し，50万ユーロ——最高額であれば85万ユーロであった——（刑法典第9章5条；Gesetzblatt 971/2001）の会社罰金刑（刑法典第9章5条-6条を見よ。）を言い渡した。

　b）OGH 2009：1（法人の刑事責任，有価証券市場罪，刑の確定，利益の没収）：

　C株式会社の事業管理者にして役員であるAと，同社代表取締役であるBは，C株式会社の株式の発行および売却前に，相場目論見書（*Notierungsprospekt*）で収益および将来の見通しについて不実で粉飾された申告を行い，これを株式の売却に際してインサイダー情報として余すところなく用い，それによって，有価証券市場にかかる虚偽申告罪およびインサイダー情報の重大濫用罪を犯した。本件では，刑の確定，犯罪を通して受け取った利益の没収，および会社罰金刑の算定が問題となった。

【事案の解説】

　本件訴訟手続に際し，A，Bおよび株式会社Cの，有価証券市場虚偽申告

罪（刑法51章4条），およびインサイダー情報重大濫用罪（刑法典第51章4条）について責任が問われた。次いで，この有価証券市場犯罪の（客観的）構成要件は，株式会社Cの活動の中で会社のために実現されたので，自然人AおよびBに個人の刑法性（Strafrechtlichkeit）が，そして会社である株式会社Cに法人の刑事責任が分配されるべきかどうか，が検討されなければならなかった。有価証券市場犯罪の場合，特別規定（刑法51章8条）によれば，後者の責任形式も問題にされるが，その責任形式は相互に排斥しあうものではない。

　　一個人の刑事責任およびその分配を検討するに際して，そのような有価証券市場犯罪の場合，構成要件における行為者の範囲は限定されていないにもかかわらず，刑法典第5章8条（法人のための行為）の法規定が顧慮された。AおよびBの積極的関与が上記の有価証券市場犯罪について立証されえなかった部分について，刑法典第3章3条2項によって不真正不作為犯の責任が問題とされ，同項に定められた結果を法人の活動の中で行われた犯罪とみなすことができた。AもBも同様に，――株式会社法第6章2条1項および17項の規定の顧慮のもと――刑法典第3章3条2項に定められた形での刑事責任の地位も認められる会社法上の地位にあった（株式会社の事業管理者および役員であるA，ならびに代表取締役会であるB）。

　　一上記の点に従って，AおよびBは，会社の経営陣に属していたことに基づき，帰属可能な限度で有価証券市場犯罪についての行為者責任が課されるような責任ある地位を占めていた。帰属可能性に関して，有価証券市場犯罪の場合は，その他の重大な過失で足りる一方で，インサイダー情報の重大濫用および相場操縦には故意が要求される，ということが述べられなければならない。ヘルシンキ控訴裁判所は，OGH 2009：1の事案で，とりわけ，被告取締役員ら自身は，会社の収益および財政状況，中間報告書の虚偽記載，ならびに収益予測に根拠がないことについて分かっていたのだから，彼らは（虚偽申告罪に関して）罪責を免れるために，株式の発行を準備する際に彼らによって雇用された鑑定人らの協力を仰いだことを援用できない，という立場を支持した。構成要件中のメルクマールの適切な解釈についての錯誤は，免責判断の際に刑法4章2条の禁止の錯誤と同視される，いわゆる包摂の錯誤である。

384 第3部 資　料

—法人としての会社の刑事責任に関して言えば，その犯罪行為が，会社の活動の中で，ならびに会社の名義および会社のために行われたこと（刑法典第9章1条および3章1項），自然人 A および B が，会社の経営陣に属していたこと（刑法典第9章3条1項）が確認されなければならない。したがって，犯罪行為者の会社との同視（A および B は，法律上規定された会社機関に属していた。）への要請もまた，刑法典第9章2条1項によって充足された。

—OGH 2009：1の事案において，会社は，会社罰金刑を言い渡され，その際，何よりも，行為時に，会社罰金刑を科すことはなお裁判所の裁量に存し，同様に裁判所は，会社罰金刑の金額を算定する際に，その裁量を行使しなければならなかった（最終的には，10万ユーロの会社罰金刑であった）ために，議論が生じた。A および B には，2年4月の自由刑が言い渡され，さらに裁判所は，A および B に対し，犯罪を通じて獲得された，かろうじて 800 万ユーロに達する額の利益を連帯債務者として国家に支払わせることを決定した。

8　若干の結論

フィンランドの経験は，法人の真の刑事可罰性のような新しい責任形式が，法実務において真剣に取り組まれるまでには長い時間を要する，ということを示している。フィンランドでは，検察は長らくきわめて消極的で，また，これまできわめて僅かな事案のみが最高裁判所で扱われただけであったため，刑法理論上の解釈問題の多くは，比較的不明確である。刑事政策的にはまた，将来におけるふさわしい制裁政策は何であろうか，ということも十分には論じられてこなかった。すなわち，むしろ懲罰的な行政制裁を法人の刑事責任の代わりに導入すべきなのであろうか，また，個人責任と団体責任の関係をどのように規制すべきなのであろうか。

リスボン条約は，EU の管轄を増加させ，その際，欧州制裁法で形成された諸原理は，より一層広い範囲で国内刑法の制裁システムに影響を及ぼすことになるのではないだろうか。リスボン条約にあっては，さらに強化された相互承認の原理は，刑事制裁を同化する場合にも同じく重要な役割を演じる。

行政制裁の地位とその制裁を課すことに関わる諸原理は，今や EU 制裁法の重要な部分として評価されるべきである。

添付資料：フィンランド刑法典第 9 章（法人の可罰性について）（抄）；GBl. 743/1995（Cornils, Fründe および Matikkala 訳，注 1）を見よ。）

第9章1条　適用範囲

(1)　会社，財団又はその他の法人の活動の範囲内で行われた犯罪行為を理由に，検察の申立により会社罰金刑が科されるのは，犯罪行為に制裁がこの法律で予定されている場合に限る。

(2)　本章の規定は，公権力を行使する際に行われた犯罪行為には適用されない。

第9章2条　可罰性の前提事情

(1)　法人の法定機関若しくはその他法人の経営陣に属し，若しくは法人内部で事実上意思決定権を行使する者が，犯罪行為に関与し，若しくは犯罪行為の遂行を許容したとき，又は法人の活動の範囲内で犯罪行為を防止するために必要な注意が遵守されなかったとき，その法人には会社罰金刑が言い渡される。

(2)　会社罰金刑は，行為者を突きとめることができないとき，又は行為者が他の理由から有罪判決を受けないときにも科される。ただし，親告罪により被害者の告訴を欠く場合は，会社罰金刑は，特に重要な公共の利益が，公訴の提起を要求するときにのみ科される。

第9章3条　行為者と法人の関係

(1)　犯罪行為は，行為者が法人の名義で若しくはその利益のために行為し，かつ，彼が法人の経営陣に属し，その者と雇用上若しくは労働上の関係にあり，又は法人の代表者の委任において行為したとき，法人の活動の範囲内で行われたとみなされる。

(2)　法人は，会社法又は財団法から賠償請求権（Erstattungsanspruch）が生じないかぎり，行為者に対して，法人によって支払われた会社罰金刑の賠償請求権を有しない。

1）　さしあたり，（2005 年 10 月 1 日現在の）フィンランド刑法を見よ。Karin *Cornils*, Dan *Fründe* および Jussi *Matikkala* の翻訳と概論 Max-Planck-Institut für ausländisches und internationales Strafrecht, 2006 がある。

2）　Komiteebericht 1976：72, Kapitel II-IV を見よ。一般的なものとして，Lahti/ Nuotio（Hrsg.）, Criminal Law Theory in Transition/Strafrechtstheorie im Umbruch. Finnish Lawyers 'Publishing Company, Helsinki 1992；*Lahti*, Das Wirtschaftsstrafrecht in der Gesamtreform des Strafrechts. Festschrift für Klaus

386　第3部　資　料

Tiedemann, Carl Heymanns Verlag, 2008, S. 61ff. をも見よ。

3) とりわけ研究コロキウム「フィンランド刑法典の100年（Finnisches Strafgesetz 100 Jahre）」における批判的な諸論稿，in：Lahti/Nuotio（Hrsg.），Criminal Law Theory in Transition, a.a.O.（前出注2）），特に Kap. Ⅱならびに *Hassemer*, Kennzeichen und Krisen des modernen Strafrechts, S. 113ff. を見よ。

4) 詳細については，例えば，*Riihijärvi*, Criminal Liability of Corporations–Finland, in：de Doelder/Tiedemann（eds.），La Criminalisation du Comportement Collectif, 1996, S. 203ff. を見よ。

5) 少数派が賛成した法規定は，以下のとおりである。
法人の活動において行われた犯罪行為に基づく刑事責任の分配
（第1項は多数派により支持された規定と同様である。）
⑵　法人の活動において，又は法人のために犯罪行為が行われた場合，作為又は不作為による犯罪行為の現実化が帰されうる者は，正犯として有罪判決を下される。その評価の際，犯罪構成要件から導かれる前提事情と並んで，法人における当該人物の地位，その任務及び権限の種類，範囲及び明確性並びにその職務上の適格性もまた斟酌されなければならない。
（第3項は多数派により承認された規定の第2項と同様である。）

6) Delmas-Marty/Vervaele（eds.），The Implementation of the Corpus Juris Ⅰ–Ⅳ, Intersentia 2000-2001, Appendix Ⅲ, Article 12；Tiedemann（Hrsg.），Wirtschaftsstrafrecht in der Europäischen Union, Freiburg-Symposium, Carl Heymanns Verlag 2002, Kap. E, Art. 15 を見よ。

[原題は，Raimo Lahti, Über die Regelung der strafrechtlichen Verantwortung juristischen Personen in Finland である。訳文中，圏点部分は，原文ではイタリック体である。]

著者略歴

甲斐克則（かい かつのり）

1954 年 10 月　大分県朝地町に生まれる
1977 年 3 月　九州大学法学部卒業
1982 年 3 月　九州大学大学院法学研究科博士課程単位取得
1982 年 4 月　九州大学法学部助手
1984 年 4 月　海上保安大学校専任講師
1987 年 4 月　海上保安大学校助教授
1991 年 4 月　広島大学法学部助教授
1993 年 4 月　広島大学法学部教授
2002 年 10 月　法学博士（広島大学）
2004 年 4 月　早稲田大学大学院法務研究科教授
　　　　　　　現在に至る（広島大学名誉教授）
　　　　　　　日本刑法学会理事，日本医事法学会前代表理事，
　　　　　　　日本生命倫理学会前会長

主要単著書・単訳書

アルトゥール・カウフマン『責任原理―刑法的・法哲学的研究―』
　（2000 年・九州大学出版会・翻訳）
『海上交通犯罪の研究』（2001 年・成文堂）
『安楽死と刑法［医事刑法研究第 1 巻］』（2003 年・成文堂）
『尊厳死と刑法［医事刑法研究第 2 巻］』（2004 年・成文堂）
『責任原理と過失犯論』（2005 年・成文堂）
『被験者保護と刑法［医事刑法研究第 3 巻］』（2005 年・成文堂）
『医事刑法への旅Ⅰ〔新版〕』（2006 年・イウス出版）
ペーター・タック『オランダ医事刑法の展開―安楽死・妊娠中絶・
　臓器移植』（2009 年・慶應義塾大学出版会，編訳）
『生殖医療と刑法［医事刑法研究第 4 巻］』（2010 年・成文堂）
『医療事故と刑法［医事刑法研究第 5 巻］』（2012 年・成文堂）
アルビン・エーザー『「侵害原理」と法益論における被害者の役割』
　（2014 年・信山社，編訳）
『臓器移植と刑法［医事刑法研究第 6 巻］』（2016 年・成文堂）
『終末期医療と刑法［医事刑法研究第 7 巻］』（2017 年・成文堂）

企業犯罪と刑事コンプライアンス
――「企業刑法」構築に向けて――

2018 年 4 月 20 日　初版第 1 刷発行

著　者　甲　斐　克　則

発 行 者　阿　部　成　一

〒162-0041　東京都新宿区早稲田鶴巻町 514 番地

発 行 所　株式会社　成　文　堂

電話 03(3203)9201(代)　Fax 03(3203)9206
http://www.seibundoh.co.jp

製版・印刷　三報社印刷　　　　　　　　製本　佐抜製本
☆乱丁・落丁はおとりかえいたします☆　　検印省略
ⓒ 2018 K. Kai　　　Printed in Japan
ISBN 978-4-7923-5246-2 C3032

定価(本体 8,500 円＋税)